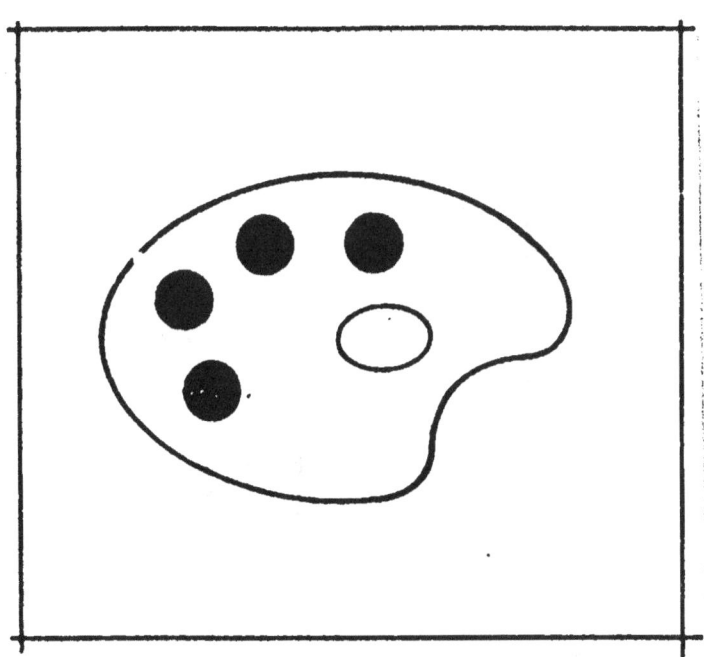

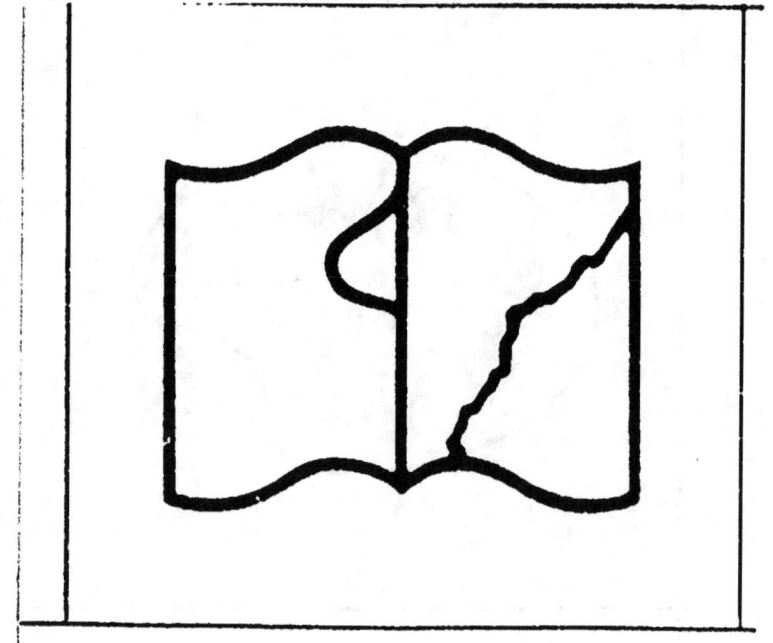

LES
COMÉDIENS
HORS LA LOI

CALMANN LÉVY, ÉDITEUR

DU MÊME AUTEUR :

L'Abbé F. Galiani. Correspondance. (En collaboration avec Lucien Perey.) *Ouvrage couronné par l'Académie française* . . . . 2 vol.

La Jeunesse de Madame d'Épinay, d'après des lettres et des documents inédits. (En collaboration avec Lucien Perey.) *Ouvrage couronné par l'Académie française* . . . . 1 vol.

Les Dernières Années de Madame d'Épinay, d'après des lettres et des documents inédits. (En collaboration avec Lucien Perey.) *Ouvrage couronné par l'Académie française* . . . . 1 vol.

La vie intime de Voltaire aux Délices et a Fernet. (En collaboration avec Lucien Perey). . . . . . . 1 vol.

Querelles de philosophes :
Voltaire et Jean-Jacques Rousseau. . . . . . . 1 vol.

Trois mois a la Cour de Frédéric. Lettres inédites de d'Alembert. . . . . 1 vol.

LES
COMÉDIENS
HORS LA LOI

PAR

GASTON MAUGRAS

———

DEUXIÈME ÉDITION

PARIS
CALMANN LÉVY, ÉDITEUR
RUE AUBER, 3 ET BOULEVARD DES ITALIENS, 15
A LA LIBRAIRIE NOUVELLE
—
1887
Droits de traduction et de reproduction réservés

PRÉFACE

Au mois d'octobre 1884 la Comédie française se préparait à célébrer en grande pompe le deuxième centenaire du grand Corneille, lorsqu'on apprit que M. le curé de Saint-Roch, jaloux de s'associer, dans la mesure de ses moyens, à la fête que préparaient ses paroissiens, venait d'écrire aux Comédiens pour les convier à une messe solennelle en l'honneur de l'illustre poète.

Cette initiative, qui rompait ouvertement avec les vieilles traditions de l'Église à l'égard des gens de théâtre, ne fut pas sans causer un assez vif étonnement et elle souleva même d'amères récriminations dans quelques feuilles religieuses.

Non seulement les Comédiens français acceptèrent avec joie la proposition de leur pasteur, mais ils lui envoyèrent une généreuse offrande et toute la compagnie se rendit en corps à la cérémonie, qui fut entourée du plus vif éclat.

PRÉFACE

En lisant dans les journaux, qui les reproduisaient à l'envi, tous les détails de cette fête religieuse, nous nous reportions d'un siècle en arrière et nous nous rappelions une cérémonie identique, qui s'était accomplie à Paris, à l'église de Saint-Jean-de-Latran, en 1763. La même Comédie française, désireuse d'honorer la mémoire de Crébillon, faisait dire une messe solennelle pour le repos de l'âme du célèbre auteur et elle y assistait tout entière en costume de gala.

Mais l'issue fut bien différente. Alors que M. le curé de Saint-Roch n'a encouru, à notre su, d'autre blâme que celui de l'*Univers*, le curé de Saint-Jean-de-Latran fut condamné à trois mois de séminaire et il dut distribuer aux pauvres l'argent qu'il avait reçu de la troupe française.

En voyant ce contraste si frappant, et par un enchaînement d'idées assez naturel, le désir nous vint de connaître en détail les raisons qui avaient attiré si longtemps sur les comédiens les foudres de l'Église et de la société civile. Nulle part nous n'avons trouvé de réponse satisfaisante. Les quelques ouvrages publiés sur la question sont fort anciens, le plus récent date de 1825; tous sont incomplets, confus et indigestes.

Il nous parut qu'il y avait là une lacune à combler.

Au moment où le préjugé civil et religieux qui

PRÉFACE

a pesé pendant plus de dix-huit siècles sur les gens de théâtre, tend à disparaître, nous a semblé intéressant de suivre à travers les âges les fortunes diverses du comédien, d'indiquer à grandes lignes les transformations successives qui se sont opérées dans sa situation et de rappeler les scandales fameux auxquels ont donné lieu les lois injustes et draconiennes qui l'opprimaient[1].

Nous nous sommes efforcé de présenter la question d'une façon claire et attrayante; dans ce but nous n'avons pas hésité à nous servir de tous les documents édits ou inédits de nature à donner au lecteur une vue d'ensemble et à éclairer bien des points restés obscurs.

La question est moins connue qu'on ne pourrait le croire. Chaque jour on discute si le reste de préjugé qui frappe encore les comédiens doit ou non disparaître complètement, mais on sait mal les origines de ce préjugé, on sait à peine dans quelle mesure il s'exerçait. Nous n'en voulons d'autre preuve que les discussions soulevées par la cérémonie de Saint-Roch, à laquelle nous venons de faire allusion.

M. Livet, dans le *Temps* du 2 octobre 1884, assura

---

1. Il n'est pas sans intérêt de faire remarquer que ce préjugé existe en Chine plus vivace que jamais. Le général Tcheng-ki-tong, dans ses études sur l'Empire Céleste, donne à ce sujet de très curieux détails. (Voir le *Temps* du 27 septembre 1885.)

que les comédiens n'avaient jamais été séparés de l'Église par une excommunication juridiquement valable, que les foudres de l'Église dirigées contre eux n'avaient qu'un caractère purement moral et qu'on ne leur avait jamais refusé les sacrements. « Le curé de Saint-Roch a donc pu, dit-il, sans manquer à la tradition officielle de l'Église, convoquer les comédiens du Théâtre-Français à assister au service religieux célébré dans son église en l'honneur de Pierre Corneille. »

M. Gazier (*Revue critique*, 1884) contesta aussitôt ces assertions; il reconnut bien qu'on mariait les comédiens et qu'on les confessait, mais il nia qu'on leur donnât les derniers sacrements et qu'on leur accordât la sépulture ecclésiastique.

M. Livet riposta. M. Monval intervint dans la discussion avec l'autorité qu'il possède sur tout ce qui touche au théâtre, mais la question n'en fut pas pour cela résolue; chacun des adversaires resta sur son terrain et refusa de se laisser convaincre.

Il y a quelques jours à peine, M. Larroumet, dans son remarquable ouvrage sur la *Comédie de Molière*[1], écrivait : « On n'est pas près de s'entendre sur cette question de la conduite du clergé à l'égard de Molière en particulier et des comédiens en général. »

M. Copin, dans son récent travail sur Talma[2], affirme

1. Hachette, 1887.
2. Frinzine et Cie, 1887.

que depuis le commencement du dix-septième siècle les comédiens se mariaient parfaitement à l'église, de même qu'ils y étaient enterrés : « Lorsque le curé de Saint-Eustache refusait d'enterrer Molière, dit-il, c'était à l'auteur de *Tartuffe* et non au comédien qu'il fermait les portes de son église. Lorsque le curé de Saint-Sulpice refusait de marier Talma, c'était à l'interprète de *Charles IX* et non au comédien qu'il refusait le sacrement du mariage; il est fort important d'établir ces distinctions nécessaires, sans quoi l'on ne saurait plus à quoi s'en tenir sur la conduite de l'Église envers les comédiens. »

Ces affirmations contradictoires montrent à quel point la question est restée douteuse pour beaucoup d'excellents esprits, elles suffiraient pour prouver l'utilité du travail que nous publions aujourd'hui.

Les principaux ouvrages auxquels nous avons eu recours sont :

Les origines du théâtre moderne, par M. Magnin, 1838. (Leipzig, chez Brockhaus et Avenarius.) Il n'existe malheureusement que le premier volume de cette œuvre si remarquable.

Le Théâtre français sous Louis XIV, par Eugène Despois. (Hachette, 1875.)

Les lettres sur les spectacles, par M. Desprez de Boissy. (1777.)

Questions importantes sur la comédie de nos jours, par l'abbé Parisis. (Valenciennes 1789.)

Des comédiens et du clergé, par le baron d'Henin de Cuvillers. (1825.)

Encore des comédiens et du clergé, par le même. (1825.)

Le Moliériste, par M. G. Monval.

L'opéra secret, la comédie et la galanterie au dix-huitième siècle, la comédie à la cour, par M. Adolphe Jullien.

La Théologie morale, par Mgr Gousset, archevêque de Reims.

Nous tenons à exprimer ici toute notre gratitude à Mlle Bartet, l'éminente sociétaire de la Comédie française, qui a bien voulu nous confier sa précieuse collection d'autographes. Nous remercions également M. Ch. Nuitter, bibliothécaire de l'Opéra, MM. Thierry, Bertall et Reynaud, de la Bibliothèque nationale, qui bien souvent nous ont guidé dans nos recherches.

LES
COMÉDIENS HORS LA LOI

I

Sommaire : Préambule. — Le théâtre en Orient et en Grèce.

Pour bien comprendre l'idée déshonorante qui s'est attachée à la profession du théâtre pendant tant de siècles, et qui, aujourd'hui même, n'est pas encore complètement effacée, il est nécessaire d'examiner la situation que les comédiens ont occupée, tant au point de vue civil qu'au point de vue religieux, aux différentes époques de l'histoire.

Nous les verrons donc en Grèce d'abord, puis à Rome sous la république et les empereurs; nous les suivrons pendant les premiers siècles de l'ère chrétienne et la longue nuit du moyen âge, jusqu'à la renaissance du théâtre sous Henri IV et Louis XIII.

Nous consacrerons une étude particulière au dix-septième et au dix-huitième siècle qui, par une singulière inconséquence, leur prodiguèrent à la fois tous les honneurs et tous les mépris. Enfin un rapide coup d'œil sur la Révolution et le dix-neuvième siècle terminera ce travail et permettra au lecteur de porter une vue d'ensemble sur cette question étrange et qui a si vivement passionné nos pères.

Quand nous aurons montré ce qu'étaient les comédiens à Rome, et les raisons impérieuses qui motivèrent les anathèmes des Pères de l'Église, on s'expliquera facilement comment s'est créé et perpétué en France le préjugé qui a mis les comédiens hors la loi; on verra par suite de quelle fausse et injuste assimilation la société civile et la société religieuse renouvelèrent contre eux jusqu'en 1789 des lois d'infamie et d'excommunication qui n'avaient plus aucune raison d'être. En replaçant les comédiens dans le droit commun, le dix-neuvième siècle n'a fait que leur rendre une exacte mais tardive justice.

A quelque époque de l'histoire et dans quelque pays que l'on se place, en Orient comme en Occident, partout le théâtre est né de la religion, et les premiers acteurs ont toujours été des prêtres représentant devant les sectateurs de leur culte.

Toutes les religions en effet ont eu besoin de

parler au peuple, et de lui montrer sous une forme tangible les idées mystérieuses qu'il ne pouvait saisir. Pour arriver à ce but, il fallait recourir à des moyens matériels; or, quel moyen plus efficace que le théâtre?

Chez tous les peuples de l'antiquité, aux Indes, en Assyrie, dans la vieille Égypte, il n'y avait d'autres fêtes que celles que l'on donnait en l'honneur des idoles.

Les précurseurs de la comédie et de la tragédie en Grèce furent les prêtres mêmes de Bacchus et de Cérès qui, dans le mystère du temple, cherchaient à frapper l'imagination des initiés par des tableaux et des représentations figuratives[1]. Toutes les cérémonies du culte étaient accompagnées de danses et d'actions dramatiques : on représentait les divers épisodes de la vie des dieux, la naissance de Bacchus et l'histoire de Cérès, leur mariage mystique, l'enlèvement de Proserpine, etc.

Peu à peu, le nombre des initiés augmentant, on dut transporter hors du temple ces rites commémoratifs, mais on les célébra tout d'abord dans l'enceinte même de l'hiéron de Bacchus[2]. Ces spec-

---

[1]. Pendant fort longtemps certains rites du culte grec ne furent révélés qu'à un petit nombre d'initiés. Les initiations avaient lieu dans le temple d'Éleusis dédié à Cérès.

[2]. On appelait hiéron, non pas seulement le temple consacré aux dieux, mais aussi le territoire, souvent considérable, qui l'entourait et en formait une dépendance.

tacles publics éclipsèrent les fêtes mystérieuses du sanctuaire et les assistants devenant chaque jour plus nombreux, on en arriva assez rapidement à les représenter en dehors des enceintes sacrées. On y admit bientôt des poètes, qui concouraient entre eux en composant des dithyrambes à la gloire des dieux. Ceux qui remportaient le prix étaient couronnés par les archontes. Toutes les fêtes religieuses ne tardèrent pas à comprendre des concours scéniques; mais, une fois sortis du temple, ils se transformèrent en véritables tragédies, et formèrent insensiblement un théâtre national.

On continua cependant à considérer le théâtre comme un lieu consacré; il fut ouvert à tous et gratuit, on y réserva toujours une place d'honneur aux prêtres de Bacchus. Pour couvrir les frais des représentations, des sacrifices qui les précédaient et les suivaient, pour subvenir aux prix qu'on y distribuait, les archontes avaient recours à une caisse appelée le trésor théorique. Ce trésor était alimenté par des amendes, par des dons et des legs pieux[1]; on le considérait comme appartenant aux dieux et nul n'y pouvait toucher dans un but profane sous peine de sacrilège[1].

Les fêtes des Grecs étaient innombrables; il y en

---

[1]. Il fut défendu par une loi, sous peine de mort, non seulement d'employer les fonds de cette caisse à l'entretien des flottes ou de l'armée, mais même de le proposer.

avait en l'honneur de toutes les divinités de l'Olympe. Les plus célèbres étaient les Dionysiaques, ou fêtes de Bacchus; elles duraient plusieurs jours et l'on accourait de la Grèce entière pour entendre les nouvelles pièces qu'à la gloire du dieu on représentait sur le théâtre. La cérémonie comprenait, en dehors des concours scéniques, une procession composée de silènes, de satyres, de dieux Pans, de tityres, couverts de peaux de faon, couronnés de lierre, ivres ou feignant de l'être; ils agitaient des thyrses, portaient des phallus, et chantaient des hymnes à Bacchus, en dansant au son du tambourin et des cymbales; au milieu d'eux s'avançaient, calmes et les yeux baissés, les jeunes filles des familles les plus distinguées, tenant sur leurs têtes des corbeilles qui contenaient les gâteaux sacrés et les symboles mystiques. La procession se continuait une partie de la nuit à la lueur des flambeaux et se terminait par une orgie folle. Pendant ces jours solennels les dettes ne pouvaient être réclamées, les sentences judiciaires, les emprisonnements étaient suspendus.

Dans les Panathénées, la cérémonie principale comprenait la procession du péplum ou voile de Minerve. L'élite de la population prenait part au cortège; en tête s'avançaient les magistrats d'Athènes, puis venaient les gardiens des lois et des rites sacrés, les canéphores, les jeunes hommes et les femmes appartenant aux plus anciennes familles. La procession terminée, on commençait les danses et lés jeux gymnastiques ; ensuite avaient lieu les représentations dramatiques dans lesquelles les poètes se disputaient le prix.

Les jeux Olympiques, Néméens, Isthmiques, Pythiens, étaient tous également empreints d'un caractère profondément religieux. On ne cessait d'y rappeler les actions et les bienfaits des dieux, et le peuple, sous la direction des prêtres, y prenait la part la plus active.

C'était, en Grèce, une coutume immuable de faire intervenir directement le peuple dans les cérémonies du culte. Les citoyens, qu'un zèle pieux animait, se trouvaient donc tout naturellement amenés à figurer dans ies représentations théâtrales, à côté des comédiens de profession. Pour toutes les fêtes, qui exigeaient des concours scéniques, on désignait dans chaque tribu un chorège. Sa mission consistait à former à ses frais, et avec des citoyens de la tribu, un chœur, soit comique, soit tragique, en état de figurer sur la scène et de prêter son appui aux poètes qui prenaient part au concours. On considérait les chœurs comme remplissant une fonction sacerdotale ; ceux qui en faisaient partie se trouvaient exemptés du service militaire et inviolables pendant la durée de leurs fonctions.

Dans de semblables conditions, comment le moindre déshonneur aurait-il pu s'attacher aux citoyens qui figuraient dans ces fêtes hiératiques ?

Quel que fût le rôle que l'on y jouât, que l'on fît partie des processions ou que l'on parût sur le théâtre, que l'on courût dans l'arène ou que l'on lût une pièce de vers, il n'y avait pas de distinction : on remplissait un devoir religieux, dans une fête consacrée aux dieux. Aussi regardait-on comme un honneur d'y être admis et ces fonctions étaient-elles fort recherchées.

Lorsque des modifications inévitables se produisirent dans les représentations, lorsqu'elles se rapprochèrent du drame profane, la même idée persista, les comédiens continuèrent à jouir de l'estime publique. Leur profession était à ce point considérée qu'ils possédaient des droits et des privilèges qu'on accordait rarement aux autres citoyens, qu'ils pouvaient parvenir aux emplois les plus honorables et qu'à plusieurs reprises on vit des acteurs chargés des plus hautes fonctions publiques.

Mais à côté de ce théâtre national et religieux, il existait encore en Grèce des spectacles populaires dont le genre était singulièrement inférieur et bas. Chanteurs et danseurs ambulants, aulètes ou citharèdes, charlatans, devins, bouffons, mimes, couraient les rues et les carrefours à la grande joie du peuple qu'ils amusaient par leurs farces grossières. Ces comédiens, il est vrai, ne pouvaient prendre part aux concours scéniques ni paraître sur le théâtre dans les jours solennels, ils ne jouissaient pas de la considération qu'on accordait à leurs confrères d'un ordre plus relevé, mais cependant ils se trouvaient, comme eux, revêtus d'un caractère religieux, comme eux ils étaient formellement consacrés au culte de Bacchus.

II

SOMMAIRE : Le théâtre à Rome sous la République
et sous les empereurs païens.

Par quelles raisons le comédien qui en Grèce vivait respecté et honoré, fut-il, à Rome, déconsidéré et frappé d'infamie?

Le théâtre eut cependant chez les Romains la même origine que chez les Grecs et là, comme partout, c'est le clergé qui, en rappelant par des cérémonies symboliques les principaux événements de la mythologie, éveilla le génie dramatique du peuple. A Rome comme à Athènes toutes les fêtes portaient l'empreinte profonde de l'acte religieux qui leur avait donné naissance.

Parmi les plus célèbres on peut citer les Lupercales et les Saturnales.

Les Lupercales se célébraient en l'honneur du dieu Pan, protecteur des bergers et tueur de loups. Elles avaient pour objet de rendre un culte à la fécondité et elles sont restées fameuses par les scandales qu'elles favorisaient. Comme toutes les solennités antiques, elles commençaient par des sacrifices. Puis venait une procession de prêtres nus ou à peine couverts d'une peau de bouc ; armés de fouets et de lanières, ils couraient les rues de la ville et se frayaient un passage à travers la foule. Les femmes se précipitaient au-devant d'eux pour recevoir les coups de fouet qui devaient rendre fécondes les stériles et éviter les douleurs de l'enfantement à celles qui étaient enceintes.

Pendant les Saturnales toutes les conditions sociales se trouvaient bouleversées ; on regardait Saturne comme le symbole de l'égalité primitive : l'esclave devenait le maître, le maître servait son esclave, les plus grandes licences étaient autorisées[1]. Des sacrifices précédaient la fête et un banquet solennel était donné devant le temple du dieu.

Ces cérémonies demi-hiératiques, demi-populaires, et qui avaient pour acteurs à la ville les citoyens, à la campagne les laboureurs, les bergers, etc., furent l'origine du théâtre.

En 390, sur le conseil des prêtres d'Étrurie[2], on introduisit à Rome les jeux scéniques dans l'espoir d'apaiser les dieux et de faire cesser la peste qui dévastait la ville ; depuis lors ces jeux firent partie

1. Les Saturnales revenaient tous les ans, le 16 des calendes de janvier. Elles durèrent d'abord un jour, puis sept. Pendant ces jours de fête la punition même d'un coupable exigeait un sacrifice expiatoire.
2. L'Étrurie fut en relations avec les Grecs et posséda des acteurs et des théâtres bien avant Rome.

de toutes les fêtes sacerdotales. Le théâtre fut placé sous la protection des dieux; Bacchus, Apollon, Vénus, présidaient à ses destinées, et on attribua un caractère divin à tout ce qui s'y rapportait.

Plus tard, on adjoignit aux jeux scéniques les jeux du cirque, c'est-à-dire les combats de gladiateurs[1], les courses de chevaux, les combats d'animaux; mais cette innovation ne modifia en aucune façon le caractère attribué à ces cérémonies : elles restèrent des actes formels de piété.

Tous les spectacles qui se donnaient dans le cirque étaient précédés d'une procession consacrée aux dieux. Elle partait du Capitole et faisait le tour de la place publique. A sa tête s'avançaient à cheval les jeunes enfants des chevaliers romains; après eux venaient les fils de bourgeois à pied. Ensuite paraissaient les chars, les gladiateurs, ceux qui devaient se disputer le prix de la course. Enfin des musiciens jouaient des airs religieux et des danseurs exécutaient des danses sévères et martiales. La marche était terminée par des statues des dieux portées sur des brancards. Les prêtres assistaient à tous les jeux du cirque; on sait le rôle joué par les Vestales dans les combats de gladiateurs.

L'intervention indispensable du clergé dans ces représentations, sa présence obligatoire dans ces

---

1. Les combats de l'amphithéâtre eurent pour origine les libations sanglantes et expiatoires qu'il était d'usage d'accomplir

fêtes païennes montre bien le caractère hiératique qu'elles avaient conservé et qu'elles gardèrent jusqu'au dernier jour. Il n'y eut jamais à Rome de théâtre qui ne fût consacré aux dieux et qui ne fût rempli de leurs simulacres.

Les jeux qui se célébraient en l'honneur du culte national étaient toujours gratuits; ils étaient défrayés en partie par un trésor sacré qu'administraient les pontifes[1], en partie par les édiles et les préteurs.

A l'origine, il en fut à Rome comme en Grèce; ceux qui montaient sur le théâtre furent considérés comme des prêtres remplissant une fonction sacerdotale. Plus tard, quand on eut appelé des histrions d'Étrurie, on continua à regarder avec estime une profession qui ne s'exerçait qu'en l'honneur des dieux. Toute la jeunesse romaine prit part aux jeux scéniques.

Quand les fêtes publiques perdirent leur caractère purement religieux, quand elles nécessitèrent la présence d'acteurs en grand nombre, on prit l'habitude de ne faire monter sur la scène que des esclaves, ou des gens de la lie du peuple[2]. Tombée

dans les temps anciers à la mort des guerriers. Cette coutume fit partie des rites funéraires et on l'étendit ensuite aux fêtes publiques sous la forme de combats de gladiateurs.

1. Ce trésor était alimenté par le produit des bois sacrés et par les amendes. Alexandre Sévère le grossit d'une taxe levée sur les courtisanes.

2. Il y avait des maîtres qui faisaient instruire leurs esclaves dans l'art du théâtre et qui tiraient profit de leurs talents.

en de telles mains, la profession du théâtre devint infame, et il fut interdit à tout citoyen de l'exercer sous peine d'être chassé de sa tribu et privé de tous ses droits.

Les esclaves qui montaient sur la scène, n'en restaient pas moins dans la condition servile et demeuraient soumis aux lois qui la régissaient. Peu à peu, et par une tendance bien naturelle, les magistrats en arrivèrent à vouloir appliquer à tous les histrions les lois qui frappaient les esclaves. Ce fut même bientôt une nécessité, car les comédiens étaient devenus si nombreux et ils menaient une conduite si bien en rapport avec la bassesse de leur origine, que souvent le préteur ne savait comment réprimer les excès de cette classe turbulente et indisciplinée. En effet, il n'avait plus seulement affaire à des esclaves; des affranchis, des étrangers, des hommes libres même, figuraient maintenant sur la scène, et, vis-à-vis d'eux, il se trouvait désarmé; il voulut pouvoir sévir et les traiter comme leurs camarades esclaves, sans distinction d'origine. C'est ainsi que le magistrat fut amené à prononcer contre tous les comédiens la note d'infamie qui les plaçait dans sa dépendance absolue et complète.

Il faut, du reste, bien remarquer qu'on désignait par comédiens ou histrions[1], non pas seulement les

---

1. Les deux mots étaient synonymes : le premier était grec ; le second, étrusque.

quelques acteurs qui figuraient dans de véritables représentations dramatiques, mais les chanteurs, les danseurs, les musiciens, les mimes, les pantomimes, tous ceux qui prenaient part aux jeux du cirque, cette tourbe immense et immonde qui, de tous les coins du monde connu, se précipita sur Rome et y apporta ses vices et son immoralité.

En frappant d'infamie les histrions, le préteur n'entendait en aucune façon attacher une idée déshonorante ni à l'art dramatique ni même à ses interprètes; il lui aurait été d'autant plus impossible de le faire, qu'en agissant ainsi il se fût attaqué à la religion elle-même et à ceux qui accomplissaient en quelque sorte les cérémonies du culte. Ce que le préteur condamnait, c'était la catégorie de gens qui exerçaient l'art du théâtre; par leur origine, et en dehors même de leur profession, ils se trouvaient tout naturellement soumis à toutes les sévérités de la loi[1].

La meilleure preuve que l'on puisse en donner, c'est que la jeunesse romaine n'avait pas craint, pendant fort longtemps, de monter sur la scène; elle avait même pris pour ce divertissement un goût si prononcé, que, quand elle dut céder la place aux comédiens de profession, elle eut soin de se réserver un genre de pièces nommées *Atellanes*[2].

[1]. Ils étaient payés pour divertir le peuple et l'argent qu'ils recevaient contribuait encore à les déconsidérer.
[2]. Les *Atellanes* venaient d'Atella, ville de Campanie. C'étaient

« Les jeunes gens, dit Tite-Live, ne permirent pas que les histrions souillassent ce nouveau genre; de sorte qu'il fut établi qu'on pouvait jouer des Atellanes sans être rayé de sa tribu, ni exclu du service des légions. »

Il n'y eut pas, du reste, que le métier de comédien qui fut frappé d'infamie; certains arts, certaines sciences, qui n'étaient exercés habituellement que par des esclaves eurent le même sort. Ainsi les médecins, les mathématiciens, les astronomes, qui étaient tous ou presque tous des Grecs ou des Africains pris à la guerre, furent déclarés infâmes. Il est évident que leur profession n'était pour rien dans cette réprobation de la loi, qu'on ne frappait que l'origine de ceux qui l'exerçaient.

La note d'infamie assimila le comédien à l'esclave dans la plupart des cas. Désormais, comme l'esclave, il peut être jeté en prison et puni de châtiments corporels sur un simple ordre des préteurs ou des édiles, sans procès, sans discussion, sans appel. Le fouet est le châtiment réservé à l'esclave, on l'applique au comédien[1]. De même qu'un esclave ne peut se dérober à son maître, de même, une fois monté

---

des pièces dont le dialogue n'était pas écrit. Les acteurs improvisaient sur un scénario dont ils convenaient.

1. Lucien raconte que quand un acteur représentait un dieu et qu'il jouait mal son rôle, on le faisait fouetter pour le punir de dégrader la majesté divine. Caligula entendant un jour les cris d'un acteur qu'on frappait de verges, trouva sa voix si belle qu'il ordonna de prolonger son supplice.

sur le théâtre, l'histrion n'a plus le droit de le quitter : il y est rivé jusqu'à sa mort.

L'histrion ne peut exercer aucune charge publique et il n'a pas la capacité nécessaire pour contracter une obligation. La loi le met au même rang que la prostituée : il ne peut postuler au barreau; il ne peut être ni accusateur ni témoin en matière criminelle, excepté dans les affaires de ses semblables ou qui se sont passées sur le théâtre, de même que la prostituée n'est admise à déposer que de ce qui se passe dans la maison publique. On ne peut épouser une comédienne ou fille de comédienne sans être comédien soi-même. On ne peut leur rien donner ni directement ni indirectement; les biens qu'elles auront reçus doivent être rendus à la famille ou confisqués[1].

On voit dans quel ordre d'idées étaient conçues les lois romaines contre les histrions[2].

Elles amenèrent une situation des plus curieuses; d'un côté le préteur frappait les comédiens d'infamie, de l'autre le clergé païen s'en servait et persistait à leur laisser le caractère religieux dont ils avaient jusqu'alors été revêtus. De telle sorte que ces mêmes gens que la société civile déclarait infâmes n'en continuaient pas moins à jouer en

1. On avait dû prendre des mesures contre la captation.
2. Ces lois sont fort nombreuses; il serait beaucoup trop long de les énumérer ici et nous ne signalons que les plus importantes.

l'honneur des dieux et à se parer des titres de la hiérarchie religieuse. Cette étrange contradiction n'a pas échappé aux Pères de l'Église, qui tous l'ont vivement relevée.

Pour s'expliquer les lois qui frappaient à Rome les histrions malgré leurs attaches religieuses, il faut se rendre compte de ce que fut le théâtre romain et du rôle qu'ils y jouaient.

Les Romains ne possédaient pas le goût fin et délicat des Grecs; on ne vit chez eux ni véritable théâtre ni littérature dramatique; pendant fort longtemps ils ne connurent que les farces appelées *saturæ*[1] et les intermèdes joués par des acteurs sans cothurne. Plus tard, il est vrai, le théâtre grec fit son apparition, mais sans grand succès. A part quelques rares exceptions, il n'y eut pas à Rome de comédiens dignes de ce nom, ils n'y avaient pas d'emploi.

A mesure que les Romains subjuguaient les peuples, les captifs esclaves affluaient à Rome, et le goût des spectacles sanglants se développa au point d'effacer bientôt les quelques tentatives d'art dramatique qui avaient pu se produire.

Les mœurs s'abaissèrent graduellement, la mollesse succéda à l'austérité, la débauche gagna chaque jour du terrain. Les conquêtes, les guerres

---

[1]. On appelait ainsi de petits drames qui comprenaient à la fois des paroles, de la musique et de la danse, d'où leur nom de *saturæ* (farces).

heureuses, l'esclavage, furent les germes les plus actifs de corruption.

« Les légions de Manlius, dit Tite-Live, rapportèrent dans Rome le luxe et la mollesse de l'Asie. Elles introduisirent les lits ornés de bronze, les tapis précieux, les voiles et les tissus déliés. Ce fut depuis cette époque qu'on vit paraître dans les festins des chanteurs, des baladins et des joueuses de harpe. »

« Lorsque j'entrai dans une des écoles où les nobles envoient leurs fils, s'écrie Scipion Émilien, grands dieux ! j'y trouvai plus de cinq cents jeunes filles et jeunes garçons qui recevaient, au milieu d'histrions et de gens infâmes, des leçons de lyre, de chant, d'attitudes, et je vis un enfant de douze ans exécutant une danse digne de l'esclave le plus impudique[1]. »

Les spectacles que les Romains préféraient par-dessus tout étaient les jeux du cirque. Ce qui les passionnait, c'était la lutte des chars, les hécatombes d'hommes, de lions, de tigres, d'éléphants, de panthères mouchetées, les combats de taureaux à la mode thessalienne. On voyait descendre dans l'arène jusqu'à cinq cents couples de gladiateurs. Trajan, après la seconde guerre contre les Daces, donna des jeux qui durèrent cent vingt-trois jours ; plus de dix mille gladiateurs y succombèrent. Pour

---

1. Duruy, *Histoire des Romains*.

l'inauguration du théâtre de Venus Victrix, Pompée fit tuer quatre cent dix panthères et six cents lions. Dans ces jeux grandioses et barbares, où les acteurs se comptaient par centaines, tous les rôles étaient remplis par des captifs ou des esclaves.

Le goût du peuple pour ces spectacles était tel, que quand les citoyens se trouvaient au théâtre, ils ne pouvaient plus s'en arracher[1]. Les magistrats nouveaux se ruinaient en représentations pour conserver la faveur populaire. Pompée fit construire un théâtre de pierre qui pouvait contenir 40 000 spectateurs[2]; les théâtres d'Auguste et de Balbus en recevaient aisément 30 000; celui de l'édile Marcus Scaurus en contenait 80 000. Au grand cirque, il y avait place pour 380 000 personnes qui assistaient gratuitement à la fête.

Les histrions célèbres recevaient des sommes con-

---

1. Varron mentionne le premier essai que l'on ait fait des pigeons voyageurs. Il raconte que les Romains apportaient au théâtre, dans leur sein, des colombes domestiques; quand la représentation se prolongeait, ils attachaient un billet au col de la colombe, l'oiseau prenait son vol et allait au logis du maître porter les ordres dont il était chargé.

2. Jusqu'alors il n'y avait eu que des cirques de bois qu'on construisait pour une cérémonie et qu'on détruisait ensuite; le peuple s'y tenait debout, on évitait le confortable qui lui aurait donné le goût des jeux et par suite de l'oisiveté. Quand Pompée construisit un cirque de pierre, les vieux sénateurs l'accusèrent de corrompre les mœurs publiques; il fit aussitôt élever tout à côté un temple à Vénus, disant que le cirque n'était qu'une dépendance du temple.

sidérables. Ésope, après avoir vécu toute sa vie avec un faste et une prodigalité inouïs, laissa, en mourant, une fortune de plus de quatre millions. Roscius touchait du trésor public mille deniers romains par jour; la comédienne Dionysia, cinquante mille écus par an.

Sous Auguste, la passion des Romains pour les spectacles, pour la danse, pour les musiciens, toucha à son apogée. Un genre nouveau s'était introduit dans le théâtre, mais il abaissa encore le niveau de l'art dramatique déjà si peu élevé. Des bouffons, venus de la Toscane, apportèrent les mimes. Les mimes étaient des pièces en vers très courtes, accompagnées des danses les plus licencieuses. C'est ce qui fit leur succès. Un de leurs principaux attraits fut encore l'introduction des femmes sur la scène. Jusqu'alors leurs rôles avaient été remplis par des hommes en travesti. Les mimes, dès leur apparition, furent admis dans les fêtes solennelles, aux jeux floraux, romains, funèbres, plébéiens, votifs, apollinaires, etc.

Les Romains aimaient beaucoup la danse et la faisaient figurer dans un grand nombre de cérémonies; mais elle dégénérait toujours et prenait le caractère le plus libre. Ainsi la danse nuptiale, d'usage dans les noces, offrait la peinture de toutes les actions du mariage. Lorsque, de la vie privée, ils transportèrent la danse sur le théâtre, bien loin de la purifier, ils lui demandèrent des tableaux d'une extrême volupté. Dans les jeux qui se célébraient en l'honneur de Flore, des courtisanes nues paraissaient sur la scène et s'y livraient aux danses les plus lascives.

Pour faire disparaître toute littérature dramatique, il y avait encore un degré à descendre. On le franchit bientôt. Des mimes on arriva aux pantomimes. La pantomime ne s'adressait qu'aux yeux. Il n'y avait plus ni poésie, ni prose, rien que des gestes.

Ces pantomimes étaient en quelque sorte devenues nécessaires, depuis que Rome renfermait des populations et des idiomes variés; on trouva dans ces pièces sans paroles une espèce de langage et de lien universel qui convenait merveilleusement à ce public hétérogène, à ce composé de toutes les nations.

Les pantomimes jouirent, sous Auguste, d'une vogue incroyable. Pour plaire au peuple, on en arriva à pousser si loin le langage des sens qu'on représentait sur la scène Léda se livrant aux caresses du cygne, Pasiphaé cédant aux étreintes du taureau crétois.

Ces représentations causaient dans Rome un tel enthousiasme qu'elles faisaient oublier la perte des libertés publiques et qu'Auguste en usait comme d'un dérivatif aux conversations du Forum. « Laissez le peuple se passionner pour les spectacles du cirque, disait l'illustre pantomime Pylade à l'empereur, il s'occupera moins de l'établissement de votre autorité, il y mettra moins d'obstacles. »

Le rival de Pylade, Bathylle, parlait avec la même audace :

« Notre profession, seigneur, sert votre politique plus efficacement que vous ne l'avez pensé, nous amusons les gens oisifs et nous calmons bien des cœurs irrités qui s'occuperaient de leurs chagrins dans la solitude. »

Auguste voulut protéger ceux qui servaient si bien ses vues politiques. Il les enleva à la juridiction des magistrats et des préteurs pour les soumettre à la sienne, et il leur accorda, au moins en dehors du théâtre, le privilège dont jouissaient les citoyens, de ne pouvoir être condamnés au fouet, punition infâme et réservée aux seuls esclaves.

Dès que les comédiens ne furent plus soumis au préteur, leur licence devint extrême, et sous le règne de Tibère ils provoquèrent des troubles violents. Pylade devint tellement arrogant, qu'un jour, jouant *Hercule furieux*, il s'amusa à lancer des flèches sur le public et il blessa grièvement plusieurs des assistants. Jaloux du plus ou moins de succès qu'ils obtenaient, les pantomimes pendant les entr'actes s'égorgeaient derrière la scène. Les spectateurs eux-mêmes prenaient parti pour tel ou tel acteur, ils en venaient aux mains, à chaque instant des luttes horribles et meurtrières ensanglantaient le théâtre.

Les jeux du cirque n'offraient pas un spectacle moins terrible. Les combattants, qu'il s'agit de courses à cheval, de courses de chars ou de courses à pied, étaient divisés en factions, selon la couleur de leur habit. Aux factions blanches et rouges, on en ajouta bientôt deux autres, la verte et la bleue. On appelait blanc, rouge, vert et bleu, non seulement ceux qui couraient dans le cirque, mais ceux d'entre le peuple qui étaient pour l'un ou l'autre de ces partis[1].

Sous Tibère, les factions en arrivèrent à la fureur et les jeux du cirque furent souvent troublés par des scènes sanglantes. « La passion de ce peuple est telle, écrivait Juvénal, que si les verts étaient battus, Rome serait dans la même consternation qu'après la défaite de Cannes. »

Pour arrêter ces désordres, le Sénat voulut rétablir la peine du fouet contre les histrions qui, par leurs intrigues, soulèveraient le peuple; mais l'empereur s'y opposa, préférant réserver pour lui seul ce précieux moyen de gouvernement.

Cependant, effrayé de l'audace grandissante des comédiens, tremblant de devenir lui-même la victime des factions dont l'audace augmentait chaque

---

[1] Ces factions, selon le roi Théodoric, marquaient les quatre saisons de l'année : la verte, le printemps; la rouge, l'été; la blanche, l'automne; la bleue, l'hiver. Domitien en inventa deux nouvelles, la dorée et la pourprée, mais elles ne subsistèrent pas longtemps.

jour, Tibère chassa de l'Italie cette tourbe de mimes, pantomimes, gladiateurs, factionnaires, danseurs, qui épouvantaient la capitale du monde. Les théâtres furent fermés.

Caïus Caligula les rouvrit et rappela les comédiens ; jamais on ne vit plus de spectacles que sous son règne, jamais la licence ne fut poussée à un pareil excès. L'empereur, imbu des idées grecques, monta lui-même sur la scène et fut tour à tour chanteur, danseur, gladiateur et cocher.

Néron suivit cet exemple ; il s'entoura d'histrions et partagea tous leurs dérèglements ; son plus grand bonheur était de paraître sur le théâtre et de recevoir des applaudissements[1]. Il fit cependant établir une distinction entre ceux qui jouaient un rôle pour leur plaisir et ceux qui jouaient par intérêt ; les premiers ne pouvaient être frappés d'infamie. Il institua les fêtes Juvénales, où les chevaliers, les sénateurs, les femmes du premier rang, étaient obligés de figurer sur la scène.

---

1. Il se donna en spectacle dans tous les genres ; on le vit successivement, comédien, chanteur, lutteur, joueur de flûte, conducteur de chars. Lorsqu'il paraissait au théâtre, c'était un préfet du prétoire qui portait sa harpe, un consulaire annonçait le programme. C'est lui qui eut la première idée de la *claque*, mais il l'organisa dans des proportions grandioses : cinq mille jeunes gens sous la conduite de chevaliers formaient son personnel à gages ; leur marque distinctive était une épaisse chevelure et un anneau d'argent, qu'ils portaient à la main gauche.

De pareils exemples et de pareils encouragements augmentèrent encore les débordements du théâtre. Les pantomimes vivaient dans l'intimité des chevaliers et des sénateurs, ils occupaient les premières charges; l'on voyait leurs statues s'élever sous les portiques et dans les lieux mêmes où l'on plaçait celles des empereurs. Le palais impérial fut rempli de baladins, de courtisanes, de chanteuses et de danseuses. Les femmes les plus qualifiées entretenaient des comédiens et affichaient outrageusement leur passion.

L'engouement pour eux devint tel, que l'histrion Pâris[1] souilla la couche de l'empereur Domitien; le coupable, il est vrai, fut massacré, l'impératrice répudiée, et tous les comédiens chassés de Rome. Mais à la mort de Domitien, ils revinrent plus nombreux que jamais.

Sous le règne de Marc-Aurèle, Lucius Vérus ramena, après la guerre des Parthes, tant de joueuses de flûte, tant de bouffons, de baladins et de joueurs de gobelets, qu'il paraissait plutôt victorieux des histrions que des Parthes.

Rien ne peint mieux la passion que les Romains éprouvaient pour les jeux et les spectacles que ce

---

1. Les Romains mirent sur le tombeau de Pâris une épitaphe qui invitait les passants à rendre hommage à ce qui renfermait, selon les expressions de Martial, toutes les grâces, tous les amours, toutes les voluptés, la gloire du théâtre et les délices de Rome.

qu'Ammien Marcellin rapporte : on chassa de Rome tous les philosophes sous prétexte qu'on craignait la famine et l'on conserva 6000 pantomimes, 3000 acteurs et autant d'actrices.

Depuis l'établissement de l'empire, la vie romaine était devenue une orgie continuelle. Sous les règnes des derniers empereurs païens la dissolution ne connut plus de bornes; les spectacles avaient naturellement suivi la progression décroissante des mœurs. On en arriva à mêler les meurtres aux jeux de la scène : dans une représentation d'*Hercule furieux* on brûla un homme vivant aux acclamations des spectateurs. On se passionna pour les nudités. On se pressait en foule pour voir nager dans de vastes réservoirs des femmes nues, qui représentaient les naïades; aux jeux du cirque, des femmes nues dansaient sur la corde. A Gaza (Syrie), aux fêtes de Majuma, où la déesse Vénus était en grande vénération, pendant les sept jours de fêtes, des femmes se montraient nues sur le théâtre. Les sens blasés du peuple avaient sans cesse besoin de nouveaux excitants. On crut en trouver dans ces exhibitions scandaleuses; le public prit l'habitude de demander à grands cris, à la fin des représentations, les actrices et les acteurs : on les faisait tous comparaître nus sur la scène[1].

---

1. Un jour Caton assistait aux jeux Floraux; intimidé par sa présence le peuple n'osait demander qu'on dépouillât les actrices. Caton, prévenu, se retira pour ne pas empêcher l'observation des rites accoutumés.

Voilà, rapidement résumé, ce qu'étaient les spectacles et les histrions chez les Romains; il était bon de le rappeler, pour expliquer la conduite de l'Église chrétienne vis-à-vis du théâtre.

III

DU TROISIÈME AU SIXIÈME SIÈCLE

Sommaire : Les Pères de l'Église condamnent les spectacles et les comédiens. — Canons des conciles. — Le théâtre et les comédiens sous les empereurs chrétiens. — Les spectacles en Orient. — Invasion des barbares en Occident. — Suppression des théâtres.

Lorsque le christianisme commença à se répandre dans le monde, il proscrivit sans pitié les spectacles et il frappa d'anathème tous ceux qui prenaient une part active à ces divertissements profanes. Cette rigueur s'explique fort aisément.

Les deux religions qui se trouvaient en présence étaient en effet le contre-pied l'une de l'autre et leur morale offrait le plus saisissant contraste.

Le paganisme avec sa mythologie licencieuse, avec ses dieux égrillards, soumis à toutes les passions et à toutes les faiblesses humaines, avait créé des mœurs étranges. On ne connaissait à Rome ni la chasteté, ni la pudeur; l'adultère y était devenu si fréquent, qu'on ne distinguait plus l'honnête femme de la prostituée; le divorce, dont on abusait étrangement, rendait le lien du mariage complétement illusoire; on aimait à voir couler le sang, on le répandait à flots dans les jeux du cirque; l'esclavage était en honneur et le maître possédait le droit de vie ou de mort sur son esclave. Satisfaire ses passions, ne songer qu'à ses plaisirs, tel paraissait être le but de la vie.

La religion chrétienne, au contraire, ne reconnaît qu'un Dieu unique, immuable, impeccable, source de toutes les perfections. Elle érige en vertus essentielles la pudeur, la chasteté; elle considère l'adultère comme un crime et déclare indissolubles les liens du mariage; elle défend de verser le sang, prêche l'égalité et condamne l'esclavage; en même temps, elle s'élève avec force contre tout ce qui peut donner le goût de la dissipation, car maintenant le but de la vie n'est plus le plaisir, on ne doit songer qu'à faire son salut et à gagner le ciel.

Ces deux religions si dissemblables vécurent côte à côte pendant près de six siècles, chacune s'efforçant de faire triompher sa morale et ses idées.

Il est tout naturel que, conformément à son dogme et pour mettre les mœurs en rapport avec le nouvel état social qu'elle voulait établir, l'Église chrétienne ait protesté contre les jeux sanglants du cirque et contre les turpitudes du théâtre romain. Il est également naturel que, pour agir plus efficacement encore et supprimer le mal en en supprimant les auteurs, elle ait proscrit tous ceux qui apportaient une collaboration quelconque à ces spectacles pernicieux : histrions, bouffons, mimes, pantomimes, danseurs musiciens, cochers, factionnaires, etc., tous confondus sous le terme générique de comédiens.

Une autre cause suffirait encore à expliquer sa sévérité contre les spectacles ; trop souvent elle en faisait les frais. On ne se contentait pas en effet d'y tourner en dérision ses dogmes et ses cérémonies, ses néophytes par centaines étaient jetés aux bêtes et servaient aux plaisirs du peuple dans les jeux du cirque.

Mais la raison principale qui provoqua les rigueurs des Pères de l'Église, c'est que les spectacles à Rome n'étaient autre chose, nous l'avons vu, que des cérémonies religieuses, des actes véritables de piété envers les dieux. Comment, dans de pareilles conditions, l'Église chrétienne n'aurait-elle pas condamné les représentations publiques et ceux qui y prenaient part? N'était-il pas pour elle d'une importance vitale de sévir sans pitié contre tout ce qui formait obstacle à son établissement et perpétuait les souvenirs du paganisme? En réalité cette question du théâtre fut une question purement religieuse et tous les autres motifs invoqués ne furent que secondaires.

Les Pères de l'Église l'ont implicitement reconnu. Saint Isidore, dans ses *Origines*, invite les chrétiens à s'abstenir des jeux du cirque où les superstitions païennes présentent aux regards le triomphe de la vanité, de la débauche et de l'idolâtrie.

« Que dirai-je des vaines et inutiles occupations de la comédie et des grandes folies de la tragédie? s'écrie saint Cyprien[1]. Quand même ces choses ne seraient pas consacrées aux idoles, il ne serait pas néanmoins permis aux fidèles chrétiens d'en être es acteurs et les spectateurs. »

« Vous me demandez, dit encore saint Cyprien à un évêque qui l'avait consulté, si un comédien doit être reçu dans notre religion. Il ne convient ni à la Majesté divine, ni à l'honneur de l'Église, de se souiller par un infâme commerce[2]. »

« N'allons point au théâtre, dit Tertullien[3], qui est une assemblée particulière d'impudicité... où un comédien y joue avec les gestes les plus honteux et les plus naturels, où des femmes, oubliant la pudeur de leur sexe, osent faire sur un théâtre, et à la vue de tout le monde, ce qu'elles auraient honte de commettre dans leurs maisons, où elles ne sont vues

---

1. Évêque de Carthage au troisième siècle.
2. Non seulement saint Cyprien refuse la communion au comédien, mais il la refuse encore à celui qui, sans être comédien, s'occupe à instruire, à former, à exercer les comédiens. « C'est perdre plutôt qu'instruire la jeunesse, dit-il, que de lui enseigner ce qu'elle ne doit jamais apprendre et qu'on n'aurait jamais dû savoir. On ne peut communiquer avec un tel homme, mais cependant s'il e.. pourra, q. . revienne sincèrement de ses désordres et qu'il c... ..ngraisser des victimes pour l'enfer, on peut lui faire l'aumône. »
3. Célèbre Père de l'Église latine (160-230).

de personne. On y fait paraître jusqu'à des filles perdues, victimes infâmes de la débauche publique... Je ne dis rien de ce qui doit demeurer dans les ténèbres, de peur d'être coupable de ces crimes par le seul récit que j'en ferais[1]. »

Saint Chrysostome[2] compare ceux qui, de son temps, allaient à la comédie, à David prenant plaisir à regarder nue dans son bain Bethsabée, et il dit que le théâtre est le rendez-vous de tous les crimes, que tout y est plein d'effronterie, d'abomination et d'impiété[3].

On voit, par ces quelques citations, ce que l'Église proscrit dans les spectacles. Ce sont les souvenirs de l'idolâtrie, les impudicités auxquelles on assiste, les blasphèmes qu'on y entend. Idolâtries, impudicités, blasphèmes, c'est là en effet tout le théâtre romain à l'époque des Pères. Quoi de plus naturel, de plus légitime que leurs anathèmes contre de si détestables exemples?

---

1. Lactance parle des mouvements pleins d'impudence que l'on voit dans la personne des comédiens. Leurs corps efféminés sous la démarche et l'habit de femmes représentent les gestes les plus lascifs, les plus dissolus.

2. Père de l'Église et évêque de Constantinople (347-4..).

3. D'après saint Salvien, prêtre du quatrième siècle, « la comédie est pire que le blasphème, le larcin, l'homicide et tous les autres crimes. » Ces crimes en effet ne rendent pas coupables ceux qui en sont spectateurs ou qui en entendent le récit, tandis qu'on ne peut voir les jeux du théâtre sans tomber dans le désordre; le spectateur est complice de l'acteur, ceux qui étaient allés chastes à la comédie en reviennent adultères.

La campagne contre les comédiens fut poursuivie par les conciles.

Le canon 62 du concile d'Elvire[1], tenu l'an 305, concerne les histrions, les pantomimes et les cochers du cirque :

« S'ils veulent embrasser la foi chrétienne, y est-il dit, nous ordonnons qu'ils renoncent auparavant à leur profession et s'engagent à ne plus l'exercer; qu'ensuite ils soient admis[2]; s'ils manquent à leur promesse, qu'ils soient chassés et retranchés de l'Église. »

Le canon 5 du premier concile d'Arles, tenu l'an 314, porte :

« Nous ordonnons que tous les cochers du cirque et les comédiens soient séparés de la communion tant qu'ils exercent ce métier. »

Le troisième concile de Carthage, en 397, défend aux enfants des évêques ou des clercs[3] de donner des spectacles profanes et même d'y assister, comme cela était défendu aux laïques eux-mêmes (canon 11). On lit encore dans le trente-cinquième canon :

---

1. Le concile d'Elvire est le premier qui ait été réuni en Esp...

2. Bien des comédiens profitèrent de la permission que l'Église leur accordait et se réconcilièrent avec elle. Plusieurs même furent canonisés. On peut citer : Genest, acteur célèbre du temps de Dioclétien; Porphyre, comédien d'Andrinople, sous Julien l'Apostat; Ardélion, qui vécut à l'époque de Justinien.

3. On sait que pendant assez longtemps le mariage des prêtres fut autorisé.

« On ne refusera ni le baptême, ni la pénitence aux gens de théâtre, ni aux apostats convertis. »

Tous ces canons sont fort logiques et n'ont rien d'excessif. Il était vraiment bien naturel que l'Église exigeât des comédiens, qui se convertissaient, de quitter tout d'abord le théâtre, c'est-à-dire le culte des faux dieux, et qu'elle continuât à les exclure de la communion s'ils persistaient dans leur profession. Il ne faut pas oublier en effet que ces canons concernaient une catégorie d'individus qui tous, encore étaient païens.

Les conciles d'Arles, d'Elvire, de Carthage, etc., n'étaient que provinciaux et leur autorité par conséquent ne s'étendait pas au delà de la province ecclésiastique dans laquelle ils avaient été rassemblés[1]. Comment leur doctrine, en ce qui concernait les comédiens tout au moins, se répandit-elle? Par une raison fort simple. Dans ces premiers temps du christianisme, les conciles, même provinciaux, réunissaient des évêques de différents pays et tranchaient des questions qui intéressaient l'Église entière; il en résultait que leurs canons jouissaient d'un grand crédit. Le concile d'Arles, par exemple, fut dans ce

---

1. Il y a trois sortes de conciles :

1° Le concile général ou œcuménique : Ses canons sont obligatoires pour toute l'Église;

2° Le concile national, ses canons sont obligatoires pour la nation entière;

3° Le concile provincial, qui a force de loi pour toute la province ecclésiastique.

cas; on y comptait plus de six cents évêques venus des Gaules, de l'Afrique, de l'Italie, de la Sicile, de la Sardaigne, de l'Espagne et du pays des Bretons, etc. Une fois de retour dans leur diocèse, ces prélats s'empressaient d'appliquer les canons qu'ils avaient contribué à faire adopter[1]. C'est ainsi que les décisions de quelques conciles au sujet des comédiens furent bientôt admises dans un grand nombre de provinces; mais il n'y eut jamais de condamnation générale prononcée contre les gens de théâtre ni par les papes, ni par un seul concile œcuménique.

A l'infamie civile, qui déjà frappait les histrions de par la loi du préteur, s'ajouta donc l'infamie canonique. Désormais l'Église chrétienne les regarde comme exclus de la communion, et, imitant les rigueurs de la loi romaine, elle les place sur le même rang que la prostituée. Elle les prive du sacrement de la pénitence; aucun prêtre ne peut leur donner l'absolution, à moins qu'ils ne quittent irrévocablement leur métier. On ne refuse pas le baptême à leurs enfants, puisqu'on l'accorde même aux enfants d'hérétiques, mais on ne peut le donner à un adulte comédien. On n'accepte les histrions ni comme parrain ni comme marraine, on leur refuse la confir-

---

[1]. Chaque évêque a le droit en synode (réunion des prêtres du diocèse), ou hors du synode, de porter des lois particulières pour son diocèse; c'est à lui d'apprécier si ce qui est admis dans le diocèse voisin doit être défendu dans le sien propre, et réciproquement.

mation, le sacrement du mariage, la sainte communion, à la vie et à la mort, même à Pâques, soit en secret, soit publiquement; enfin on ne leur accorde même pas la sépulture ecclésiastique.

Les canons des conciles ne produisirent pas plus d'effet que les objurgations des saints Pères; la foule se pressa plus nombreuse que jamais aux représentations publiques.

En 312, Constantin[1] embrasse le christianisme. En 313, par l'édit de Milan, il déclare la religion chrétienne religion de l'empire. Soutenue par le gouvernement, l'Église redouble d'efforts dans sa lutte contre la société païenne, mais elle reste impuissante devant la vogue croissante des spectacles. On a même dû multiplier les jours de fête; en 345, on en compte jusqu'à 175 par an. Le goût des peuples pour le théâtre est tel, qu'ils en oublient jusqu'au soin de leur défense. Carthage est prise par les Vandales[2] pendant que toute la population assiste à une représentation du cirque, et les applaudissements des spectateurs sont assez bruyants pour couvrir les cris de ceux qu'on égorge dans la ville.

Le même sort fut partagé par la ville d'Antioche, dont l'empereur Julien disait : « On y voit tant d'acteurs, danseurs, sauteurs, joueurs d'instruments,

---

1. Né en 274, proclamé César en 306. En 330, il transporte le siège de l'empire à Byzance. Il meurt en 337.
2. La prise de Carthage eut lieu en 345.

qu'il y a plus de comédiens que de citoyens. » Le peuple assistait dans le cirque aux bouffonneries d'un mime, lorsque les Perses s'emparèrent de la ville.

Ces deux exemples passèrent pour une punition du ciel et fournirent à l'Église un nouvel et facile argument contre le théâtre.

On pourrait s'étonner de l'acharnement déployé par le christianisme dans cette lutte, si l'on ne savait par les conciles eux-mêmes que les prêtres de la religion nouvelle se montraient aussi passionnés pour ces spectacles païens que le reste du peuple, et que les menaces et les châtiments de leurs supérieurs ecclésiastiques ne pouvaient les en détourner.

On comprend combien à une époque de transition, et dans ces premiers siècles presque barbares, il était difficile pour l'Église d'obtenir de ses serviteurs une régularité parfaite et une stricte observance de ses préceptes. Il fallut des siècles à cette société encore tout imprégnée du paganisme et de l'effroyable dissolution de la Rome païenne, pour s'habituer aux mœurs nouvelles; le clergé lui-même ne s'épura que peu à peu et fort lentement.

Le concile de Laodicée[1] est bien instructif à cet

---

[1]. Le concile de Laodicée (Asie Mineure) fut tenu vers 364. C'est un des plus célèbres de l'antiquité.

égard. Ses canons interdisent aux prêtres et aux clercs de prêter à usure[1], de fréquenter les cabarets, de faire les agapes dans l'église, d'y manger et d'y dresser des tables, de se baigner avec des femmes[2], d'être magiciens, enchanteurs, mathématiciens ou astrologues, de faire des ligatures ou phylactères[3], d'assister aux spectacles qui se font aux noces et aux festins, d'y danser, etc.

1. Plus tard, on excommunia les usuriers parce qu'il y avait un grand nombre de prêtres qui exerçaient ce métier.

2. Les Romains étaient loin d'avoir sur la pudeur les mêmes idées que nous; le nu ne les choquait pas. L'usage des bains communs aux deux sexes existait de tout temps chez eux et il fallut à l'Église plusieurs siècles d'efforts pour arriver à déraciner à peu près cet usage : « Que dirai-je des vierges qui vont se laver dans les bains publics, écrit saint Cyprien, et qui prostituent aux yeux lascifs des corps consacrés à la pudeur? Car lorsqu'elles s'exposent ainsi nues à la vue des hommes, ne fomentent-elles pas les passions déshonnêtes? N'allument-elles pas les désirs de ceux qui les regardent? « C'est à eux, dites-vous, à « voir avec quels desseins ils viennent là; pour moi, je ne songe « qu'à me laver et à me rafraîchir. » Un bain de cette sorte ne vous nettoie pas, mais vous salit encore davantage. Vous ne regardez personne impudiquement; à la bonne heure, mais l'on vous regarde impudiquement; vos yeux ne sont point souillés d'un plaisir infâme, mais le plaisir que vous donnez aux autres vous souille vous-même. Du bain, vous en faites un spectacle, et l'on ne voit pas sur le théâtre des choses plus déshonnêtes que celles que vous y faites. » Au septième siècle, le concile de Constantinople in Trullo interdisait encore aux prêtres, sous peine de déposition, et aux laïques, sous peine d'excommunication, de se baigner avec des femmes.

3. Les phylactères dont il est parlé dans ce canon sont les amulettes, c'est-à-dire les prétendus remèdes accompagnés d'enchantement pour guérir ou prévenir les maladies.

On renouvela ces défenses pendant plusieurs siècles[1], mais sans grand succès.

Les empereurs, aussi bien en Orient qu'en Occident[2], s'efforçaient de concilier les désirs de l'Église avec les nécessités de leur gouvernement. Ils défendirent expressément de donner des représentations le dimanche et les jours de fête, pour ne pas profaner les jours consacrés au culte du Seigneur. Saint Chrysostome obtint même d'Arcadius[3] l'abolition des jeux Majuma; mais l'empereur, malgré les pressantes instances du saint, refusa de supprimer les autres spectacles, « de peur d'attrister le peuple ».

En effet, malgré leur ardeur de néophytes et leur très vif désir de se conformer aux vœux de l'Église, les empereurs ne se souciaient nullement de risquer leur popularité et de compromettre leur sûreté;

---

1. L'Église eut toutes les peines du monde à moraliser ses clercs. Ainsi en 692 le concile de Constantinople prononce la peine de la déposition contre ceux du clergé qui auront eu commerce avec une vierge consacrée à Dieu; il renouvelle les anciens canons qui défendent aux clercs d'avoir avec eux des femmes étrangères; il leur défend d'exiger de l'argent pour donner la communion; il condamne à la déposition les prêtres qui feront commerce de nourrir et d'assembler des femmes de mauvaise vie, ceux qui, sous le nom de mariage, enlèveront des femmes ou prêteront secours aux ravisseurs, etc., etc. On pourrait multiplier les citations.

2. A la mort de Théodose le Grand, ses deux fils Honorius et Arcadius se partagèrent l'empire.

3. Fils aîné de Théodose, il naquit en 384 et mourut en 408. A la mort de son père, il reçut en partage l'empire d'Orient.

or, ils se rendaient très bien compte que la suppression des théâtres entraînerait des séditions redoutables, que le peuple se soulèverait, que les histrions eux-mêmes prendraient les armes et que l'imprudent, qui aurait osé toucher à cette corporation si nombreuse et si dangereuse, expierait probablement son audace par la perte de son trône.

Ce qui se passa à l'époque de Justinien [1] montre bien à quel point était justifiée la terreur qu'inspiraient les comédiens. Sous son règne les factions du cirque devinrent des partis politiques et religieux. Les bleus, soutiens acharnés de l'orthodoxie, s'attachèrent à l'empereur; les verts penchaient pour l'hérésie et voulaient rétablir la famille déchue d'Anastase. Cette rivalité donna naissance à des luttes effroyables. Constantinople fut livrée au pillage et incendiée. Après plusieurs jours de lutte, Justinien eut le dessus; les verts furent écrasés; plus de 40 000 hommes périrent.

Ce terrible événement fit supprimer le nom de faction dans les jeux du cirque; mais la passion pour les spectacles n'en fut nullement atténuée.

Justinien abolit l'idolâtrie dans tout l'Orient, et il s'efforça de seconder en toutes choses les vues du clergé. C'est sous son règne que la religion chré-

---

1. Il fut associé à l'empire en 537; la mort de Justin le laissa seul maître du pouvoir quelques mois plus tard.

tienne obtint enfin l'abrogation de cette loi barbare, qui empêchait le comédien une fois monté sur le théâtre d'en descendre jamais. Les empereurs chrétiens avaient adopté presque en entier le droit romain et ils avaient reproduit, sans y rien changer, tout ce qui concernait les histrions. Il en résultait qu'il y avait contradiction absolue entre la loi civile et la loi religieuse : la première ne permettait pas au comédien de quitter sa profession, la seconde le repoussait sans pitié tant qu'il l'exerçait. En vain l'Église avait-elle demandé qu'on permit à ceux qui se convertissaient de ne plus paraître sur le théâtre; pendant longtemps elle n'avait pu l'obtenir. Sous Honorius[1] elle eut un instant gain de cause; mais l'empereur dut rapporter son décret pour ne pas s'exposer à une sédition. Le christianisme finit cependant par triompher de toutes les résistances, et Justinien par une loi autorisa le comédien converti, libre ou esclave, à ne plus remonter sur le théâtre : personne au monde, pas même son père, pas même son maître, n'eut le droit de l'y contraindre.

L'empereur ne prit pas avec moins de zèle les intérêts de la religion contre les écarts du clergé. Les censures ecclésiastiques étant impuissantes, il fit une loi qui défendit aux prêtres de paraître aux

---

1. Deuxième fils de Théodose (384-423). Il avait reçu en partage l'empire d'Occident.

spectacles sous peine de graves châtiments canoniques[1] :

« Nous les y avons souvent exhortés, dit l'empereur, mais sans succès : Nous ordonnons donc que nul diacre, nul prêtre et, bien plus expressément, que nul évêque n'assistera jamais aux jeux publics de dés, ni aux spectacles du théâtre, s'il est croyable qu'il y en ait qui y assistent; car qui pourrait croire qu'on y voit ceux qui, par ordination, doivent entretenir un commerce perpétuel avec Jésus-Christ et attirer sur les fidèles l'Esprit-Saint, ceux dont la tête et les mains sont consacrées à Dieu par l'onction sainte, afin qu'ils conservent tous leurs organes exempts de toute souillure? »

Les sévérités de la loi étaient d'autant plus pressantes qu'on voyait des prêtres ne plus se contenter d'assister aux spectacles, mais encore embrasser eux-mêmes la profession maudite. « Si quelque ecclésiastique, dit la loi, déshonore la dignité de son état jusqu'à se faire comédien, il devient infâme et perd tout privilège clérical. » Cependant on ne le condamne pas immédiatement et l'on pousse la faiblesse jusqu'à lui laisser un an pour quitter la scène et rentrer dans le giron de l'Église.

Justinien défendit encore aux sénateurs et aux grands officiers de s'unir à des femmes de théâtre;

---

[1]. Les contrevenants devaient être interdits et enfermés trois ans dans un monastère

mais il négligea de prêcher d'exemple et épousa lui-même Théodora, la célèbre comédienne.

L'empire d'Orient échappa en partie aux invasions des barbares; les spectacles purent donc y subsister sans difficulté. Constantinople fut envahie par les bouffons, les chanteurs, les danseurs, les farceurs, etc. Comme par le passé, on vit les prêtres de la religion chrétienne assister sans scrupule à leurs jeux et les conciles ne cesser de fulminer contre des spectacles que tous leurs efforts avaient été jusqu'alors impuissants à déraciner. Le concile de Constantinople in Trullo, l'an 692[1], défend à tous les ecclésiastiques d'assister ou de prendre part aux courses de chevaux et aux spectacles des farceurs. Il interdit aux clercs, sous peine de déposition, et aux laïques, sous peine d'excommunication, de se trouver aux spectacles et aux combats contre les bêtes, ou de faire sur le théâtre les personnages de farceurs et de danseurs. Il ordonne de supprimer divers jeux indécents qui se faisaient aux jours des Calendes, les danses publiques des femmes, les déguisements d'hommes en femmes, de femmes en hommes; l'usage des masques et l'invocation de Bacchus pendant les vendanges, etc.

Qu'étaient devenus les théâtres en Occident depuis l'invasion des barbares?

---

1. Il s'assembla dans le dôme du palais nommé en latin *trullus*.

Dans les Gaules, en Italie, en Espagne, en Afrique, l'Église n'eut plus besoin de les proscrire; ils disparurent tout naturellement sous les pas des Goths et des Vandales. Rome, cependant, échappa quelque temps encore à une destruction complète, et c'est ce qui explique comment les spectacles purent s'y maintenir jusqu'au temps du pape Gélase[1], à la fin du cinquième siècle. Ce pontife ne parvint qu'à grand'peine à faire cesser les Lupercales; elles duraient encore grâce à l'impudicité qui en faisait le fond et qui les rendait un des plaisirs favoris de la populace.

Sous Justinien, Rome fut prise et pillée par Totila[2]; à partir de ce moment les représentations théâtrales, derniers vestiges du paganisme, disparurent complètement.

La Provence, elle aussi, tant qu'elle échappa à l'invasion, conserva ses comédiens, en dépit de tous les efforts du clergé. En 446, saint Hilaire, évêque d'Arles, fit enlever les marbres de l'amphithéâtre pour décorer les églises, il fit briser les statues et ordonna d'en enfouir les débris, « afin, dit-il, d'ôter à l'idolâtrie tout prétexte de retour ». Cette persistance des spectacles motiva le deuxième concile d'Arles[3] qui, comme le précédent et sans plus de

1. Il fut pape de 492 à 496.
2. En 546.
3. En 452.

succès, condamna les comédiens et les conducteurs de chars dans les jeux publics. Au commencement du sixième siècle, saint Césaire[1] fulminait encore contre le théâtre.

L'invasion de la Provence par les Francs mit fin aux représentations publiques en Occident.

1. Évêque d'Arles.

IV

DU SIXIÈME AU QUATORZIÈME SIÈCLE

Sommaire : Premiers essais dramatiques dans les églises. — *La fête des fous.* — *Les Mystères.* — *Confrérie de la Passion.*

Au fur et à mesure que le monde romain s'écroule sous les invasions réitérées des barbares, l'Église chrétienne recueille la civilisation près de disparaître ; mais ces arts, ces sciences, ces lettres, qu'elle sauve d'un irrémédiable naufrage, elle s'en empare et s'en fait la gardienne exclusive. Puis, les transformant sous l'inspiration de sa morale et les adaptant à son dogme, elle s'en sert pour dominer toutes les facultés humaines et édifier la civilisation chrétienne sur les ruines du polythéisme.

Du sixième au douzième siècle, on traverse une période hiératique ; l'Église est toute-puissante ; c'est elle qui a sauvé le monde de la barbarie, et les peuples reconnaissants acceptent son joug sans résistance et même avec bonheur.

Nous allons voir se reproduire au moins pendant

cette période, en ce qui concerne le théâtre, les mêmes transformations auxquelles nous avons assisté en Grèce et en Italie aux époques sacerdotales. Nous allons voir l'art dramatique renaître dans le sanctuaire et s'y développer peu à peu, jusqu'au jour où, par la force même des choses, l'Église devenant impuissante à le retenir, il lui échappera sans retour.

Même à l'époque où les Pères de l'Église et les conciles jetaient leurs anathèmes contre les spectacles, le christianisme n'avait pu échapper à ce besoin impérieux de toutes les religions naissantes et il avait dû céder à cette loi fatale qui le condamnait à se servir du théâtre que lui-même proscrivait. Dès les premiers siècles de son établissement, on le voit recourir à ce précieux moyen de séduction et de puissance; il institue des représentations destinées à faire connaître les mystères du culte nouveau, à les propager et à donner aux fidèles des enseignements nobles et élevés.

Noël, la Circoncision, l'Épiphanie, l'Assomption, l'Ascension, la Pentecôte[1], etc., etc., servent de prétexte à des cérémonies symboliques qui se célèbrent dans le temple et auxquelles le peuple accourt en foule.

---

1. Pendant le moyen âge, l'usage s'était établi d'accorder au peuple, à l'occasion des principales fêtes de l'année, des immunités et des franchises qui rappelaient absolument celles dont jouissaient les Grecs aux fêtes Dionysiaques.

« L'Église, a dit M. Magnin[1], faisait appel à l'imagination dramatique; elle instituait des cérémonies figuratives, multipliait les processions et les translations de reliques, et instituait enfin ses offices, qui sont de véritables drames : celui de præsepe ou de la crèche, à Noël; celui de l'étoile ou des trois rois, à l'Épiphanie; celui du sépulcre ou des trois Maries, à Pâques, où les trois saintes femmes étaient représentées par trois chanoines, la tête voilée de leur aumusse, *ad similitudinem mulierum*, comme dit le Rituel; celui de l'Ascension, où l'on voyait, quelquefois sur le jubé, quelquefois sur la galerie extérieure, au-dessus du portail, un prêtre représenter l'ascension du Christ : toutes cérémonies vraiment mimiques, qui ont fait longtemps l'admiration des fidèles, et dont l'orthodoxie a été reconnue par une bulle d'Innocent III... On voit encore le génie naissant du christianisme s'essayer au drame, soit dans des compositions littéraires et érudites, soit dans les dialogues des liturgies apostoliques, où le prêtre, le diacre et le peuple prennent successivement la parole; soit surtout dans l'établissement de quelques usages presque scéniques, comme les chants alternatifs pendant les repas communs ou agapes, les danses pratiquées à de certaines processions et autour des tombeaux des martyrs; soit enfin dans une foule d'autres coutumes. »

---

1. *Origines du théâtre moderne.*

Le christianisme ne se borna pas dans ses tentatives dramatiques aux cérémonies figuratives dont nous venons de parler. Dès le sixième siècle, de véritables jeux scéniques et même l'usage des masques pénètrent dans certains monastères de femmes; dès les huitième et neuvième siècles les obsèques des abbés et des abbesses se terminent par de petits drames funèbres, dont les religieux et les religieuses se partagent les rôles. Au dixième siècle, on voit fréquemment représenter dans les couvents les vies de saints et les pieuses légendes des martyrs. Aux onzième et douzième siècles, le drame ecclésiastique se déploie dans les cathédrales avec splendeur et magnificence[1].

L'art dramatique n'a donc pas disparu tout entier avec le théâtre romain; il s'est, il est vrai, complètement modifié et transformé, mais il n'y a pas eu, à proprement parler, d'interruption entre l'art ancien et l'art nouveau. Il en résulta que l'influence des fêtes païennes pénétra dans l'Église chrétienne et que dans maintes coutumes on retrouve leurs traces profondément marquées.

Les cérémonies pieuses qui avaient lieu dans le temple, et où le clergé jouait le premier rôle, n'étaient pas toujours en effet des objets d'édification; à certains jours de l'année, on y ajoutait des bouffonneries indécentes et les parodies les plus scanda-

1. Magnin, *Origines du théâtre moderne.*

leuses se mêlaient quelquefois à la célébration du culte.

L'Église supporta pendant des siècles ces spectacles sacrilèges; on ne s'expliquerait pas cette longue tolérance, si l'on ne savait que sa politique a toujours été de transformer ce qu'elle ne pouvait détruire. Les temples du paganisme qui avaient échappé à la ruine, elle les a bénits, puis s'en est servi pour son propre usage. Elle a agi de même pour les traditions païennes qui avaient résisté à ses attaques; quand elle les vit profondément enracinées dans l'esprit du peuple, au lieu de poursuivre une lutte stérile, elle les adopta et les transforma en légendes chrétiennes. C'est ainsi que l'on vit figurer dans le culte catholique ces idolâtries qui rappelaient à s'y méprendre les fêtes de l'antiquité, les Saturnales, les Calendes, les Lupercales. Les principaux saints de la religion nouvelle se partagèrent la succession des divinités de l'Olympe; les fêtes de saint Nicolas, saint Martin, saint Éloi, sainte Catherine, donnaient lieu à des réjouissances où revivaient toutes les coutumes du paganisme.

La plus importante de ces fêtes du moyen âge était celle des *Fous*, appelée aussi fête des *Diacres*, des *Innocents* ou de l'*Ane*[1], suivant les époques et les localités. Elle avait pour but de rappeler aux puis-

---

1. Il y avait dans la fête de l'Ane un chant qui imitait complètement l'« Evoe, Bacche », des adorateurs de Bacchus.

sants de la terre que leur supériorité ne serait pas éternelle, et pendant sa durée tous les rangs ecclésiastiques se trouvaient confondus[1]. C'était un souvenir évident des Saturnales.

La cérémonie se composait d'une espèce de drame liturgique moitié religieux, moitié burlesque. On dressait le théâtre au milieu même des églises et l'on y commettait toute espèce de folies. On élisait un évêque et même quelquefois un pape des fous; on le revêtait d'habits pontificaux et on le promenait par la ville au son des cloches et des instruments. Les prêtres se montraient barbouillés de lie et travestis de la manière la plus ridicule, souvent demi-nus ou couverts de peaux de cerf; ils entraient dans le chœur en dansant et en chantant des chansons obscènes, les diacres et les sous-diacres mangeaient des boudins et des saucisses sur l'autel, devant le célébrant; ils jouaient, sous ses yeux, aux cartes, aux dés, à la pomme, aux boules, enfin ils brûlaient dans les encensoirs des morceaux de vieilles savates et lui en faisaient respirer l'odeur[2].

Les jeunes clercs, les sous-diacres officiaient publiquement à la place des prêtres. Ensuite, « ils se promenaient dans des chariots par les rues, et montaient sur des échafauds, chantant toutes les chansons les

---

1. Elle avait lieu une fois l'an, au mois de décembre, et durait plusieurs jours.
2. Millin. — La fête des fous ne fut définitivement supprimée qu'en 1547.

plus vilaines et faisant toutes les postures et toutes les bouffonneries les plus effrontées[1]. » Le clergé ne jouait pas seul un rôle dans ces grotesques parodies, les laïques étaient souvent admis à y prendre part.

Ce ne fut pas seulement dans les cathédrales et dans les collégiales qu'eut lieu cette fête impie; elle avait pénétré dans les monastères des deux sexes, et le jour de sa célébration on y autorisait les plus coupables folies; les religieuses elles-mêmes se déguisaient avec une grande indécence[2].

Ces bouffonneries étranges, et qu'on a peine à s'expliquer aujourd'hui, avaient cependant leur raison d'être; elles rompaient la monotonie de la vie du cloître et le peuple, gémissant sous la glèbe, frappé sans cesse par les maladies, la famine et la guerre, y trouvait une utile diversion à sa misère et à ses maux.

En dehors de ces fêtes qui n'étaient qu'accidentelles, en dehors des cérémonies pieuses données fréquemment dans les couvents et les églises, il n'y eut en fait d'art dramatique pendant la plus grande partie du moyen âge que les farces grossières des bateleurs.

---

1. Mézeray.
2. Les bas-reliefs obscènes qui se trouvent sculptés en si grand nombre sur les murs des cathédrales, et où les prêtres eux-mêmes ne sont pas plus respectés que la décence, témoignent encore des excès que le clergé tolérait pendant ces jours de fête.

A côté du théâtre religieux créé par l'Église et resté entièrement sous sa domination, il existait en effet un théâtre populaire. Après la disparition des spectacles sous les invasions des barbares, les jeux des carrefours n'avaient pas complètement disparu ; les mimes, en petit nombre, il est vrai, avaient continué leurs danses et leurs farces, et on les vit pendant plusieurs siècles errer de province en province et « porter la semence de cette mauvaise plante que le christianisme avait arrachée »[1].

A l'époque de Charlemagne ils reparurent en grand nombre ; ils venaient de l'Orient, où leurs jeux s'étaient perpétués sans interruption.

Pendant les dixième, onzième et douzième siècles, on continua à ne rencontrer en fait de comédiens que des danseurs et des jongleurs ; les uns faisaient métier de réjouir le peuple par des sauts périlleux et des postures ridicules ; les autres se rendaient dans les maisons particulières et contribuaient à l'agrément des festins par leurs chants et leurs danses. Ces spectacles suffisaient à l'imagination des peuples.

A partir du treizième siècle, il n'en est plus ainsi et nous allons voir le drame moderne se dégager peu à peu de la pensée religieuse qui lui a donné naissance.

De même qu'en Grèce le grand nombre des ini-

---

1. Riccoboni, *Réflexions historiques et critiques sur les théâtres de l'Europe.*

tiés avait forcé les prêtres à quitter le temple et à transporter leurs rites mystérieux dans le terrain sacré qui l'entourait, de même, au moyen âge, le clergé fut insensiblement amené à représenter hors de l'église certains drames liturgiques dont la pompe et l'éclat attiraient une grande affluence et pour lesquels l'espace restreint du sanctuaire devenait insuffisant. On les joua d'abord sur les parvis ou dans les cimetières, qui toujours entouraient les églises.

Ces représentations obtenant le plus grand succès, et le nombre des personnages qui y prenaient part augmentant sans cesse, il fallut recourir au concours des laïques. Le clergé choisit lui-même des acteurs parmi les fidèles, et peu à peu il organisa des confréries qu'il conviait à lui prêter assistance et au besoin à le supppléer.

C'était le premier pas vers l'émancipation du théâtre. Les confréries allaient se trouver entraînées tout naturellement à s'approprier le genre auquel on les exerçait, et à jouer pour leur propre compte.

Quand l'Église comprit que le théâtre était sur le point de lui échapper, loin d'opposer à cette évolution inévitable une résistance inutile, elle se mit elle-même à la tête du mouvement ; puisqu'il devait y avoir un théâtre, elle résolut de le faire sien et de s'en servir pour étendre son influence et sa domination. Elle transporta donc au dehors les spectacles religieux qui jusqu'à ce moment n'avaient eu lieu que dans les églises, les couvents et les cimetières; mais elle remplaça de simples récits bibliques par des dialogues auxquels elle donna un développement beaucoup plus considérable; elle les transforma ainsi en véritables drames, destinés à montrer au peuple les mystères de la religion, à éclairer ces âmes naïves et confiantes, et à frapper leur imagination enfantine.

On joua d'abord les divers épisodes de la vie du Christ, la fuite en Égypte, la Passion, le martyre et les miracles des saints, enfin les événements remarquables arrivés aux Croisés pendant leur séjour en Terre sainte[1].

Le peuple prenant le plus vif plaisir à ces Mystères, un certain nombre de bourgeois se réunirent pour les représenter régulièrement, et dans ce but ils louèrent au bourg de Saint-Maur un terrain commode où ils élevèrent un théâtre. Ils jouaient tous les dimanches et jours de fête des scènes du Nouveau Testament. Avant de commencer, un acteur s'avançait sur le devant de l'estrade et annonçait ainsi le spectacle au public : « Au nom du Père, du Fils et du Saint-Esprit, nous allons représenter devant vous..., etc. » Tous les Mystères se terminaient par ces mots : « *Te Deum laudamus.* »

---

1. On ne se piquait pas dans ces spectacles d'une pudeur excessive. Dans le Mystère de sainte Barbe, celle-ci était dépouillée nue sur la scène; fréquemment certains rôles figuratifs consistaient à être tout nus.

Ces bourgeois vivaient en si bonne intelligence avec l'Église, que les curés de Paris avancèrent la grand'messe et retardèrent l'heure des vêpres pour que le clergé pût assister aux représentations[1]; on vit même pendant fort longtemps des ecclésiastiques prendre part à ces divertissements dramatiques, et monter eux-mêmes sur la scène[2].

A une époque où le ciel et l'enfer étaient le but unique et constant des préoccupations du peuple, les Mystères causèrent une ivresse universelle. Malheureusement, cet enthousiasme amena quelquefois des troubles, et en 1398 le prévôt de Paris interdit les représentations de Saint-Maur.

Les artistes coururent implorer la justice de Charles VI. Ce prince fit donner une représentation en sa présence; il en sortit tellement satisfait, qu'aussitôt, « par des lettres et chartes bien et dûment scellées en lacs de soie et cires vertes », il constitua les acteurs en société régulière sous le titre de *Confrères de la Passion*, et il leur accorda « permission perpétuelle de représenter tels Mystères qu'il leur conviendrait ». Il était enjoint au prévôt de

---

1. M. Magnin cite un manuscrit du quinzième siècle (Bibliothèque nationale) qui contient quarante drames ou miracles, tous en l'honneur de la Vierge, tous précédés ou suivis du sermon, qui leur servait de prologue ou d'épilogue.

2. Un jour, à Metz, Monseigneur Nicolle, curé de Saint-Victor, faillit mourir en croix. Jean de Nicey, chapelain de Métrange, en jouant Judas, se pendit si maladroitement, qu'on ne le sauva qu'à grand peine. (Fournel, *Curiosités théâtrales.*)

Paris, ainsi qu'à tous les autres officiers, de ne les molester en aucune façon.

Cette autorisation royale marque bien nettement le moment où l'art dramatique sort enfin de l'Église qui lui a donné asile depuis près de huit siècles, pour entrer définitivement dans le domaine séculier.

Autorisés par les lettres du roi à établir leur industrie à Paris, les Confrères y transportèrent leur théâtre en 1402 et l'y établirent dans l'hôpital de la Charité, qu'ils louèrent aux Prémontrés[1].

---

1. Cette maison avait été bâtie hors de la porte de Paris, du côté de Saint-Denis, par deux gentilshommes allemands, pour recevoir les pèlerins et les pauvres voyageurs. Les confrères construisirent dans la grande salle de cet hôpital un théâtre et ils y jouèrent leurs pièces. Il se forma, dans la suite, différentes confréries dans plusieurs villes du royaume. Le Mystère de la Passion se célèbre encore aujourd'hui tous les dix ans à Oberammergau, dans la haute Bavière; il y a environ quatre cents acteurs qui représentent les principaux événements de l'Écriture, depuis l'expulsion d'Adam et Ève du Paradis terrestre jusqu'à la résurrection de Jésus-Christ.

V

DU TREIZIÈME AU DIX-SEPTIÈME SIÈCLE

Sommaire : Opinion de l'Église sur le théâtre. — Les *Scolastiques*. — L'Église de France maintient contre les comédiens les censures prononcées par les premiers conciles. — Le gallicanisme. — Philippe-Auguste. — Saint Louis. — Les *Clercs de la basoche*. — Les *Enfants sans-souci*. — Mélange du sacré et du profane. — Intervention de l'Église. — Léon X. — La Réforme. — Sévérité des Parlements contre le théâtre. — On interdit les pièces sacrées aux *Confrères de la Passion*. — Les *Confrères* achètent l'hôtel de Bourgogne. — Renaissance du théâtre. — Jodelle. — Règne d'Henri III. — *Gli Gelosi*. — Les *Confrères* renoncent au théâtre et cèdent leur privilège. — Troupe de l'hôtel de Bourgogne. — Henri IV. — Isabella Andreini.

Comment l'Église pouvait-elle concilier cet établissement progressif d'un théâtre, qui était exclusivement son œuvre, avec les anathèmes si nettement formulés par les saints Pères et les conciles contre les spectacles et les comédiens?

Il est bien évident qu'elle ne se frappait pas elle-même et qu'elle ne considérait à aucun degré le drame religieux, sous quelque forme qu'on le représentât, comme rentrant dans la catégorie qu'elle avait proscrite si sévèrement. Il en fut ainsi tant que le théâtre resta sous sa tutelle absolue. Quand il eut échappé à ses mains affaiblies, elle ne modifia pas sensiblement son opinion, et, si elle le regarda avec moins de bienveillance, elle ne jugea point tout d'abord qu'il fût digne de ses rigueurs.

Du reste, au treizième siècle, une école religieuse des plus célèbres se sépara nettement de l'opinion des Pères de l'Église. Les Scolastiques[1] soutinrent que l'on devait regarder le théâtre, sinon avec faveur, du moins avec indifférence, et presque tous furent d'avis de lui faire grâce. Albert le Grand, le fondateur de l'école, saint Thomas[2], saint Bonaventure, saint Antonin, sont unanimes[3]. Ils reconnaissent que les divertissements sont nécessaires à l'homme et qu'on peut les autoriser, pourvu toutefois qu'ils

1. On désigne par Scolastiques les maîtres renommés qui enseignaient dans leurs écoles la théologie et la philosophie. A une époque où les manuscrits étaient rares et hors de prix, le seul moyen de s'instruire était de faire partie d'une université.
2. « L'emploi des comédiens institué pour donner quelque délassement aux hommes n'est pas en soi illicite, dit saint Thomas, ils ne sont point dans l'état de péché, pourvu qu'ils usent honnêtement de leurs talents, c'est-à-dire qu'ils évitent les mots et les actions défendus et qu'ils ne représentent point dans les temps qui ne sont point permis. »
3. Un des plus célèbres cependant, Alexandre d'Alès, sous qui saint Bonaventure étudiait vers l'an 1240, se sépare des autres auteurs de la même école. Il considère que les jeux portent d'ordinaire au mal, qu'ils ont toujours passé pour infâmes, et

les condamne comme ils ont toujours été condamnés pendant les douze premiers siècles.

se maintiennent dans les bornes d'une honnête réserve.

Du moment que l'on admettait la légitimité des spectacles, ceux qui les représentaient ne devaient plus encourir de châtiments canoniques.

Depuis la suppression du théâtre païen, qu'était-il advenu des censures prononcées contre les histrions? Avaient-elles été formellement dénoncées, ou s'étaient-elles trouvées tout naturellement abrogées? Dans tous les pays de l'Europe elles étaient tombées en désuétude; en France seulement elles existaient comme par le passé; mais au lieu de les appliquer à ces représentations sacrilèges données dans les églises, et qui rappelaient si bien le paganisme, on les réservait uniquement aux tréteaux populaires, et à ces farces ridicules qui faisaient la joie des carrefours.

Cependant depuis le sixième siècle les censures des premiers conciles n'avaient plus de raison d'être, puisque l'idolâtrie avait disparu, qu'elles concernaient des histrions païens et que tout le monde était chrétien.

Les vielleurs, jongleurs, tabarins, farceurs, truands, danseurs de corde, vendeurs d'orviétan, montreurs d'ours, singes et chiens savants, qui couraient les villes et les campagnes et amusaient le peuple, ne ressemblaient en aucune façon aux histrions de la Rome impériale. Quel rapport pouvait-on établir entre leurs bouffonneries et les sanglantes hécatombes des jeux du cirque, les obscénités du théâtre romain? En quoi leurs jeux rappelaient-ils l'idolâtrie et les fêtes religieuses du paganisme?

Le genre des farceurs était bas, il est vrai, leurs plaisanteries souvent grossières, mais ces spectacles étaient fort bien appropriés à des populations encore barbares et pour lesquelles un genre plus raffiné eût été lettre morte. Si on pouvait leur reprocher de ne pas toujours suffisamment respecter la décence et de donner au peuple le goût de la dissipation et du plaisir, c'étaient là de minces griefs et qui assurément ne motivaient pas les peines rigoureuses infligées pendant les premiers siècles.

Aussi s'explique-t-on fort bien comment ces châtiments canoniques avaient cessé d'être en vigueur dans toute l'Europe. En France au contraire ils subsistaient plus que jamais; l'autorité spirituelle et l'autorité séculière se trouvaient d'accord pour les maintenir, et nous allons voir pour quelles raisons.

Les bateleurs qui, au temps de Charlemagne, rapportèrent d'Orient les farces et les jeux burlesques, furent reçus à bras ouverts. Charmés de ces spectacles qu'ils ne connaissaient plus, le peuple et les grands les suivaient avec empressement. Agobard se plaint qu'on laisse mourir les pauvres de faim et qu'on comble de biens les histrions.

L'Église de France ne vit pas reparaître sans une certaine inquiétude ces comédiens dont elle avait gardé si mauvais souvenir. Ce sentiment ne fit que s'accentuer quand elle s'aperçut que son clergé ressentait encore pour eux cette passion excessive dont il avait autrefois donné tant de preuves et qui avait si longtemps résisté à toutes les censures. Elle s'effraya de le voir fréquenter assidûment des représentations dont trop souvent la décence était bannie, et où l'on parodiait même quelquefois les cérémonies religieuses[1]. Les conciles au neuvième siècle en prirent prétexte pour interdire sévèrement à tous les membres du clergé d'entretenir aucuns rapports avec les comédiens[2]; cette interdiction se comprenait d'autant mieux, que leur situation canonique ne s'était pas modifiée.

1. Sous Louis le Débonnaire (778-859), des bouffons jouèrent des farces revêtus d'habits religieux; ils furent punis par le bannissement et des peines corporelles.

2. Le concile de Chalon-sur-Saône, en 813, défend aux ecclésiastiques d'assister aux spectacles sous peine de suspense. On lit dans son neuvième canon : « Les prêtres doivent s'éloigner de tous les objets qui ne font que charmer les oreilles ou surprendre les yeux par des apparences vaines et pernicieuses, et ils ne doivent pas seulement rejeter et fuir les comédies, les farces et les jeux déshonnêtes, mais ils doivent encore représenter aux fidèles l'obligation où ils sont de les rejeter et de les fuir. »

Le concile de Paris, tenu en 820, établit que tous les chrétiens sont obligés de ne point écouter les bouffonneries et les farces, à plus forte raison, ajoute-t-il, les ministres du Seigneur doivent-ils fuir les discours extravagants et déshonnêtes des histrions. Les conciles de Mayence, de Tours, de Reims, font les mêmes défenses.

Elle se perpétua même tout naturellement, par suite de l'attitude que prit le clergé de France. Pour se protéger contre les empiétements des papes et se mettre à l'abri des changements qu'ils apportaient sans cesse à la discipline, les évêques venaient de jeter les fondements du gallicanisme : ils déclarèrent immuables tous les canons promulgués par les premiers conciles jusqu'au huitième siècle et qui étaient passés dans les coutumes de l'Église de France[1]. Du moment qu'on adoptait les canons de ces conciles, il n'y avait pas de raison de rejeter ceux qui concernaient les comédiens; ils se trouvèrent donc tout naturellement reproduits; mais il

1. Les papes pendant de longs siècles s'efforcèrent d'étendre leur domination sur toute l'Europe; la société civile résista de son mieux contre un envahissement qui menaçait de la faire disparaître, et la lutte en général aboutit à des transactions entre le pouvoir spirituel et le pouvoir temporel. Vers le milieu du neuvième siècle, au moment où parurent les *fausses décrétales* d'Isidore, la cour de Rome cherchait encore par tous les moyens à accroître son autorité et à diminuer celle des évêques, qui subissaient trop l'influence des princes dont ils dépendaient. Dans ce but, le Saint-Siège décréta que les décisions des synodes particuliers n'auraient de valeur qu'autant qu'ils auraient reçu son approbation. Les prélats de France s'élevèrent contre cette prétention et, pour se protéger, « ils déclarèrent s'en rapporter à l'ancien droit, aux anciens canons de l'Église universelle, aux lois et aux libertés compétant aux évêques et aux conciles des divers pays et royaumes, d'après la pratique et la théorie des huit premiers siècles », et ils refusèrent de reconnaître les lois, les décrets et les décisions plus modernes des papes, s'ils n'étaient pas d'accord avec les anciens droits, coutumes et usages existant en France. C'est là la source des libertés gallicanes.

fut implicitement reconnu et admis qu'ils ne concernaient que le théâtre populaire et qu'ils ne pouvaient s'appliquer qu'aux seuls bateleurs dont les jeux, aux yeux de certains esprits, rappelaient ceux du paganisme.

L'Église du reste ne pouvait regarder avec faveur cette race nomade et vagabonde, qui vivait dans le désordre et la débauche, et, en dehors même de leur profession, elle était appelée à traiter les comédiens avec une certaine sévérité. Dans la pratique cependant elle usa vis-à-vis d'eux d'une très large tolérance, qui ne fit que s'accentuer jusqu'au dix-septième siècle.

L'État, bien plus encore que l'Église, déployait ses rigueurs contre ces histrions qui ne lui inspiraient aucune confiance. Leur grand nombre, leur absence de scrupules, l'enthousiasme incroyable qu'excitaient leurs bouffonneries, les firent à plusieurs reprises considérer comme un danger public. Déjà sous Charlemagne, l'empereur reproduisant la loi romaine, les avait mis au nombre des personnes infâmes et il ne leur était pas permis de présenter une accusation en justice.

Philippe-Auguste prit contre eux des mesures plus sévères encore. « Il signala sa piété, dit Mézeray, par l'expulsion des comédiens, jongleurs et farceurs, qu'il chassa de sa cour comme gens qui ne servent qu'à flatter et à nourrir les voluptés et la fainéantise, à remplir les esprits oiseux de vaines chimères, qui les gâtent, et à causer dans les cœurs des mouvements déréglés que la sagesse et la religion nous commandent si fort d'étouffer. Les princes avaient accoutumé de faire de beaux présents à ces gens-là et de leur donner leurs plus précieux habits; mais lui étant persuadé, comme le dit Rigord, son historien, que donner aux histrions, c'était sacrifier au diable, aima mieux suivre l'exemple du saint et charitable Henry I{{er}}, qui avait fait vœu de vendre les siens pour en employer l'argent à nourrir et entretenir les pauvres. »

Saint Louis, « dont les seules délices étaient le chant des psaumes », ne se montra pas plus favorable pour les farceurs; il les considérait comme « une peste publique capable de corrompre les mœurs de tous ses sujets, » et il s'efforça de les chasser du royaume.

Cependant le théâtre créé par l'Église n'avait pas tardé à dégénérer et à sortir des bornes qui lui avaient été fixées. Les *Confrères de la Passion*, après avoir joui paisiblement et sans conteste du privilège qui leur avait été octroyé, virent bientôt paraître des concurrents. Les *Clercs de la basoche* obtinrent à leur tour la permission de jouer en public; mais, pour ne pas empiéter sur le genre de leurs devanciers, au lieu de représenter Dieu, la Vierge et les Saints, ils personnifièrent les Vertus et les Vices. Peu après, une troisième compagnie se forma; elle se composait de jeunes gens qui prirent le nom d'*Enfants sans-souci*.

Le peuple, fatigué des pièces liturgiques, abandonna les Confrères pour courir à leurs concurrents. Dans l'espoir de ramener leur clientèle, et pour rendre leurs pièces plus attrayantes, les Confrères modifièrent leur genre; ils mêlèrent à leurs cantiques des chants profanes et des farces grotesques aux mystères sacrés. Froissard raconte que les spectateurs, loin de s'en plaindre, y vinrent plus nombreux que jamais. Ce mélange du sacré et du profane n'était pas nouveau; nous l'avons vu se perpétuer dans les temples mêmes depuis la fin du paganisme.

Quand l'Église vit le théâtre s'emparer de ces bouffonneries mi-religieuses, mi-profanes, dont elle avait eu jusqu'alors le monopole, elle fit un retour sur elle-même et elle s'aperçut un peu tard, il est vrai, des graves inconvénients qu'entraînait sa participation aux scènes sacrilèges qui souillaient les églises. Depuis longtemps déjà, il faut le reconnaître, bien des conciles et des synodes s'étaient élevés contre ces spectacles indécents, mais sans succès[1]; les évêques dans leurs diocèses, les curés dans leurs paroisses, les abbés dans leurs couvents, n'osaient affronter l'opposition du bas clergé et du

---

[1]. Plusieurs conciles en effet défendent les déguisements, les masques, les danses, les chansons indécentes dans les églises. Au onzième siècle, le pape Eugène II prescrit aux prêtres d'avertir les hommes et les femmes, qui se réunissent à l'église les jours de fête, de ne point former des chœurs de danse en sautant et en chantant des paroles obscènes, à l'imitation des païens. En 1215, un concile de la province de Bordeaux interdit

peuple. Ce ne fut qu'au quinzième siècle que, la civilisation gagnant du terrain, et les esprits devenant plus éclairés, on se décida à prendre des mesures énergiques.

Le concile de Bâle[1], en particulier, s'éleva avec force contre ces turpitudes. Il est probable cependant que l'Église serait restée impuissante à les faire disparaître, si l'autorité royale ne lui était venue en aide. Sous le règne de Charles VII, le roi fit appliquer sévèrement dans ses États le décret du concile de Bâle, et en 1444 il invita la Faculté de théologie de Paris à écrire aux évêques pour les adjurer de détruire la scandaleuse superstition connue sous le nom de fête des fous, « détestable reste de l'idolâtrie des païens et du culte de l'infâme Janus[2] ».

sous peine d'excommunication les danses qui se faisaient le jour de la fête des fous, ainsi que le sacre dérisoire des évêques. Les Conciles de Bude en Hongrie (1279), de Cologne (1280), de Nîmes (1294), de Bayeux (1300), de Strasbourg (1310), de Nicosie (1353), prononcent les mêmes peines.

1. Le concile de Bâle, en 1435, se plaint qu'à certaines fêtes on voit dans les églises des gens en habits pontificaux, avec une crosse et une mitre, donner la bénédiction comme les évêques; que quelques-uns représentent des jeux de théâtre, font des mascarades et des danses d'hommes et de femmes. Le concile ordonne aux évêques, aux doyens et aux curés, sous peine de suspense et de privation de leurs revenus ecclésiastiques pendant trois mois, de ne pas permettre à l'avenir de semblables bouffonneries. Le synode diocésain de Sens (1524), celui de Chartres (1538), le concile de Sens, en 1528, font les mêmes défenses.

2. En réponse à la lettre de la Faculté de théologie, un prédi-

A mesure que l'Église retirait sa protection aux fêtes des Fous, de l'Ane, etc., les laïques s'emparaient de ces parodies et ils formaient ces associations joyeuses en si grand nombre dont les souvenirs durent encore dans certaines provinces de France[1].

Ce ne fut pas seulement contre les représentations scandaleuses dans les églises que le clergé de France eut à sévir, la passion que les ecclésiastiques éprouvaient pour les jeux du théâtre, avait causé de grands désordres. On voyait sans cesse des clercs, des prêtres, des évêques, non seulement fréquenter assidûment des spectacles qui les détournaient de leurs devoirs professionnels, mais encore s'y mêler et se laisser entraîner à des fréquentations indignes de leur caractère. Lorsque les prêtres disaient leur première messe, on faisait venir dans l'église des bouffons, des joueurs d'instruments et des farceurs de tous genres[2]. Les jours de fête de certaines con-

cateur osa soutenir en chaire que la fête des Fous était aussi agréable à Dieu que celle de la Conception de la Vierge. Malgré l'intervention royale, ces coutumes duraient encore au dix-septième siècle dans certains diocèses.

1. Il y en avait dans presque toutes les villes.

2. Le concile de Béziers, en 1233, interdit aux moines de vendre du vin dans l'enceinte du monastère et d'introduire sous ce prétexte des gens infâmes, des histrions et des jongleurs.

Un concile tenu à Paris vers 1515 défend aux clercs d'assister aux jeux de théâtre, de se trouver aux assemblées où l'on chante des chansons galantes et déshonnêtes, et où l'on fait des danses obscènes ; il leur interdit également les mascarades, les jeux de théâtre, enfin de faire le métier de comédiens, de bouffons, de jongleurs.

fréries, il était d'usage de se rendre, avec des images pieuses attachées sur des bâtons, aux maisons des laïques ; ces processions burlesques étaient composées de prêtres, de femmes et de danseurs[1]. Rien n'était plus commun que de voir des clercs monter sur le théâtre en compagnie d'histrions[2]. Tous ces usages furent rigoureusement proscrits[3].

Il est du reste à remarquer que jusqu'à la fin du dix-septième siècle les conciles et les synodes tenus en France ne frappent pas plus le théâtre que les comédiens ; ce qu'ils condamnent, c'est l'abus dans lequel on est tombé, ce sont les représentations sacrilèges, ce sont les rapports intimes et constants du clergé avec des histrions d'une moralité moins que douteuse. Nous avons déjà vu le même fait se produire pendant les premiers siècles ; c'est le peu de retenue des clercs et l'indifférence dédaigneuse avec laquelle ils accueillent les censures ecclésiastiques, qui forcent l'Église à conserver vis-à-vis des histrions une attitude hostile.

Ce n'était pas seulement le bas clergé que possédait

---

1. Les statuts synodaux du diocèse de Beauvais en 1554, ceux du diocèse de Soissons en 1561, interdisent sévèrement ces farces sacrilèges.
2. En 1579 ce scandale subsistait encore ; l'assemblée du clergé de France, tenue à Melun la même année, interdit aux clercs la profession du théâtre sous les peines les plus sévères.
3. Le synode de Paris, en 1557, les défend sous peine d'excommunication et d'une amende arbitraire, et il ordonne aux prêtres de ne prendre aucune part à ces folies.

la passion des spectacles, les plus hauts dignitaires de l'Église s'en montraient souvent partisans acharnés. Dès l'an 1500 les papes avaient à Rome un théâtre splendide.

Léon X témoignait pour l'art dramatique un goût excessif[1]. En 1516 le cardinal Bertrand de Bibbiena fit jouer devant lui la *Calandra*, comédie satirique, immorale et impie, dont l'auteur était un abbé. Le Saint-Père déployait une magnificence sans pareille dans les spectacles qu'il laissait représenter dans son palais. Il fit venir, de Florence à Rome, les acteurs qui jouaient la *Mandragore*, de Machiavel, avec tous les costumes et les décors, et il donna au Vatican, en présence de la cour pontificale, une représentation de cette comédie si spirituelle, mais également si licencieuse; l'on y voit des moines se laisser corrompre à prix d'argent, et se servir de leur ministère pour favoriser les plus honteux désordres[2].

Plus d'un évêque suivait l'exemple du pape. En 1548, quand Henri II fit son entrée solennelle à Lyon, le cardinal de Ferrare, primat des Gaules,

---

1. Léon X (Jean de Médicis) (1475-1521); il monta sur le trône pontifical en 1513.
2. Saint Charles Borromée, qui vivait en Italie au seizième siècle, ne permit pas d'abord les spectacles : « Nous avons trouvé à propos, dit-il, dans le concile de Milan, d'exhorter les princes et les magistrats, de chasser de leurs provinces, les comédiens, les farceurs, les bateleurs et autres gens semblables de mauvaise vie et de défendre aux hôteliers et à tous autres, sous de grièves peines, de les recevoir chez eux. » Il interdit également

archevêque de Lyon, donna en l'honneur du roi une représentation dramatique et lyrique.

Quel que pût être le goût que certains prélats éprouvaient pour le théâtre, le grand événement qui s'était passé au commencement du seizième siècle contribua à pousser l'Église de France dans la voie du rigorisme; elle ne voulut pas montrer moins d'austérité que la Religion réformée qui proscrivait sévèrement tous les vains amusements [1], et elle redoubla de rigueur contre les abus qu'elle avait laissés se glisser parmi ses membres.

aux ecclésiastiques d'assister jamais aux jeux de spectacle, et dans le troisième synode de Milan, il ordonna encore aux prédicateurs de reprendre avec force ceux qui suivent les spectacles et de ne pas cesser de représenter aux peuples « combien ils doivent détester et avoir en exécration les jeux, les spectacles et autres semblables badineries, qui sont des restes du paganisme, qui sont contraires à la discipline chrétienne, et qui sont les sources de toutes les calamités publiques dont les chrétiens sont affligés ».

La rigueur de l'évêque s'atténua cependant, car il permit aux comédiens de Milan de représenter des comédies dans son diocèse en observant les règles prescrites par saint Thomas; ils s'engagèrent par serment à respecter dans leurs pièces l'honnêteté et la décence.

1. On lit dans la Discipline des protestants en France, chapitre XIV, art. 28 : « Les momeries et bateleries ne seront point souffertes, ni faire le Roy boit, ni le Mardi gras : semblablement les joueurs de passe-passe, tours de souplesse et marionnettes. Et es magistrats chrétiens exhortez ne les souffrir, d'autant que cela entretient la curiosité et apporte de la dépense et perte de temps. Ne sera aussi loisible aux fidèles d'assister aux comédies, tragédies, farces, moralités et autres jeux joués en public ou en particulier, vu que de tout temps cela a été défendu entre es chrétiens, comme apportant corruption des bonnes mœurs. »

Dès que le théâtre eut échappé à sa tutelle et abandonné le genre religieux dans lequel elle avait voulu le maintenir, l'Église tout naturellement s'en désintéressa ; non seulement elle lui retira la protection dont elle avait jusqu'alors couvert tous ses écarts, mais encore, oubliant qu'il était exclusivement son œuvre, elle l'assimila aux farces populaires et elle frappa tous ceux qui montaient sur la scène des censures qui déjà pesaient, au moins théoriquement, sur les jongleurs et les bateleurs.

Livré à lui-même, le théâtre eut à supporter maintes traverses. Si les rois de France ne lui ménagèrent pas les encouragements, s'ils donnèrent sans cesse à ses interprètes des marques irrécusables de leur bienveillance, les parlements au contraire témoignèrent toujours aux comédiens l'hostilité la plus caractérisée ; considérant les canons des premiers conciles comme ayant force de loi en France, ils adoptèrent la théorie de l'Église en ce qui concernait les gens de théâtre et ils y restèrent fidèles jusqu'en 1789 ; non seulement ils les regardèrent comme exerçant une profession infâme, mais ils leur suscitèrent des querelles à tout propos.

Dès le quinzième siècle le Parlement de Paris s'était élevé contre la licence des comédiens ; ils ne se contentaient pas en effet d'attaquer les personnes privées, ils ne ménageaient pas davantage le gouvernement et leurs pièces étaient devenues de véritables satires politiques. Les Clercs de la basoche en particulier avaient pris de telles libertés qu'on dut les réprimer par des ordonnances; il leur fut interdit de jouer aucune pièce qui n'eût été examinée et approuvée par des commissaires du Parlement. Comme ils continuaient à mériter les censures, un arrêt du 14 août 1442 leur infligea plusieurs jours de prison au pain et à l'eau. Le 19 juillet 1477, le roi de la basoche et ses grands officiers, persistant dans leurs errements, furent condamnés aux verges par tous les carrefours, à la confiscation et au bannissement.

Heureusement pour les comédiens, Louis XII abrogea tous les arrêts qui les concernaient.

En 1541, on s'aperçut que les aumônes étaient moins abondantes que par le passé; le Parlement attribua cette diminution des recettes à l'établissement des théâtres, où se dissipait l'argent du peuple; pour indemniser les pauvres, il condamna les Confrères de la Passion « à leur bailler mille livres tournois, sauf à ordonner dans l'avenir plus grande somme ». C'est la première idée du droit des pauvres.

Peu de temps après, les jeux des bateleurs et jongleurs étaient interdits parce que leurs représentations avaient pris un tel développement, que le peuple y perdait son temps et y dépensait son argent au lieu de le donner à la boîte des pauvres[1].

---

1. L'arrêt du Parlement de Paris est du 12 novembre 1543. Il y a de semblables arrêts du 6 octobre 1581, du 10 décembre 1588.

Nous avons vu les Confrères, pour garder leur clientèle, mêler des représentations profanes aux pièces sacrées. L'Église, après avoir si longtemps cultivé ce genre mi-burlesque, mi-religieux, venait de le proscrire; aussi n'entendait-elle pas le laisser adopter par d'autres et elle demanda à l'autorité civile d'intervenir.

Le Parlement partagea sa susceptibilité, et en 1541 il interdit « sous de grièves peines » la continuation des représentations. L'arrêt allègue, pour motiver sa sévérité, que ces farces ou comédies dérisoires sont choses défendues par les saints canons, qu'elles font dépenser de l'argent mal à propos aux bourgeois et aux artisans de la ville, enfin que les réunions qu'elles provoquent donnent lieu à des parties « d'assignation d'adultère et de fornication ».

Il est juste de dire que les représentations des Confrères ne se passaient pas toujours dans un calme parfait; depuis le genre profane qu'ils avaient adopté, les assemblées étaient devenues des plus tumultueuses, et il allait en résulter pour eux d'assez graves inconvénients.

En 1545, les religieux de l'hôpital de la Trinité, fatigués du scandale presque incessant qu'occasionnaient les mystères et les farces, prièrent les comédiens d'aller chercher fortune ailleurs. La salle de a Passion fut transformée en logements pour les pauvres.

Les Confrères expulsés se réfugièrent à l'hôtel de

Flandre, mais ils ne purent y rester. Fatigués de ces pérégrinations et désireux d'y mettre un terme, ils résolurent d'acheter un terrain pour être maîtres chez eux. A force de sollicitations, et malgré l'opposition du Parlement, ils obtinrent en 1548 la permission d'acquérir l'ancien hôtel des ducs de Bourgogne. Ce n'était plus qu'une masure, mais ils surent en tirer parti et bientôt leur nouveau théâtre fut achevé. Sur la façade on voyait un écusson en pierre que deux anges soutenaient et sur lequel était sculptée une croix avec les instruments de la Passion.

Dès qu'elle fut installée dans son nouveau local, la Confrérie sollicita du Parlement l'autorisation de continuer à représenter les mystères. Elle demandait en outre que, conformément à son privilège primitif on fît défense à tous autres comédiens de jouer à l'avenir « tant en la ville que faubourgs et banlieue de Paris ».

L'interdiction des sujets sacrés fut provoquée par le procureur général du Parlement; il déclara qu'il y avait dans ces représentations « plusieurs choses qu'il n'était pas expédient de déclarer au peuple, comme gens ignorants et imbéciles qui pourraient en prendre occasion de judaïsme, à faute d'intelligence. » En conséquence, la Cour défendit formellement aux Confrères de jouer à l'avenir aucuns mystères sacrés « sous peine d'amende arbitraire », mais elle les autorisa à représenter « tous autres mystères profanes, honnêtes et licites ».

Sur le second point de leur requête, les Confrères furent plus heureux. En effet le Parlement les confirma dans tous leurs privilèges, et il fit défense « à toutes autres personnes de jouer ni de représenter aucune pièce tant dans la ville que dans la banlieue de Paris, sinon sous le nom et au profit de la Confrérie.[1] »

L'interdiction des pièces religieuses provoqua la renaissance du théâtre en France. Les auteurs, forcés d'innover, commencèrent à traduire les comédies et les tragédies des anciens, ils imitèrent les poètes grecs et latins. C'est dans les collèges que le genre nouveau fit sa première apparition[2] et il souleva un véritable enthousiasme ; en 1552, Jodelle[3] fit jouer au collège de Boncourt sa tragédie de *Cléopâtre*. Henri II assista à une représentation, et il en fut si satisfait qu'il accorda à l'auteur une gratification de 500 écus[4].

---

1. Henri II, par des lettres patentes du mois de mars 1559, confirma tous les privilèges que ses prédécesseurs avaient accordés aux Confrères.

L'usage de jouer dans les collèges est fort ancien ; un règlement de 1488 exige que le principal censure toutes les comédies jouées par ses élèves et qu'il n'y laisse rien subsister de déshonnête.

3. Jodelle (Étienne) (1532-1573).

4. En 1558, on donna au collège de Beauvais *la Trésorière* de Jacques Grévin ; deux ans après, on représenta dans le même collège *César ou la Liberté vengée* et *les Esbahis*, en présence de la cour et de la duchesse de Lorraine. Les représentations dans les collèges furent interdites par une ordonnance rendue à Blois en

En même temps que l'imitation des pièces antiques se répandait en France, Catherine de Médicis importait d'Italie les bouffonneries et les ballets, qui devinrent sous Henri II les divertissements favoris de la cour. « La reine, dit Brantôme, prenoit grand plaisir aux farces des Zani et des Pantalons et y rioit tout son soûl, car elle rioit volontiers, et aussi de son naturel elle étoit joviale et aimoit à dire le mot. »

Sous le règne de Henri III la faveur des histrions grandit encore, au grand scandale de certains esprits. « La corruption du temps étoit telle, dit l'Étoile, que les farceurs, bouffons, putains et mignons avoient tout crédit auprès du roi. »

Henri III ne se contenta pas des comédiens qui déjà se trouvaient à sa cour; il fit encore venir de Venise en 1576 une nouvelle troupe surnommée *Gli Gelosi* ou les Jaloux (jaloux de plaire). Après avoir joué dans la salle des États de Blois, en présence du roi, ils vinrent à Paris où ils débutèrent le dimanche 29 mai 1577, à l'hôtel de Bourgogne. Le 19 juin, ils s'installèrent rue des Poulies, dans l'hôtel de Bourbon que le roi leur avait donné[1]. Ils

---

1379; mais on n'en tint aucun compte et elles continuèrent comme par le passé.

1. L'hôtel du Petit-Bourbon provenait de la confiscation des biens du connétable de Bourbon, après sa trahison sous François Iᵉʳ. Il était situé le long de la Seine, entre le vieux Louvre et Saint-Germain-l'Auxerrois.

prenaient quatre sols par personne. Leurs jeux étranges, leurs pantomimes jusqu'alors inconnues en France, attirèrent une foule énorme aux représentations. L'affluence était si considérable, que les quatre meilleurs prédicateurs de Paris n'en avaient pas autant quand ils prêchaient[1].

« Le luxe, dit Mézeray, qui cherchait partout des divertissements, appela du fond de l'Italie une bande de comédiens, dont les pièces toutes d'intrigues, d'amourettes et d'inventions agréables, pour exciter et chatouiller les plus douces passions, étaient de pernicieuses leçons d'impudicité. Ils obtinrent des lettres patentes pour leur établissement comme si c'eût été quelque célèbre compagnie. Le Parlement les rebuta comme personnes que les bonnes mœurs, les saints canons, les Pères de l'Église et nos rois mêmes avaient toujours déclarées infâmes et leur défendit de jouer. »

En effet, par un arrêt du 29 juin 1577, le Parlement interdit aux bouffons italiens de poursuivre leurs représentations parce qu'elles « n'enseignaient que paillardises ». Le roi leur accorda aussitôt des lettres patentes, les autorisant à continuer leurs jeux. Ces lettres furent présentées au Parlement pour être enregistrées, mais elles furent accueillies par une fin de non-recevoir et « défense fut faite aux comédiens de plus obtenir et présenter à la

---

1. L'Étoile, 19 juin 1577.

Cour de semblables lettres sous peine de 10 000 livres parisis d'amende, applicables à la boîte des pauvres ».

Mais Henri III n'entendait pas laisser molester ses protégés et il envoya au Parlement des lettres expresses de jussion[1].

C'est en vain que les magistrats renouvelaient leurs défenses, les comédiens italiens ou français, se sentant soutenus par la protection royale, se moquaient des arrêts que le Parlement prodiguait contre eux[2] et poursuivaient paisiblement le cours de leurs succès.

Les Confrères de la Passion eux-mêmes avaient profité de la licence générale pour reprendre leurs farces grossières et sacrilèges : « Il y a un grand mal qui se tolère à Paris les jours de dimanches et de fêtes, lit-on dans les remontrances des États de Blois, ce sont les spectacles publics par les Français et les Italiens, et par-dessus tout un cloaque et maison de Satan, nommé l'hôtel de Bourgogne.... En ce lieu se donnent mille assignations scandaleuses au préjudice de l'honnêteté et de la pudicité des femmes, et la ruine

1. *Gli Gelosi* ne restèrent que quelques années en France; ils retournèrent bientôt en Italie, mais ils furent remplacés par de nouvelles troupes italiennes, en 1584 et en 1588.
2. Les principaux arrêts du Parlement sont datés du 6 octobre 1584 et du 10 décembre 1588. Un arrêt de même nature fut encore prononcé contre les comédiens en 1591, mais sans plus de succès que les précédents.

des familles des pauvres artisans, desquels la salle basse est toute pleine, et lesquels plus de deux heures avant le jeu passent leur temps en devis impudiques, jeux de cartes et de dés, en gourmandises et ivrogneries. »

Fatigués de ces réclamations incessantes, comprenant du reste que les pièces profanes ne convenaient pas au titre religieux qui caractérisait leur société, les Confrères résolurent de ne plus monter sur le théâtre. En 1588 ils cédèrent à une troupe de comédiens, moyennant une rétribution annuelle, leur privilège et l'hôtel de Bourgogne[1].

Ces nouveaux venus abandonnèrent définitivement le genre sacré pour s'adonner uniquement au profane. Ils y obtinrent le plus grand succès et Henri IV lui-même tint à honneur de leur témoigner ses encouragements en leur accordant une pension annuelle de 1200 livres[2]. D'Aubigné reproche amèrement au roi et à son ministre d'avoir retranché beaucoup de dépenses à la cour pour payer les dettes de l'État, et de laisser subsister la pension des comédiens, de toutes les dépenses la plus inutile et la première à supprimer.

---

1. La société de la Passion se réserva seulement deux loges, les plus proches du théâtre; elles étaient distinguées par des barreaux et on leur donnait le nom de loges des maîtres.
2. Cette pension se payait encore en 1608. On en trouve la preuve dans une lettre du roi à Sully. (Mémoires de Sully, t. III.)

Henri IV ne fut pas moins favorable aux Italiens qu'aux comédiens français. Sous son règne Isabella Andreini[1], qui faisait partie de la troupe des princes de Mantoue, vint à Paris; elle y fut très applaudie, et lorsqu'elle partit, le roi et la reine la comblèrent de présents.

En regagnant sa patrie, la comédienne tomba malade à Lyon où elle mourut le 11 juin 1604. Ses funérailles eurent lieu avec la plus grande pompe et le clergé lui accorda la rare faveur de laisser graver son nom et ses armes sur une des pierres de l'église[2].

Pendant la régence de Marie de Médicis, les comédiens continuèrent à jouir à la cour d'une faveur marquée. Les Italiens, en particulier, reçurent de la reine de nombreuses marques de protection. Elle chercha à attirer Arlequin en France et elle lui fit des avances incroyables; elle lui écrivait lettre

---

1. Isabella Andreini (1562-1604) était admirablement douée. Excellente comédienne, habile musicienne, elle chantait à ravir et composait des vers et des ouvrages en prose.

2. On lit au registre de la Procuré de Sainte-Croix de Lyon cette singulière annotation : « Le vendredi XI juing après vespres a esté enterré le corps de feu dame Élisabeth Andreiny, native de Padoue, vivante fame du sieur Francisco Andréni, Florentin, de son estat comédien. Elle est décédée avec le commun bruit d'estre une des plus rares femmes du monde, tant pour estre docte que bien disante en plusieurs sortes de langues. Ilz ont donné pour les droictz cinq escuz et cinq pour la permission de mettre une pierre avec son nom et ses armes auprès du pilier du bénitier. » (Armand Baschet. *Les Comédiens italiens à la cour de France*, Plon, 1882.)

sur lettre pour le faire venir, l'appelant toujours
« mon compère », et l'acteur lui répondait familièrement « ma commère ». Malgré les instances les
plus flatteuses, il fit attendre son arrivée plus de
deux ans.

VI

DIX-SEPTIÈME SIÈCLE

Sommaire : La troupe du Marais. — La troupe de l'hôtel de Bourgogne reçoit le titre de *Troupe royale des comédiens*. — Richelieu encourage le théâtre. — Difficulté pour les comédiens de trouver une salle. — L'abbé d'Aubignac et la *Pratique du théâtre*. — Déclaration de Louis XIII réhabilitant l'état de comédien. — Mazarin protège la comédie italienne. — Passion d'Anne d'Autriche pour la comédie. — Mazarin introduit en France l'opéra. — La troupe de Molière. — Elle reçoit le titre de *Troupe du Roi au Palais-Royal*. — Considération dont on entoure les comédiens. — Faveurs que le roi accorde à Molière et à Lulli. — Floridor.

Après avoir imité les pièces antiques, les auteurs s'emparent de la littérature espagnole que la captivité de François Ier et les guerres de religion ont peu à peu fait connaître ; Robert Garnier[1], Alexandre Hardy[2], Rotrou, continuent la régénération du théâtre.

1. Garnier (Robert) (1545-1601) poète dramatique ; il était très supérieur à Jodelle.
2. Hardy (Alexandre) (1560-1631). Il imita beaucoup les auteurs espagnols. La troupe de comédiens du Marais l'avait pris à gages et il écrivit pour eux près de 600 pièces, tragédies et comédies. C'est évidemment des pièces de Hardy que Mlle Beaupré disait plus tard : « Nous avions ci-devant des pièces de théâtre pour trois écus, que l'on nous faisait en une nuit. On y était

Loin de se montrer rebelle à cet art nouveau et épuré, la foule se presse aux représentations de l'hôtel de Bourgogne. Encouragée par un pareil succès, une nouvelle troupe s'établit en 1600 au Marais, à l'*Hôtel d'Argent*, au coin de la rue de la Poterie. Ces nouveaux venus prennent le nom de *Comédiens du Marais*[1].

En même temps que le goût d'un genre plus relevé se répandait dans le peuple, le gouvernement crut sage et prudent de veiller à ce que la décence et l'honnêteté, jusqu'alors trop souvent méconnues, fussent désormais respectées sur la scène. Dans ce but une ordonnance de police rendue en 1609 défendit aux comédiens de jouer aucunes pièces ou farces avant de les avoir communiquées au procureur du roi.

Dès les premières années du règne de Louis XIII, la troupe de l'hôtel de Bourgogne jouit d'une telle faveur que le roi l'autorisa à prendre le titre de *Troupe royale des comédiens*. Elle devint ainsi une institution monarchique et échappa à la juridiction du Parlement pour dépendre uniquement du bon plaisir royal[2].

---

accoutumé et nous y gagnions beaucoup. » A cette époque il fallait renouveler sans cesse l'affiche, et la fécondité de Hardy était précieuse.

1. Pour réparer le tort qu'ils allaient faire à leurs confrères de l'hôtel de Bourgogne, ils s'engagèrent à leur payer une redevance d'un écu tournois par représentation.

2. En 1615, grâce à la protection du roi, la *Troupe royale* ob-

Bientôt Corneille parut et donna successivement *Mélite*, *Médée*, *le Cid*, etc. C'était la révélation d'un genre encore inconnu en France et qui en quelques années allait toucher à sa perfection.

Le cardinal de Richelieu ne jugea pas que l'art dramatique, tel qu'il existait alors, fût de nature à pervertir les mœurs ; comprenant que les comédiens qui devenaient les interprètes des œuvres les plus belles de l'intelligence n'avaient rien de commun avec les histrions de la Rome des Césars, avec les bateleurs et les farceurs du moyen âge, il ne leur ménagea pas les encouragements, et il n'hésita pas à se déclarer le protecteur avéré du théâtre. A sa demande, Louis XIII accorda à la troupe royale une subvention annuelle de 12 000 livres. Le cardinal lui-même prêcha d'exemple : non seulement il composa des tragédies, mais il fit construire dans son palais une salle splendide qui coûta plus de 200 000 écus. Le roi et toute la cour étaient invités aux représentations du Palais-Cardinal ; on y conviait les évêques comme de raison, et un banc des mieux placés leur était toujours réservé ; on le désignait même sous le nom de *banc des évêques.*

Richelieu fit plus encore ; il donna sur la scène du Palais-Cardinal des drames et des ballets où les prin-

---

tint la jouissance perpétuelle de la salle de l'hôtel de Bourgogne, mais elle s'engagea à payer à la Confrérie de la Passion trois livres tournois par représentation. (Frères Parfaict, *Histoire du Théâtre français*, tome III.)

ces et les plus grands seigneurs tenaient des rôles, et où toute la cour assistait. Pour plaire au ministre, des prélats ne dédaignaient pas de prendre part à ces divertissements. Son ami et son fidèle compagnon, l'abbé de Boisrobert[1], se montrait tellement assidu aux spectacles, qu'on appelait le théâtre la paroisse de l'abbé de Boisrobert.

Malgré la protection éclatante accordée aux comédiens par le souverain et son ministre, il existait encore contre eux d'assez grandes préventions, dues en majeure partie à la réputation fort équivoque qu'avaient laissée les farceurs des siècles précédents. Nous n'en voulons d'autre preuve que la difficulté qu'ils éprouvaient à trouver un local pour leurs représentations.

En 1632, le théâtre du Marais vint s'établir rue Michel-le-Comte; mais à peine la nouvelle salle fut-elle ouverte que les voisins présentèrent requête au Parlement pour en demander la suppression. La rue était fort étroite, disaient-ils, très fréquentée par les carrosses, et comme « elle est composée de maisons à portes cochères, appartenantes et habitées par plusieurs personnes de qualité et officiers des cours souveraines, qui doivent le service de leurs charges, ils souffrent de grandes incommodités à cause que

---

1. Boisrobert (François Le Métel de) (1592-1662), chanoine de la cathédrale de Roüen, est resté célèbre par son esprit et la vivacité de ses saillies. Guy-Patin l'appelait : « Un prêtre qui vit en goinfre, fort déréglé et fort dissolu ». Il a composé un assez grand nombre de pièces pour le théâtre qu'il aimait à la folie.

lesdits comédiens jouent leurs comédies et farces même en ce saint temps de carême ». Les habitants sont « contraints le plus souvent d'attendre la nuit bien tard pour rentrer dans leurs maisons, au grand danger de leurs personnes par l'insolence des laquais et filous, coutumiers à chercher tels prétextes et occasions pour exercer plus impunément leurs voleries, qui sont à présent fort fréquentes dans ladite rue, et plusieurs personnes battues et excédées avec perte de leurs manteaux et chapeaux, étant les suppliants, tous les jours de comédie, en péril de voir piller et voler leurs maisons. »

Par arrêt du 22 mars 1633, le Parlement fit droit à une requête si légitime et les malheureux comédiens virent fermer leur salle. Après avoir erré pendant près de deux ans, ils finirent par trouver asile dans un jeu de paume de la rue Vieille-du-Temple et ils s'y établirent définitivement en 1635.

Non content de protéger efficacement le théâtre, le cardinal ministre voulut en fixer les règles, et c'est sur sa demande qu'un de ses familiers, l'abbé d'Aubignac[1], écrivit la *Pratique du théâtre*[2], « que l'Émi-

---

1. Aubignac (François Hédelin, abbé d') (1604-1676). Il était précepteur du duc de Fronsac, neveu de Richelieu. L'abbé s'est essayé successivement dans tous les genres de littérature, mais sans succès.

2. La Harpe disait de cette *Pratique du théâtre* : « Ce n'est qu'un lourd et ennuyeux écrit, fait par un pédant sans esprit et sans jugement, qui entend mal ce qu'il a lu et qui croit connaître le théâtre parce qu'il sait le grec. » Comme conclusion à

nence avait passionnément souhaitée ». A la *Pratique* l'abbé joignit un *Projet de réforme*[1]; il reconnaissait tout d'abord l'infamie dont les lois avaient noté les comédiens et la créance commune qui faisait considérer les spectacles comme contraires au christianisme; puis il étudiait avec soin la manière de prévenir les inconvénients inhérents à la vie de théâtre[1].

Dans le but de moraliser les coulisses, d'Aubignac proposait d'interdire aux filles de monter sur la scène, à moins qu'elles n'eussent leur père ou leur mère dans leur compagnie; il défendait aux veuves de jouer pendant leur année de deuil[1] et il les obligeait à se remarier six mois après l'expiration de cette année. Une personne de probité et de capacité (lisez l'abbé d'Aubignac) devait être nommée intendant ou grand maître des théâtres et des jeux publics en France. Les fonctions de ce grand maître étaient des plus importants et comportaient des attributions multiples et variées[2].

C'est à lui qu'incombait le soin de « maintenir le théâtre en l'honnêteté »; c'est lui « qui veillait

sa *Pratique*, l'abbé écrivit une tragédie qui fit périr d'ennui tous les spectateurs, bien que l'auteur eût scrupuleusement observé, disait-il, les règles d'Aristote.

1. *Projet de réforme du théâtre à la suite de la pratique*, tome I, page 354. Ce *Projet* ne fut imprimé qu'en 1658. Déjà en 1639 avait paru un ouvrage intitulé *Apologie du théâtre*, par Georges de Scudéry. Paris, in-4°.
2. Elles avaient beaucoup d'analogie avec celles que s'arrogèrent plus tard les gentilshommes de la Chambre.

sur les actions des comédiens et qui en rendait compte au roi pour y donner l'ordre nécessaire ». C'est lui qui choisissait les acteurs et les obligeait « d'étudier la représentation des spectacles aussi bien que les récits et les expressions des sentiments, afin qu'on n'y vît rien que d'achevé ». Le grand maître devait aussi lire les pièces présentées par les poètes et en examiner l'honnêteté et la bienséance. Il devait encore s'occuper « de trouver un lieu commode et spacieux pour dresser un théâtre selon les modèles des anciens... Autour de ce théâtre seraient bâties des maisons pour loger gratuitement les deux troupes nécessaires à la ville de Paris. »

Dans de telles conditions et avec des comédiens si bien surveillés, il n'y avait plus aucune raison de maintenir contre eux les censures civiles ou ecclésiastiques qui les frappaient. Aussi l'abbé d'Aubignac pouvait-il écrire comme conclusion de ses projets de réforme :

« Une déclaration du roi portera, d'une part, que les jeux de théâtre n'étant plus un acte de fausse religion et d'idolâtrie comme autrefois, mais seulement un divertissement public, et d'un autre côté les représentations étant ramenées à l'honnêteté et les comédiens ne vivant plus dans la débauche et avec scandale, Sa Majesté lève la note d'infamie décernée contre eux par les ordonnances et arrêts. »

Tel était en effet le but que poursuivait Richelieu. Non seulement il s'efforçait par tous les moyens de réagir contre les fâcheux souvenirs laissés par les farceurs du moyen âge en démontrant que la troupe royale n'avait rien de commun avec ces misérables histrions, mais il voulait encore donner aux comédiens une situation et leur créer dans le monde une place honorable, reconnue de tous et protégée par le gouvernement lui-même.

Pour y parvenir, il fit enregistrer au Parlement une déclaration ainsi conçue :

« Louis, etc..., Les continuelles bénédictions qu'il plaît à Dieu de répandre sur notre règne, nous obligeant de plus en plus à faire tout ce qui dépend de nous pour retrancher tous les dérèglements par lesquels il peut être offensé ; la crainte que nous avons que les comédies, qui se représentent utilement pour le divertissement des peuples, ne soient quelquefois accompagnées de représentations peu honnêtes, qui laissent de mauvaises impressions sur les esprits, fait que nous sommes résolu de donner les ordres requis pour éviter tels inconvénients. A ces causes, nous avons fait et faisons inhibitions et défenses par ces présentes, signées de notre main, à tous comédiens de représenter aucunes actions malhonnêtes ni d'user d'aucune parole lascive ou à double entente, qui puissent blesser l'honnêteté publique, et sur peine d'être déclaré infâme, et autres peines qu'il y écherra. Enjoignons à nos juges, chacun dans son district, de tenir la main à ce que notre volonté soit religieusement observée, et en cas que lesdits comédiens contreviennent à notre présente déclaration, nous voulons et entendons que nosdits juges leur interdisent le théâtre et procèdent contre eux par telles voies qu'ils aviseront, selon les qualités de l'acteur, sans néanmoins qu'ils puissent ordonner plus grande peine que l'amende et le bannissement. Et en cas que lesdits comédiens règlent tellement les actions du théâtre, qu'elles soient du tout exemptes d'impuretés, nous voulons que leur exercice, qui peut innocemment divertir nos peuples de diverses occupations mauvaises, ne puisse leur être imputé à blâme, ni préjudicier à leur réputation dans le commerce public, ce que nous faisons afin que le désir qu'ils auront d'éviter le reproche qu'on leur a fait jusqu'ici, leur donne autant de sujet de se contenir dans les termes de leur devoir des représentations qu'ils feront, que la crainte des peines qui leur seraient inévitables, s'ils contrevenaient à la présente déclaration.

« Donné à Saint-Germain-en-Laye, le 16 avril 1641, etc. »

Cette déclaration relevait les comédiens de toutes les censures et pénalités qui avaient pu leur être infligées, et les replaçait dans le droit commun. Désormais leur profession est reconnue par le Parlement et personne ne peut la leur imputer à blâme; ils sont devenus des citoyens et leur réputation dépend de leur conduite personnelle.

Personne ne s'éleva contre la déclaration royale;

le clergé s'en choqua moins que tout autre, puisqu'elle était l'œuvre du cardinal lui-même; il eût du reste été mal venu à protester, car les plus hauts dignitaires de l'Église protégeaient publiquement le théâtre[1], beaucoup le soutenaient de leurs deniers et de leur influence[2].

C'est surtout à l'époque de la Fronde que le goût pour la comédie se répandit dans les hautes classes, les comédiens de la troupe royale étaient fréquemment mandés à la cour pour y jouer les pièces de leur répertoire.

Mazarin ne se montra pas moins passionné que Richelieu pour les représentations théâtrales. Il combla de ses faveurs non seulement les comédiens français, mais encore les italiens qui avaient été un peu négligés sous le règne de son prédécesseur; il leur fit accorder la salle du Petit-Bourbon, construite sous Henri III pour *Gli Gelosi*. Grâce à la protection du cardinal, ils reçurent une pension de 15 000 livres et ils furent autorisés à prendre le titre de *Troupe italienne entretenue par Sa Majesté*. On

---

1. Lorsque Mondory (1578-1651), qui dirigeait la troupe du Marais, prit sa retraite, il reçut de Richelieu une pension de 2000 livres; le cardinal de la Valette lui en accorda une également, et plusieurs seigneurs, désireux de faire leur cour au ministre, ne se montrèrent pas moins généreux.

2. Richelieu n'était pas le seul prince de l'Église amateur de comédies. En 1646, le cardinal Bichi, nonce du pape, siégeant à Carpentras, fit jouer dans le palais archiépiscopal *Akebar, roi du Mogol*, dont la musique était de l'abbé Mailly.

les faisait venir fréquemment à la cour, mais leur théâtre à l'encontre de celui des Français n'était pas exempt d'une grande licence[1]

Anne d'Autriche ressentait pour la comédie un goût des plus vifs; elle l'aimait à ce point que pendant l'année de son grand deuil elle se cachait pour l'entendre[2]. Plus tard elle y allait publiquement; elle donnait sans cesse des fêtes où l'on jouait des comédies, et où l'on dansait des ballets; la plus grande affluence se pressait à ces représentations, les prélats s'y faisaient remarquer par leur assiduité. Le banc des évêques existait plus que jamais et plus que jamais était fort occupé.

Les comédiens étaient reçus à la cour avec considération; on raconte même à ce sujet une anecdote assez curieuse sur la mère de Baron, excellente comédienne et de plus fort jolie femme; sa beauté soulevait de vives jalousies. Mme Baron assistait souvent à la toilette de la reine mère, et quand elle se présentait, Sa Majesté disaient aux dames qui se trouvaient présentes: « Mesdames, voici la Baron, » et toutes, craignant un rapprochement qui ne pouvait

1. Ces pièces italiennes étaient d'un genre tout à fait particulier. Il n'y avait pas de texte précis auquel les acteurs dussent se conformer. On attachait un simple canevas aux murs du théâtre, par derrière les coulisses, et les acteurs allaient voir, au commencement de chaque scène, ce qu'ils avaient à dire. De cette façon le texte et le jeu variaient chaque jour, et l'on croyait toujours voir une pièce nouvelle.
2. Mme de Motteville, *Mémoires*.

que leur être défavorable, s'empressaient de prendre la fuite[1].

Cependant Anne d'Autriche ne put pas se livrer à son penchant favori sans soulever quelques protestations : « Le curé de Saint-Germain-l'Auxerrois, qui était le curé de la cour, homme pieux et sévère, lui écrivit qu'elle ne pouvait en conscience souffrir la comédie, surtout l'Italienne, comme plus libre et moins modeste. Cette lettre troubla la reine, qui ne voulait souffrir rien de contraire à ce qu'elle devait à Dieu. Elle consulta sur ce sujet beaucoup de docteurs. Plusieurs évêques lui dirent que les comédies qui ne représentaient que des choses saintes, ne pouvaient être un mal; que les courtisans avaient besoin de ces occupations pour en éviter de plus mauvaises, que la dévotion des rois devait être différente de celle des particuliers, et qu'ils pouvaient autoriser ces divertissements[2]. La comédie fut approuvée et l'enjouement de l'Italienne se sauva sous la protection des pièces sérieuses[3]. »

Ainsi les écarts des Italiens ne furent tolérés que grâce à la tenue irréprochable des comédiens français et à la moralité des pièces qu'ils représentaient.

1. Cette anecdote est racontée par l'abbé d'Allainval.
2. L'abbé de Latour excuse les courtisans d'aller au théâtre avec le roi et il les justifie par « l'exemple de Naaman, à qui le prophète Élisée permit d'accompagner le roi de Syrie, son maître, dans le temple de ses idoles, et de se baisser avec lui quand il les adorerait. »
3. Mme de Motteville, *Mémoires*.

Il est bon de le faire remarquer, car nous verrons quelle étrange et injuste distinction on établit plus tard entre ces deux espèces de comédiens.

Mazarin ne se contenta pas du théâtre tel qu'il existait en France; il introduisit encore un genre nouveau qu'on tenait en grande estime dans sa patrie, mais qui chez nous n'était pas encore connu, nous voulons parler de l'opéra. En 1645, il fit venir d'Italie une troupe de chanteurs, de cantatrices et de musiciens qui donnèrent le 24 décembre, en présence de Louis XIV et de toute la cour, la *Festa della finta Pazza*, de Giulio Strozzi; les intermèdes se composaient d'un ballet de singes et d'ours, d'une danse d'autruches et d'une entrée de perroquets. En avril 1654, on jouait encore « la superbe comédie italienne des *Noces de Thétis et de Pélée*, dont les entr'actes sont composés de dix entrées d'un agréable ballet ».

C'est donc sous les auspices et par les soins du clergé que l'opéra fut introduit en France.

Le succès de ces opéras et de ces ballets[1] fut tel,

---

1. Les ballets étaient un genre qu'on ne goûtait guère qu'à la cour et dans les collèges de jésuites. L'abbé de Pure mettait sur la même ligne la tragédie et le ballet et il écrivait cette singulière appréciation : « La tragédie et le ballet sont deux sortes de peinture, où l'on met en vue ce que le monde ou l'histoire a de plus illustre, où l'on déterre et où l'on étale les plus fins et les plus profonds mystères de la nature et de la morale. » A cette époque, les femmes n'étaient pas admises dans les ballets; leurs rôles étaient joués par des hommes.

qu'on en vit jouer à la cour par les plus grands seigneurs et que le jeune roi lui-même ne dédaignait pas d'y figurer ; il parut plusieurs fois dans les ballets des *Noces de Thétis et de Pélée* et « chaque fois y déployait de nouvelles grâces ».

En 1660, à l'occasion du mariage de Louis XIV avec Marie-Thérèse d'Autriche, Mazarin fit representer à la cour l'opéra d'*Ercole amante*, avec des intermèdes de danse où parurent le roi et la jeune reine ; « l'abbé Molani y chantait un rôle ».

L'intervention du clergé dans les questions théâtrales est donc constante et indiscutable. Il ne se borne pas à encourager l'art dramatique sous ses diverses formes, il se mêle sans cesse aux représentations ; on voit sans étonnement, sans scandale, des ecclésiastiques et même de hauts dignitaires de l'Église, composer pour le théâtre ; on les voit monter sur la scène, non seulement sans mériter les censures de leurs supérieurs, mais encore avec leur agrément.

L'Église semble avoir oublié ses anciennes sévérités contre les histrions, ou tout au moins comprendre qu'il n'y a plus lieu de les appliquer. Elle vit avec eux dans la meilleure intelligence.

Les comédiens de l'hôtel de Bourgogne voulant, en 1660, célébrer la conclusion de la paix, font chanter dans l'église Saint-Sauveur, leur paroisse, un motet, Te Deum et messe ; et quand la cérémonie fut achevée, raconte Loret, nous tous qui étions là,

> Le curé, prêtres et vicaires,
> Chantres, comédiens et moi,
> Criâmes tous : Vive le Roi !
> La troupe des chantres, ensuite,
> Dans un cabaret fut conduite,
> Où messieurs les musiciens,
> Par l'ordre des comédiens,
> Furent, pour achever la fête,
> Traités à pistole par tête,
> Où l'on but assez pour trois jours[1].

Mazarin ne se borne pas à faire représenter des opéras et des ballets, tout le théâtre de l'époque figure à la cour, et, dans son esprit large et tolérant, le prince de l'Église n'hésite pas à recevoir dans son palais et avec grand honneur les pièces de Molière : « Le mardi 26 octobre 1660, dit le registre de la Grange, on donna l'*Étourdi* et les *Précieuses* chez M. le cardinal Mazarin. Le roi vit la comédie incognito, debout, appuyé sur le dossier du fauteuil de Son Éminence. » Les titres les moins voilés n'avaient pas le don d'effaroucher le cardinal ministre : peu de temps après on jouait le *Cocu* au Palais-Cardinal, en présence du roi.

La troupe royale, les Italiens, les comédiens du Marais, ne suffisant pas à satisfaire l'engouement du public, une quatrième troupe vint bientôt s'établir dans la capitale.

Après un assez long séjour en province, Molière

---

1. *Muse historique.*

et sa troupe revinrent à Paris en octobre 1658 Monsieur, frère du roi, les autorisa à prendre le titre de *Comédiens de Monsieur*, et il poussa la générosité jusqu'à leur accorder une pension mensuelle de 300 livres, qui ne fut jamais payée. Grâce à cette protection, Molière put s'installer au Petit-Bourbon, qu'occupaient les comédiens italiens ; il fut convenu que les deux troupes se partageraient la semaine et que chacune jouerait trois fois. Cette combinaison dura deux ans, Français et Italiens faisant le meilleur ménage du monde. Mais en 1660 le théâtre du Petit-Bourbon fut démoli et on éleva sur l'emplacement qu'il occupait la colonnade du Louvre. Les comédiens expulsés ne restèrent pas sans asile ; le roi leur donna la salle du Palais-Royal sous l'obligation de la partager avec les Italiens, comme ils l'avaient fait déjà de celle du Petit-Bourbon.

La troupe de Molière ne devait par rester à Monsieur, une plus haute destinée l'attendait. Le Roi fut si satisfait de la représentation qu'elle lui donna en 1665 à Saint-Germain, qu'il voulut se l'attacher. Il lui accorda 6000 livres de pension et l'autorisation de prendre le titre de *Troupe du Roi au Palais-Royal*.

En 1669, Louis XIV organisa définitivement l'Opéra, et c'est l'abbé Perrin qui en reçut la direction [1]. Par lettres patentes, il obtint pour douze ans

---

1. Perrin (Pierre), mort en 1680. Il prit le titre d'abbé sans y

le privilège d'établir « en la ville de Paris et autres du royaume des académies de musique pour chanter en public des pièces de théâtre »; la nouvelle salle fut construite rue Mazarine et prit le titre d'Académie royale de musique. Le premier opéra fut représenté le 18 mars 1671[1].

Louis XIV, jeune, galant, adorant les plaisirs, ne néglige rien pour honorer l'art théâtral et il s'efforce de faire disparaître les préventions que la protection de Richelieu et de Mazarin n'ont pu encore complètement effacer. Lui-même monte sur le théâtre et joue avec des comédiens pour bien prouver qu'il ne regarde comme déshonorantes ni leur fréquentation ni leur profession; il figure dans les ballets de Benserade, dans les divertissements de Molière, il y chante, il y danse, il y débite des vers[2]. Les seigneurs et les dames de la cour, les princes et les princesses, tout le monde suit naturellement son exemple, on voit les noms les plus illustres à côté

---

avoir aucun droit, mais dans le seul but de faciliter son entrée dans la société; il devint introducteur des ambassadeurs près de Gaston, duc d'Orléans. C'est lui qui composa la première comédie française en musique.

1. L'opéra fut peu goûté pendant fort longtemps; Saint-Evremond l'appelle « une sottise chargée de musique, de danses, de machines, de décorations; une sottise magnifique, mais toujours une sottise; un travail bizarre de poésie et de musique, où le poète et le musicien, également gênés l'un par l'autre, se donnent bien de la peine à faire un méchant ouvrage. »

2. En 1661, Louis XIV fonde l'Académie de danse où sont appelés les treize plus habiles danseurs du royaume.

d'acteurs et d'actrices de profession[1]. En 1671, le roi fait établir aux Tuileries un vaste théâtre où il donne des représentations.

Les comédiens français jouent à la cour depuis la Saint-Martin jusqu'au jeudi d'avant la Passion. Lorsque le roi va à Fontainebleau, une partie de la troupe le suit; les acteurs sont traités avec une considération inusitée : « Les comédiens, dit Chappuzeau[2], sont tenus d'aller au Louvre quand le roi les mande et on leur fournit de carrosses autant qu'il en est besoin. Mais quand ils marchent à Saint-Germain, à Chambord, à Versailles ou en d'autres lieux, outre leur pension qui court toujours, outre les carrosses, chariots et chevaux qui leur sont fournis de l'écurie, ils ont une gratification en commun de 1000 écus par mois, chacun 2 écus par jour pour leur dépense, leurs gens à proportion et leurs logements par fourriers. En représentant la comédie, il est ordonné de

---

1. En 1681 on représenta à Saint-Germain-en-Laye, en présence du roi, le ballet du *Triomphe de l'Amour*. Le Dauphin et la Dauphine, Mademoiselle, la princesse de Conti, les autres princes, princesses, seigneurs et dames de la cour figurèrent dans ce ballet. C'est la première fois qu'on voyait des femmes danser sur la scène; jusqu'alors leurs rôles étaient remplis, ainsi qu'il était d'usage en Italie, par des danseurs déguisés. Le mélange des deux sexes fut si apprécié, qu'à partir de ce moment on introduisit les femmes dans les ballets de l'Académie de musique. L'usage se répandit également de faire paraître les danseurs sur la scène à visage découvert; jusqu'en 1672 ils étaient restés masqués.

1. *Le théâtre français*, par Samuel Chappuzeau, 1674.

chez le roi à chacun des acteurs ou des actrices, à Paris ou ailleurs, été et hiver, trois pièces de bois, une bouteille de vin, un pain et deux bougies blanches pour le Louvre, et à Saint-Germain un flambeau pesant deux livres ; ce qui leur est apporté ponctuellement par les officiers de la fruiterie, sur les registres de laquelle est couchée une collation de 25 écus tous les jours que les comédiens représentent chez le roi, étant alors commensaux[1]. Il faut ajouter à ces avantages qu'il n'y a guère de gens de qualité qui ne soient bien aises de régaler les comédiens qui leur ont donné quelque lien d'estime ; ils tirent du plaisir de leur conversation, et savent qu'en cela ils plairont au roi, qui souhaite qu'on les traite favorablement. Aussi voit-on les comédiens s'approcher le plus qu'ils peuvent des princes et des grands seigneurs, surtout de ceux qui les entretiennent dans l'esprit du roi, et qui, dans les occasions, savent les appuyer de leur crédit[2]. »

Les comédiens se montraient fort reconnaissants

[1]. M. Despois fait remarquer que le tableau est quelque peu flatté, et que les dépenses du voyage n'étaient pas toujours couvertes par l'indemnité allouée. Ainsi il relève dans les registres de la comédie pour un voyage à Fontainebleau ce compte évidemment peu rémunérateur : « 2000 livres reçues, sur quoi il a été dépensé 2138 livres 15 sols ». (*Le théâtre français sous Louis XIV.*)

[2]. Molière était appelé fréquemment chez les maréchaux d'Aumont, de la Meilleraie, chez les ducs de Roquelaure, de Mercœur, etc. Le grand Condé lui aurait dit un jour : « Je vous prie à toutes vos heures vides de venir me trouver ; je quitterai tout pour être à vous. » (Larroumet, *la Comédie de Molière.*)

des égards qu'on avait pour eux : « Leur soin principal, dit encore Chappuzeau, est de bien faire leur cour chez le roi, de qui ils dépendent non seulement comme sujets, mais aussi comme étant particulièrement à Sa Majesté, qui les entretient à son service, et leur paye régulièrement leurs pensions. »

Louis XIV ne se contenta pas de traiter honorablement les comédiens, il voulut encore donner une marque éclatante de sa protection à ceux qui, comme Molière et Lulli, illustraient son règne par leurs talents comme auteurs et comme acteurs[1].

Molière reçut une pension de 1000 livres et le titre de valet de chambre du roi, charge à laquelle jusqu'au règne de François 1er la noblesse seule pouvait prétendre. Lorsque le comédien fut père pour la première fois, Louis XIV, que le marquis de Créqui représente, et la duchesse d'Orléans, qui délègue la maréchale du Plessy, tiennent l'enfant sur les fonts de baptême[2]. On ne peut méconnaître le but que poursuivait le roi et les mobiles qui le faisaient agir[3].

1. La faveur royale cependant ne put préserver Molière des brutalités célèbres de M. de la Feuillade.
2. Le fait est d'autant plus à remarquer que Louis XIV répondait ainsi à une infâme calomnie : un comédien de l'hôtel de Bourgogne, Montfleury, venait en effet d'écrire au roi en accusant formellement Molière d'avoir épousé sa propre fille. (Larroumet.)
3. On a dit, sans que cela ait été prouvé, que l'Académie avait offert à Molière une place sur ses bancs à la condition de renoncer à la scène ; mais le directeur de théâtre aurait motivé son refus sur le tort que sa retraite causerait à sa troupe.

Louis XIV ne montra pas moins de bienveillance pour la comédie Italienne; en 1664 il accepta pour filleul Louis Biancolelli, fils de l'arlequin Dominique.

Lulli[1] fut encore plus favorisé que Molière. Depuis 1661 il était surintendant et compositeur de la musique de chambre du roi, ce qui ne l'empêchait pas de monter quelquefois sur le théâtre; à plusieurs reprises il joua le role de Mufti dans la cérémonie du *Bourgeois gentilhomme*[1]. Cependant le roi et la reine tinrent sur les fonds du baptême son fils aîné qui fut reçu en survivance de sa charge. Son second fils fut doté dès sa naissance de l'abbaye de Saint-Hilaire, près de Narbonne.

M. Despois dit avec raison qu'il est absurde de supposer que Molière aurait pu être reçu dans une compagnie où Bossuet, l'archevêque de Paris, et tant d'autres esprits hostiles, jouissaient de la plus grande autorité. En 1778, l'Académie eut des remords de n'avoir jamais compté l'illustre comédien au nombre de ses membres, elle décida que son buste serait placé dans la salle des Assemblées avec cette inscription :

Rien ne manque à sa gloire, il manquait à la nôtre.

1. Lulli (Jean-Baptiste) (1633-1687). Il débuta comme marmiton chez Mlle de Montpensier. La princesse ayant appris que ses dispositions pour la musique étaient très supérieures à celles qu'il témoignait pour l'art culinaire, l'admit au nombre de ses musiciens et le reçut même dans son intimité. Lulli la remercia en composant des couplets, accompagnés d'une musique des plus expressives, et qui étaient destinés à immortaliser un bruit léger, mais fâcheux, échappé un jour à la princesse. Mlle de Montpensier chassa l'ingrat, qui fut recueilli dans la troupe des musiciens du roi. Il composa une foule de sympho-

La profession de comédien passait pour empêcher d'acquérir la noblesse ; néanmoins Louis XIV accorda à Lulli des lettres de noblesse. Un an après il l'autorisa à acheter une charge de secrétaire du roi. Le corps des secrétaires s'émut et refusa de recevoir le comédien compositeur ; le roi ordonna de passer outre et les lettres furent enregistrées sur son ordre. Ces distinctions honorifiques n'empêchèrent pas Lulli de remonter sur la scène ; en 1681 on le voit encore jouer à Saint-Germain le rôle du Mufti.

Non-seulement on regardait l'état de comédien comme empêchant d'acquérir la noblesse, mais on assurait même que tout noble qui embrassait cette profession perdait par cela même les titres qu'il pouvait avoir. Un exemple célèbre prouva le contraire. Josias de Soulas, dit Floridor[1], après avoir servi dans les gardes françaises et obtenu le grade d'enseigne, se fit comédien, il portait le titre d'écuyer. Il fut attaqué comme usurpateur de noblesse et sommé de produire ses titres : Floridor répondit qu'ils étaient en Allemagne et demanda un délai pour les faire venir. Le Roi le lui accorda et défendit de le poursuivre en attendant[2].

---

nies, gigues, sarabandes, qui charmèrent Louis XIV et firent du compositeur un des hommes indispensables de la cour.

1. Floridor, sieur de Primefosse (1608-1672), comédien français.

2. Arrêt du Conseil (1668) pour Josias de Soulas, escuyer, sieur de Floridor, qui lui donne délai d'un an pour rapporter les

Les frères Parfaict font observer avec beaucoup de raison, et c'est là la conclusion qu'il faut tirer de l'intervention de Louis XIV, que « si la profession de comédien dérogeait à la noblesse, on n'aurait pas demandé ses titres à Floridor, on lui aurait simplement allégué sa profession, et tout de suite on l'aurait condamné à l'amende comme usurpateur de noblesse. »

Par une étrange contradiction, alors qu'on contestait à un gentilhomme le droit de figurer à la comédie en conservant ses qualités, il était admis qu'il pouvait, sans déroger, être reçu à l'Opéra. En effet, il avait été déclaré officiellement, et par des règlements confirmés par des arrêts rendus au conseil du Roi, que « tous gentilshommes, demoiselles et autres personnes peuvent chanter à l'Opéra sans que pour cela ils dérogent aux titres de noblesse ni à leurs privilèges, droits et immunités ».

titres de sa noblesse et cependant fait défense de le poursuivre. (Campardon, *Les Comédiens du Roi de la troupe française*, 1879.)

VII

DIX-SEPTIÈME SIÈCLE (SUITE)

Sommaire : Tolérance de l'Église vis-à-vis des comédiens. — Sévérité théorique de quelques rituels. — Les collèges des Jésuites. — Leurs théâtres. — Querelles entre les Jésuites et les Jansénistes. — *Traité de la comédie*, par Nicole. — *Traité de la comédie et des spectacles*, par le prince de Conti. — Indignation causée par les représentations de *Tartuffe*. — Incidents qui accompagnent la mort de Molière.

Nous venons de voir le théâtre fort en honneur sous les cardinaux Richelieu et Mazarin, fort aimé de Louis XIV durant la première partie de son règne.

Pendant toute cette période, le clergé ne cesse de donner les plus vifs encouragements à l'art dramatique. Loin de le condamner, il le protège, le soutient, et dans un engouement peut-être irréfléchi mais à coup sûr exagéré, il en arrive à intervenir d'une façon active dans les représentations. On comprend facilement que, dans de pareilles conditions, les peines canoniques que l'Église infligeait aux comédiens des premiers siècles et qui s'étaient perpétuées, tout au moins théoriquement, contre les bateleurs pendant le moyen âge et la Renaissance, n'aient pas pu, sous

Richelieu et Mazarin, être remises en vigueur. Aussi voit-on pendant la première moitié du dix-septième siècle les comédiens vivre fort paisiblement à l'abri des tracasseries civiles et religieuses; l'Église les reçoit à la sainte table, elle leur accorde sans difficulté le sacrement du mariage, et à leur mort pas un curé ne songe à leur refuser la sépulture ecclésiastique.

Il y avait cependant une grande différence entre la situation qui leur était faite au point de vue civil et au point de vue religieux; il n'est pas inutile de la souligner.

Au point de vue civil, ils avaient été officiellement relevés de l'indignité qui les frappait par la fameuse déclaration de Louis XIII. Au point de vue canonique au contraire, rien n'avait été changé; dans la pratique, il est vrai, on laissait tomber en désuétude des lois anciennes et surannées, mais elles ne continuaient pas moins à exister, et elles se trouvaient fidèlement reproduites par les rituels dans un certain nombre de provinces ecclésiastiques. Il suffisait donc d'une interprétation rigoureuse ou d'un esprit intolérant pour exposer les comédiens aux plus pénibles traitements.

Ainsi, en 1624, Jean de Gondy, archevêque de Paris, déclare dans son Synodicon qu'on doit priver les comédiens des sacrements et de la sépulture ecclésiastique.

Félix de Vialard, évêque et comte de Châlons-sur-

Marne, dans le rituel de son diocèse en 1649, ne veut pas admettre pour parrains les bateleurs et les comédiens; il déclare qu'il faut repousser de la sainte table ceux qui en sont indignes, tels que les excommuniés, les interdits et les gens visiblement infâmes comme les femmes publiques, les concubinaires et les comédiens.

On lit dans dans le rituel de Paris, composé en 1654, à l'article du très-saint-sacrement de l'Eucharistie : « On doit admettre à la sacrée communion tous les fidèles, excepté ceux auxquels il est défendu par de justes raisons de s'en approcher, et il en faut éloigner ceux qui en sont publiquement indignes, c'est-à-dire ceux qui sont notoirement excommuniés ou interdits; ceux dont l'infamie est connue, comme les femmes débauchées, ceux qui vivent dans un commerce criminel d'impureté, les concubinaires, les comédiens, les usuriers, les magiciens, les sorciers, les blasphémateurs, et autres semblables pécheurs, s'il n'est constant qu'ils font pénitence et qu'ils s'amendent, et qu'ils n'aient auparavant réparé le scandale public qu'ils ont causé. » C'est, on le voit, la reproduction littérale des anciens canons[1].

Mais, nous le répétons, la plus large tolérance

---

1. Les rituels de Belley (1621), d'Alet (1667), éloignent de la communion les comédiens et les farceurs comme les concubinaires et les femmes publiques; ils ne les admettent ni comme parrains ni comme marraines.

régnait dans la pratique, et jusqu'à la mort de Molière, les évêques ne suscitèrent presque jamais de difficultés à ceux qui montaient sur la scène.

Cette heureuse situation ne devait pas se prolonger, la rivalité des Jésuites et des Jansénistes allait attirer sur les comédiens une véritable persécution.

Voici comment et à quelle occasion commencèrent les hostilités.

Il existait un ordre religieux renommé par l'habileté avec laquelle il formait la jeunesse et dont les collèges jouissaient à juste titre de la plus grande réputation. Les Jésuites avaient d'abord rigoureusement interdit à leurs élèves d'assister « aux spectacles, comédies ou jeux publics », n'admettant à cette règle qu'une exception en faveur du supplice d'un hérétique « mis à la torture ou brûlé vif »; mais ce rigorisme dura peu; dès le début du dix-septième siècle, ils affichèrent hautement leur indulgence pour le théâtre, et ils le firent rentrer dans leur système d'éducation, à ce point qu'ils s'efforçaient d'en inspirer le goût à leurs écoliers. C'est chez eux que se forma Corneille[1].

Le penchant des Pères pour le théâtre n'était un secret pour personne; partout dans leurs collèges ils faisaient représenter des pièces de leur composition;

1. L'abbé de Latour raconte qu'au Pérou et au Mexique le théâtre eut pour fondateurs les Jésuites.

primitivement ces ouvrages durent être écrits en latin et le sujet ne put en être que religieux, ou se rapportant directement aux études de leurs élèves. On jouait en effet sur leurs théâtres des pièces allégoriques telles que la *Défaite du Solécisme*, où l'on voyait l'*Infinitif* terrasser le *Que retranché* et danser une gavotte devant son ennemi expirant à ses pieds; mais ce genre, forcément aride et borné, fut bientôt délaissé et les Pères ne tardèrent pas à aborder des sujets absolument profanes; on vit leurs écoliers représenter les œuvres de Plaute, de Térence, de Sénèque, etc [1].

Ces représentations étaient assez fréquentes; elles n'avaient pas lieu, comme on pourrait le croire, dans l'intimité et en présence de quelques parents ou amis; le public y était admis librement et il payait sa place tout comme au théâtre. On y accourait en foule, et les femmes particulièrement marquaient un goût des plus vifs pour ce genre de divertissements.

Loret raconte qu'on payait quinze sols au mois d'août 1658 pour voir jouer au collège Saint-Ignace la tragédie latine d'*Athalie* et les quatre ballets qui l'accompagnaient :

> On y dansa quatre ballets,
> Moitié graves, moitié follets,
> Chacun ayant plusieurs entrées,
> Dont plusieurs furent admirées;

[1]. Chappuzeau, *Le théâtre français*, 1674.

Et vrai, comme rimeur je suis,
La Vérité, sortant du puits,
Par ses pas et ses pirouettes
Ravit et prudes et coquettes.

Il était d'usage en effet qu'un ballet accompagnât ces représentations, et souvent on avait recours pour les rôles les plus importants à des danseurs de profession.

La Vérité sortant du puits pourrait paraître une distraction assez mondaine dans un collège de Jésuites, si l'on ne savait qu'à cette époque les femmes ne figuraient pas encore dans les ballets[1].

En province également, les Jésuites représentaient régulièrement dans leurs maisons d'éducation. En 1658, à Lyon, le roi assiste à une « fort belle tragédie au collège des Pères[2] »; en 1660, après son mariage, les écoliers des Jésuites de Bordeaux jouent en sa présence une comédie sur le sujet de la *Paix* « avec toute la pompe et tous les agréments possibles, cette pièce étant mêlée de plusieurs entrées de ballets fort divertissantes »[3].

L'amour des ballets devient si violent dans la com-

---

1. Voir page 100, note 1.
2. Déjà en 1650 Louis XIV, âgé de douze ans, avait entendu au collège de Clermont (depuis Louis-le-Grand) la tragédie latine de *Suzanna*, du Père Jourdain.
3. Extraits de la *Gazette*. — La même année, et toujours à propos du mariage du roi, les Jésuites représentèrent une pièce allégorique intitulée *le Mariage du Lys et de l'Impériale*.

pagnie qu'un Jésuite, le Père Menestrier[1], en compose l'histoire et la théorie. Il décrit avec emphase tous ceux donnés au collège de Clermont et il s'efforce d'en montrer l'ingéniosité et la finesse. Figurer dans ces divertissements est, à l'en croire, un des plus grands bonheurs auxquels on puisse prétendre, et il raconte que, selon Virgile, une des joies des bienheureux dans l'Élysée consiste à danser des ballets. Enfin, pour prouver la complète innocence du genre, il rappelle qu'il a toujours été protégé par les papes et qu'un d'entre eux s'y est même adonné.

Le goût pour les représentations théâtrales avait gagné les communautés religieuses. « L'on y dresse tous les ans, dit Chappuzeau, de superbes théâtres pour des tragédies, dans lesquelles par un mélange ingénieux du sérieux et du profane toutes les passions sont poussées jusqu'au bout. On y emploie même pour de certains rôles d'autres personnes que des écoliers[2]. »

1. Menestrier (Claude-François) (1631-1705), jésuite, très érudit et très versé dans les arts d'agrément. Il a écrit un grand nombre d'ouvrages sur la chevalerie, les tournois, le blason, la musique, la danse, le théâtre, etc.

2. Les communautés de femmes elles-mêmes ne dédaignaient pas ce genre de spectacle. Déjà en 1593 les Dames de Saint-Antoine avaient joué *Cléopâtre* devant un auditoire d'abbés; elles représentaient les rôles d'hommes en travesti. Dans les premières années du dix-septième siècle, les religieuses de Maubuisson « passaient tout leur temps, hors de l'office, à se divertir en toutes les manières qu'elles pouvaient, à jouer des comédies pour réjouir les sociétés qui les venaient voir ». (Sainte-Beuve, *Port-Royal.*)

Les Jésuites avaient eu même l'heureuse inspiration de faire servir le théâtre à la propagation de leurs idées et de composer des comédies théologiques où leurs ennemis les Jansénistes étaient malmenés de la belle manière. Pendant le carnaval de 1650, ils représentèrent, entre autres, Jansénius chargé de fers et traîné en triomphe par la *Grâce suffisante*.

La protection avérée que les Pères accordaient au théâtre, l'indulgence extrême avec laquelle ils regardaient tout ce qui concernait la comédie et les comédiens, devaient provoquer naturellement de la part des Jansénistes des sentiments tout différents et leur faire entreprendre une campagne en règle contre l'art dramatique.

En 1658, l'abbé d'Aubignac fit paraître sa *Pratique du théâtre*; elle éveilla bien des susceptibilités. En 1665, un incident assez futile vint mettre le feu aux poudres et engager une lutte dont l'issue devait être désastreuse pour les comédiens. Desmarets de Saint-Sorlin, auteur des *Visionnaires* et du poème de *Clovis*[1], s'avisa tout à coup de prendre à partie les

---

[1]. Desmarets de Saint-Sorlin (Jean) (1595-1676), de l'Académie française. Il faisait partie du cercle intime du cardinal de Richelieu et c'est ce qui causa son succès ; il a écrit des tragédies détestables qui n'en furent pas moins représentées par ordre du cardinal. Après une existence des plus relâchées, il passa à la dévotion la plus outrée. Il prit parti pour les Jésuites et se crut appelé par le ciel à combattre les hérétiques, c'est-à-dire les Jansénistes ; il les attaqua avec la dernière violence.

La pièce des *Visionnaires* eut un succès inouï, grâce aux

Jansénistes. Ceux-ci ripostèrent et par la plume de Nicole, qui garda du reste l'anonyme; ils traitèrent les faiseurs de romans et les poètes de théâtre « d'empoisonneurs publics, non des corps, mais des âmes ». « Plus le poète, disaient-ils, a eu soin de couvrir d'un voile d'honnêteté les passions criminelles qu'il décrit, plus il les a rendues dangereuses et capables de surprendre et de corrompre les âmes simples et innocentes. »

Racine se persuada que cette phrase était à son adresse. Furieux d'une attaque que rien ne justifiait, il répondit par une lettre des plus mordantes : « Nous connaissons, dit-il aux docteurs de Port-Royal, l'austérité de votre morale; nous ne trouvons pas étrange que vous damniez les poètes, vous en damnez bien d'autres qu'eux ; ce qui nous surprend, c'est de voir que vous voulez empêcher les hommes de les honorer. Eh ! messieurs, contentez-vous de donner les rangs dans l'autre monde, ne réglez pas les récompenses de celui-ci ; vous l'avez quitté il y a longtemps ; laissez-le juge des choses qui lui appartiennent. Plaignez-le si vous voulez d'aimer des bagatelles et d'estimer ceux qui les font, mais ne leur enviez point de misérables honneurs auxquels vous avez renoncé. »

Une fois la lutte engagée, les combattants ne devaient pas se borner à une première escarmouche. Nicole

---

allusions qu'elle contenait contre l'hôtel de Rambouillet. Dans son *Cloris*, poème étrange et d'un halluciné, l'auteur prétendait avoir « traité en vaincus et foulé aux pieds Homère et Virgile ».

publie le *Traité de la Comédie*, « composé, dirent les Jésuites, pour venger le Port-Royal du grand Corneille, qui se déclarait hautement contre la nouvelle secte. »

Le janséniste, reprenant la doctrine des Pères de l'Église, condamne sans hésiter et le théâtre et les comédiens : « La comédie, dit-il est une école et un exercice de vice... Le métier de comédien est un emploi indigne d'un chrétien, ceux qui l'exercent sont obligés de le quitter... cette profession est contraire au christianisme[1]. »

Nicole ne devait pas rester seul dans la lice[2]. Il y fut bientôt rejoint par un nouveau champion qui allait lui prêter l'appui de son nom, et on peut ajouter de son talent.

Armand de Bourbon, prince de Conti[3], après avoir aimé le théâtre au point d'entretenir une troupe de comédiens, fut touché de la grâce et

---

1. Ce qui indigne le plus Nicole, « c'est, dit-il, qu'on ait entrepris dans ce siècle-ci de justifier la comédie et de la faire passer pour un divertissement qui se pouvait allier avec la dévotion... On ne se contente pas de suivre le vice, on veut encore qu'il soit honoré et qu'il ne soit pas flétri par le nom honteux de vice, qui trouble toujours un peu le plaisir qu'on y prend par l'horreur qui l'accompagne. On a donc tâché de faire en sorte que la conscience s'accommodât avec la passion et ne la vînt point inquiéter par ses importuns remords. »

2. Déjà, en 1660, M. Bourdelot, avocat au Parlement de Paris, avait fait imprimer une lettre contre les désordres de la comédie. En 1672, M. Voisin, conseiller du roi, écrivit encore avec violence contre les spectacles du temps.

3. Conti (Armand de Bourbon, prince de) (1629-1666), frère puîné du grand Condé.

devint fort dévot, qui plus est janséniste[1]. Il éprouva naturellement le désir de brûler ce qu'il avait adoré et, en 1666, il publia un *Traité de la comédie et des spectacles* selon la tradition de l'Église. Il y avait rassemblé avec soin tous les passages des Pères et des conciles qui condamnaient le théâtre. A en croire le prince, « la troupe des comédiens est une troupe diabolique, et se divertir à la comédie, c'est se réjouir au démon ».

L'abbé d'Aubignac ne voulut pas laisser avilir l'art que lui-même avait si bien prôné et il riposta à la diatribe du prince de Conti par une apologie de la comédie sous ce titre : *Dissertation sur la condamnation des théâtres*. Il y relevait les assertions du prince et assurait que l'opinion des Pères de l'Église ne prouvait rien, attendu que de leur temps on ne pouvait assister aux spectacles sans faire acte d'idolâtrie.

Les attaques de Nicole et du prince de Conti ne passèrent point inaperçues; elles ranimèrent le zèle de tous ceux qui n'aimaient pas le théâtre et le croyaient préjudiciable aux mœurs. Une campagne en règle fut organisée.

Molière, fort inconsciemment, allait lui-même fournir des armes à ceux qu'une haine aveugle animait contre l'art dramatique. *Tartuffe*, dès

---

[1]. Il avait été élevé par les Jésuites et avait même joué chez eux dans sa jeunesse.

qu'il parut, en 1667[1], souleva dans les rangs du clergé tout entier la plus violente indignation. Un curé de Paris, Pierre Roullé, demandait que l'auteur, « ce démon vêtu de chair et habillé en homme, le plus signalé impie et libertin qu'on vît jamais dans les siècles passés », fût livré au feu « avant-coureur de celui de l'enfer; » Bourdaloue le dénonçait en pleine chaire; Bossuet ne se montrait pas plus indulgent et reprochait aux œuvres du poète de n'être qu'un tissu de bouffonneries, d'impiétés, d'infamies et de grossièretés. Quant à l'archevêque de Paris, Hardouin de Péréfixe, il lançait un mandement où il défendait « de représenter, lire ou entendre réciter le *Tartuffe*, sous peine d'excommunication. » Toutes les anciennes préventions de l'Église contre le théâtre et les comédiens se réveillèrent avec plus de force que jamais.

Pour bien montrer l'émoi causé par le *Tartuffe*[2], Don Juan, etc., il est intéressant de reproduire ce jugement d'un écrivain religieux[3] :

1. Les trois premiers actes avaient déjà été joués le 12 mai 1664 en présence du roi, pendant les fêtes de Versailles.
2. La pièce fut d'abord interdite par ordre du président de Lamoignon. S'il faut en croire une anecdote du temps, on allait commencer le spectacle quand l'interdiction arriva, et Molière s'avançant sur le devant de la scène osa dire : « Nous allions vous jouer le *Tartuffe*, mais M. le premier Président ne veut pas qu'on le joue. » C'est seulement le 5 février 1669 que le roi autorisa les représentations.
3. Baillet (Adrien) (1649-1706), vicaire de campagne, puis bibliothécaire de l'avocat général Lamoignon.

« Molière est un des plus dangereux ennemis que le monde ait suscités à l'Église. Il fait encore après sa mort le même ravage dans le cœur de ses lecteurs, qu'il avait fait pendant sa vie dans celui de ses spectateurs. La galanterie n'est pas la seule science qu'on apprend à son école, on y apprend aussi les maximes ordinaires du libertinage contre les sentiments véritables de la religion. Elles sont répandues d'une manière si fine et si cachée dans la plupart de ses autres pièces, qu'il est infiniment plus difficile de s'en défendre que dans son *Tartuffe*, où il mène ouvertement à l'irréligion. C'est la plus scandaleuse de toutes ses pièces. Il y a prétendu comprendre, dans la juridiction de son théâtre, les droits qu'ont les ministres de l'Église de reprendre les hypocrites et la fausse dévotion. On voit bien par la manière dont il a confondu les choses, qu'il était franc novice dans la dévotion, dont il ne connaissait que le nom. Les comédiens sont des gens décriés de tous les temps, que l'Église regarde comme retranchés de son corps, mais quand Molière aurait été innocent jusqu'alors, il aurait cessé de l'être, dès qu'il eut la présomption de croire que Dieu voulait se servir de lui pour corriger le vice. Tertullien a eu raison d'appeler le théâtre le royaume du diable; faut-il pour trouver le remède, aller consulter Béelzébuth, tandis que nous avons des prophètes en Israël, etc[1] ? »

1. Baillet, *Jugement des Poëtes*, art. 1420.

Les prédications de Nicole et du prince de Conti, l'exaspération soulevée par les représentations de *Tartuffe*, portèrent leurs fruits. Le clergé exhuma contre les comédiens tous les anathèmes des premiers siècles qui sommeillaient au fond de quelques rituels, et il ne songea plus qu'à trouver l'occasion de les leur appliquer. Déjà, en 1671, Floridor étant tombé malade, le curé de Saint-Eustache, avant de le confesser, lui fit promettre de ne plus reparaître sur le théâtre; le comédien s'y engagea, et cependant quand il mourut il fut enterré sans cérémonie[1]. Molière, dont les œuvres avaient en partie motivé ces rigueurs inattendues, allait en devenir une des premières victimes.

Jusqu'alors, comme nous l'avons déjà vu, l'Église a accordé aux comédiens le même traitement qu'à tous les chrétiens, et Molière ainsi que sa famille a joui de cette tolérance. Le 6 janvier 1654, le comédien figure en qualité de parrain sur les registres des églises Saint-Firmin et Notre-Dame des Tables, à Montpellier[2]. » En 1670 et en 1672, on voit encore son nom sur les registres des églises avec le titre de parrain[3]. Le lundi 20 février 1662 il a épousé Armande Béjart[4], par permission de M. Comtes,

---

1. *Moliériste*, septembre 1886.
2. *Id.*, 1er mai 1879.
3. *Id.*, novembre 1883 et septembre 1885.
4. Béjart (Armande) (1645-1700), aussi célèbre par sa beauté que par ses succès au théâtre.

doyen de Notre-Dame et grand vicaire de M. le cardinal de Retz, archevêque de Paris ; le mariage n'a pas souffert la moindre difficulté.

En 1672, la sœur d'Armande, Madeleine Béjart[1] meurt. Par son testament elle laisse d'abondantes aumônes et elle demande que son corps repose dans le cimetière de l'église Saint-Paul où sa famille possède une concession. En effet, après avoir été présentée à l'église Saint-Germain-l'Auxerrois, sa paroisse, elle est, « par permission spéciale de Mgr l'Archevêque, portée en carrosse à l'église Saint Paul et inhumée sous les charniers de ladite église. » Le registre de la paroisse la désigne comme *comédienne de la troupe du Roi.*

Mais ce qui est bien plus formel encore, Molière lui-même a un confesseur attitré : « M. Bernard, prêtre habitué en l'église de Saint-Germain », et l'année même de sa mort[2] le comédien a reçu les sacrements à Pâques, de la main de cet ecclésiastique. A une époque où la communion pascale était à peu près une obligation, il n'est pas étonnant que Molière se soit conformé à la règle imposée, mais ce qu'il est important de constater, c'est qu'encore à cette époque on ne refusait nullement les sacrements aux comédiens, même pas à l'auteur de *Tartuffe.*

1. Madeleine Béjart (1618-1672); elle excellait dans les rôles de soubrette.
2. Voir Eudore Soulié, *Recherches sur Molière*, pages 79 et 201.

Le poète est frappé à mort le 17 février 1673, pendant une représentation du *Malade imaginaire*. Sentant son heure dernière approcher, il demande à recevoir les secours de la religion; on court à l'église Saint-Eustache, où les deux ecclésiastiques de service, apprenant quel est l'homme qui réclame leur assistance, refusent de se déranger. On se rend alors chez un prêtre du voisinage qui, plus compatissant, consent à venir voir le moribond; mais ces allées et venues avaient pris du temps et quand il arriva, Molière n'avait plus besoin de ses services : il était mort entouré des siens et de deux pauvres religieuses qui venaient quêter chaque année à Paris et auxquelles ils donnait l'hospitalité.

Les camarades du défunt voulurent lui faire un convoi magnifique. Le curé de Saint-Eustache, M. Merlin, non seulement s'y opposa, mais encore, s'armant du texte même du rituel de Paris, il refusa de laisser inhumer le corps[1].

La veuve du comédien adressa aussitôt à l'archevêque de Paris[2] une requête des plus pressantes, en faisant valoir les actes de piété, encore tout récents, de son mari. On a dit que l'archevêque avait répondu par une fin de non-recevoir absolue. Ce n'est pas

---

1. Le clergé possédait exclusivement la police des cimetières.
2. Harlay de Champvallon. Il est resté célèbre par la légèreté de ses mœurs; il avait entre autres une maîtresse, Mme de Bretonvilliers que le peuple avait surnommée « la cathédrale ».

exact : il se borna à renvoyer la requête à l'official pour en informer[1].

Cependant redoutant un refus, Mlle Molière[2] se rendit à Versailles pour solliciter l'intervention du roi : « Si mon mari est criminel, Sire, s'écria-t-elle, ses crimes ont été autorisés par Votre Majesté même! » Louis XIV, froissé de ces paroles, la congédia brusquement, lui disant que l'affaire ne le concernait pas, qu'elle était du ressort de l'archevêque; en même temps il donnait l'ordre à Harlay de Champvallon d'éviter l'éclat et le scandale, et de ne pas s'opposer à l'inhumation.

En bon courtisan, l'archevêque s'inclina, mais, pour sauver les apparences, il fit assurer que Molière avait témoigné son repentir d'avoir exercé la profession du théâtre. Il permit donc « au curé de Saint-Eustache de donner la sépulture ecclésiastique au corps du défunt dans le cimetière de la paroisse, à condition néanmoins « que ce sera sans aucune pompe et avec deux prêtres seulement, et hors des heures du jour, et qu'il ne sera fait aucun service solennel pour lui, ni dans ladite paroisse Saint-Eustache, ni ailleurs, même dans aucune église des réguliers, et *que notre présente permission sera sans*

---

1. Au-dessous de la lettre est écrite cette phrase : « Renvoyée au sieur abbé de Benjamin, notre official, pour informer des faits contenus en la présente requête. »
2. Les comédiennes n'avaient pas le droit de porter le titre de madame.

préjudice aux règles du rituel de notre église que nous voulons être observées selon leur forme et teneur[1]. »

Le convoi n'eut lieu que quatre jours après le décès, et, conformément aux ordres de Champvallon, il se fit à neuf heures du soir. Le corps ne fut même pas présenté à l'église, on le porta directement au cimetière Saint-Joseph dans une bière de bois, couverte du poêle des tapissiers ; il était escorté de « six enfants bleus, tenant six cierges, dans six chandeliers d'argent, et de deux ecclésiastiques. » Il n'y eut pas de chants ; beaucoup d'amis suivirent un flambeau à la main.

« La populace, dit Voltaire, qui ne connaissait dans Molière que le comédien, et qui ignorait qu'il avait été un excellent auteur, un philosophe, un grand homme dans son genre, s'attroupa en foule à la porte de sa maison le jour de son convoi. Sa veuve fut obligée de jeter de l'argent par les fenêtres, et ces misérables qui auraient, sans savoir pourquoi, troublé l'enterrement, accompagnèrent son corps avec respect. »

On craignit en effet que le peuple, surexcité par la passion religieuse, ne se livrât à une manifestation scandaleuse ; pour calmer les esprits, on distribua cinq sols à tous les pauvres présents et on dépensa ainsi de 1000 à 1200 livres.

---

1. Cette dernière restriction montre bien la volonté formelle

Le cortège parvint sans encombre jusqu'à la rue Montmartre où se trouvait le cimetière, mais la porte était fermée et on avait oublié les clefs; il fallut les aller chercher. En les attendant, tout le monde put lire à la lueur des torches ces vers placardés sur le mur :

> Il est passé ce Molière
> Du théâtre à la bière;
> Le pauvre homme a fait un faux bond;
> Et ce tant renommé bouffon
> N'a jamais su si bien faire
> Le *Malade imaginaire*
> Qu'il a fait le mort pour tout de bon.

Enfin les clefs arrivèrent et la triste cérémonie put s'achever sans incident. Molière fut enseveli au milieu du cimetière, au pied de la croix[1]. Pas une parole ne fut prononcée sur la tombe[2].

Chapelle, outré de cette mesquine persécution, témoigna son indignation en publiant ces vers:

> Puisqu'à Paris on dénie
> La terre, après le trépas,

du prélat de faire revivre désormais dans son diocèse les lois canoniques contre les comédiens.

1. M. L. Moland, dans une savante dissertation, croit que le corps du comédien fut aussitôt enlevé du terrain religieux et transporté dans l'enceinte réservée aux enfants morts sans baptême. (*Moliériste*, juin 1884.)

2. Plus heureux que Molière, Lulli fut enterré sans difficulté aux Petits-Pères. Sur son mausolée la Mort est représentée tenant d'une main un flambeau renversé et de l'autre un rideau au-dessus du buste du musicien.

A ceux qui, pendant leur vie,
Ont joué la comédie,
Pourquoi ne jette-t-on pas
Les bigots à la voirie?
Ils sont dans le même cas.

Un siècle plus tard, Chamfort ayant écrit l'éloge de Molière, son œuvre fut couronnée par l'Académie. C'est à ce sujet que Voltaire lui écrivait : « Tout ce que vous dites, monsieur, de l'admirable Molière, et la manière dont vous le dites, sont dignes de lui et du beau siècle où il a vécu. Vous avez fait sentir bien adroitement l'absurde injustice dont usèrent envers ce philosophe du théâtre des personnes qui jouaient sur un théâtre plus respecté. Vous avez passé habilement sur l'obstination avec laquelle un débauché refusa la sépulture d'un sage.

« L'archevêque Champvallon mourut depuis, comme vous savez à Conflans, de la mort des bienheureux, sur Mme de Lesdiguières, et il fut enterré pompeusement au son de toutes les cloches, avec toutes les belles cérémonies qui conduisent infailliblement l'âme d'un archevêque dans l'empyrée [1]. Mais Louis XIV

---

1. Il était mort en effet d'une attaque d'apoplexie en la compagnie de Mme de Lesdiguières. Mme de Sévigné écrit à ce propos : « Il s'agit maintenant de trouver quelqu'un qui se charge de l'oraison funèbre du mort. On prétend qu'il n'y a que deux petites bagatelles qui rendent cet ouvrage difficile, c'est la vie et la mort. » Le Père Gaillard consentit cependant à se charger de l'oraison funèbre, mais à condition qu'il ne parlerait pas du défunt.

avait eu bien de la peine à empêcher que celui qui était supérieur à Plaute et à Térence ne fût jeté à la voirie : c'était le dessein de l'archevêque et des dames de la halle, qui n'étaient pas philosophes. Les Anglais nous avaient donné, cent ans auparavant, un autre exemple; ils avaient érigé, dans la cathédrale de Strafford, un monument magnifique à Shakespeare, qui pourtant n'est guère comparable à Molière ni pour les arts ni pour les mœurs[1]. »

1. Ferney, 27 septembre 1769.

VIII

DIX-SEPTIÈME SIÈCLE (suite)
1673-1689

Sommaire : Lulli obtient l'autorisation d'établir l'Opéra au théâtre du Palais-Royal — *La troupe de Molière*, dépossédée, achète le théâtre de la rue Guénégaud. — Elle se réunit à la troupe du *Marais*. — En 1680, Louis XIV ordonne la fusion des deux troupes de l'*Hôtel de Bourgogne* et de *Guénégaud*. — La Comédie française est constituée. — Autorité des gentilshommes de la chambre. — La Dauphine. — Les spectacles sont fermés pendant la quinzaine de Pâques. — La *Comédie* est expulsée de l'hôtel *Guénégaud*. — Après des pérégrinations sans nombre, elle s'établit au jeu de paume de l'Étoile.

La troupe de Molière n'eut pas seulement la douleur de perdre le chef dont elle tirait toute son illustration, un nouveau malheur lui était réservé. Lulli, en 1672, avait fait révoquer à son profit le privilège de l'abbé Perrin et il s'était emparé de l'Opéra[1]; aussitôt la mort de Molière, il sollicita la permission

---

1. Personne ne fut plus jaloux que Lulli du privilège qui lui était concédé. Il défendit la musique aux Italiens, parce que c'était empiéter sur ses droits. On vit alors paraître sur la scène à la Comédie italienne un âne qui se mit à braire : « Taisez-vous, insolent, lui dit Arlequin, la musique nous est défendue. » En

de s'établir au théâtre du Palais-Royal et il l'obtint, grâce à la protection dont Louis XIV ne cessait de lui donner des preuves[1].

La troupe de Molière, dépossédée de son théâtre, fut obligée d'émigrer; elle acheta rue Mazarine une maison dans laquelle se trouvait une fort belle salle et on désigna la nouvelle installation sous le nom de théâtre de Guénégaud. En même temps, dans l'espoir de combler le vide qu'avait laissé dans ses rangs la mort de l'illustre comédien, elle se réunit à la troupe du Marais. Colbert autorisa la fusion des deux troupes et il composa lui-même la liste des acteurs. On trouve là la première intervention directe et formelle du pouvoir royal dans les affaires de la comédie.

De 1675 à 1680 il n'y eut donc que deux troupes de comédiens français à Paris, la troupe de Guénégaud et celle de l'hôtel de Bourgogne.

En 1680, Louis XIV, désireux de posséder un théâtre où tous les talents fussent rassemblés, réunit en une seule les deux troupes, et il lui donna le privilège exclusif de représenter dans Paris[2].

1677, il fit interdire les représentations des marionnettes parce qu'elles chantaient et que l'Opéra seul avait le droit de chanter. Il fit défendre aux comédiens français d'avoir plus de six violons dans leur orchestre, parce que l'Opéra seul avait le droit de faire de la musique. Même pour chanter ou faire de la musique dans les théâtres de société, il fallait obtenir l'autorisation par écrit de Lulli.

1. L'Opéra installé au Palais-Royal y resta pendant tout le dix-huitième siècle.

2. Le roi adressa, le 22 octobre, au lieutenant général de police

La nouvelle troupe s'établit au théâtre Guénégaud[1]; elle prit le titre de *Comédiens du Roi* et, par un brevet du 24 août 1682, Louis XIV lui accorda une pension annuelle de 12 000 livres.

La même année, les Comédiens furent autorisés à prélever leurs frais journaliers sur la recette du théâtre, avant de donner une participation quelconque aux auteurs[2].

A partir de ce jour la Comédie française est constituée; les Comédiens, il est vrai, perdent leur liberté et se trouvent placés dans une dépendance complète : ils font partie de la *Maison du Roi*, ils appartiennent au monarque d'une façon absolue et sans

une lettre de cachet ordonnant la réunion des comédiens de l'hôtel de Bourgogne et de Guénégaud. En vertu de cet ordre signé Colbert, les comédiens furent autorisés à former une société et à passer entre eux des actes d'union.

1. Les Italiens, expulsés du Palais-Royal en même temps que la troupe de Molière, profitèrent de la réunion des deux troupes au théâtre Guénégaud pour se faire attribuer l'hôtel de Bourgogne. De cette façon ils purent représenter tous les jours; mais ils jouèrent souvent en français, ce qui était contraire au privilège qu'on venait d'accorder aux *Comédiens du Roi*: ces derniers réclamèrent et la contestation fut portée devant Louis XIV. Baron pour les Français, Dominique pour les Italiens, s'étaient chargés de plaider la cause de leurs camarades. Dès que Baron eut exposé ses raisons, Dominique, s'adressant au roi, lui dit avant de commencer : « En quelle langue Votre Majesté veut-elle que je parle? » « Eh! parle comme tu voudras, » lui dit le roi. « J'ai gagné mon procès, répliqua Dominique, nous ne demandons pas autre chose. » Le roi se mit à rire et déclara qu'il ne s'en dédirait pas.

2. Depuis quelques années, les acteurs avaient renoncé à l'usage d'acheter les pièces pour un prix débattu.

réserve. Mais le roi ne peut s'occuper des affaires intérieures du théâtre, des détails continuels de la gestion, et il délègue ses pouvoirs aux quatre premiers gentilshommes de la chambre qui agiront et ordonneront en son nom. C'est ainsi que les Gentilshommes se trouvèrent investis d'une autorité qui, d'abord assez restreinte, se transforma plus tard en une tyrannie journalière[1].

1. Mercier, dans la querelle qu'il eut avec les Comédiens en 1775, a donné l'origine de cette charge de gentilhomme de la chambre : « Ces charges, dit-il, sont un démembrement de celle du grand chambrier de France, office très ancien, qui existait à la cour des Césars avant la naissance de la monarchie française. Ceux qui en étaient pourvus se nommaient *Præpositi sacri cubiculi*. Les fonctions de cet office consistaient originairement, selon le Père Anselme, à coucher le roi, le lever, faire son lit et sa chambre... Pour donner de la dignité à cet office, le roi inféoda la charge et la conféra pour être tenue à foi et hommage. Par là celui qui en était pourvu devenait vassal immédiat du prince, avait le droit de le suivre à la guerre et de combattre à ses côtés; un tel honneur rendit cette charge une des premières dignités de l'État. En 824 on voit cet office exercé par Bonnard, comte de Barcelone. Mais le fief de grand chambrier étant sans domaines, on crut devoir lui en assigner un et l'on y attacha quelques droits à percevoir, par forme de cens, sur les communautés des cloutiers, des marchands de chapeaux et de vieilles robes. Ce droit fut supprimé par François Ier. Le même roi jugea à propos de diviser les fonctions domestiques de cette charge entre deux officiers, sous la dénomination de premiers gentilshommes de la chambre. Depuis cette époque, leur nombre a été porté à quatre. Mais on n'a point inféodé leur charge, on n'a point recréé en leur faveur le cens et la justice qui constituaient le fief de la grande chambrerie; il ne leur reste donc de cet office que des droits sans juridiction et des devoirs circonscrits dans l'intérieur du palais, etc. » (Grimm, *Corresp. littér.*, août 1775.)

Dès 1680, le duc de Créqui arrête la liste de la nouvelle troupe et renvoie les acteurs qui ne lui conviennent pas. En 1684, un nouvel arrêté fixe la situation des Comédiens vis-à-vis des Gentilshommes :

« Les ordres qui viendront de la part de messieurs les premiers gentilshommes de la chambre du roi aux Comédiens, seront mis entre les mains du contrôleur général de l'argenterie et menus plaisirs en exercice, qui en délivrera des copies signées de lui toutes les fois que les Comédiens l'en requerront. Et, pour ce qui concerne la troupe en général et les rôles des pièces à jouer en particulier, aucun des Comédiens ne pourra distribuer lesdits rôles, ni faire autre chose concernant le théâtre que de leur consentement, et, en cas de difficultés, ils s'adresseront à leurs supérieurs. A l'égard des pièces pour la cour, on leur prescrira les rôles qu'ils doivent jouer. Fait à Versailles, le 18 juin 1684, signé : le duc de Créqui[1]. »

Ainsi les pouvoirs des Gentilshommes de la chambre ne se bornent pas, comme cela eût été raisonnable, au service à la cour; ils s'étendent encore sur le service des Comédiens à la ville.

Au début, cette autorité n'eut pas lieu de s'exercer très fréquemment, car le roi pria la Dauphine, cette Allemande disgracieuse et revêche, qui s'en-

---

1. Bib. nat., Mss. 24330, (Despois).

nuyait si prodigieusement en France[1], de s'occuper des Comédiens français, et les Gentilshommes se bornaient à exécuter les ordres de la princesse. Ainsi le 23 avril 1685, le duc de Saint-Aignan donne aux Comédiens un règlement de discipline intérieure, conformément aux instructions qu'il a reçues de la Dauphine. Ce règlement est déposé chez un notaire, et le 4 mars 1686 il est passé un acte par lequel la troupe s'engage à s'y conformer.

Après la mort de la princesse, la seconde femme du Dauphin hérita de ses attributions. Plus tard ce fut la duchesse de Berry.

Depuis les discussions théologiques sur le théâtre, qui avaient précédé la mort de Molière, le clergé s'était sensiblement refroidi à l'égard de la comédie; ce brusque revirement devait avoir son contre-coup à la cour. Peu à peu un changement évident s'opère dans l'esprit de Louis XIV. On voit que les

---

1. « Madame la Dauphine, lit-on dans les *Souvenirs de Madame de Caylus*, était non seulement laide et si choquante que Sanguin, envoyé par le roi en Bavière dans le temps qu'on traitait son mariage, ne put s'empêcher de dire au roi au retour : « Sire, sauvez le premier coup d'œil. » Cependant Monseigneur l'aima et peut-être n'aurait aimé qu'elle, si la mauvaise humeur et l'ennui qu'elle lui causa ne l'avaient forcé à chercher des consolations et des amusements ailleurs... Elle passait sa vie renfermée dans de petits cabinets derrière son appartement, sans vue et sans air; ce qui, joint à son humeur naturellement mélancolique, lui donna des vapeurs; ces vapeurs, prises pour des maladies effectives, lui firent faire des remèdes violents; et enfin ces remèdes beaucoup plus que ses maux lui causèrent la mort. »

influences religieuses qui l'entourent ne sont pas inactives, on pressent que la faveur du théâtre commence à décliner et qu'une modification profonde ne va pas tarder à se produire.

En 1687, sur l'ordre du roi, le lieutenant de police fait défense aux Comédiens français ou italiens de jouer la comédie pendant la quinzaine de Pâques, et désormais tous les ans les théâtres seront fermés durant cette période[1].

Un fait encore plus caractéristique montre bien l'hostilité qui déjà règne contre les spectacles. Pendant cette même année 1687 on se dispose à ouvrir le collège des Quatre-Nations; en en prenant possession, la Sorbonne déclare qu'elle ne peut tolérer le voisinage de la Comédie, que c'est perdre le collège que de donner aux écoliers une occasion si prochaine de dissipation et de vice. Elle obtient gain de cause : « Aujourd'hui, vingtième jour de juin, disent les registres, M. de la Reynie nous a mandés pour nous donner ordre, de la part du roi et de M. de Louvois, que la troupe eût à changer d'établissement, à cause de la proximité du collège des Quatre-Nations, où les docteurs vont enseigner et sont près d'en prendre possession. »

---

1. Cette ordonnance fut étendue aux autres scènes. On fermait aussi les théâtres à la maladie du roi et à la mort des princes. Lors de la mort du Dauphin, fils de Louis XIV, ils furent interrompus vingt-huit jours ; lors de celle du Dauphin, fils de Louis XV, la vacance fut de vingt-six jours.

Les Comédiens durent courber la tête et abandonner l'hôtel Guénégaud. Ils se mirent à la recherche d'un nouveau local et nous allons les suivre dans leur pénible et douloureuse odyssée. Leurs premières tentatives furent couronnées d'un insuccès complet; partout où ils se présentaient, le curé de la paroisse protestait avec indignation et, sous un prétexte ou sous un autre, parvenait à les évincer.

« Ils ont déjà marchandé des places dans cinq ou six endroits, écrit Racine à Boileau; mais partout où ils vont, c'est merveille d'entendre comme les curés crient. Le curé de Saint-Germain-de-l'Auxerrois a déjà obtenu qu'ils ne seraient point à l'hôtel de Sourdis, parce que de leur théâtre on aurait entendu tout à plein les orgues, et de l'église on aurait parfaitement entendu les violons. »

Quant aux orgues, c'eût été au théâtre à s'en plaindre et non à l'église. Quant aux violons, il est bon de rappeler que, pour ne pas empiéter sur le privilège de l'opéra, on n'en tolérait que six à la Comédie. Quelle que fût leur sonorité, ils ne devaient pas être bien bruyants; mais tous les prétextes étaient bons pour se débarrasser de ces « histrions » qu'on fuyait « comme le feu ou la peste[1] ».

Boileau, qui ne paraît pas s'apitoyer plus que Racine sur les infortunes de la Comédie, répond à son ami : « S'il y a quelque malheur dont on se

---

1. Abbé de Latour.

puisse réjouir, c'est, à mon avis, celui des Comédiens : si l'on continue à les traiter comme on fait, il faudra qu'ils aillent s'établir entre la Villette et la porte Saint-Martin[1]; encore ne sais-je s'ils n'auront point sur les bras le curé de Saint-Laurent. »

Repoussée de l'hôtel de Sourdis, la Comédie propose d'occuper l'hôtel de Nemours, rue de Savoie, dans la paroisse Saint-André. Cette fois, aucune objection n'est soulevée et le roi donne son autorisation. Les acteurs se croient au terme de leurs tribulations et s'en félicitent hautement. Leur allégresse fut de courte durée. Le curé de Saint-André n'avait péché que par ignorance. Dès qu'il connut le voisinage dont il était menacé, son premier soin fut d'obtenir une audience du roi; il représenta qu'il ne possédait déjà dans sa paroisse que des auberges et des coquetiers, et que si on laissait encore un théâtre s'y établir, autant valait fermer l'église.

Les Grands-Augustins, dont le couvent se trouvait sur la paroisse Saint-André, appuyèrent chaudement la requête du curé, demandant avec instance qu'on leur épargnât de si fâcheux voisins. Cette susceptibilité et ces scrupules paraissaient d'autant plus étranges que les Augustins étaient eux-mêmes des spectateurs fort assidus de la Comédie.

---

1. C'est-à-dire à Montfaucon, où l'on déposait les vidanges de la ville.

qu'ils avaient voulu vendre aux acteurs un terrain rue d'Anjou pour y établir leur théâtre, et que la négociation eût réussi, si l'emplacement n'avait paru trop incommode.

Quoi qu'il en soit, le roi céda encore aux obsessions du clergé et il retira à la troupe française l'autorisation qu'il lui avait donnée.

Les Comédiens, sans perdre courage, recommencèrent leurs pérégrinations; ils découvrirent, rue des Petits-Champs, l'hôtel de Lussan et l'achetèrent avec l'agrément royal; mais le curé de Saint-Eustache ne l'entendait pas ainsi; il porta ses plaintes au roi, représentant que cet endroit était le quartier le plus considérable de la paroisse; plusieurs propriétaires voisins se joignirent à lui ; encore une fois Louis XIV révoqua la permission accordée.

Enfin, après des difficultés sans nombre, les Comédiens finirent par trouver un asile; on leur permit d'acheter le jeu de paume de l'Étoile, situé dans la rue des Fossés-Saint-Germain-des-Prés. C'est là que, sur les dessins de François d'Orbay, fut bâti l'hôtel de la Comédie, qui prit à dater de ce jour le titre de Comédie française. Sur la façade on grava cette inscription : *Hôtel des Comédiens entretenus par le Roi*[1].

1. La Comédie y resta jusqu'en 1770; à cette époque elle s'établit aux Tuileries, dans la salle des « Machines », pendant qu'on construisait un théâtre définitif sur l'emplacement de l'hôtel de

L'abbé de Latour s'indigne qu'on ait osé mettre au frontispice une pareille inscription : « Une troupe de comédiens, dit-il, n'étant composée que de gens vicieux, infâmes et méprisables, la comédie n'étant qu'un composé de bouffonneries, de passions et de vices, les histrions ne sont que tolérés. »

L'ouverture du théâtre se fit après la rentrée de Pâques, le lundi 18 avril 1689. La nouvelle salle se trouvait sur le territoire de la paroisse Saint-Sulpice et c'est désormais avec le curé de cette église que les Comédiens français auront presque tous leurs démêlés[1].

Condé : cette nouvelle salle ne fut prête qu'en 1782. Elle fut brûlée en 1799, et c'est sur l'emplacement qu'elle occupait que s'élève actuellement l'Odéon.

1. Talma raconte dans ses *Mémoires* que quand il visita cette salle, on lui fit voir un petit couloir qui correspondait aux baignoires et qui avait son ouverture dans une rue voisine : « C'est par ce couloir, dit-il, que les prêtres de Saint-Sulpice qui voulaient, sans être vus, voir *Tartuffe* et *Mahomet*, faisaient leur entrée et leur sortie. »

IX

DIX-SEPTIÈME SIÈCLE (suite)
1694

Sommaire : Sévérité de l'Église de France à l'égard des comédiens. — Le Père Caffaro prend leur défense. — Indignation de Bossuet. — Le Père Caffaro est obligé de se rétracter. — Les évêques adoptent la doctrine de Bossuet.

Comme nous l'avons vu dans un précédent chapitre, la condamnation si inattendue des comédies et des comédiens par le clergé peut être regardée comme une suite des disputes qui agitaient l'Église de France et la divisaient en deux partis fameux. Bien que les Jansénistes aient eu le dessous, leur esprit triompha : le rigorisme et l'intolérance s'implantèrent en France, et le clergé s'y montra à l'avenir plus sévère que nulle part ailleurs. Il manifesta bientôt la plus vive antipathie pour tous les divertissements, et en particulier pour l'art dramatique. Proscrivant le théâtre, il devait être fatalement amené à proscrire ses interprètes.

A partir de cette époque, l'Église gallicane fait revivre les châtiments ecclésiastiques prononcés contre les histrions par le concile d'Arles et qu'avaient reproduits quelques rituels.

Désormais les acteurs sont frappés d'une condamnation collective et sans appel. On va rechercher toutes les pénalités qui existaient contre les mimes, les farceurs, les bateleurs, les cochers du cirque, et on les applique aux acteurs du dix-septième siècle.

Ils sont excommuniés à la vie et à la mort. On leur refuse tous les sacrements : le mariage, la communion, le baptême; on ne les accepte ni pour parrains ni pour marraines. Même pendant la maladie, même au moment de la mort, on ne leur accorde pas le sacrement de l'Eucharistie. Enfin on dénie à leur dépouille mortelle la sépulture ecclésiastique.

Ces lois rigoureuses étaient publiées chaque dimanche au prône par tous les curés de Paris.

Pour obtenir les bienfaits des sacrements, le comédien devait déposer entre les mains de son confesseur une renonciation définitive à sa profession criminelle. Cette condition était extrêmement dure : renoncer à son état, c'était pour l'acteur perdre son gagne-pain, briser sa carrière. Pour le Comédien français c'était sacrifier encore la pension qui lui était accordée après vingt ans d'exercice.

L'Église avait-elle le droit d'agir ainsi? Pourrait-elle s'armer des lois d'un simple concile provincial, tenu il y avait près de quinze siècles, pour frapper les comédiens d'excommunication?

Elle s'appuyait sur ce principe qui était la base même du gallicanisme : c'est que les canons des conciles jusqu'au huitième siècle avaient force de loi, que leur autorité restait immuable, que personne au monde, pas même le pape, ne pouvait les modifier en quelque point que ce fût.

Par suite de cette idée et en raison de ce respect pour les anciens conciles, l'Église gallicane avait toujours considéré leurs canons comme subsistant. Ceux qui s'appliquaient aux comédiens étaient tombés en désuétude, il est vrai; mais le jour où le clergé fut entraîné dans la voie de la rigueur, rien ne fut plus aisé que de les faire revivre, puisqu'ils n'avaient pas été abrogés et même ne pouvaient l'être.

Du reste la doctrine de l'Église de France sur les comédiens n'était pas, comme on l'a dit, générale et absolue. Elle variait suivant les diocèses[1]. Les uns l'admettaient sans conteste, l'inscrivaient dans leurs rituels et la proclamaient chaque dimanche au prône des paroisses; pour eux les comédiens étaient gens excommuniés en vertu du concile d'Arles. D'autres, au contraire, ne parlaient point d'excommunication, mais ils regardaient les comé-

---

1. Il n'est pas fait mention de l'excommunication contre les comédiens dans la formule du prône des rituels d'Orléans (1642), d'Alet (1667), de Reims (1677), de Langres (1679), de Périgueux (1680), de Coutances (1682), d'Amiens (1687), d'Agen (1688), de Chartres (1689).

diens comme infâmes par état et les assimilaient aux *pécheurs publics*, qui sont indignes des sacrements : on les frappait au même titre que les concubinaires et les femmes publiques[1]. Enfin certains diocèses, moins enclins aux théories gallicanes, se conformaient au rituel romain[2] et ne considéraient en aucune façon les gens de théâtre comme séparés de la communion[3].

La doctrine était donc éminemment variable; tout dépendait du diocèse[4]; et en cela les évêques n'outrepassaient pas leurs droits, puisqu'il leur est permis de porter des lois particulières pour la province qu'ils administrent, et de condamner ce qui est absous dans le diocèse voisin, d'absoudre ce qui y est condamné.

Cependant des esprits sensés et modérés protes

1. Les rituels d'Amiens (1687), d'Agen (1688), mettent les comédiens au nombre des pécheurs publics et les déclaren comme tels indignes de la sainte communion.
2. La bulle *Apostolicæ Sedi* de Paul V (27 juin 1614) avait prescrit dans toute l'Église latine l'usage exclusif du rituel romain, mais les gallicans n'en tenaient compte.
3. Le rituel romain n'exclut nullement les comédiens des sacrements. Les rituels d'Orléans (1642), de Périgueux (1680), de Coutances (1682), de Chartres (1689), etc., s'expriment comme le rituel romain.
4. Le rituel de Reims (1677) exclut formellement de la communion les bateleurs et les farceurs, et il les prive de la sépulture ecclésiastique, mais il ne parle pas des comédiens. Les rituels d'Orléans (1642), de Reims (1677), de Coutances (1682), de Chartres (1689), de Langres (1697), de Paris (1697), n'excluent pas nommément les comédiens comme indignes du titre de parrain. Le rituel d'Agen (1688), au contraire, interdit au

taient contre une application aussi déraisonnable de lois surannées. Ils faisaient observer que, même en admettant l'autorité des premiers conciles, leurs canons s'appliquaient à une classe d'individus toute différente, à un état social disparu depuis des siècles, et que c'était véritablement commettre une étrange confusion que de prétendre assimiler l'histrion et le gladiateur de la Rome païenne, voire même le bateleur ou le farceur du moyen âge, au comédien du dix-septième siècle, qui interprétait les chefs-d'œuvre de notre littérature. Les uns comme les autres portaient le nom de comédiens, mais c'était là leur seul point de ressemblance, et ce nom qui s'était perpétué à travers les âges formait l'unique grief que l'on pût invoquer contre eux.

La singulière contradiction qui consistait à honorer les comédiens, à les faire jouer à la cour, à se presser en foule à leurs représentations, à ne pouvoir se passer d'eux, et en même temps à les excommunier, devait frapper tous les esprits réfléchis. La Bruyère écrit dans son chapitre *des Jugements* : « La condition des comédiens était infâme chez les Romains et honorable chez les Grecs : qu'est-elle chez nous? On pense comme les Romains, on vit avec eux comme les Grecs. » Il dit encore : « Quoi de plus bizarre? Une foule de chrétiens se rassemblent dans une

---

comédiens, aux bateleurs et aux farceurs les fonctions de parrain et marraine.

salle pour applaudir à une troupe d'excommuniés qui ne le sont que par le plaisir qu'ils leur donnent. Il me semble qu'il faudrait ou fermer les théâtres ou prononcer moins sévèrement sur l'état des comédiens[1]. »

Un théatin, le Père Caffaro, fut frappé d'une aussi monstrueuse inconséquence, et en 1694 il publia, sous le voile de l'anonyme, une lettre où il exposait ses raisons en faveur de la comédie et des comédiens[2]. Il assurait que le théâtre tel qu'il existait alors en France « ne contenait que des leçons de vertu, d'humanité et de morale, et rien que l'oreille la plus chaste ne pût entendre »; il démontrait combien il était déraisonnable de s'appuyer pour le combattre sur l'opinion des Pères de l'Église; il prenait la peine d'expliquer que les anathèmes des conciles ne s'appliquaient qu'aux jeux sanglants du cirque et aux scandaleux spectacles du théâtre romain; que vouloir les appliquer aux tragédies de Corneille et de Racine, aux comédies de Molière, était aussi absurde que ridicule.

Le Père Caffaro ajoutait cet argument, qui pouvait paraître péremptoire : « Tous les jours, à la cour, les évêques, les cardinaux et les nonces du pape ne font pas de difficulté d'assister à la comédie, et il n'y aurait pas moins d'imprudence que de folie de

1. *Caractères.*
2. Cette lettre servait de préface à une édition des comédies de Boursault.

conclure que tous ces grands prélats sont des impies et des libertins, puisqu'ils autorisent le crime par leur présence. »

De deux choses l'une en effet : ou la comédie est permise, et alors le clergé peut s'y montrer sans scandale; ou elle est défendue, et il doit s'en abstenir prudemment. Mais que penser de ces prélats qui défendent un spectacle qu'eux-mêmes encouragent et auquel ils assistent en foule? On ne saurait être à ce point inconséquent.

Le Père Caffaro ne manquait pas de logique dans sa défense du théâtre : « J'ai fait encore quelquefois, disait-il, une réflexion qui me paraît assez judicieuse, en jetant les yeux sur les affiches qu'on lit au coin des rues, où l'on invite toutes sortes de personnes à venir à la comédie et aux autres spectacles qui se jouent avec privilège du Roi et par des troupes entretenues par Sa Majesté : « Quoi ! disais-je en moi-
« même, si l'on invitait les gens à quelque mau-
« vaise action, à se trouver dans des lieux infâmes,
« ou bien à manger de la viande les jours qui nous
« sont défendus[1], il est constant que les magistrats,

---

1. Il était strictement défendu de manger de la viande pendant le carême et les jours maigres fixés par l'Église. La police exerçait une surveillance des plus sévères. Pendant le carême, les boucheries de l'Hôtel-de-Ville vendaient seules de la viande et elles n'en délivraient : 1° qu'aux malades qui apportaient des certificats de leurs curés ou médecins; 2° qu'à ceux qui faisaient profession de la religion prétendue réformée et fournissaient attestation de cette profession. Les contrevenants parmi les ven-

« bien loin de permettre la publication de ces « sortes d'affiches, en puniraient sévèrement les « auteurs. » Il faut donc que la comédie ne soit pas si mauvaise, puisque les magistrats ne la défendent point, que les prélats ne s'y opposent en aucune manière, et qu'elle se joue avec le privilège d'un prince qui gouverne ses sujets avec tant de sagesse et de piété, et qui ne voudrait pas par sa présence autoriser un crime dont il serait plus coupable que les autres. »

L'argument était excellent. Il y avait en effet dans le royaume des lois civiles fort sévères contre les blasphémateurs, contre ceux qui mangeaient de la viande les jours défendus, et en général contre quiconque violait les règlements de l'Église. Comment n'y aurait-il pas eu de châtiments civils contre la comédie et les comédiens si l'art dramatique eût été blâmable? Comment le roi aurait-il assisté aux représentations? Comment aurait-il pu entretenir les comédiens et leur donner des privilèges s'ils avaient été blasphémateurs, libertins, ou impies?

Comment donc osait-on frapper des hommes qui n'exerçaient leur art que par la volonté royale et en vertu d'arrêts du Parlement; des hommes qui n'étaient même pas libres de quitter leur profession, puisqu'ils ne pouvaient se retirer qu'avec l'agrément du roi, qui souvent le refusait? Comment

deurs étaient mis trois heures au carreau et emprisonnés jusqu'à Pâques. Il y avait des peines plus sévères en cas de récidive.

sous le même gouvernement la religion frappait-elle d'anathème le comédien que la loi tolérait et même encourageait?

Enfin le Père Caffaro déclarait avoir connu des comédiens qui, hors du théâtre et dans leur famille, menaient la vie du monde la plus exemplaire; il rappelait qu'à sa connaissance ils faisaient des aumônes considérables « dont les magistrats et les supérieurs des couvents pourraient rendre de bons témoignages. Je doute, ajoutait-il, qu'on puisse dire la même chose des personnes zélées qui parlent si haut contre eux. »

Cette lettre, intitulée *Lettre d'un théologien*, fit grand bruit. Bossuet, qui se trouvait à la tête de l'Église de France[1], et qui s'était toujours posé en adversaire résolu des spectacles, s'indigna qu'un ecclésiastique eût osé les défendre, et il prit aussitôt la plume pour écraser l'imprudent théatin. En même temps qu'il le sommait de désavouer ses erreurs, il publiait les *Maximes et réflexions sur la comédie*[2].

1. Il avait fait adopter en 1682 la fameuse Déclaration des libertés de l'Église gallicane, qui subordonnait l'Église à la royauté et permettait au roi d'intervenir dans ses affaires intérieures; à mesure qu'on enlevait aux papes les droits dont ils avaient joui dans le passé, l'État se les arrogeait. Fénelon écrivait : « Ce n'est plus de Rome que viennent les empiétements et les usurpations; le roi est, en réalité, plus le maître de l'Église gallicane que le pape; l'autorité du roi sur l'Église a passé aux mains des juges séculiers; les laïques dominent les évêques. »

2. *Maximes et réflexions sur la comédie*, par M. Jacques Bénigne Bossuet, évêque de Meaux; Paris, 1694.

L'évêque juge l'art dramatique avec une extrême sévérité; il condamne « les impiétés et les infamies dont sont pleines les comédies de Molière, et qui remplissent les théâtres des équivoques les plus grossières dont on ait jamais infecté les oreilles des chrétiens[1]. » « C'est lire trop négligemment les saints Pères, écrit-il, que d'assurer qu'ils ne blâment dans les spectacles de leur temps que l'idolâtrie et les scandaleuses et manifestes impudicités; c'est être trop sourd à la vérité que de ne sentir pas que leurs raisons portent plus loin; ils blâment dans les jeux et dans les théâtres l'inutilité, la prodigieuse dissipation, le trouble, les passions excitées, la vanité, la parure, etc. » D'après lui l'Église excommunierait tous les chrétiens qui fréquentent le théâtre si le nombre des coupables était moins grand, et si elle ne craignait de troubler l'ordre de la société. Il ne s'élève pas avec moins de violence contre les comédiens. « Saint Thomas, dit-il, regarde leur profession comme infâme, et il appelle gains illicites et honteux ceux qui proviennent de la prostitution et du métier d'histrion. »

L'évêque de Meaux assurait que les comédiens avaient été excommuniés de tout temps : « La pratique constante, écrivait-il, est de priver des sacrements, et à la vie et à la mort, ceux qui jouent la

[1]. Ce n'était pas seulement les comédies de Molière que Bossuet proscrivait à Meaux; il avait exigé du présidial que l'on interdît les marionnettes.

comédie, s'ils ne renoncent à leur art, et de les repousser de la sainte Table comme des pécheurs publics. »

Cette affirmation était complètement inexacte; nous avons vu jusqu'au *Tartuffe* l'Église user vis-à-vis des gens de théâtre de la plus large tolérance.

Enfin Bossuet, rappelant la mort de Molière, prononçait ces paroles cruelles : « La postérité saura peut-être la fin de ce poète comédien qui, en jouant son *Malade imaginaire* ou son *Médecin par force*, reçut la dernière atteinte de la maladie dont il mourut peu d'heures après, et passa des plaisanteries du théâtre, parmi lesquelles il rendit presque le dernier soupir, au tribunal de Celui qui a dit : « Malheur à « vous qui riez, car vous pleurerez! »

L'évêque, dans sa réponse, touchait à bien des sujets, mais il avait soin de laisser de côté les arguments embarrassants soulevés par le Père Caffaro. Ainsi il n'expliquait nullement comment pouvaient se concilier les rigueurs du clergé avec son intervention continuelle dans les affaires de théâtre et avec la protection déclarée du roi[1].

---

1. Le Père Lebrun de l'Oratoire se joignit à Bossuet pour écraser le Père Caffaro. Dans son *Discours sur la comédie* il déclare les comédies illicites et nuisibles : « Parce qu'on y tourne perpétuellement en ridicule les parents qui tâchent d'empêcher les engagements amoureux de leurs enfants; parce qu'elles apprennent aux femmes à tromper leurs maris, comme dans la comédie de *Georges Dandin*; parce qu'elles louent le crime et le font commettre par des divinités, comme dans *Amphitryon*, etc. »

Sur l'ordre de l'archevêque de Paris, le Père Caffaro fut obligé de publier un désaveu aussi humble que solennel. Il dut déclarer publiquement qu'il n'avait eu aucune part à l'écrit en question; il avouait cependant avoir composé, une douzaine d'années auparavant, un article où, « par légèreté de jeunesse et n'ayant jamais vu de comédie », il la justifiait; il reconnaissait même que la lettre incriminée était tirée de son œuvre « presque mot pour mot »; mais il n'en faisait pas moins une soumission complète, et souscrivait sans réserve à « tout ce qui est dit soit directement, soit indirectement, contre les comédiens dans le rituel de Paris ».

Bossuet fut suivi dans sa campagne contre le théâtre par tout ce que le clergé français comptait de plus éminent : « Les spectacles sont-ils des œuvres de Satan ou des œuvres de Jésus-Christ? demande Massillon. Quoi! les spectacles tels que nous les voyons aujourd'hui, plus criminels encore par la débauche publique des créatures infortunées qui montent sur le théâtre que par les scènes impures ou passionnées qu'elles débitent; les spectacles seraient les œuvres de Jésus-Christ! Jésus-Christ animerait une bouche d'où sortent des airs profanes et lascifs! Jésus-Christ formerait lui même les sons d'une voix qui corrompt les cœurs! Jésus-Christ paraîtrait sur les théâtres, en la personne d'un acteur ou d'une actrice effrontée, gens infâmes selon les lois des hommes !... Non ! ce sont là des œuvres de Satan[1] ! »

Fléchier[2], Bourdaloue, Fénelon, ne se montrèrent pas plus favorables aux représentations dramatiques.

À partir de cette époque, la question du théâtre devint un des grands sujets de discussion et pendant tout le dix-huitième siècle on ne cessa d'écrire pour ou contre les spectacles[3].

---

1. *Sermon sur le petit nombre des élus.*
2. Mandement de M. Esprit Fléchier, évêque de Nimes, de 8 septembre 1708 contre les spectacles.
3. La lettre du Père Caffaro provoqua des réfutations sans nombre, qui presque toutes parurent en 1694.

X

DERNIÈRES ANNÉES DU RÈGNE DE LOUIS XIV

Sommaire : Louis XIV retire au théâtre sa protection. — L'Église excommunie les comédiens et leur refuse tous les sacrements. — Ils réclament inutilement auprès du pape. — Les comédiens italiens ne sont pas excommuniés. — La même faveur est accordée aux artistes de l'Opéra.

Ce n'était pas en vain que les voix les plus autorisées du clergé s'élevaient avec violence contre la comédie. Nous avons déjà vu le roi subir dans une certaine mesure les influences religieuses qui l'entouraient; nous allons le voir y céder de plus en plus.

Il y a eu pendant le règne de Louis XIV deux périodes bien distinctes. Dans la première, le roi est jeune, galant, amoureux, tout lui réussit, il ne songe qu'aux fêtes et aux plaisirs, il adore les spectacles, les opéras, les ballets, et protège hautement tout ce qui touche à l'art théâtral.

La fin du règne est toute différente. A la jeunesse, à la gaieté ont succédé la vieillesse et le chagrin; aux perspectives riantes, aux victoires faciles ont succédé la fortune adverse et les sombres horizons; Mme de Maintenon, triste et revêche, règne au lieu et place des Lavallière et des Montespan; l'austérité a pris la place de la galanterie, une odieuse intolérance terrorise les consciences, l'édit de Nantes est révoqué, et c'est le sabre à la main qu'on porte aux réformés la parole divine. Le clergé lui-même s'est divisé; deux sectes ardentes et passionnées troublent l'État et menacent l'Église d'un nouveau schisme.

Cette seconde période n'est pas favorable à l'art dramatique; non seulement le clergé l'attaque avec violence et le condamne sans pitié, mais bien des esprits éminents suivent l'impulsion et deviennent ses adversaires déclarés.

« Entre tous les plaisirs dangereux pour la vertu, dit d'Aguesseau, il n'y en a pas qui soient plus à craindre que ceux du théâtre. »

Racine lui même abandonne la scène qui a fait sa gloire et exhorte son fils à suivre cet exemple. « Vous savez, lui écrit-il, ce que je vous ai dit des opéras et des comédies; on doit en jouer à Marly : le roi et la cour savent le scrupule que je me fais d'y aller, et ils auroient une mauvaise opinion de vous, si vous aviez si peu d'égards pour mes sentiments. Je sais bien que vous ne serez pas déshonoré devant les hommes en allant au spectacle, mais comptez-vous pour rien de vous déshonorer devant Dieu? »

« Quoi, dit Boileau, des maximes qui feroient

horreur dans le langage ordinaire se produisent impunément dès qu'elles sont mises en vers, elles montent sur le théâtre. C'est peu d'y installer les exemples qui instruisent à pécher et qui ont été détestés par les païens eux-mêmes, on en fait aujourd'hui des conseils et même des préceptes. »

Sous l'influence des années et des événements, sous la pression de la piété étroite de Mme de Maintenon, le roi s'éloigne peu à peu de la comédie et des comédiens. La cour naturellement suit son exemple; elle devient triste et morne, tourne à la dévotion, et elle s'empresse de manifester à l'égard du théâtre des scrupules d'autant plus vifs qu'ils sont plus tardifs et en général moins sincères. En 1692, un contemporain peut écrire : « L'opéra et la comédie sont devenus des divertissements bourgeois et on ne les voit presque plus à la cour. »

En 1701, Louis XIV fait écrire par Ponchartrain au lieutenant de police, d'Argenson : « Sa Majesté veut que vous avertissiez les comédiens qu'ils ne doivent représenter aucune pièce nouvelle qu'ils ne vous l'aient auparavant communiquée; son intention étant qu'ils ne puissent représenter aucune pièce qui ne soit dans la dernière pureté[1]. » Puis le roi institue la censure et en 1706 il confie la police des théâtres au lieutenant de police.

Les acteurs, n'étant plus protégés par la faveur

---

1. Corresp. administ. sous Louis XIV.

royale, durent courber la tête devant les anathèmes de l'Église, et se résigner à vivre comme des excommuniés.

On avait pu croire que les pénibles incidents qui avaient accompagné la mort de Molière ne provenaient que d'un excès de zèle ou de l'intolérance d'un prélat, et qu'ils ne se renouvelleraient pas; il n'en fut rien. Désormais les sévérités du clergé ne restent pas purement théoriques, et dès 1673 la nouvelle discipline se répand et s'affirme dans toute sa désolante rigueur.

En 1684, Brécourt[1] succombe. A son lit de mort, il fait appeler le curé de Saint-Sulpice, mais il ne reçoit les secours de la religion qu'après avoir renoncé formellement à son état par un acte signé de lui et de quatre ecclésiastiques[2]. Plus tard Raisin (Cadet)[3] et Sallé[4] doivent renoncer par-devant notaires!

---

1. Brécourt (Guillaume Marcoureau, sieur de) (1638-1684), auteur dramatique et comédien français. « Il aimait avec excès le jeu, les femmes et le vin; il était très brave, mais bretteur. »

2. « En présence de M. Claude Bottu de la Barondière, prestre, docteur en théologie de la maison de Sorbonne, curé de l'église et paroisse de Saint-Sulpice à Paris et des tesmoins après nommez, Guillaume Marcoureau de Brécourt a reconnu qu'ayant cy-devant fait la profession de comédien, il y renonce entièrement et promet d'un cœur véritable et sincère de ne la plus exercer ny monter sur le théâtre, quoyqu'il revint dans une pleine et entière santé. » (Registres de Saint-Sulpice) (*Moliériste* de décembre 1883.)

3. Raisin (Cadet), comédien français, surnommé le petit Molière. Il mourut le 5 septembre 1693 et fut inhumé à Saint-Sulpice.

4. Sallé (Jean-Baptiste) (1669-1706), comédien français. Avant

Rosimond[1] meurt subitement en 1686, dans la paroisse Saint-Sulpice. Sa piété était fervente, il avait traduit les psaumes en vers français et écrit une *Vie des saints* pour tous les jours de l'année[2]. Et cependant, comme il était mort sans avoir eu le temps de renoncer à sa profession, il fut enseveli sans clergé, sans luminaire et sans aucune prière dans un endroit du cimetière de Saint-Sulpice où l'on enterrait les enfants morts sans baptême[3].

Quand la Champmeslé tomba gravement malade, elle fit appeler un prêtre, mais elle refusa d'abord de renoncer à son état. « M. de Bort, écrit Racine, m'apprit avant-hier que la Champmeslé étoit à l'extrémité, de quoi il me parut très affligé; mais ce qui est le plus affligeant, c'est de quoi il ne se soucie guère apparemment, je veux dire de l'obstination avec laquelle cette pauvre malheureuse refuse de renoncer à la comédie, ayant déclaré, à ce qu'on m'a dit, qu'elle trouvoit très glorieux pour elle de mourir comédienne. Il faut espérer que, quand elle verra la mort de plus près, elle changera de lan-

---

d'entrer au théâtre il avait voulu embrasser l'état monastique et était resté assez longtemps chez les capucins.

1. Rosimond (Claude de la Rose, sieur de) (1645-1686). On prétend qu'en apprenant sa mort son cabaretier s'écria, les larmes aux yeux : « Je perds plus de huit cents livres de rente ! »

2. Il l'avait publiée sous son nom de famille, J. B. de Mesnil.

3. Il y avait dans tous les cimetières un endroit réservé aux enfants mort-nés, aux suicidés, aux excommuniés, etc.

gage, comme font d'ordinaire la plupart de ces gens qui font tant les fiers quand ils se portent bien. » Deux mois plus tard, Racine écrit que la Champmeslé est morte avec d'assez bons sentiments, après avoir renoncé à la comédie, « très repentante de sa vie passée, mais surtout fort affligée de mourir ».

L'excommunication qui frappait les comédiens était la conséquence directe, comme nous l'avons vu, des doctrines de l'Église gallicane et de son rigorisme exagéré. Elle n'existait qu'en France. Partout ailleurs personne n'avait l'étrange idée de confondre les comédiens de l'époque avec les histrions d'autrefois et ils jouissaient de la considération qu'ils méritaient par leur conduite personnelle. Ni en Italie, ni en Espagne, ni en Allemagne, ni en Angleterre, ils n'étaient excommuniés. Il arrivait même ce fait extrêmement bizarre; c'est qu'alors que les comédiens subissaient en France les peines canoniques les plus sévères, à Rome, se trouvant sous la juridiction spirituelle et temporelle des souverains pontifes, ils jouissaient en paix des droits de tous les citoyens, ils approchaient des sacrements sans difficulté, et ils recevaient la sépulture dans les églises comme tous les autres bons catholiques.

Il y a un fait plus bizarre encore : non seulement les souverains pontifes n'avaient jamais condamné les comédiens, mais ils ne pouvaient même pas les relever de l'excommunication que le clergé français faisait peser sur eux.

En 1696, on célébra un jubilé. Les comédiens, s'imaginant que c'était un temps de grâce pour eux comme pour les autres pécheurs, se présentèrent au tribunal de la pénitence, mais les confesseurs leur refusèrent l'absolution, tant qu'ils ne s'engageraient pas par écrit à ne plus remonter sur le théâtre. Désireux de sortir de la situation fausse où ils se trouvaient placés, les comédiens adressèrent une requête au pape Innocent XII. Après lui avoir démontré qu'ils ne représentaient à Paris que « des pièces honnêtes, purgées de toutes saletés, plus propres à porter les fidèles au bien qu'au mal, et inspirant de l'horreur pour le vice et de l'amour pour la vertu, » ils prièrent le pape de leur dire si les évêques avaient le droit de les excommunier.

Cette requête fut lue et examinée dans la congrégation du concile[1], qui renvoya les postulants devant l'archevêque de Paris « pour qu'ils fussent traités suivant le droit ».

En 1701, sous Clément XI, une nouvelle supplique n'eut pas plus de succès.

Comment les papes, qui, à Rome, protégeaient les spectacles, pouvaient-ils tolérer l'injuste anathème qui frappait les comédiens français et refusaient-ils

---

1. La *congrégation du concile* se compose de cardinaux qu'on appelle les *Pères interprètes du concile de Trente*. Pie IV l'avait instituée pour veiller à l'observance des canons de ce concile. Plus tard Sixte-Quint lui conféra le pouvoir d'interpréter les décrets du concile dans les points qui paraissaient douteux et dans ceux qui concernaient la réforme des mœurs et de la discipline.

d'agréer une requête si légitime? C'est qu'il n'était pas en leur pouvoir d'y faire droit. Ils se trouvaient désarmés vis-à-vis du clergé de France. Le pape eût-il levé l'excommunication qui pesait sur les acteurs, le clergé n'aurait point adhéré au bref du Saint-Père et le Parlement de son côté n'aurait jamais consenti à l'enregistrer; il serait resté lettre morte. L'Église gallicane ne reconnaissait pas la cour de Rome en fait de discipline intérieure et les évêques annonçaient hautement leur volonté de résister aux ordres du pontife s'il prenait le parti des comédiens.

Le traitement si différent qu'on accordait aux gens de théâtre, suivant qu'ils se trouvaient en France ou en Italie, amena la situation la plus singulière. Alors que notre clergé réservait toutes ses rigueurs pour nos comédiens, il accueillait à bras ouverts les Italiens, qui, on se le rappelle, s'étaient établis définitivement à Paris en 1660.

Loin d'être exclus de la communion des fidèles, ils recevaient les sacrements, se mariaient à l'église, étaient enterrés en terre sainte, et on les admettait dans la confrérie du Saint-Sacrement[1]; ils faisaient relâche le vendredi pour motif de piété, et l'on vit à Paris Arlequin, Scaramouche, Pantalon, en habits

1. On les citait du reste pour leur dévotion; leurs chambres étaient tapissées d'images saintes; ils avaient tous chez eux un tableau de la Madone de Bologne; il y en avait toujours un dans la loge du distributeur des billets.

de ville, il est vrai, tenir les cordons du dais à la procession. Quand Scaramouche mourut, il laissa cent mille écus à son fils, qui était prêtre. Il fut inhumé avec un grand concours de monde à Saint-Eustache, la même paroisse qui avait refusé la sépulture à Molière. L'Église accordait les mêmes immunités à tous les acteurs de la comédie italienne, même à ceux qui étaient Français. Ce n'était donc pas la nationalité qui jouissait du privilège, mais le théâtre lui-même.

La distinction que le clergé établissait entre les Français et les Italiens paraît d'autant plus inexplicable, que notre théâtre était aussi réservé et décent que le théâtre italien l'était peu. La liberté des Italiens ne connaissait pas de bornes[1]; en 1697 ils furent expulsés de France parce qu'ils n'observaient pas les règlements, qu'ils jouaient des pièces licencieuses et qu'ils ne s'étaient pas corrigés des obscénités et des gestes inconvenants[2].

---

1. Alors qu'on défendait à Molière de jouer *Tartuffe*, on permettait aux Italiens de représenter *Scaramouche ermite*, et on les laissait afficher des titres de pièces que l'on interdisait ailleurs comme scandaleux.
2. M. d'Argenson, lieutenant de police, se transporta à onze heures du matin au théâtre, fit apposer les scellés sur toutes les portes et défendit aux acteurs de la part du roi de continuer leurs spectacles, Sa Majesté ne jugeant pas à propos de les garder à son service. Saint-Simon accompagne cet événement des réflexions suivantes : « Le roi chassa fort précipitamment toute la troupe des comédiens italiens et n'en voulut plus d'autre. Tant qu'ils n'avoient fait que se déborder en ordures sur le

D'où provenait la faveur accordée aux Italiens? Comment l'anathème qui frappait les comédiens de France se transformait-il pour eux en bénédictions sans nombre? Probablement de la situation qu'occupaient les acteurs en Italie et à Rome même. L'Église gallicane n'aura pas osé excommunier les mêmes hommes que les souverains pontifes toléraient dans leur royaume et aux spectacles desquels les prélats et le clergé romain assistaient sans scrupule. On créa donc une exception en leur faveur, et les évêques les couvrirent de leur protection alors qu'ils repoussaient impitoyablement nos comédiens.

Par une nouvelle inconséquence, car tout est inconséquence dans cette question, les chanteurs et les chanteuses, les danseurs et les danseuses de l'Académie royale de musique échappaient aux sévérités du clergé, parce qu'à proprement parler ils n'étaient pas comédiens et n'en portaient pas le nom.

Il aurait fallu cependant être logique, et, du moment que, sans se préoccuper de savoir si les mêmes

théâtre et quelquefois en impiétés, on n'avoit fait qu'en rire; mais ils s'avisèrent de jouer une pièce qui s'appeloit la *Fausse Prude*, où Mme de Maintenon fut aisément reconnue, tout le monde y courut; mais après trois ou quatre représentations qu'ils donnèrent de suite, ils eurent ordre de fermer leur théâtre et de vider le royaume en un mois. Cela fit grand bruit, et si ces comédiens y perdirent leur établissement par leur hardiesse et leur folie, celle qui les fit chasser n'y gagna pas par la licence avec laquelle ce ridicule événement donna lieu d'en parler. »

appellations désignaient bien les mêmes classes d'individus au troisième et au dix-septième siècle, on adoptait aveuglément les canons des conciles, on devait les appliquer dans toute leur rigueur et à tous ceux qu'ils concernaient. Pourquoi ne pas frapper les chanteurs, les danseurs, les musiciens, les cochers, etc., pour lesquels les premiers conciles s'étaient montrés si impitoyables? Pourquoi avoir deux poids et deux mesures, condamner les uns et épargner les autres?

XI

DERNIÈRES ANNÉES DU RÈGNE DE LOUIS XIV

Sommaire : Existence des comédiens. — Leur piété. — Leur générosité envers les pauvres et les églises. — Le droit des pauvres. — Place importante que les comédiens occupent dans la société. — Leur vanité.

Les comédiens, par leur conduite collective et individuelle, méritaient-ils à ce point les sévérités de l'Église? Nous ne le croyons pas. Chappuzeau[1], qui est, il est vrai, un observateur par trop bienveillant, parle avec éloges de la dignité de leur vie, et il cite avec orgueil l'attestation qui leur fut donnée par le chancelier de France : « J'aurois tort, dit-il, de passer ici sous silence le glorieux témoignage qu'un des premiers magistrats rendit, il y a quelques années, aux comédiens de Paris, « que l'on n'avoit jamais vu aucun de leur corps donner lieu aux rigueurs de la justice, ce qu'en tout autre corps, quelque considérable qu'il puisse être, on auroit de la peine à rencontrer. »

1. *Le Théâtre françois*, par Samuel Chappuzeau, à Lyon, 1674, i).12.

Le même écrivain insiste sur la vertu des acteurs, sur leur piété, et sur l'édification véritable qu'ils donnaient au public :

« Quoique leur profession les oblige à représenter incessamment des intrigues d'amour, de rire et de folâtrer sur le théâtre, de retour chez eux, ce ne sont plus les mêmes ; c'est un grand sérieux et un entretien solide, et dans la conduite de leurs familles on découvre la même vertu et la même honnêteté que dans les familles des autres bourgeois qui vivent bien[1]. Ils ont grand soin, les dimanches et fêtes, d'assister aux exercices de piété, et ne représentent alors la comédie qu'après que l'office entier de ces jours-là est achevé...

« Aux fêtes solennelles et dans les deux semaines de la Passion, les comédiens ferment le théâtre. Ils se donnent particulièrement, durant ce temps-là, aux exercices pieux, et aiment surtout la prédication, qui est un des plus utiles. Quelques-uns d'entre eux m'ont dit que, puisqu'ils avoient embrassé un genre de vie qui est fort du monde, ils

1. Les comédiennes de l'époque étaient presque toutes mariées, ce qui était déjà une garantie. La comédie devait souvent faire relâche par suite de l'accouchement d'un de ses principaux sujets et c'est ce qui faisait émettre à l'abbé de Pure ce vœu fort peu orthodoxe : « Il seroit à souhaiter que toutes les comédiennes fussent et jeunes et belles, et, s'il se pouvoit, toujours filles, ou du moins jamais grosses. Car outre ce que la fécondité de leur ventre coûte à la beauté de leur visage ou de leur taille, c'est un mal qui dure plus depuis qu'il a commencé qu'il ne tarde à revenir depuis qu'il a fini. » (*Idée des spectacles*, p. 150.)

devoient, hors de leurs occupations, travailler doublement à s'en détacher, et cette pensée est fort chrétienne. Ainsi la charité, qui couvre une multitude de péchés, est fort en usage entre les comédiens; ils en donnent des marques assez visibles, ils font des des aumônes, et particulières et générales, et les troupes de Paris prennent de leur mouvement des boîtes de plusieurs hôpitaux et maisons religieuses, qu'on leur ouvre tous les mois. J'ai vu même des troupes de campagne, qui ne font pas de grands gains, dévouer aux hôpitaux des lieux où elles se trouvent la recette entière d'une représentation, choisissant pour ce jour-là leur plus belle pièce pour attirer plus de monde. »

Chappuzeau a vu ses amis d'un œil évidemment prévenu; le tableau qu'il nous trace de leurs vertus est fort attendrissant, mais il a oublié les ombres et la ressemblance complète fait défaut.

On pouvait cependant citer de la part des comédiens de nombreux actes de piété, et l'assiduité de certains d'entre eux aux exercices religieux était connue. Ils fermaient le théâtre pour le jour de l'Ascension et écrivaient pieusement sur leur registre: « Relâche donnée pour le respect de la fête de l'Ascension de Notre-Seigneur ». En 1688 ils inauguraient encore leur registre à Pâques par la formule : « Commencé au nom de Dieu et de la sainte Vierge, aujourd'hui lundi 26 avril. » Enfin ils représentaient fréquemment des pièces saintes et avaient pris l'habitude de jouer régulièrement *Polyeucte* avant et après Pâques pour sanctifier le premier et le dernier jour de l'année théâtrale.

Plus d'une comédienne quitta le théâtre pour consacrer sa vie entière à des pratiques de dévotion. Une des plus célèbres est Mlle Gauthier[1]. Un jour, à l'occasion de l'anniversaire de sa naissance, elle entendit la messe. La grâce la toucha, elle quitta la scène et vint s'enfermer au couvent de l'Antiquaille à Lyon[2], où elle prit l'habit de carmélite le 20 janvier 1725, sous le nom de sœur Augustine de la Miséricorde[3].

Jusqu'aux premières années du dix-huitième siècle la procession du Saint-Sacrement de la paroisse Saint-Sulpice passait par la rue des Fossés-Saint-Germain devant la porte de la Comédie; il y avait là un reposoir aux frais de la société et sur l'autel était un présent en argenterie de la valeur d'environ 3000 fr.[4].

1. Elle était née en 1690.
2. Les religieuses du couvent jouirent depuis l'année 1726 de la pension de 1000 francs que Mlle Gauthier avait obtenue en prenant sa retraite du théâtre.
3. Voici ce qu'en dit Duclos : « La nouvelle convertie était grande et bien faite, son teint avait de la fraîcheur. Sans rien perdre de sa gaieté naturelle, Mlle Gauthier devint une des plus ferventes religieuses du couvent. Le bruit qui s'était fait autour d'elle et le charme exquis de sa conversation lui attiraient sans cesse de nombreux et illustres visiteurs, qui ne se lassaient pas d'admirer le rare spectacle de tant d'esprit uni à tant de vertu. » La sœur Augustine vécut 32 ans dans son cloître et mourut le 28 avril 1757, entourée de la vénération de la ville entière.
4. Sous le cardinal de Noailles, la procession modifia sa

Madeleine Béjart dans son testament léguait à l'église Saint-Paul une rente perpétuelle pour deux messes de Requiem par semaine; elle laissait également une somme à distribuer chaque jour à cinq pauvres gens « en mémoire des cinq plaies de Notre-Seigneur. » Ces fondations, qui se montaient à 200 livres de rente, furent acceptées avec plaisir par les marguil'iers de la paroisse.

La générosité des comédiens était extrême, et on ne faisait jamais en vain appel à leur bon cœur. On les voyait, sans y être nullement forcés, verser entre les mains du clergé des aumônes abondantes. Ainsi les Français avaient décidé de prélever chaque mois sur la recette une certaine somme pour la distribuer aux communautés religieuses les plus pauvres de la ville de Paris. C'est ce qui avait lieu. Voici quel était le montant pour chaque mois:

    Aux Cordeliers. . . . .   3 livres.
    Aux Récollets . . . .   3 id.
    Aux Carmes déchaussés . . . .   3 id.

route et elle cessa de passer devant l'hôtel de la Comédie. On fit de même pour le Viatique; quand quelqu'un était malade au delà de l'hôtel, le clergé faisait un grand tour pour revenir par l'autre bout de la rue. « Il est vrai, dit l'abbé de Latour, que les autres paroisses n'ont pas la même attention pour l'Opéra, les Italiens, et non plus que les autres villes du royaume, où il y a des théâtres publics, Lyon, Bordeaux, Marseille, etc. On ne s'embarrasse pas plus des salles de spectacles que des cloaques ou des amas de boue, qui se trouvent quelquefois dans les rues, qu'on se contente de faire cacher par des tapisseries. »

Aux Petits-Augustins. . . . . 3 livres.
Aux Grands-Augustins . . . . . 3 id.

Plus une redevance de 18 sous, chaque dimanche, désignée sous ce titre: « Chandelles des religieux ». Ces religieux étaient les capucins; ils avaient droit aux aumônes du théâtre comme remplissant les fonctions de pompiers[1].

Les Révérends Pères Cordeliers, jaloux de n'être point compris dans ces libéralités, présentèrent aux Comédiens le placet suivant :

« Les Pères Cordeliers vous supplient très humblement d'avoir la bonté de les mettre au nombre des pauvres religieux à qui vous faites la charité. Il n'y a pas de communauté à Paris, qui en ait plus besoin, eu égard à leur grand nombre et à l'extrême pauvreté de leur maison, qui le plus souvent manque de pain. L'honneur qu'ils ont d'être vos voisins leur fait espérer que vous leur accorderez l'effet de leur prière, qu'ils redoubleront envers le Seigneur pour la prospérité de votre chère compagnie. »

Cette supplique fut portée à l'assemblée le 11 juin 1696, et il y fut résolu de donner aux Pères Cordeliers du grand couvent 36 livres par an, qui seraient payées à raison de 3 livres par mois.

En 1700 les Pères Augustins réformés du faubourg Saint-Germain demandèrent la même faveur et elle

---

1. Despois, *le Théâtre sous Louis XIV*.

leur fut accordée sans peine. Voici la copie de leur placet et de la délibération des comédiens :

« A Messieurs de l'illustre compagnie
de la Comédie du Roi.

« Les religieux Augustins réformés du faubourg Saint-Germain vous supplient très humblement de leur faire part des aumônes et charités que vous distribuez aux pauvres maisons religieuses de cette ville de Paris, dont ils sont du nombre, et ils prieront Dieu pour vous.

« Signé : F. A. Maché, prieur.
« F. Joseph Richar, procureur. »

« Sur le placet des religieux dits Petits-Augustins du faubourg Saint-Germain, la Compagnie a résolu de leur donner, comme aux autres couvents, soixante sols par mois. »

Il est juste d'ajouter que le clergé régulier, qui dépendait uniquement de la cour de Rome, repoussait les doctrines gallicanes; il ne partageait donc en aucune façon les préventions du clergé de France à l'égard des comédiens, qu'il regardait au contraire avec sympathie : c'est ce qui explique ces demandes de subsides un peu surprenantes au premier abord. Du reste l'Église de France elle-même ne se faisait par scrupule de recourir à la bourse des acteurs et de les faire contribuer de force aux frais d'un culte dont les bienfaits leur étaient refusés. Ce n'était pas là une des moins étranges contradictions du sujet qui nous occupe.

Le 4 janvier 1689, l'hôtel des Comédiens du Roi est taxé à la somme de 185 livres 8 sous 4 deniers pour la contribution à l'acquittement des dettes de la fabrique de Saint-Sulpice. Le 25 août 1695, le cardinal de Fürstemberg, abbé de Saint-Germain-des-Prés, extirpe encore à la troupe française une somme de 250 livres à titre de redevance annuelle pour lui et ses successeurs[1].

Quand c'était le tour pour la maison qu'habitait un acteur de fournir le pain bénit, un ministre de l'Église se rendait chez lui pour l'avertir que le dimanche suivant il eût à envoyer son offrande; mais on ne l'autorisait pas à la faire en personne, il devait ou la faire porter par d'autres ou en envoyer le prix en argent.

Il n'est pas moins curieux de voir le clergé, quand ses propres intérêts se trouvaient lésés, intervenir avec énergie pour soutenir les droits de la comédie. A la suite de l'arrêt du 21 octobre 1680 et à la demande des Français qui s'appuyaient sur leur privilège, le lieutenant de police fit défense aux farceurs de la foire Saint-Germain de continuer leurs spectacles[2]; mais l'abbaye de Saint-Germain louait

1. Despois, *le Théâtre sous Louis XIV*.
2. Les forains prétendirent qu'ils n'étaient pas comédiens, mais de simples farceurs de toutes les nations, qu'ils étaient errants et qu'ils ne jouaient que des scènes détachées. Ils

son terrain très cher aux forains ; elle craignit de perdre d'aussi précieux clients, et le cardinal d'Estrées, abbé de Saint-Germain, évêque de Laon, en appela de l'ordonnance de police ; il intervint lui-même dans l'instance pour soutenir les franchises de la foire et la liberté des Tabarins [1].

Comment l'Église pouvait-elle recevoir de l'argent des comédiens, accepter leurs reposoirs et leurs offrandes ?

Le Père Lebrun, dans sa réponse au Père Caffaro, n'avait-il pas hautement déclaré qu'on devait repousser leurs aumônes, même pour les pauvres, attendu qu'ils sont excommuniés et qu'on ne peut rien accepter des excommuniés ? N'avait-il pas cité les constitutions apostoliques, qui disent : « Si l'on est forcé de recevoir de l'argent de quelque impie, jetez-

---

furent condamnés cependant et le Parlement confirma l'ordonnance de police par un arrêt du 22 février 1707. Les forains eurent alors recours à la ruse. Ils se bornèrent à des monologues ; quand deux acteurs étaient en scène, un seul parlait ; le second lui répondait par gestes ou se sauvait dans les coulisses d'où il faisait la réponse. Sur une nouvelle réclamation des Comédiens français, les forains achetèrent le droit de représenter des pièces. La même tracasserie eut lieu avec l'Opéra qui prétendit qu'il n'était permis de chanter qu'à l'Académie de musique. Les forains tournèrent la difficulté et imaginèrent alors des rouleaux de papier qui descendaient des frises et sur lesquels étaient écrites les chansons qui composaient la scène ; les acteurs faisaient les gestes et quelqu'un aposté dans la salle chantait. La querelle se termina par une transaction.

1. Le même cardinal d'Estrées attira à Saint-Germain en 1709 une troupe dirigée par un Suisse et lui loua à bail un terrain sur lequel il lui garantit toute liberté

le dans le feu, de peur que la veuve et l'orphelin ne deviennent, malgré eux, assez injustes pour se servir de cet argent et en acheter de quoi vivre. Il faut que les présents des impies soient plutôt la proie des flammes que la nourriture des gens de bien. » Bossuet n'avait-il pas dit que le gain de la comédie n'était pas moins infâme que celui de la prostitution ?

Cependant nous venons de voir le clergé non seulement accepter l'argent des acteurs, mais même le solliciter ; dès qu'il s'agissait de profiter de leurs libéralités, on les considérait comme d'excellents chrétiens. Les esprits mal faits s'étonnaient de voir, suivant les cas, tantôt des scrupules si excessifs tantôt une conscience si large.

On a encore reproché à l'Église de prendre au théâtre le droit des pauvres pour les hôpitaux, et de savoir fort bien en cette occasion recevoir l'argent des excommuniés. Ici la critique est moins juste. L'Église n'est pas intervenue pour le droit des pauvres ; en 1677, les biens de la *Confrérie de la Passion* ayant été confisqués au profit de l'hôpital général, les Comédiens durent payer une redevance annuelle à cet hôpital pour le loyer de l'hôtel de Bourgogne ; c'était là une redevance fort légitime. En 1701, les Comédiens demandèrent la permission d'élever le prix des places. Le roi les y autorisa, mais il les frappa d'un impôt en faveur des pauvres. Ce n'est pas le clergé qui en profitait, mais bien l'Hôtel-Dieu; ce n'est pas le clergé qui l'a imposé, c'est le roi[1].

La générosité des comédiens, leurs libéralités incessantes, les efforts mêmes qu'ils faisaient pour se réhabiliter dans l'esprit public ne parvenaient pas à les relever de l'injuste mépris qui s'attachait à leur profession et on le leur faisait durement sentir. Un jour Dancourt[2] apportait à M. de Harlay et aux

---

1. Les Comédiens durent abandonner aux pauvres le sixième de la recette; des difficultés s'étant élevées et la Comédie ne voulant donner le sixième qu'une fois tous les frais payés, l'hôpital transigea pour une somme de 40 000 livres par an. L'Opéra, par ordonnance du 10 avril 1721, après avoir prélevé 600 livres pour ses frais, fut condamné à payer le neuvième de la recette aux receveurs de l'Hôtel-Dieu. Plus tard ce droit des pauvres fut porté au quart de la recette pour tous les spectacles. Les théâtres essayèrent à plusieurs reprises de se délivrer de cet impôt; en 1751, il fut très sérieusement question de le supprimer, M. d'Argenson, chargé de la police, ayant résolu d'expulser tous les pauvres du royaume en les faisant embarquer pour les colonies. Du moment qu'il n'y avait plus de pauvres, les théâtres se trouvaient tout naturellement libérés. Malheureusement ce séduisant projet n'aboutit pas. Les spectacles forains furent bientôt imposés comme les autres théâtres et ils donnaient un très gros revenu. En 1780, le quart des pauvres pour les forains seulement s'éleva à 200 000 livres.

2. Dancourt (Florent Carton) (1661-1725) auteur dramatique et comédien français. Un soir Dancourt jouait une de ses pièces, l'*Opéra de village*, et il chantait ces deux vers :

> En parterre, il bout'ra nos prés,
> Choux et poireaux seront sablés,

lorsque le marquis de Sablé se présenta sur la scène dans un état d'ébriété presque complet. A ce mot de « sablés », il crut que Dancourt se moquait de lui et il lui donna un soufflet. L'acteur dût dévorer l'affront.

administrateurs de l'hôpital général la redevance que le théâtre payait aux pauvres. Dancourt, qui avait été avocat, était toujours chargé par ses camarades de porter la parole en leur nom dans les grandes circonstances. Il prononça un fort beau discours, dans lequel il s'efforça de prouver que les comédiens, par les secours qu'ils procuraient aux hôpitaux, méritaient d'être à l'abri de l'excommunication. L'archevêque de Paris et le président de Harlay ne furent pas sensibles à la harangue. « Dancourt, répondit le président, nous avons des oreilles pour vous entendre, des mains pour recevoir les aumônes que vous faites aux pauvres, mais nous n'avons point de langue pour vous répondre. »

Par une inconséquence singulière et dont nous allons retrouver de fréquents exemples pendant tout le dix-huitième siècle, ces mêmes comédiens, chassés de l'Église, n'en jouissaient pas moins d'une place importante dans la société, du moins ceux qui, par leur talent, s'élevaient au-dessus du commun. Non seulement les membres de la noblesse ne dédaignaient pas de monter avec eux sur la scène et de leur donner la réplique, mais ils les traitaient sur un pied d'intimité qu'on a peine à concevoir aujourd'hui.

La familiarité de Baron[1] avec les grands seigneurs

1. Baron (Michel Boyron dit) (1653-1729), comédien et auteur dramatique. Il débuta chez un montreur de phénomènes ; Molière l'en fit sortir et dirigea son éducation.

était telle que, se trouvant un soir au jeu avec le prince de Conti, il lui dit : « Va pour cent louis, Mons de Conti. » Le prince eut assez d'esprit pour répondre en souriant : « Tope à Britannicus ! »

Déjà l'on ne comptait plus les bonnes fortunes des gens de théâtre et maintes grandes dames ne rougissaient pas de rechercher leurs faveurs. On se rappelle l'aventure de Baron avec Mlle de la Force, qui l'accueillait chaque nuit chez elle : un jour de réception, il se présente dans le salon de sa maîtresse. Furieuse de ce manque de tact, elle lui demande avec impertinence ce qu'il désire. « Madame, je viens chercher mon bonnet de nuit, » répond l'acteur non moins insolemment[1].

Ce penchant pour les comédiens, voire même pour les danseurs et les bateleurs de la foire inspirait à la Bruyère cette satire dédaigneuse : « Roscius entre sur la scène de bonne grâce : oui, Lélie, et j'ajoute encore qu'il a les jambes bien tournées, qu'il joue bien et de longs rôles... Mais est-il le seul qui ait de l'agrément dans ce qu'il fait ? et ce qu'il fait, est-ce la chose la plus honnête que l'on puisse faire ? Roscius d'ailleurs ne peut être à vous : il est à une autre, et quand cela ne serait pas ainsi, il est retenu : Claudie attend pour l'avoir qu'il se soit dégoûté de Messaline. Prenez Bathylle, Lélie ; où trou-

---

[1]. Baron a écrit *l'Homme à bonnes fortunes*, où il a retracé quelques-unes de ses aventures galantes.

verez-vous, je ne dis pas dans l'ordre des chevaliers que vous dédaignez, mais même parmi les farceurs, un jeune homme qui s'élève si haut en dansant, et qui fasse mieux la cabriole? Voudriez-vous le sauteur Cobus, qui, jetant ses pieds en avant, tourne une fois en l'air avant que de tomber à terre? Ignorez-vous qu'il n'est plus jeune? Pour Bathylle, dites-vous, la presse y est trop grande, et il refuse plus de dames qu'il n'en agrée. Mais vous avez Dracon, le joueur de flûte : nul autre de son métier n'enfle plus décemment ses joues, en soufflant dans le hautbois ou le flageolet. Vous soupirez, Lélie : est-ce que Dracon aurait fait un choix, ou que malheureusement on vous aurait prévenue? Se serait-il enfin engagé à Césonie, qui l'a tant couru, qui lui a sacrifié une grande foule d'amants, je dirai même toute la fleur des Romains; à Césonie, qui est d'une famille patricienne, qui est si jeune, si belle et si sérieuse? Je vous plains, Lélie, si vous avez pris par contagion ce nouveau goût qu'ont tant de femmes romaines pour ce qu'on appelle des hommes publics, et exposés par leur condition à la vue des autres?. »

Et la Bruyère conclut en conseillant à Lélie de porter ses ardeurs amoureuses au bourreau, que la loi met sur le même rang que l'acteur et dont le cœur peut-être sera inoccupé.

L'accueil qu'ils recevaient partout, les égards excessifs qu'on leur témoignait rendaient la morgue des comédiens extrême et leur orgueil insatiable.

Pendant une répétition Baron traitait Racine avec un tel mépris que le poète exaspéré lui dit : « Je vous ai fait venir pour jouer un rôle dans ma pièce et non pour me donner des conseils. » Le même Baron prétendait que les comédiens devaient être élevés sur les genoux des reines ; et il disait modestement en parlant de lui : « Tous les cent ans on peut voir un César, mais il en faut deux mille pour produire un Baron, et depuis Roscius je ne connais que moi. » Ayant été envoyé par ses camarades chez M. de Harlay, premier président du Parlement, il commença son discours par ces mots : « Ma compagnie me députe,... etc. » Le magistrat, après l'avoir écouté, lui répondit en souriant : « J'en rendrai compte à ma troupe. »

Les acteurs jouissaient d'un revenu considérable, et la plupart menaient grand train[1]. C'est ce qui faisait dire à la Bruyère parlant de la comédie : « Il n'y a point d'art si mécanique ni de si vile condition, où les avantages ne soient plus sûrs, plus prompts et plus solides. Le comédien couché dans son carrosse jette de la boue au visage de Corneille qui passe à pied[2]. »

---

[1]. Le cocher et le laquais de Baron furent un jour battus par les gens du marquis de Biron. Le comédien alla trouver ce seigneur et lui dit : « Monsieur le marquis, vos gens ont battu les miens, je vous en demande justice. » « Mon pauvre Baron, que veux-tu que je te dise, lui répondit le marquis, pourquoi as-tu des gens ? »

[2]. *Caractères.*

On comblait les gens de théâtre de cadeaux de tous genres. Le duc d'Aumont donna à Baron un habit de cour scintillant de paillettes, qu'il n'avait porté que trois fois et qui valait plus de 8000 livres[1]. Mlle Lecouvreur avait reçu tant de costumes des dames de la cour qu'à sa mort Mlle Pélissier, de l'Opéra, acheta sa défroque théâtrale 60 000 écus.

Même avec le parterre, généralement peu endurant, les comédiens se permettaient les plus grandes libertés.

Les Français donnèrent *Mithridate* à Paris, un jour que les meilleurs d'entre eux étaient allés jouer à Versailles. Les acteurs, qui parurent dans le premier acte, furent hués et sifflés au point qu'ils n'osaient plus reparaître au second; l'un d'eux cependant se décida à haranguer les spectateurs : il arrive bien humblement, dans son habit de théâtre, jusqu'au bord des lampes, et il dit d'un air de mortification : « Messieurs, Mlle Duclos, M. Beaubourg, MM. Ponteuil et Baron ont été obligés d'aller remplir leurs devoirs chez le roi; nous sommes au désespoir de n'avoir pas leur talent et de ne pouvoir les remplacer; nous n'avons pu, pour ne pas fermer notre théâtre aujourd'hui, vous donner que *Mithridate*. Nous savons qu'il est et sera joué par les plus mauvais acteurs; vous ne les avez même pas encore tous

---

1. Ces costumes étaient offerts aux acteurs pour interpréter leurs rôles; jusqu'au milieu du dix-huitième siècle on conserva l'habitude de jouer en costume de ville.

vus, car je ne vous cacherai pas que c'est moi qui joue le rôle de Mithridate. » Sur cela, grands éclats de rire, applaudissements de toute la salle, et la représentation fut soufferte [1].

Si les comédiens parlaient quelquefois au public avec esprit, on les vit aussi dans bien des circonstances le traiter avec une véritable arrogance. Baron entrant en scène dans *Iphigénie*, débuta d'un ton fort bas :

Oui, c'est Agamemnon, c'est ton roi qui t'éveille.

« Plus haut ! » lui cria-t-on de toutes parts.

« Si je le disais plus haut, je le dirais mal, » répondit-il, et le parterre se tut.

Ce même acteur s'était retiré du théâtre vers 1691 en prétextant des scrupules religieux. Quelques années plus tard, il reparut sur la scène. Un soir jouant le rôle de Rodrigue du *Cid*, il souleva un éclat de rire universel lorsqu'il dit :

Je suis jeune, il est vrai,...

il répéta la phrase, et les rires redoublèrent : « Messieurs, dit-il aux spectateurs, je vais recommencer encore, mais je vous préviens que si l'on rit de nouveau, je quitte le théâtre pour n'y plus reparaître. » Le public, rappelé au respect de ce qu'il devait au talent et à l'âge du comédien, garda le silence [2].

---

1. *Anecdotes dramatiques*, 1775.
2. Baron mourut en 1729. Il renonça une seconde fois à la profession de comédien et fut inhumé dans le cimetière St-Benoît.

XII

RÈGNE DE LOUIS XV

Sommaire : Le théâtre sous la Régence. — Les théâtres de société : la duchesse du Maine. — Goût des jésuites pour l'art dramatique. — Le théâtre en Italie et à Rome. — Sévérité du clergé français. — Les refus de sacrements. — Intervention du Parlement.

Après la mort de Louis XIV, le théâtre regagne rapidement le terrain que l'austérité de mode à la fin du dernier règne lui a fait perdre. Dès 1716 le régent, trouvant qu'une troisième scène est nécessaire à la ville de Paris, fait rassembler en Italie une troupe de comédiens aussi parfaite que possible; il leur donne l'hôtel de Bourgogne et le titre de « comédiens italiens de Son Altesse Royale, monseigneur le duc d'Orléans, régent[1] ».

[1]. Ils vinrent en France sous la direction de Riccoboni et débutèrent le 18 mai 1716, sur la scène du Palais-Royal, où ils jouèrent d'abord alternativement avec l'Opéra. Ils ne prirent possession que le 1er juin du théâtre de l'hôtel de Bourgogne. A la mort du régent, on les autorisa à placer sur la porte de l'hôtel les armes de Sa Majesté et au-dessous, sur un marbre noir, cette inscription en lettres d'or : « Hôtel des comédiens italiens ordinaires du

Les théâtres de société commencent à se répandre; on en compte déjà plusieurs dans Paris, entre autres celui que la présidente Lejay a fait bâtir dans la cour de son hôtel[1]; le plus célèbre est celui de la duchesse du Maine[2]. La duchesse, une des femmes les plus spirituelles de son temps, est dévorée de l'amour des fêtes et des plaisirs. Elle a quitté Versailles, où elle s'ennuyait à périr, et s'est réfugiée à Sceaux, où elle peut se divertir tout à son aise. Installée dans son château, elle joue chaque jour la comédie; Baron est devenu un de ses familiers et lui donne la réplique; l'académicien de Malézieu[3] dirige le théâtre et l'abbé Genest compose les tragédies; Voltaire lui-même figure dans la troupe et comme auteur et comme acteur[4].

Roi, entretenus par Sa Majesté, rétablis à Paris en l'année M.DCC.XVI. » Ils obtinrent une pension de 15 000 livres.

1. Elle faisait jouer la comédie par des jeunes gens du quartier. C'est chez elle qu'Adrienne Lecouvreur fit ses débuts. Les Comédiens français, jaloux des succès de ce théâtre en miniature, le firent fermer.

2. Saint-Simon disait d'elle : « Une femme, dont l'esprit, et elle en avoit infiniment, avoit achevé de se gâter et de se corrompre par la lecture des romans et des pièces de théâtre, dans les passions desquels elle s'abandonnoit tellement qu'elle a passé des années à les apprendre par cœur et à les jouer publiquement elle-même. »

3. On l'avait surnommé l'abbé Rhinocéros, délicate allusion à l'énormité de son nez.

4. Il joua entre autres le rôle de Cicéron dans *Rome sauvée*. En 1752 le poète écrivait à Thibouville : « Mettez-moi toujours aux pieds de Mme la duchesse du Maine. C'est une âme prédestinée; elle aimera la comédie jusqu'au dernier moment, et quand

Dans tout l'éclat de la jeunesse et du talent, l'auteur de la *Henriade* écrit avec enthousiasme : « Il y a plus de vingt maisons dans Paris, dans lesquelles on représente des tragédies et des comédies; on a fait même beaucoup de pièces nouvelles pour ces sociétés particulières. On ne saurait croire combien est utile cet amusement qui demande beaucoup de soin et d'attention. Il forme le goût de la jeunesse, il donne de la grâce au corps et à l'esprit, il contribue au talent de la parole, il retire les jeunes gens de la débauche en les accoutumant aux plaisirs purs de l'esprit[1]. »

Les jésuites eux-mêmes, qui ont dû à la fin du dernier règne mettre un frein à leur penchant pour l'art dramatique, reprennent leur distraction favorite. Le Père Lallemand[2], le Père Du Cerceau[3], font représenter leurs œuvres sur les théâtres de leurs collèges. Le Père Lejay[4] écrit non seulement des drames latins, mais encore des ballets, et dans la *Bibliotheca rhetorum* il trace la théorie du genre. Le Père Porée[5], le précepteur de Voltaire, compose des tragédies pleines de gaieté et de morale.

elle sera malade, je vous conseille de lui administrer quelque pièce au lieu de l'extrême-onction. On meurt comme on a vécu. » La duchesse mourut en 1753, âgée de 77 ans.
1. Notes du *Temple du Goût* (variantes), 1733.
2. (1660-1748).
3. (1670-1730). Il composa un grand nombre de pièces, soit en latin, soit en français.
4. (1657-1734). Il eut Voltaire pour élève.
5. Le Père Porée (1675-1741).

En 1733, au collège Louis-le-Grand, où il professait la rhétorique, le Père Porée prononce devant les cardinaux de Polignac, de Bissy et devant le nonce du pape, un discours qui montre bien quelle était alors sur le théâtre l'opinion de la Compagnie. Parlant non en théologien, mais en citoyen et en chrétien, le jésuite démontre que le théâtre peut et doit être une école de bonnes mœurs et il place même la poésie dramatique au-dessus de la philosophie et de l'histoire. Il rappelle que saint Charles Borromée revoyait lui-même les pièces qu'on représentait à Milan de son temps, que Richelieu « donnait à la réforme et à la perfection de la scène des jours qu'il dérobait aux affaires de la guerre, de l'Église et de l'État », que Racine composait *Esther* et *Athalie* pour l'éducation des demoiselles de Saint-Cyr; que les jésuites enfin faisaient jouer à leurs élèves des pièces que venaient entendre les plus grands personnages. L'orateur ne se montrait pas moins favorable à l'opéra.

Comment se fait-il donc, se demande le Père Porée en terminant, que tant d'hommes pieux et savants condamnent absolument le théâtre? C'est que notre théâtre n'est pas ce qu'il devrait être, qu'il s'est jeté dans la galanterie et qu'au lieu de rester l'école des mœurs il est souvent devenu l'école des vices.

Quoi qu'il en soit, et malgré ces restrictions, on voit que les jésuites sont toujours partisans des spectacles. Après s'être enorgueillis de Corneille, qui est sorti de leur collège, ils ne se montrent pas moins fiers de Voltaire, qu'ils ont formé et dont ils ont dirigé les premiers essais. Reconnaissant des soins qu'il a reçus, le poète donne à ses précepteurs sa tragédie de la *Mort de César*, et c'est sur la scène d'un de leurs collèges qu'elle est jouée pour la première fois[1].

En encourageant l'art dramatique, les jésuites ne faisaient que suivre l'exemple qu'ils recevaient d'Italie. Là, plus qu'ailleurs encore, les théâtres étaient en honneur et on en trouvait dans les plus petites villes; le prix des places était tellement modique que le président de Brosses en témoignait son extrême étonnement. « Les premières places ne coûtent pas dix sous, écrivait-il, mais la nation italienne a tellement le goût des spectacles que la quantité des gens et du menu peuple qui y vont tire les comédiens d'affaire. »

Le clergé italien regardait le théâtre comme une distraction fort légitime et il s'y montrait sans scrupule : « Je n'ai jamais vu tant de moines à la procession qu'il y en avoit à la comédie, écrit encore le spirituel président. Je ne vis point de jésuites et je m'informai s'ils n'y alloient pas. Un prêtre, placé à côté de moi, me répondit que, bien qu'ils fussent

---

[1]. On peut lire sur ce sujet la curieuse correspondance de Voltaire avec l'abbé Asselin, proviseur du collège d'Harcourt, rue de la Harpe à Paris. (Voir *Corresp. génér.*, édition Molland, tome I.)

plus pharisiens que les autres, ils ne laissent pas d'y venir quelquefois. »

On tolérait même un singulier mélange du sacré et du profane; généralement pendant les entr'actes on quêtait pour le luminaire de la paroisse, et c'était toujours une femme jeune et belle qu'on chargeait de ce soin, de façon à réveiller, s'il était nécessaire, la charité des spectateurs.

De Brosses assista à Vérone à une scène bien étrange : « Que je n'oublie pas de vous dire la surprise singulière que j'eus en allant à la comédie la première fois que j'y allai. Une cloche de la ville ayant sonné un coup, j'entendis derrière moi un mouvement subit tel que je crus que l'amphithéâtre venoit en ruine, d'autant mieux qu'en même temps je vis fuir les actrices, quoiqu'il y en eût une qui, selon son rôle, fût d'abord évanouie. Le vrai sujet de mon étonnement étoit que ce que nous appelons l'Angelus ou le Pardon venoit de sonner, que toute l'assemblée s'étoit mise promptement à genoux, tournée vers l'Orient; que les acteurs s'y étoient de même jetés dans la coulisse; que l'on chanta fort bien l'Ave Maria, après quoi l'actrice évanouie revint, fit fort honnêtement la révérence ordinaire après l'Angelus, se remit dans son état d'évanouissement, et la pièce continua. Il faudroit avoir vu ce coup de théâtre pour se figurer à quel point il est original. »

L'abbé Coyer dans son *Voyage d'Italie*, en 1775,

dit encore : « La religion n'y est pas en contradiction avec le gouvernement qui soutient, qui pensionne les théâtres. Les spectacles inquiètent si peu les consciences italiennes, que ceux qui sont chargés par état d'édifier le public, les fréquentent sans scrupule et sans scandale. »

Il en était à Rome de même que dans le reste de l'Italie; les théâtres y étaient nombreux et fort suivis, aussi bien par le clergé que par le peuple; plusieurs même se trouvaient placés sous le vocable d'un saint. Aussi les réformés opposaient-ils avec éclat Genève, où les marionnettes même étaient défendues, à Rome où les spectacles prospéraient sous l'œil bienveillant de l'autorité papale.

La situation en France était bien différente. Le dix-huitième siècle fut le siècle du théâtre par excellence; jamais il ne fut plus en honneur, jamais il n'excita une passion plus violente; et cependant, par un singulier contraste, à aucune époque, depuis l'empire romain, on ne vit ses interprètes plus sévèrement traités.

La doctrine que les prédications de Bossuet avaient fait prévaloir, non seulement ne s'était pas atténuée, mais encore, dès le commencement du règne de Louis XV, le clergé séculier redoubla de sévérité et d'intolérance envers les comédiens.

L'Église de France, pendant tout le dix-huitième siècle, observe rigoureusement, dans la plupart des diocèses, la pratique établie depuis la mort de

Molière. Elle regarde tous ceux qui montent sur le théâtre comme des excommuniés et les traite comme tels, c'est-à-dire qu'elle leur refuse les sacrements à la vie et à la mort, et qu'elle ne leur accorde même pas la sépulture ecclésiastique.

Cette doctrine souleva les plus violentes récriminations et amena des controverses sans nombre. Les uns soutenaient que le clergé, en excommuniant les comédiens, outrepassait ses pouvoirs; les autres affirmaient au contraire qu'il ne faisait qu'user strictement des droits qui lui étaient conférés.

Parmi ceux, et ils sont nombreux, qui ont discuté avec le plus d'acharnement cette question des droits de l'Église, il faut citer l'abbé de Latour[1]. L'abbé prit parti avec violence contre les comédiens, et dans un volumineux dossier[2] il accumula toutes les preuves qui, selon lui, rendaient parfaitement légitimes les peines canoniques que l'Église leur infligeait.

Comme on alléguait, non sans raison, qu'en fait, il n'y avait pas d'excommunication générale frappant les gens de théâtre, qu'on ne pouvait relever contre eux que des lois particulières, l'abbé croit réfuter victorieusement cette objection en écrivant :

1. Latour (Bertrand de) (1700-1780), doyen du chapitre de la cathédrale de Montauban, prédicateur et fécond écrivain ecclésiastique.
2. *Réflexions morales, politiques, historiques et littéraires sur le théâtre*, par l'abbé de Latour. A Avignon, chez Marc Chave, imprimeur-libraire, 1763.

« On n'a pas besoin de l'excommunication pour être en droit, pour être même obligé de refuser les sacrements aux comédiens. La qualité de pécheurs publics et scandaleux y suffit. Dieu l'a expressément ordonné : « Ne donnez pas les choses saintes aux « chiens. » Le pécheur en est indigne et ce seroit un scandale de voir ainsi profaner les sacrements. C'est ce qui dans tous les temps a été universellement reconnu... Il est donc bien inutile de se répandre en invectives contre l'excommunication des comédiens. N'y en eût-il aucune, leur sort ne seroit pas plus heureux. Indépendamment de toute censure, la seule notoriété de leurs représentations les exclut de toute réception publique des sacrements et leur métier de toute réception secrète. »

Mais alors, objectait-on à l'abbé, si leur situation est si clairement définie, quel besoin l'Église a-t-elle de les désigner spécialement, de faire contre eux des lois particulières, telles que celles que l'on trouve dans les rituels ? Par une raison fort simple, répond l'abbé, « c'est que les comédiens ont la mauvaise foi de ne pas convenir du crime de leur état. » Il faut avouer que si l'argument n'est pas irréfutable, il est au moins inattendu.

La thèse soutenue par M. de Latour manquait par la base ; la qualité de pécheurs publics et scandaleux, qu'il attribuait si bénévolement aux comédiens, n'était pas si bien caractérisée qu'elle pût être efficacement et sans conteste invoquée contre eux.

L'Église outrepassait-elle donc ses pouvoirs en repoussant les comédiens de la communion?

La question de l'excommunication a joué un très grand rôle au dix-huitième siècle, et pour la bien comprendre il faut rappeler en quelques mots les lois qui régissaient la matière[1].

Le pouvoir des ministres de l'Église, au point de vue de l'excommunication, se trouvait maintenu dans des bornes très étroites. Il y avait un principe essentiel qui dominait toute la question, c'est qu'aucun citoyen ne pouvait être frappé d'excommunication, si le crime dont il était convaincu n'était pas soumis par la loi civile à cette peine. Par conséquent, hors les cas spécifiés par la loi et par les canons reçus dans le royaume, l'Église demeurait impuissante. Elle ne pouvait refuser les sacrements et la sépulture ecclésiastique, tant qu'une censure formelle n'avait pas été expressément dénoncée par sentence du juge ecclésiastique et de plus confirmée par un jugement civil.

Le clergé chercha naturellement à étendre ses

---

1. Il y a plusieurs sortes d'excommunications :

1° L'excommunication majeure, qui retranche entièrement de la communion de l'Église;

2° L'excommunication mineure, qui interdit seulement l'usage des sacrements;

3° L'excommunication *de droit*, qui est portée par le droit canon;

4° L'excommunication de fait ou *ipso facto*, que l'on encourt par le seul fait en accomplissant une chose défendue sous peine d'excommunication.

pouvoirs et ne pouvant heurter de front les lois qui réglaient ses rapports avec l'État, il s'efforça de les tourner. C'est alors que l'on vit apparaître ces excommunications pour causes indéterminées, pour vérités englobées, ces excommunications *ipso facto*, sourdement pratiquées.

La société civile s'éleva avec raison contre ces abus de pouvoir qui mettaient obstacle à la liberté de conscience, et dont le moindre tort était de violer la loi. Ils étaient très fréquents et soulevaient d'incessantes querelles entre le Parlement et le clergé, le premier soutenant les droits de l'État, le second cherchant à défendre ses propres empiétements.

En 1738 survint un incident assez curieux. L'Église refusait alors les sacrements aux Quesnellistes notoires[1]; les Parlements intervinrent et déclarèrent qu'on ne pouvait les dénier qu'à des pécheurs frappés préablement par une sentence civile; or il n'y en avait aucune condamnant les Quesnellistes.

Le clergé riposta que la prétention des Parlements n'était nullement fondée; et se basant sur la pratique qu'on lui laissait suivre à l'égard des comé-

---

1. Comme le clergé lui-même était profondément divisé, on avait imaginé les *billets de confession*. Toute personne qui, à son lit de mort, voulait recevoir les sacrements, devait produire un billet de confession, attestant qu'elle avait reçu l'absolution d'un prêtre non janséniste. A défaut de cette déclaration, on lui refusait impitoyablement les secours de la religion.

diens, il rappela qu'il ne leur accordait ni la communion ni la sépulture ecclésiastique, et que cependant il n'existait contre eux aucune sentence civile[1].

Le Parlement de Paris, dans ses Remontrances au roi, du 28 juin 1738, nia qu'on pût faire entre les deux cas aucune assimilation ; il reconnut bien qu'on refusait la communion et la terre sainte aux comédiens sans aucune opposition de la part des magistrats, mais, dit-il, « c'est qu'ils sont de ces hommes diffamés dont le crime est aussi public que la profession qu'ils exercent est solennellement défendue. »

On voit que le Parlement restait fidèle à son esprit et qu'il n'hésitait pas à invoquer contre son vieil ennemi le comédien des arguments qui n'étaient pas plus fondés en théorie qu'en pratique.

La question des sacrements se présenta fréquemment et elle fut toujours tranchée en faveur des citoyens et de l'État. En 1753, on publia une consultation « de plusieurs canonistes et avocats de Paris sur la compétence des juges séculiers, par rapport au refus des sacrements, » dans laquelle on

---

[1]. L'abbé de Latour prétendait qu'en fait la sentence civile existait « La qualité de comédien, dit-il, dissipe tous les nuages... un état public toléré par le magistrat, objet de l'inspection de la police, exercé journellement sous ses yeux, équivaut à des sentences et à des dénonciations juridiques ; l'acceptation du magistrat le dénonce pour comédien, la note d'infamie imprimée par la loi sur la profession et sur ceux qui l'exercent est une dénonciation du crime. »

soutenait que c'était un délit purement ecclésiastique et de la compétence du seul juge d'Église.

Les avocats protestèrent et le bâtonnier prenant la parole en leur nom réclama contre les pernicieux principes qui régnaient dans cet ouvrage. « Nous avons toujours soutenu, dit-il, qu'un double titre assure à la puissance temporelle le droit de connaître des refus publics de sacrement. Elle doit empêcher qu'on n'inflige des peines aussi graves dans d'autres cas que ceux qui sont exprimés par les règlements ecclésiastiques reçus dans le royaume. Les ministres de l'Église sont, comme tous les autres sujets du roi, soumis à son autorité[1]. »

La consultation des quelques « canonistes et avocats » fut, sur l'ordre du Parlement, lacérée et brûlée dans la cour du Palais, au pied du grand escalier, par l'exécuteur de la haute justice.

La loi de l'État, qui interdisait de refuser les sacrements hors les cas spécifiés, n'était pas dépourvue de sanction. Quand un curé repoussait de la communion son paroissien, qui s'était présenté publiquement pour la recevoir dans les formes usitées dans l'Église, le paroissien n'avait qu'à en appeler comme d'abus ; il obtenait justice et l'ecclésiastique qui avait outrepassé ses pouvoirs était sévèrement frappé[2].

1. Extrait des registres du Parlement du 13 février 1753.
2. Ces refus de sacrements étaient très fréquents et les arrêts

On s'est étonné que les comédiens n'aient pas réclamé comme les autres citoyens auprès du Parlement contre les refus de sacrements et de sépulture dont ils étaient victimes; comment ne faisaient-ils pas valoir que non seulement aucune excommunication générale ne pouvait être relevée contre eux, mais encore qu'aucune sentence civile ne les frappait, et que, par conséquent, le clergé vis-à-vis d'eux excédait ses droits?

Par une raison fort simple, c'est que si la doctrine de l'Église était rigoureuse et excessive, en droit elle était parfaitement légitime. En effet, l'Église ne pouvait porter d'excommunication que dans les cas admis par la loi et par les canons reçus dans le royaume. Or les canons des conciles, jusqu'au huitième siècle, n'étaient-ils pas acceptés en France, et le concile d'Arles n'excluait-il pas formellement les comédiens de la communion? La réponse n'était pas douteuse. Du moment que ces canons étaient reçus dans le royaume de tout temps, rien ne s'opposait à ce qu'on les appliquât; c'est ce que faisait l'Église en toute autorité, et c'est ce qui paralysait l'intervention du Parlement. On pouvait objecter que beaucoup de rituels ne s'appuyaient pas sur le concile d'Arles pour repousser les comédiens, et qu'ils les faisaient simplement rentrer dans la catégorie des

condamnant les curés récalcitrants à l'amende et au bannissement ne l'étaient pas moins.

pécheurs publics. Peu importait. Le fait essentiel, c'est que le clergé, en refusant les sacrements aux comédiens, restait dans les limites des pouvoirs que la loi lui accordait.

Du reste, en dehors de la question de droit, on sait la profonde antipathie que les gens de robe éprouvaient pour les gens de théâtre, et si par aventure les comédiens avaient porté leurs doléances aux pieds du Parlement, ils eussent été honteusement repoussés; ils connaissaient trop bien ces sentiments pour qu'aucun d'eux s'exposât à un affront qui ne lui eût certes pas été ménagé. On s'explique donc parfaitement comment, pendant tout le dix-huitième siècle, les magistrats n'ont jamais troublé l'Église dans l'application qu'elle faisait de ses lois canoniques contre les comédiens et comment ces derniers n'ont jamais eu recours à la justice des Parlements.

La doctrine de l'Église de France ne se modifia pas jusqu'en 1789. Presque tous les rituels de l'époque reproduisent les anathèmes prononcés par le rituel de Paris contre les comédiens, et lecture en était faite chaque dimanche au prône des paroisses[1]. Mais,

---

1. Le *Dictionnaire universel dogmatique, canonique, historique*, par le R. P. Richard (1760), dit textuellement à l'article COMÉDIEN : « Les comédiens sont des personnes infâmes que l'Église déclare publiquement excommuniées tous les dimanches au prône des messes de paroisse, conformément aux décrets des anciens conciles. De là il s'ensuit : 1° qu'ils sont dans un état de damnation; 2° qu'on ne peut leur accorder ni l'absolution, ni la communion, soit pendant la vie, soit à la mort, ni la sépulture ecclé-

comme nous avons déjà eu lieu de le faire remarquer pour le dix-septième siècle, cette doctrine n'était pas immuable, elle variait suivant les diocèses[1].

siastique, à moins qu'ils ne quittent absolument leur profession 3° qu'on ne peut rien leur donner sans un grand péché, hors le cas d'une extrême nécessité. »

1. Les distinctions que nous avons établies pour le dix-septième siècle se reproduisent pendant le dix-huitième; ainsi il n'est pas fait mention de la sentence d'excommunication dans la formule du prône des rituels de Toul (1700), de Besançon (1715), de Bordeaux (1728), de Sarlat (1729), de Blois (1730), de Périgueux (1733), de Clermont (1733), de Meaux (1734), de Strasbourg (1742), de Soissons (1755), de Châlons (1776), de Nantes (1776), de Paris (1777), de Lodève (1781), de Saint-Dié (1783), de Tours (1783), de Lyon (1787), de Verdun (1787), etc., etc.

Certains rituels regardent les comédiens, les bateleurs et les farceurs comme infâmes par état et à ce titre les éloignent de la communion conjointement avec les concubinaires et les femmes publiques. Tels sont les rituels de Paris (1697), de Bordeaux (1726), de Sarlat (1729), d'Auxerre (1730), de Blois (1730), de Meaux (1734), d'Évreux (1741), de Bourges (1746), de Boulogne (1750), de Soissons (1755), de Clermont (1773), de Limoges (1774), de Poitiers (1776), de Lodève (1781), de Beauvais (1783), de Saint-Dié (1784), de Lyon (1787).

Au contraire, les rituels de Toul (1700), de Besançon (1705), de Metz (1713), de Strasbourg (1742), de Bayeux (1744), de Périgueux (1763), s'expriment comme le rituel romain et n'excluent pas les comédiens des sacrements.

Quelques rituels excluent les gens de théâtre du titre de parrain; tels sont ceux d'Auxerre (1730), de Clermont (1734), de Bourges (1746), de Soissons (1755), de Limoges (1774), de Lyon (1787). D'autres, au contraire, ne les repoussent en aucune façon; tels sont ceux de Toul (1700), de Metz (1713), de Besançon (1715), de Bordeaux (1728), de Sarlat (1729), de Blois (1730), de Meaux 1734), d'Évreux (1741), de Strasbourg (1741), de Bayeux (1744), de Tarbes (1751), de Périgueux (1763), de Troyes (1768), de Paris (1777), de Beauvais (1783), de Saint-Dié (1783).

XIII

RÈGNE DE LOUIS XV (suite)

Sommaire : On refuse la sépulture à Adrienne Lecouvreur. — Indignation de Voltaire. — Discipline de l'Église à l'égard des comédiens : mariage, derniers sacrements, sépulture. — Faveur accordée aux comédiens italiens et aux artistes de l'Opéra.

Le refus de sépulture, que l'Église avait érigé en principe à l'égard des comédiens, amena les plus regrettables scandales et on ne peut s'en étonner quand on songe aux conséquences qui résultaient de cette doctrine à une époque où le clergé possédait seul la police des cimetières[1]. Refuser la sépulture ecclésiastique, c'était chasser le corps du champ du repos, c'était le condamner à un enfouissement nocturne, clandestin, sans parents et sans amis, c'était quelquefois même le condamner à la voirie, c'est-à-dire à

---

1. Le refus de la sépulture ecclésiastique emporte, d'après les règles canoniques, la privation de l'inhumation en terre bénite, de la sonnerie des cloches, des prières et cérémonies publiques de l'Église. Le corps doit être enterré dans la partie du cimetière réservée pour la sépulture des enfants morts sans baptême.

une tombe ignominieuse et ignorée, obtenue par pitié des magistrats[1].

L'exemple le plus fameux des tristes conséquences qu'entraînait la rigueur de l'Église est celui d'Adrienne Lecouvreur. La célèbre actrice mourut dans tout l'éclat de la beauté, de la jeunesse et de la gloire. Rien ne put fléchir cependant le préjugé barbare qui pesait sur sa profession, et ses plus dévoués amis ne purent épargner à sa cendre une suprême injure.

Elle succomba le 23 mars 1730 dans des circonstances particulièrement dramatiques. Le bruit courut qu'elle avait été empoisonnée par la duchesse de Bouillon, fille du prince de Sobieski. « Mme de Bouillon est capricieuse, violente, emportée, excessivement galante, dit Mlle Aïssé, ses goûts s'étendent depuis le prince jusqu'au comédien. » Elle avait en effet pour amants le comte de Clermont et un acteur de l'opéra nommé Tribou ; cela ne l'empêcha point de se prendre de fantaisie pour le comte de Saxe, mais Maurice ne répondit pas à ses avances[2]. Outrée de ce dédain et convaincue que la Lecouvreur en

---

1. « Ceux à qui la sépulture ecclésiastique n'était point accordée ne pouvaient être inhumés qu'en vertu d'une ordonnance du juge de police des lieux, rendue sur les conclusions du procureur du roi ou de celui des hauts justiciers. » (Déclaration du 9 avril 1736).
2. Barbier et Favart prétendent que le maréchal de Saxe ne joua aucun rôle dans cette tragédie; Tribou aurait aimé la Lecouvreur, et cela seul aurait suffi pour décider la duchesse de Bouillon à faire périr sa rivale.

était la cause, Mme de Bouillon chercha à faire empoisonner la tragédienne; mais la trame fut dévoilée par celui-là même qui devait en être l'instrument et pour cette fois le complot échoua. Quelque temps après, à une représentation de *Phèdre*, la duchesse était aux premières loges; Adrienne l'aperçut et ne put modérer sa colère. Au troisième acte, Phèdre dit à Œnone :

> ... Je sais mes perfidies,
> Œnone, et ne suis point de ces femmes hardies,
> Qui, goûtant dans le crime une tranquille paix,
> Ont su se faire un front qui ne rougit jamais.

Au lieu d'adresser ces vers à sa confidente, la Lecouvreur les prononça en se tournant du côté de la duchesse. Le public comprit et applaudit beaucoup. Ce fut l'arrêt de mort de la tragédienne. Peu de jours après, la duchesse implacable « fit passer à la pauvre Phèdre le goût des vanités de ce monde ». Elle se trouva mal au théâtre; « la pauvre créature s'en alla chez elle et quatre jours après, à une heure de l'après-midi, elle mourut lorsqu'on la croyait hors d'affaire... elle finit comme une chandelle. On l'a ouverte, on lui a trouvé les entrailles gangrenées. On prétend qu'elle a été empoisonnée dans un lavement[1]. »

---

[1]. *Lettres* de Mlle Aïssé. Voltaire nie cette mort violente. « Mlle Lecouvreur mourut entre mes bras, dit-il, d'une inflammation d'entrailles; et ce fut moi qui la fis ouvrir. Tout ce qui

Le jour de sa mort, elle reçut la visite d'un vicaire de Saint-Sulpice : « Je sais ce qui vous amène, lui dit-elle, vous pouvez être tranquille, je n'ai pas oublié vos pauvres dans mon testament. » Puis dirigeant le bras vers le buste du maréchal de Saxe, elle s'écria : « Voilà mon univers, mon espoir et mes dieux[1] ! » Le vicaire lui demanda une renonciation formelle à sa profession, mais elle ne voulut rien entendre et il dut se retirer. Elle léguait deux mille livres à l'église de Saint-Sulpice; néanmoins le curé, M. Longuet[2], lui refusa non seulement la sépulture chrétienne, mais il ne voulut même pas la laisser ensevelir au cimetière dans l'endroit où l'on enterrait les enfants morts sans baptême; il fallut un ordre du lieutenant de police pour que ses restes mortels trouvassent enfin un dernier asile sur les berges de la Seine.

M. de Laubinière, un des amis de la Lecouvreur, fut seul autorisé à lui rendre les derniers devoirs. Au milieu de la nuit, il transporta

. . . . par charité
Ce corps autrefois si vanté,

dit Mlle Aïssé sont des bruits populaires qui n'ont aucun fondement. »

1. Michelet.

2. C'est le même curé qui avait demandé au régent que la Comédie française fût expulsée de la paroisse de Saint-Sulpice ; n'ayant pu l'obtenir, il défendit à la procession, non seulement de traverser la rue de la Comédie, mais même celles qui aboutissaient à ce passage profane.

Dans un vieux fiacre empaqueté,
Vers le bord de notre rivière[1].

Deux portefaix creusèrent une fosse et l'on y enfouit précipitamment le cadavre de

Celle qui dans la Grèce aurait eu des autels[2].

Sous le coup de sa douleur et transporté d'indignation, Voltaire composa cette ode d'une pensée si élevée et si philosophique.

Ombre illustre, console-toi ;
En tout lieu la terre est égale,
Et lorsque la Parque fatale
Nous fait subir sa triste loi,
Peu nous importe où notre tendre
Doive reposer pour attendre
Ce temps où tous les préjugés
Seront à la fin abrogés.
Ces lieux cessent d'être profanes
En contenant d'illustres mânes.

1. Voltaire.
2. D'Argental, qui avait passionnément aimé la comédienne, accepta d'être son exécuteur testamentaire. Il avait 86 ans lorsqu'on découvrit le lieu où elle avait été enterrée ; l'hôtel du marquis de Sommery, à l'angle sud-est des rues de Grenelle et de Bourgogne, s'élevait sur le funèbre emplacement. D'Argental fit placer dans la muraille une plaque de marbre sur laquelle étaient gravés quelques vers destinés à rappeler l'événement. Le 30 avril 1797 (2 floréal an V), les Comédiens français demandèrent au gouvernement la permission de rechercher les cendres d'Adrienne Lecouvreur et de les déposer dans le lieu ordinaire des sépultures. Leur demande fut agréée et l'autorité municipale conviée à seconder de tout son pouvoir l'exécution de ce projet.

Ton tombeau sera respecté;
S'il n'est pas souvent fréquenté
Par les diseurs de patenôtres,
Sans doute il le sera par d'autres,
Dont l'hommage plus naturel
Rendra ton mérite immortel !
Au lieu d'ennuyeuses matines,
Les Grâces, en habit de deuil,
Chanteront des hymnes divines,
Tous les matins sur ton cercueil.
Théophile, Corneille, Racine
Sans cesse répandront des fleurs,
Tandis que Jocaste et Pauline
Verseront un torrent de pleurs[1].

* * * * * * * * *

Peu après, le philosophe s'élevait encore contre l'absurde contradiction qui permettait d'accabler d'honneurs les comédiens pendant leur vie et d'outrager leurs cendres. Se laissant aller à sa juste colère, il se révoltait contre « l'esclavage et la folle superstition » auxquels on était assujetti en France, et il faisait ressortir éloquemment la liberté dont on jouissait en Angleterre. Un contraste douloureux

---

1. Le chevalier de Rochemort composa cette épitaphe sur la mort de Mlle Lecouvreur.

> Ci-gît l'actrice inimitable
> De qui l'esprit et les talents
> Les grâces et les sentiments
> La rendaient partout adorable.
> L'opinion était si forte
> Qu'elle devait toujours durer,
> Qu'après même qu'elle fut morte
> On refusa de l'enterrer.
>
> *(Corresp. de Favart.)*

venait en effet de s'établir entre la conduite du peuple anglais et la sévérité outrée du clergé de France. Anne Oldfields, la grande actrice d'Angleterre, étant morte, son corps resta exposé plusieurs jours à Westminster, puis il fut porté en grande pompe à l'Abbaye et enseveli à côté des rois et des grands hommes[1]; les plus illustres personnages tenaient les coins du poêle.

Voltaire envoya ses plaintes amères à Thiériot, qui, fidèle à son surnom[2], les communiqua à quelques intimes; bien qu'il n'en ait pas laissé prendre de copie, les principaux passages furent reproduits. Cette protestation contre une pratique de l'Église provoqua une grande effervescence; le clergé tout entier se souleva, et demanda justice; la situation devint si critique que, redoutant une arrestation, le philosophe crut devoir s'enfuir et rester éloigné de Paris jusqu'à ce que l'émoi fût un peu calmé.

Voltaire ne s'était pas contenté de faire entendre dans des vers éloquents un cri de révolte contre un usage barbare, il avait voulu fomenter une véritable insurrection à la Comédie. Usant de son influence sur les interprètes tragiques, il leur conseilla de déserter la scène en masse et de déclarer qu'ils n'exerceraient plus leur profession, « tant qu'on ne traiterait pas les pensionnaires du roi comme les autres

---

1. 1er mai 1731. Un demi-siècle plus tard, Garrick vint la rejoindre et reçut les mêmes honneurs.
2. Voltaire l'appelait Thiériot-Trompette.

citoyens qui n'ont pas l'honneur d'appartenir au roi. »
Ils le promirent, mais n'en firent rien : « Ils préférèrent l'opprobre avec un peu d'argent à un honneur qui leur eût valu davantage. »

Ce refus de sépulture, qui est resté célèbre parmi les grands scandales du dix-huitième siècle, ne fut pas, comme on pourrait le supposer, un cas isolé. En province aussi bien qu'à Paris, on voit sans cesse le clergé refuser la sépulture chrétienne aux corps des comédiens, morts sans avoir eu le temps ou la volonté de renoncer formellement à leur état[1]. Chaque fois qu'un comédien gravement malade fait appeler un prêtre, avant toute chose l'ecclésiastique commence par exiger la promesse solennelle

---

1. Le diocèse d'Arras, un des plus sévères contre les comédiens, nous en fournit de fréquents exemples. Charles-François Bidault, dit Stigny, comédien, meurt à Valenciennes le 13 février 1717. Le curé de Saint-Géry lui refuse la sépulture à cause de son état, et le magistrat ordonne que le corps soit enseveli hors le cimetière. En 1749, un comédien est enterré dans le bois de Bonne-Espérance. En 1753, pour une actrice, le même fait se reproduit; en dépit de tous les efforts, la sépulture ecclésiastique lui est refusée. En 1757, toujours dans la même ville, un comédien, Legrand Le Père, subit encore le même sort; en vain assure-t-on qu'il assistait chaque jour à la messe, son corps est chassé de l'église et on est obligé de l'enterrer sur le rempart. Le 22 mars 1769, le magistrat ordonne que le cadavre du nommé Després de Verteuil, comédien attaché aux spectacles de Valenciennes, qui avait été trouvé dans l'Escaut près du pont Nérin, et qu'on croit avoir été assassiné, soit inhumé hors de sépulture ecclésiastique, le curé de Saint-Géry la lui ayant refusée à cause de la profession de comédien. En 1787, Devez-Dufresnel est enterré sur l'esplanade à dix heures du soir.

de renoncer au théâtre. La pratique est à peu près constante.

Presque toujours le mourant cédait et acceptait ce qu'on exigeait de lui. S'il revenait à la santé, de deux choses l'une : ou il oubliait sa promesse et n'en tenait aucun compte, ou un ordre du premier Gentilhomme l'obligeait à reparaître sur la scène sans se soucier le moins du monde de l'engagement qu'il avait pris vis-à-vis de l'Église. En 1732, Mlle Dufresne[1], *in articulo mortis*, signe au curé de Saint-Sulpice un billet ainsi conçu : « Je promets à Dieu et à M. le curé de Saint-Sulpice de ne jamais remonter sur le théâtre. » « Ah! le beau billet qu'a la Châtre! » s'écrie Voltaire[2]. En 1766, Molé[3], se croyant perdu, renonce au théâtre; moyennant cette formalité, il est confessé et administré : il guérit et son premier soin est de reprendre sa profession. En 1771, Mlle Dubois[4] fut à toute extrémité; elle fit aussitôt appeler un confesseur et prit l'engagement ordinaire. Dès qu'elle fut rétablie, elle reparut au théâtre comme par le passé.

Quand Mme Favart[5] succomba en 1772, l'abbé

1. Catherine-Jeanne Dupré (1691-1759) avait épousé Dufresne.
2. Voltaire à M. de Formont, 20 avril 1732.
3. François-René Molé (1734-1802); il n'avait pas vingt ans quand il fut admis à la Comédie française, où il jouit bientôt d'une grande réputation.
4. De la Comédie française.
5. Elle était connue sous le nom de Mlle Chantilly, quand elle épousa Favart; elle appartenait à la comédie italienne. Maurice

de Voisenon,[1] qui vivait avec elle, fit tout ce qu'il put pour la réconcilier avec l'Église et la décider à renoncer à la scène; mais elle résistait énergiquement, car elle tenait beaucoup aux 15 000 livres de rente que lui valait son état de comédienne. L'abbé fit tant de démarches auprès des Gentilshommes de la chambre qu'il obtint la promesse pour sa maîtresse de recevoir ses appointements sous forme de pension, même en cas de retraite. Rassurée sur son avenir, l'actrice n'hésita plus et signa la déclaration qu'on lui demandait; elle fit d'autant mieux qu'elle ne se releva pas et mourut bientôt entre son mari et l'abbé qui la soignaient avec un égal dévouement[2].

On pourrait s'étonner que l'intolérance de l'Église n'ait pas amené pendant le dix-huitième siècle plus de scandales mémorables. Cela tient à deux causes : la première, c'est que la plupart des comédiens avaient déjà quitté la scène quand ils succombaient,

---

de Saxe éprouva pour elle une passion qui ne fut nullement réciproque; pour en venir à ses fins, il obtint deux lettres de cachet et il fit enfermer les deux époux. Après une assez longue réclusion, la malheureuse comédienne plia devant la nécessité et céda aux obsessions du maréchal. C'est là une des moins belles actions du comte de Saxe; il n'en fut pas récompensé, car sa liaison avec Mme Favart hâta sa mort.

1. On a dit de Voisenon qu'il était « prêtre de son métier, libertin par habitude et croyant par peur. » Mme Geoffrin en parlant de lui et du maréchal de Richelieu écrivait: « Ces hommes-là ne sont que des épluchures de grands vices. »

2. Ils formaient un des ménages à trois les plus curieux du dix-huitième siècle.

et que par conséquent on n'avait pas à leur demander de renoncer à une profession qu'ils n'exerçaient plus; la seconde, c'est que ceux qui, au moment de mourir, appartenaient encore au théâtre, acceptaient, à part de bien rares exceptions, de signer la renonciation qu'on exigeait d'eux.

Parmi les sacrements qu'on déniait aux comédiens, il y en avait un d'une importance capitale, c'était celui du mariage. A une époque où le mariage religieux existait seul, où l'état civil se trouvait entièrement entre les mains du clergé, on peut se rendre compte du trouble profond qu'amenait le refus de ce sacrement. C'était condamner ou au célibat ou au concubinage, c'était favoriser le vice, frapper les enfants de bâtardise, etc. Quelque graves que fussent ces raisons, l'Église n'en tenait compte et persistait dans sa discipline.

Pour obvier à ces inconvénients, les acteurs avaient recours à un subterfuge assez singulier. Le comédien, qui désirait s'unir en légitimes noces, renonçait au théâtre. En vertu de cette renonciation, l'archevêque ou l'ordinaire accordait la permission de bénir le mariage. Une fois la cérémonie accomplie, le premier Gentilhomme envoyait au nouveau marié l'ordre de remonter sur le théâtre et celui-ci s'empressait d'y déférer. Mais l'Église n'entendait pas être jouée de la sorte; l'archevêque de Paris, après plusieurs unions célébrées dans des conditions analogues, déclara qu'en dépit de toutes les renonciations il ne donnerait plus à aucun comédien la permission de se marier, à moins qu'il ne lui apportât une déclaration signée par les quatre premiers Gentilshommes de la chambre, s'engageant à ne pas lui donner l'ordre de reprendre son service. C'est ce qui se passa pour Molé lorsqu'il voulut épouser Mlle d'Épinay, de la Comédie française[1] ; l'archevêque lui refusa obstinément l'autorisation nécessaire. L'acteur eut alors recours à une ruse. Par l'intermédiaire d'un de ses amis, il obtint que la permission serait glissée parmi les papiers qui, chaque jour, étaient remis au prélat pour la signature. L'archevêque, comme d'habitude, signa sans lire. Molé et Mlle d'Épinay en profitèrent pour se marier au plus vite[2]. Dès qu'il fut averti de la supercherie, Christophe de Beaumont entra dans une violente indignation, mais ne pouvant reprendre le sacrement escamoté, il interdit le prêtre qui avait béni les époux, bien qu'il fût en réalité fort innocent. Tout le monde n'était pas aussi audacieux ni aussi heureux que Molé.

On peut citer encore d'autres exemples des stratagèmes auxquels les comédiens durent avoir recours pour se marier. Gervais, chantre de l'Opéra, s'étant épris de la belle Tourneuse, danseuse de la foire, voulut l'épouser ; pour y arriver ils changèrent de

1. Pierrette-Hélène Pinet, dite d'Épinay (1740-1782), était fille d'un perruquier.
2. Le mariage fut célébré le 10 janvier 1769, à six heures du matin, c'est-à-dire presque clandestinement malgré l'autorisa- de l'archevêché.

nom et de domicile et s'unirent dans une paroisse où ils n'étaient pas connus. Peu de temps après, dégoûtés l'un de l'autre, ils résolurent de rompre leurs liens et en appelèrent comme d'abus, sous le prétexte qu'ils n'avaient pas été unis par le curé de leur paroisse. Néanmoins, et comme un juste châtiment, leur mariage fut confirmé. Le même cas exactement se présenta pour la Duclos[1], qui, âgée de 60 ans, épousa Duchemin, jeune homme de 17 ans; malgré les énergiques réclamations des époux, on les jugea bien assortis et on tint leur union pour excellente.

Brizard n'obtint la permission de se marier que sur un ordre formel de Louis XV.

La confession et la communion étaient impitoyablement refusées aux comédiens. Lekain, qui conserva toute sa vie des sentiments religieux, avait l'habitude, chaque année, pendant la clôture annuelle, de se rendre à Avignon, territoire du Saint-Siège, et d'y faire ses Pâques. Il revenait ensuite à Paris et reprenait tranquillement l'exercice de sa profession[2].

Par suite de la bizarrerie dont nous avons déjà

---

1. Duclos (Marie-Anne de Châteauneuf) (1070-1748). Elle exerçait un véritable prestige sur ses auditeurs, leur inspirant à son gré la terreur ou la pitié. C'est elle qui dans *Inès de Castro* interrompit son rôle en voyant le public se moquer de la présence des enfants sur la scène, et s'écria: « Ris donc, sot de parterre, à l'endroit le plus touchant de la tragédie. » Sa boutade fut couverte d'applaudissements.
2. De Manne.

fait mention, l'Église regardait les comédiens italiens[1] et les artistes de l'Opéra comme de parfaits chrétiens, et elle leur accordait sans hésitation tous les sacrements qu'elle refusait aux comédiens français[2]. Les danseuses de l'Académie royale de musique rendaient le pain bénit comme tous les autres paroissiens et elles le faisaient même avec éclat; personne ne s'en étonnait.

En 1768, Mlle Camille, de la comédie italienne, mourut des suites de ses excès. Elle reçut tous les sacrements et fut enterrée dans l'église du lieu sans qu'on lui ait demandé en aucune façon de renoncer à sa profession. Il y avait à son convoi un cortège magnifique, on y comptait plus de 50 carrosses bourgeois.

Il en était de même pour le sacrement du mariage. Arlequin épousait solennellement Mme Ar-

---

1. Un auteur de l'époque affirme qu'avant de rentrer en France en 1716 les comédiens italiens avaient obtenu du pape une bulle les mettant à l'abri de l'excommunication. Nous l'avons vainement cherchée dans le Bullaire et son existence nous paraît assez peu vraisemblable.
2. Le fameux arlequin Dominique, Carlin, Mme Riccoboni, Mlle Colombe, Thomassin, se montrèrent en toutes circonstances de véritables chrétiens. En 1735, Mme Riccoboni quitta la scène et se consacra aux exercices de piété. Un soir, à la comédie italienne, un acteur jouait le rôle d'un ours, revêtu de la peau de cet animal; tout à coup un orage épouvantable éclate; on voit aussitôt, à la stupéfaction générale, l'ours se mettre dévotement à genoux, faire un signe de croix avec sa patte, puis se relever et continuer son rôle.

lequin à la paroisse Saint-Sauveur[1]. M. et Mme Laruette[2], M. et Mme Trial[3], bien qu'ils fussent Français, se marièrent également sans difficulté à l'église de leur paroisse, parce qu'ils appartenaient à la comédie italienne. « Ainsi, dit Grimm, il n'y a point de péché ni d'excommunication de jouer la comédie sur la rive droite de la Seine, mais on est à tous les diables quand on joue sur la rive gauche[4]. »

1. Un homme se rendit un jour chez Chirac, le plus grand médecin de France : « Monsieur, lui dit-il en l'abordant, je me porte mal, et ma maladie, ce sont des vapeurs. » « Monsieur, répartit le médecin, je vous ordonne, pour tout remède, d'aller à la comédie italienne et d'y voir jouer Arlequin, qui est très agréable et très plaisant. » « Monsieur, répliqua le malade, cet Arlequin, c'est moi. » Grimm. (*Nouv. Littér.*, 1747-1755.)
2. Laruette (Jean Louis) (1731-1792), chanteur et compositeur. Son absence de voix et sa figure vieillotte firent pendant vingt-sept ans la joie des habitués de la comédie italienne.
3. Trial (Antoine) (1737-1795). Sa voix était grêle et nasillarde, mais il avait un jeu plein de finesse et de gaieté. Trial et sa femme assistaient chaque dimanche à la grand'messe.
4. Grimm, *Corresp. littér.*, octobre 1769. En 1716, lorsqu'ils revinrent en France, les comédiens italiens commencèrent leur registre par ces mots : « Au nom de Dieu, de la vierge Marie, de saint François de Paule et des âmes du Purgatoire, nous avons commencé le 18 mai par l'*Heureuse surprise*. » Les comédiens italiens restèrent dans les meilleurs termes avec l'Église pendant tout le dix-huitième siècle. Le jour de la Fête-Dieu, ils suivaient la procession et contribuaient à l'élévation d'un magnifique reposoir. En 1768, ils obtinrent même que la procession passerait devant leur théâtre richement tendu; pour reconnaître cette attention, les acteurs firent relâche, ce qui équivalait à une perte de 1500 livres. Le curé de Saint-Sulpice refusa la même faveur à la Comédie française, et celui de Saint-Roch à l'Académie de musique.

« Le dieu de Rome et de Paris ne sont-ils pas les mêmes, s'écriait le comédien Laval dans sa réponse à J.-J. Rousseau? Que dirait un sauvage qui viendrait entendre le prône dans l'église de Saint-Sulpice où le même prêtre excommuniera dans la même matinée les mêmes gens qu'il communiera dans celle de Saint-Sauveur[1]. »

La doctrine de l'Église n'était pas absolue, et, bien qu'elle fût en général observée à Paris, il s'est présenté certains cas où des comédiens italiens et des artistes de l'Opéra furent traités comme de simples Comédiens français; cela dépendait du plus ou moins de tolérance des curés et de l'interprétation plus ou moins large qu'ils faisaient des rituels de leurs diocèses.

Une lettre de Louis Riccoboni, conservée aux archives de la Comédie française[2], montre que les Italiens eux-mêmes n'étaient pas toujours à l'abri de difficultés avec le clergé. Le curé de leur paroisse leur refusait quelquefois la confession et la communion; ils étaient alors réduits à s'adresser aux moines qui, plus tolérants, les accueillaient avec bienveillance[3]. Riccoboni reconnaît cependant que le clergé

---

1. C'est à l'église de Saint-Sauveur que les comédiens italiens avaient l'habitude d'accomplir leurs dévotions.
2. Cette lettre est citée par M. Monval dans le *Moliériste*; l'érudit écrivain l'accompagne des observations les plus intéressantes.
3. Les moines n'étaient pas soumis à l'autorité diocésaine et

séculier, tout en y mettant une certaine mauvaise grâce, ne leur refusait ni le sacrement du mariage ni la sépulture ecclésiastique[1].

L'horreur de certains prélats pour les comédiens était si grande qu'ils ne voulaient pas souffrir leur présence dans les églises, même dans un but pieux. M. de Saint-Albin, archevêque de Cambrai, écrivant en février 1738 à M. le curé de Saint-Nicolas de Valenciennes, lui ordonne de faire connaître à qui il appartient combien il est indécent et contraire au respect dû aux saints mystères, de faire chanter des messes, etc., par des comédiens, et de les faire ainsi passer du théâtre à l'église. « Au reste, ajoutait-il, je vous recommande, et à tous ceux qui travaillent dans le ministère, de suivre à l'égard des acteurs et des actrices de la comédie, les règles établies par les saints canons, que je n'ai jamais eu l'intention de relâcher, quoi qu'en puissent dire certaines gens, qui souhaiteraient que j'en eusse adouci la rigueur. »

En 1744, toutes les loges et les décorations du Concert spirituel[2] ayant été détruites, on emprunta

ils ne reconnaissaient pas les rituels gallicans; mais ils ne pouvaient ni marier ni enterrer.

1. Sylvia et Mario de la comédie italienne se sont mariés en 1720 à l'église de Saint-Germain du grand Drancy, avec la permission du curé de Saint-Eustache, leur paroisse. Le registre de Saint-Eustache désigne Mario comme « officier de S. A. Mgr. le Régent ». (*Moliériste*, mai 1885). Le fils de Riccoboni a été marié à Saint-Eustache, Sticcoti à Saint-Sauveur; jamais l'archevêché ne refuse l'autorisation. Il en est de même pour les enterrements.

2. « Le Concert spirituel, dit l'*Almanach des spectacles* en 1752,

le théâtre de l'Opéra pour y tenir le Concert. M. de Vintimille, archevêque de Paris, trouva si indécent qu'on chantât des choses saintes sur le théâtre de l'Opéra, qu'il défendit la représentation, et il n'y eut point de Concert, tant qu'on n'eut pas trouvé un lieu moins profane.

est comme le supplément des théâtres de Paris. C'est lui qui supplée le jour où tous les théâtres sont fermés, c'est-à-dire au temps de Pâques, de la Pentecôte, aux fêtes solennelles, à celles de la Vierge, de la Toussaint, etc. L'établissement de ce spectacle se fit en 1720, et c'est Philidor qui en fut le fondateur et le premier directeur. On y exécute des motets et d'autres pièces tirées des meilleurs maîtres qui ont travaillé sur des paroles latines. » Sous le règne de Louis XV, les actrices étaient admises à ce Concert. Une duchesse, se trouvant un jour assise auprès de Sophie Arnould, s'écria avec dédain : « Les femmes honnêtes devraient bien être reconnues à des marques particulières. » « Vous voulez donc, repartit Sophie, mettre le public dans le cas de les compter. »

XIV

RÈGNE DE LOUIS XV (suite)

Sommaire : Situation civile des comédiens. — Droits excessifs des gentilshommes de la chambre. — Le For-l'Évêque. — L'hôpital. — Comédiens en prison.

Si la société religieuse mettait les comédiens du dix-huitième siècle au même niveau que les histrions païens, la société civile se montrait-elle plus équitable à leur égard, leur accordait-elle un traitement en rapport avec la considération qu'ils méritaient par leur conduite personnelle?

En aucune façon. Elle fut pour eux plus dure encore que ne l'était la société religieuse.

En 1709, les comédiens eurent un procès qui vint devant le Parlement; la Cour ne consentit à les entendre que par une condescendance tout exceptionnelle et l'avocat général eut grand soin de le leur faire observer : « Les comédiens, dit ce magistrat, n'ont point d'état légal en France; ils ne peuvent se flatter d'être entendus en corps, n'ayant aucune lettre patente, mais un simple brevet du roi. Cependant la Cour, par grâce, n'a pas voulu user de cette rigueur et refuser l'audience envers un corps à qui on ne donne même pas le nom de communauté mais de troupe, dont on ne connaît pas l'établissement par une voie juridique, etc. » On se rappelle qu'en 1737 la Cour avait traité les comédiens « d'hommes diffamés, dont le crime est aussi public que la profession qu'ils exercent est solennellement défendue. »

Cette théorie fut adoptée avec enthousiasme par les adversaires du théâtre et l'on peut lire dans l'abbé de Latour : « Tout le pompeux étalage des titres de la Comédie française porte à faux; la communauté des savetiers est plus légitime que la troupe des comédiens. »

Aux yeux des Parlements le comédien reste frappé de la note d'infamie que le préteur lui a infligée à Rome et qui s'est perpétuée dans les coutumes françaises. C'est là une tache indélébile dont rien n'a pu le laver. Au point de vue civil, sa profession est déclarée infâme comme celle du bourreau.

Voyons quelle situation était faite en France aux gens de théâtre par les lois civiles et quelle liberté leur était accordée.

Jusqu'en 1789, il n'existe en réalité à Paris que trois théâtres : La Comédie française, l'Opéra, la Comédie italienne, tous trois munis d'un privilège exclusif qui empêche toute concurrence[1]. Les artistes

---

1. Les trois jours élégants pour la Comédie française étaient

de ces trois théâtres portent le nom de *Comédiens du Roi* et à ce titre ils sont soumis à la juridiction des Gentilshommes de la chambre et du ministre de la *Maison du Roi*. Tous les autres acteurs, c'est-à-dire ceux qui appartiennent aux théâtres de la foire[1], et sont par conséquent d'un ordre inférieur, dépendent du lieutenant de police[2].

Si cette autorité ne s'était exercée sur les comédiens qu'en tant que comédiens, elle eût été fort compréhensible, mais elle s'exerçait encore sur eux en tant que citoyens et d'une façon odieuse, vexatoire et arbitraire.

Le comédien se trouve sous la dépendance absolue des Gentilhommes et de la police. Pour lui la justice n'existe pas, il est hors la loi. Sans jugement, sans appel, sans recours possible, il est frappé d'emprisonnement et même quelquefois de châtiments corporels. Il ne s'appartient plus; une fois monté sur la scène, il n'a plus le droit de la quitter.

Ces droits étranges, bizarres, exorbitants, n'étaient que la reproduction, cela est incontestable,

---

le lundi, le mercredi et le samedi; pour la Comédie italienne, le lundi et le jeudi. On ne jouait l'opéra que trois fois par semaine, le dimanche, le mardi et le vendredi; le vendredi était le jour préféré du beau monde.

1. Les foires de Saint-Germain et de Saint-Laurent duraient, la première, pendant les mois de février, mars et avril; la seconde, pendant les mois de juillet, août et septembre. Il y avait spectacle tous les jours. On y voyait des pantomimes, des danseurs de corde, des voltigeurs, des sauteurs et des marionnettes.

2. Tous les théâtres étaient placés sous la surveillance du lieu-

des pouvoirs que possédait autrefois le préteur. Dix-huit siècles se sont écoulés et le comédien est encore frappé d'infamie, il est encore considéré comme un esclave qu'on peut enfermer arbitrairement, et qui n'est pas libre de sa destinée. De même que l'Église, dans les pénalités qu'elle lui inflige, s'appuie sur les canons des anciens conciles, sans se préoccuper de savoir s'il n'est pas monstrueux d'assimiler le comédien du dix-huitième siècle à l'histrion ou au cocher du cirque, de même la société civile, qui s'est emparée du droit romain, en fait revivre tous les articles sans se soucier davantage de l'équité et de la justice. Il faut insister sur ce point, car si on a, et avec raison, souvent reproché au clergé ses rigueurs surannées, on n'a pas, à notre avis, suffisamment fait ressortir l'iniquité des lois civiles à l'égard des gens de théâtre.

Rome plaçait au même niveau le comédien et la prostituée. L'Église chrétienne avait suivi cet exemple. Le dix-huitième siècle ne crut pas pouvoir mieux faire que de les imiter. De même qu'il met la prostituée hors la loi, il y met aussi le comédien. Il n'établit entre eux qu'une différence : ils ne dépendent pas de la même juridiction. La prostituée est soumise à l'arbitraire de la police; le comédien, du moins celui qui appartient aux théâtres royaux, est

---

tenant de police; mais ce dernier, au moins pour les théâtres royaux, n'agissait que orsqu'il survenait quelque scandale public.

soumis à l'arbitraire de la *maison du Roi* et des Gentilshommes de la chambre.

Cette différence, était grande. Le joug des Gentilshommes, quelque dur qu'il fût, était incomparablement plus doux que celui de la police. Aussi voyait-on toutes les femmes galantes s'efforcer d'obtenir leur inscription sur les registres d'un des trois théâtres royaux. L'Opéra surtout formait le but de toutes leurs ambitions. Au milieu de cet immense personnel, il était relativement facile de se faire comprendre sur la liste des choristes, figurantes, danseuses, etc.; il n'était même pas besoin d'un talent bien décidé pour pénétrer à l'Académie royale de musique et se faire inscrire comme « fille du magasin ». On désignait ainsi les demoiselles du chant ou de la danse qui n'avaient pas achevé leurs études et figuraient sur la scène avant d'être engagées. Une fois à l'Opéra, la fille galante se trouvait absolument soustraite à l'action de la police et la bravait impunément.

Le théâtre, en effet, était un lieu d'immunité, et en cela la loi française reproduisait encore la loi romaine dans ce qu'elle avait de plus immoral. Toute jeune fille, quel que fût son âge, qui parvenait à entrer au théâtre, se trouvait par ce seul fait émancipée, et elle échappait complètement à l'autorité paternelle et maternelle. Il en était de même pour la femme mariée; les droits du mari venaient se briser devant cet asile inviolable qui s'appelait le théâtre.

Le comédien ne pouvait se retirer sans l'autorisation des Gentilshommes ; quelque légitimes, quelque impérieux que fussent ses motifs de quitter la scène, il restait soumis à une décision arbitraire et qui n'était pas toujours conforme à ses désirs. Il n'avait pas le droit de sortir de France sans une permission signée du premier Gentilhomme en exercice, et ce dernier la refusait presque toujours[1].

Quiconque appartenait à la profession du théâtre ne pouvait se dérober à l'invitation des Gentilshommes de la chambre. La réputation d'un acteur de Lyon, de Marseille, de Bordeaux, etc., parvenait-elle à Paris, le premier Gentilhomme envoyait un ordre de début, accompagné d'une lettre de cachet ; qu'il le voulût ou non, le comédien était traîné à Paris et obligé de jouer.

Un comédien, même sans engagement, n'avait pas le droit de refuser de monter sur la scène. En 1768 un sieur Fierville, acteur célèbre, vint de Berlin à Paris ; mais malgré les sollicitations des Gentilshommes il s'obstina à ne pas vouloir débuter à la Comédie française. Cela suffit pour le faire arrêter et on l'enferma en prison, à Châlons-sur-Marne.

---

1. Cette rigueur provenait de ce que les comédiens, chanteurs, danseurs, etc, recevaient à l'étranger des appointements beaucoup plus considérables qu'en France, et que si on les avait laissés s'éloigner, il n'y aurait bientôt plus eu à Paris de sujets pour les trois théâtres. Plusieurs fois des artistes se sauvèrent en dépit des ordres du roi et de la surveillance dont ils étaient l'objet ; ceux qu'on rattrapait étaient très sévèrement punis.

On allait même plus loin encore. Une femme ou une fille du peuple paraissait-elle devoir réussir au théâtre, on l'y inscrivait d'office et une lettre de cachet l'enlevait à sa famille, en dépit de toutes les protestations. C'est ainsi que Sophie Arnould, à peine âgée de quatorze ans, malgré la résistance opiniâtre de sa mère, fut attachée à l'Académie royale de musique.

Ces pratiques amenaient même une étrange contradiction entre les exigences de l'Église et celles de l'État. Alors que le clergé imposait au comédien l'obligation *sine qua non* de renoncer à sa profession, s'il voulait recevoir les sacrements de la religion, se marier, être enterré en terre sainte, l'État ne le laissait pas libre de quitter le théâtre. Les empereurs chrétiens avaient, sur les instances mêmes de l'Église, aboli cet usage barbare; mais le dix-huitième siècle, qui croyait qu'on ne pouvait traiter les gens de théâtre avec trop de sévérité, en était revenu à la loi romaine dans toute sa rigueur. Le comédien se trouvait donc dans l'impossibilité d'échapper aux foudres de l'Église; même quand il s'était conformé aux prescriptions du clergé, qu'il avait de bonne foi, sincèrement, renoncé à sa profession, il n'était nullement à l'abri d'un ordre des premiers Gentilshommes lui enjoignant de remonter sur le théâtre et le replaçant par conséquent sous les coups de l'excommunication. Ainsi, d'un côté, excommunication formelle s'il reste au théâtre, de l'autre, impossibilité matérielle de le quitter en raison des droits de l'État. Excommunié s'il joue, en prison s'il ne joue pas. Voilà la situation que le dix-huitième siècle fait au comédien[1].

La contradiction était si frappante, si révoltante, qu'on ne pouvait manquer d'en tirer parti. Plus d'un acteur, désireux de quitter le théâtre, n'hésita pas à prétexter des scrupules religieux et à se mettre sous la protection de l'archevêque de Paris. Ce n'était pas une raison pour que sa demande fût forcément agréée[2].

Il existait une grande différence entre les lois religieuses et les lois civiles, et il est essentiel de la faire remarquer. Alors que les lois religieuses ne

---

[1]. Le gouvernement élevait même la prétention de forcer le public à se rendre au théâtre. On peut rappeler le curieux incident qui se passa en 1753 à Marseille. Le duc de Villars, gouverneur de Provence, fit augmenter le prix des places de la comédie en l'honneur de la Dumesnil. Les habitants aimèrent mieux rester chez eux que de payer plus cher. Le gouverneur dénonça à la cour cette désertion comme une révolte, et M. de Saint-Florentin écrivit aux échevins pour les menacer de priver à l'avenir leur ville de troupes de comédiens. Les échevins lui répondirent spirituellement que les habitants ne faisaient que se conformer aux prescriptions de leur évêque, M. de Belzunce.

[2]. En 1759 il y eut à Paris un procès assez singulier. « Ramponeau, cabaretier de la Courtille, était un bouffon dont les propos, la face, les allures comiques, firent espérer à Gaudron, entrepreneur des spectacles sur le boulevard, d'attirer beaucoup de monde à son théâtre, s'il pouvait l'y faire monter. Ils passèrent un accord par lequel Ramponeau s'engageait à représenter pendant trois mois, avec un dédit de mille livres. A la veille de la première représentation, Ramponeau, qui avait fait ailleurs un

s'appliquaient guère qu'à la Comédie française, les lois civiles étaient générales pour tous ceux qui montaient sur la scène; elles concernaient aussi bien les Italiens, les chanteurs de l'Opéra, les danseurs, que les artistes de la Comédie.

En dehors du théâtre et des questions de théâtre, le comédien jouissait-il des droits de tous les citoyens?

En aucune manière. Le comédien n'est pas citoyen, il est placé sur le même rang que le bourreau, comme lui il est frappé d'une note d'infamie : il ne peut témoigner en justice, il ne peut exercer aucun emploi, aucune fonction publique, même celles que l'on achète à prix d'argent; il n'est admis ni aux fonctions municipales ni aux charges militaires. Certaines compagnies, celle des avocats par exemple, vont même plus loin; elles repoussent de leur corps celui qui épouse une comédienne ou une fille de comédienne[1]. C'est toujours la reproduction de la loi romaine.

---

nouveau marché où il trouvait mieux son compte, fit signifier à Gaudron un acte où, prenant le ton dévot, il lui déclare qu'il ne peut faire son salut en exécutant ses promesses, et que le zèle avec lequel il veut travailler à conserver ses bonnes mœurs l'oblige de renoncer pour jamais au théâtre. Gaudron demanda que le dévot Ramponeau fût du moins condamné à lui payer le dédit de cent pistoles. » Le procès ne fut point jugé. Voltaire a écrit sur cette aventure le *Plaidoyer de Ramponeau*.

1. En 1775, François de Neufchâteau, avocat au Parlement, épousa Mlle Dubus, fille d'un ancien danseur de l'Opéra et nièce de Préville; le Conseil des Avocats considéra cette union comme

Le droit d'emprisonnement, accordé aux Gentilshommes, n'était pas une vaine menace, un épouvantail destiné à maintenir dans l'ordre une troupe turbulente et mutine. Il était parfaitement réel, et on l'exerçait à chaque instant. On ne peut s'imaginer avec quel souverain mépris les comédiens étaient traités et avec quelle désinvolture on les mettait au cachot pour des peccadilles. Pas une semaine ne s'écoulait sans qu'un acteur ne fût emprisonné, en vertu d'une lettre de cachet lancée par le premier Gentilhomme.

De même que la Bastille et Vincennes recevaient la noblesse et les gens de lettres, de même, les comédiens avaient également une prison attitrée, le For l'Évêque[1]; ils s'y rencontraient avec les débiteurs insolvables. Les comédiennes partageaient le même sort que leurs camarades, mais comme leurs écarts étaient souvent plus graves et méritaient quelquefois un châtiment plus sévère, il y avait pour elles dans ce cas une seconde maison de détention, l'hôpital de la Salpêtrière[2], ou simplement *l'Hôpital*,

---

une mésalliance et Neufchâteau fut rayé du tableau. Il voulut alors acheter une charge d'avocat aux Conseils, mais il fut impitoyablement repoussé. Sa jeune femme mourut de chagrin.

1. Le For l'Évêque était autrefois le siège de la juridiction épiscopale; il donnait sur la rue Saint-Germain-l'Auxerrois et avait son entrée quai de la Mégisserie.

2. La Salpêtrière, située au faubourg Saint-Victor-lez-Paris, au confluent de la Seine et de la Bièvre, était spécialement la prison des prostituées incorrigibles; on y enfermait en outre les femmes condamnées soit par ordre du roi, soit par une mesure admi-

dont le nom seul évoquait les images les plus terrifiantes. Outre la honte d'une infâme promiscuité, quiconque entrait à l'Hôpital avait la tête rasée et couchait sur la paille; la nourriture ne se composait que de pain, de potage et d'eau; le costume consistait en une robe de tiretaine et des sabots. Empressons-nous d'ajouter que cette peine fut très rarement appliquée aux comédiennes, mais nous verrons plus d'une fois le parterre dans ses moments de mauvaise humeur leur rappeler cette terrible menace, toujours suspendue sur leurs têtes, par ces cris : « A l'Hôpital! à l'Hôpital! »

Les acteurs au For l'Évêque ne cessaient pas leur service au théâtre; un exempt venait les prendre en voiture pour l'heure de la représentation, et, dès que la pièce était jouée, il les ramenait fidèlement à la prison. Ils y jouissaient d'un bien-être relatif; on leur permettait de recevoir des visites et de faire venir la nourriture du dehors; ils en profitaient pour donner des festins auxquels leurs amis étaient conviés. De telle sorte qu'à part la privation de liberté la punition n'était pas des plus pénibles.

Les plus illustres de la troupe tragique n'étaient

---

nistrative, soit par une mesure de police, ou en vertu d'un jugement. Prostituées, condamnées, filles et femmes détenues sur la plainte de leurs parents ou de leurs maris, ou par ordre du roi, comédiennes, toutes se trouvaient soumises au même régime et il était des plus rigoureux. Il y avait cependant des quartiers différents suivant les causes de l'emprisonnement.

pas plus épargnés que de simples bateleurs; pour la moindre faute on les jetait au For l'Évêque. Lekain y fut envoyé à plusieurs reprises, tantôt pour s'être absenté sans permission, tantôt pour être resté à Ferney, chez Voltaire, un jour de plus que son congé ne l'y autorisait. Le patriarche avait beau solliciter son ami le maréchal de Richelieu, le noble duc lui répondait : « Si Lekain n'est pas à Paris le 4, il sera mis en prison. » Et Lekain n'étant arrivé que le 5, c'est au For l'Évêque qu'il descendit[1].

Pour montrer avec quelle déplorable facilité on usait de la prison, quelques exemples ne seront peut-être pas inutiles. En 1751, les Comédiens français qui se croyaient maîtres chez eux et s'imaginaient avoir le droit de bâtir sur leur terrain sans être obligés d'en demander la permission, avaient fait construire dans l'enfoncement de la première coulisse de chaque côté du théâtre de petites loges, qu'ils comptaient louer à l'année et dont ils espéraient beaucoup de profit. Le duc de Richelieu, mécontent que ce changement eût été fait sans son autorisation, ordonna de jeter bas sur l'heure ces nouvelles loges et il vint lui-même après souper, à trois heures du matin, constater que ses ordres étaient exécutés. C'est à cette occasion qu'on lui donna le sobriquet

1. En 1756, l'affluence était si grande au For l'Évêque que, faute de pièce convenable à lui donner, on enferma Lekain dans un cachot étroit et malsain; sur les réclamations de ses amis, on le transféra à l'Abbaye.

de Jacques Desloges. Mais La Noue s'étant permis d'écrire un mémoire des plus mesurés pour prouver le droit de ses camarades de faire des changements dans leur salle, il fut mis au For l'Evêque et il y resta dix-sept jours.

Souvent aussi ce n'était pas pour des motifs aussi futiles et aussi peu fondés que les acteurs étaient incarcérés. Ainsi, en 1735, à la reprise solennelle de l'opéra de *Jephté*, qui avait attiré au théâtre la plus brillante et la plus nombreuse assistance, Mlle Lemaure[1], qui jouait le rôle d'Iphise, ne trouva rien de mieux que d'abandonner la scène au beau milieu de la représentation, pour s'en aller souper en ville. M. de Maurepas, ministre de la maison du roi, qui se trouvait au théâtre, voyant le spectacle interrompu et en apprenant la cause, délivra aussitôt contre la comédienne une lettre de cachet avec ordre de la mettre sur l'heure à exécution. C'est ce qui eut lieu; mais le plus plaisant fut de voir l'intendant de la généralité de Paris, Louis Achille de Harlay, chez lequel la cantatrice devait souper, l'accompagner jusqu'à la prison en grande cérémonie.

En 1762, on dut un jour, à la Comédie française, rendre l'argent, parce qu'une actrice qu'on ne pouvait suppléer, venait de tomber malade. Cette actrice indisposée était Mlle Dubois qui, dans ce moment,

---

[1]. « Pour la Lemaure, dit Mlle Aïssé, elle est bête comme un pot; mais elle a la plus belle et la plus surprenante voix qu'il y ait dans le monde; elle a beaucoup d'entrailles. » (Décembre 1730.

se trouvait en grande loge à l'Opéra. Elle fut envoyée au For l'Évêque et de plus condamnée à payer les frais et le profit de la représentation.

Dans la pièce d'*Olivette, juge des enfers*[1], il y avait un couplet qui finissait par ce refrain :

> Un petit moment plus tard,
> Si ma mère fût venue,
> J'étais, j'étais.... perdue.

« Une jeune actrice fort jolie, qui chantait ce couplet, avait coutume, aux répétitions, de substituer, par plaisanterie, au mot « perdue » une rime un peu grenadière dont l'énergie lui plaisait fort. La force de l'habitude lui fit prononcer ce malheureux mot à une représentation devant une assemblée très nombreuse. Ce fut un coup de théâtre général; plusieurs dames sortirent précipitamment de leurs loges; d'autres restèrent parce que le public polisson criait bis. L'actrice paraissait étonnée que l'on fît tant de bruit pour si peu de chose. Un exempt vint la prier de le suivre en prison, où elle fut conduite, escortée joyeusement de la plus grande partie des spectateurs[2]. »

En 1769, Mlle Arnould[3] manqua gravement à

---

1. Opéra comique en un acte par M. Fleury.
2. *Anecdotes dramatiques*, 1775.
3. Sophie Arnould, née en 1744 dans la chambre où l'amiral Coligny fut assassiné, mourut en 1803. Un jour, au théâtre de la cour, tout le monde s'extasiait sur sa voix. « Oui, dit Galiani, c'est le plus bel asthme que j'aie jamais entendu. »

Fontainebleau à Mme Du Barry qui s'en plaignit au roi. Sa Majesté ordonna que Mlle Arnould serait mise pour six mois à l'Hôpital, mais Mme Du Barry, revenue à des idées plus modérées, demanda elle même la grâce de la coupable; elle ne l'obtint qu'avec peine[1]. Les camarades de Mlle Arnould eurent grand soin de ne pas laisser ignorer son aventure et la répandirent avec une charité merveilleuse; de plus, toutes les fois que cette actrice paraissait parmi elles, on avait toujours soin de prononcer négligemment le mot d'hôpital pour bien humilier la reine d'Opéra.

1. Lorsqu'elle apprit la mort de Louis XV et l'exil de la Du Barry, Sophie Arnould dit en s'adressant aux demoiselles d'Opéra : « Pleurons, mes sœurs, nous voilà orphelines de père et de mère. »

XV

RÈGNE DE LOUIS XV (suite)

Sommaire: Autorité des Gentilshommes de la chambre sur la Comédie française. — Conséquences de cette autorité. — Le duc d'Aumont et M. de Cury. — La Comédie italienne. — L'Opéra.

Il nous reste à voir comment les pouvoirs des Gentilshommes de la chambre s'exerçaient sur les comédiens en tant que comédiens.

Commençons par la Comédie française : à tout seigneur tout honneur[1].

Par son institution même, la Comédie faisait partie de la maison du roi et elle se trouvait placée sous la direction des quatre Gentilshommes de la chambre. Leur autorité ne s'exerça d'abord que dans les occasions importantes et lorsqu'il s'agissait de modifier les règlements. Peu à peu, par suite d'empiètements successifs, ils accrurent leurs pouvoirs, et ils en arrivèrent à s'occuper des moindres détails de l'administration du théâtre. Rien n'é[chap]-

---

1. Napoléon Ier a dit un jour « Le Théâtre-Français est la gloire de la France, l'Opéra n'en est que la vanité. »

pait à leur autorité et la Comédie se trouvait sous leur dépendance absolue ; ils y régnaient en maîtres, on peut même dire en tyrans redoutables et redoutés.

Non seulement ils ordonnaient les spectacles, mais ils donnaient les ordres de début, recevaient les acteurs, fixaient les parts ou fractions de part qui devaient leur être accordées ; non seulement ils désignaient les emplois que chacun devait tenir, les uns de paysans, de financiers, les autres de rois, de reines, etc., mais ils infligeaient les amendes, renvoyaient les artistes qui n'avaient pas le don de leur plaire, gardaient ceux, au contraire, qui leur agréaient, sans que le talent ou le mérite guidassent leurs décisions[1].

Augmentations, gratifications, retraites, pensions, tout dépendait d'eux, rien ne pouvait se décider sans leur ordre[2]. La Comédie était livrée à l'arbitraire le plus complet.

1. Lekain eut toutes les peines du monde à se faire admettre à la Comédie et il ne reçut tout d'abord qu'une part dérisoire. « J'ai connu des acteurs, lui écrivait Voltaire, qui étaient excellents pour moucher les chandelles, et qui furent reçus à une part entière dès qu'ils parurent. Pour vous, vous vous êtes borné à faire les délices du public, il faudra bien que les grâces de la cour viennent ensuite ; mais il y a plus d'un métier dans lequel on travaille pour des ingrats. » (Potsdam, 5 mars 1752.)

2. Voici un spécimen des ordres envoyés par les Gentilshommes :

« Nous, duc de Gesvres, pair de France, premier gentilhomme de la chambre du roi,

« Ordonnons à la troupe des Comédiens français de Sa Majesté

Il faut bien reconnaître que la troupe comique, par sa mauvaise gestion et ses dissensions intestines, avait provoqué et légitimé les envahissements successifs des Gentilshommes. Tant qu'on l'avait laissée s'administrer elle-même, il ne se passait pas de jour où l'on ne vit quelque scandale. Les Comédiens se querellaient sans cesse et leurs réunions dégénéraient presque toujours en scènes violentes. Ce fut à ce point que le duc de Tresmes dut les menacer de châtiments sévères, s'ils n'apportaient pas plus de décence dans leurs délibérations.

« Comme Sa Majesté a été informée, écrivait-il, que dans les assemblées qui se tiennent, tant ordinaires qu'extraordinaires, il y arrive souvent des désordres, et qu'au lieu d'employer le temps à décider sur les pièces qu'on doit jouer pendant la semaine ou sur les choses convenables au plaisir du public et au bien de la troupe, on l'emploie à se quereller et à se dire des choses piquantes et souvent outrageantes,... il est défendu aux Comédiens, pendant ces assemblées, de parler d'autres choses que de celles pour lesquelles l'assemblée aura

de faire incessamment débuter sur son théâtre la demoiselle Clairon dans les rôles qu'elle aura choisis, et ce, à fin que nous puissions juger de ses talents pour la comédie, etc.

« Mandons à M. de Bonneval, intendant des menus plaisirs en exercice, de tenir la main à l'exécution du présent ordre.

« Fait à Versailles, ce 10 septembre 1743.

« Le duc DE GESVRES. »

été convoquée et de se servir d'autres termes que de ceux qui sont usités et permis parmi les honnêtes gens pour dire les motifs de leur avis et leurs raisons de décider, sans qu'il soit permis à aucun desdits comédiens ou comédiennes d'interrompre sous quelque prétexte que ce soit, à peine contre celui qui interrompra, ou qui, en opinant, se sera servi de termes piquants ou injurieux contre quelqu'un de ses camarades, de cinquante livres d'amende, applicables aux pauvres, et de plus grande punition si le cas y échoit[1].... »

En dépit de toutes les menaces, la situation ne se modifia pas, et du temps de Clairon[2] on se querellait plus que jamais. « L'assemblée générale de la Co-

---

[1]. 27 octobre 1712. *Inédit.* Arch. nat., O¹811. On peut donner une idée du ton qui régnait dans ces réunions en racontant l'altercation qui s'éleva un jour entre Mlle Dancourt et Ponteuil. Ce dernier décriait sans cesse les pièces de Dancourt. Indignée de ce mauvais procédé, Mlle Dancourt fit à son camarade, en pleine assemblée, une sortie des plus violentes; elle l'appela traître à sa compagnie et le couvrit littéralement d'injures. Quand elle eut épuisé les épithètes les plus malsonnantes, Ponteuil lui répondit avec grand sang-froid : « Eh bien, mademoiselle, est-ce là tout? vous avez beau chercher à me dire toutes les horreurs du monde, vous avez beau faire, vous ne m'appellerez jamais p..... »

[2]. Clairon (Claire-Joseph Léris) (1723-1802). C'est à elle et à Lekain que l'on dut la réforme du costume théâtral. Jusqu'alors les acteurs paraissaient sur la scène avec les habits qu'on portait à la cour : « Les hommes avaient généralement la fraise plate, les hauts-de-chausse à bouts de dentelles, le justaucorps à petites basques, la longue épée, les souliers à nœuds énormes; et les femmes, le corsage court et rond, le sein découvert, la grande, ample et solide jupe à queue, les talons hauts, les cheveux

médie, dit la tragédienne, ne peut être mieux peinte que par ces vers de Mme Pernelle :

> On n'y respecte rien, chacun y parle haut,
> Et c'est tout justement la cour du roi Pétaud[1]. »

« Le théâtre, dit Grimm en 1769, grâce aux intrigues et aux tracasseries intérieures des acteurs et des actrices, et à l'autorité des Gentilshommes brochant sur le tout, s'achemine de plus en plus vers sa ruine. Il suffit que Molé ait un rôle intéressant dans une pièce pour que Préville ne veuille plus jouer, les inimitiés particulières décident du sort de tout et les auteurs sont victimes des caprices du foyer. »

La distribution des rôles provoquait des contestations incessantes dont les échos arrivaient jusqu'au public. Aussi se plaignait-on souvent qu'on laissât encore aux acteurs trop de liberté et qu'ils ne fussent pas contenus par une main plus énergique

---

crêpés et bouffants ou retombant en boucles. Les Grecs et les Romains paraissaient avec des chapeaux à plumes, des gants blancs à franges d'or, une épée suspendue à un large baudrier. » (Fournel, *Curiosités théâtrales*). Clairon osa la première, dans le rôle de Roxane, paraître sans paniers et les bras nus; dans l'*Électre* de Crébillon, on la vit en simple habit d'esclave, échevelée et les mains chargées de chaînes. Elle poussa même un jour la vérité du costume jusqu'à se montrer en chemise au V⁰ acte de *Didon*, où un songe l'arrache de son lit. Cette dernière innovation parut exagérée, et on pria l'actrice de ne pas renouveler son expérience.

1. *Mémoires* de Clairon.

et plus sévère. « On ne devroit pas laisser les comédiens maîtres de refuser un rôle, surtout dans les pièces nouvelles, dit Collé ; les gentilshommes de la chambre devroient les leur faire jouer malgré eux, et les punir quand ils y manquent : c'est la cause pour laquelle le public est souvent si mal servi. »

Les Gentilshommes, voyant leurs empiétements acceptés sans discussion, voulurent bientôt s'arroger d'autres droits. Non contents de leur autorité sur les Comédiens, ils prétendirent étendre leur juridiction jusqu'aux auteurs.

Bien que l'aréopage comique fût demeuré jusqu'alors juge souverain pour la réception ou le refus des pièces, les Gentilshommes trouvaient encore moyen de s'immiscer dans une question à laquelle ils auraient dû rester complètement étrangers : tantôt ils arrêtaient indéfiniment la représentation d'une pièce dont l'auteur n'avait point trouvé grâce devant eux, tantôt, au contraire, ils en faisaient jouer une de leur propre autorité et contre l'avis des artistes.

En 1759, ils voulurent faire consacrer cet excès de pouvoir et, au grand émoi des auteurs, le duc d'Aumont fit distribuer un nouveau règlement portant « que les pièces, auparavant d'être reçues, seraient communiquées d'abord à MM. les Gentilshommes de la chambre. » « On auroit dû ajouter, dit Collé : « qui ne savent ni lire ni écrire. » Un autre article portait que « MM. les auteurs n'entreroient plus dans l'orchestre, mais à l'amphithéâtre seulement. » C'était les reléguer avec les perruquiers des comédiens.

Les auteurs furieux protestèrent ; on reconnut qu'il y avait malentendu quant aux places qu'ils pourraient occuper, mais on ne céda pas sur la présentation préalable des pièces. Les écrivains qui appartenaient à l'Académie trouvèrent ce règlement impertinent, et réclamèrent ; le duc de Nivernais leur assura, de la part du duc d'Aumont, que cela ne regardait point les auteurs *dignitaires*, c'est le terme qu'il employa pour désigner ceux qui faisaient partie de l'Académie[1]. Les *dignitaires*, satisfaits, n'eurent rien de plus pressé que d'abandonner leurs confrères qui furent obligés de se soumettre.

On peut aisément supposer les abus qu'entraînait l'autorité des Gentilshommes de la chambre. Des pouvoirs aussi considérables, s'exerçant sans contrôle, et sous le seul régime du bon plaisir, sur une troupe comme celle de la Comédie française, devaient fatalement amener des injustices, des passe-droits et provoquer des querelles incessantes.

Collé, qui se plaignait si amèrement de la faiblesse des Gentilshommes et leur reprochait de

---

1. On peut rappeler que les Comédiens français étaient en excellents termes avec l'Académie et qu'il y avait même entre eux échange de bons procédés. En 1732, Quinault-Dufresne se rendit à l'Académie, escorté de sept de ses camarades, et il offrit à la docte compagnie ses entrées à la Comédie. La proposition fut acceptée avec reconnaissance, et les Immortels, par réciprocité, invitèrent les Comédiens à assister désormais à leurs séances.

ne pas savoir user de leurs pouvoirs, ne pouvait s'empêcher cependant de protester contre une tyrannie dont le public était la première victime. « Je ne plains point les comédiens, écrit-il; il faudroit avoir de la pitié de reste pour en conserver pour de pareils hommes, mais le public souffre du cruel despotisme des Gentilshommes. Ce sont ces grands messieurs qui, pour en jouir avec plus de sûreté, ont établi une garde tyrannique qui gêne les suffrages et la liberté publique; ils font, moyennant cela, recevoir les acteurs et les actrices qui leur plaisent[1]. » Pour maintenir les spectateurs en effet et étouffer plus facilement les protestations, on avait remplacé les archers de robe courte, qui autrefois gardaient le théâtre, par des gardes françaises[2]; il y avait une file de militaires de chaque côté du parterre, lieu ordinaire des réclamations tumultueuses[3].

Dans une administration où tout dépendait des Gentilshommes, c'était à qui chercherait à conquérir leurs bonnes grâces; on peut facilement s'imaginer le rôle que jouaient les actrices : « Quand donc, s'écrie Collé indigné, sera-t-on délivré de la tyrannie de MM. les Gentilshommes, et de leur despo-

---

1. Février 1761.
2. La garde fut établie aux deux comédies à la rentrée de 1751. Elle avait toujours existé à l'Opéra.
3. Le parterre était debout; ce ne fut qu'en 1782, dans la nouvelle salle du faubourg Saint-Germain (l'Odéon), qu'on installa des bancs pour les spectateurs.

tisme sur la comédie, et de leur mauvais goût, et de leur ignorance, et de leur libertinage avec les comédiennes, qui leur fait accorder tout à ces femmes, ou pour ces femmes, ou à cause de ces femmes[1]? »

Les mauvais propos, vrais ou faux, que provoquaient ces relations, et le scandale qui en résultait, faisaient dire à Dazincourt[2] : « Nos grands seigneurs prennent la Comédie française pour leurs écuries; ils y mettent leurs juments[3]. »

Il est évident que bien des actrices jouissaient d'une situation hors de proportion avec leur mérite, et que, au grand détriment de la Comédie, la faveur régnait en souveraine au lieu et place de la justice[4].

---

1. 1770. — Clairon dit dans ses *Mémoires* : « il faut réduire MM. les Gentilshommes à la simple autorité qu'ils avoient autrefois; qu'une place à la Comédie, une part, un emploi, ne soient plus la récompense de la séduction et de la débauche, que le public soit seul juge des talents, etc. »

2. Dazincourt (Joseph-Jean-Baptiste Albouy, dit) (1747-1809). Il débuta à Paris le 26 mars 1777 avec un grand succès. C'est lui que Marie-Antoinette choisit comme professeur de déclamation. Sous Napoléon, il eut la direction des spectacles particuliers. Il mourut en 1809 après de longues souffrances. « Qu'est ce que la vie? s'écriait-il dans ses moments de tristesse. « Le fouet, l'indigestion et l'apoplexie. »

3. 1785, Charles Maurice.

4. Favart raconte un assez joli mot de Mlle Collet, lors de ses débuts à la comédie italienne. M. de la Ferté, intendant des Menus, protégeait hautement Mlle Lafond. Piquée de la préférence accordée à sa camarade, Mlle Collet alla le trouver et lui dit en pleurant : « Je sais, monsieur, que vous avez des bontés pour Mlle Lafond, parce qu'elle en a pour vous. Tout le monde dit que

Le despotisme des Gentilshommes s'exerçait du reste de toutes manières, et ils ne ménageaient pas plus les intérêts pécuniaires de la Comédie que ses intérêts moraux. Même aux époques où la situation du théâtre était la plus précaire[1], ils élevaient la prétention de faire entrer gratuitement leur famille, leurs parents, leurs amis; si on les eût écoutés, la cour entière aurait toujours assisté gratis au spectacle, le peuple seul eût payé ses places[2]. C'est ce qui

vous voulez me nuire, parce que je n'ai pas voulu, mais ce sont de vilains propos. Vous savez bien, monsieur, que cela n'est pas vrai, et que, si vous m'aviez fait l'honneur de me demander quelque chose, je suis trop attachée à mes devoirs et trop honnête fille pour avoir osé prendre la liberté de vous refuser. »

1. A plusieurs reprises dans le cours du dix-huitième siècle, la situation de la Comédie fut des plus critiques; le public désertait la salle et les acteurs jouaient devant des banquettes vides. En 1753, les Comédiens imaginèrent d'ajouter aux pièces du répertoire des ballets et des pantomimes, dans l'espoir que « les sauts et les gargouillades » des danseurs ramèneraient la vogue dans leur salle. « C'est en faveur de ces ballets, écrit Grimm, que le public semble souffrir encore qu'on lui représente les chefs-d'œuvre de Corneille, de Racine et de Molière, et c'est pour l'empêcher d'abandonner entièrement le spectacle de la Nation que les Comédiens français ont été forcés d'avoir recours à un expédient si humiliant pour notre goût. » (*Corresp. littér.*, 15 juillet 1753.) L'Opéra protesta contre une innovation qui, disait-il, empiétait sur son privilège, et il fut interdit à la Comédie de continuer ses ballets. La Comédie s'inclina, mais elle cessa toutes représentations. En même temps, Mlle Gaussin, à la tête d'une députation, se rendait à la cour et suppliait le roi de lever l'interdiction. Louis XV se laissa toucher et autorisa formellement les Comédiens à posséder une troupe « cabriolante ».

2. On avait toutes les peines du monde à obtenir des grands seigneurs et des militaires de payer leurs places; c'est un des abus contre lequel il fut le plus difficile de réagir.

faisait écrire à Voltaire : « Notre ami Lekain nous dit que le tripot ne va pas mieux que le reste de la France; que les quatre premiers Gentilshommes ont la grandeur d'âme d'entrer à la Comédie pour rien, eux, leurs parents, leurs laquais et les commères de leurs laquais. Cela est tout à fait noble[1]. »

Cette intervention constante des premiers Gentilshommes amena souvent des retraites fâcheuses. Bien des acteurs, blessés d'un mauvais procédé ou d'une impertinence qu'ils étaient obligés de supporter, quittèrent la scène. C'est ainsi qu'on perdit Grandval, qui, mécontent de quelques mots déplacés du duc de Fronsac, se retira prématurément au grand détriment du théâtre. Ce fut pis encore quand le duc d'Aumont s'empara de la direction de la Comédie, à l'exclusion de ses trois collègues qui consentirent à cette usurpation.

« Le public a vu avec chagrin, écrit Grimm[2], des retraites forcées, des réceptions de sujets sans talents et sans espérance; tout a paru se régler suivant le caprice d'un despote sans goût et sans lumière... Si le règne de M. d'Aumont dure, il est à craindre que nous n'ayons bientôt plus de Comédie française. Les anciens acteurs, les sujets les plus agréables au public, révoltés d'une tyrannie à laquelle ils n'étaient point accoutumés, se sont retirés ou

1. Voltaire à d'Argental, 4 avril 1762.
2. *Corresp. littér.*, février 1760.

vont se retirer incessamment;... après quoi on n'aura plus qu'à mettre la clef à la porte de la Comédie. »

Le règne despotique du duc d'Aumont inspira à M. de Cury, intendant des Menus, qui venait d'être remercié, une parodie assez plaisante de la scène de Cinna, dans laquelle Auguste délibère s'il retiendra ou abdiquera l'empire.

Le duc, fatigué du pouvoir, est sur le point de résigner ses fonctions; il consulte Lekain et d'Argental :

    Que chacun se retire, et qu'aucun n'entre ici;
    Vous, Lekain, demeurez, vous, d'Argental, aussi.
    Cet empire absolu que j'ai dans les coulisses
    De chasser les acteurs, d'essayer les actrices,
    Cette grandeur sans borne et cet illustre rang
    Que j'eusse moins brigué s'il eût coûté du sang,
    Enfin tout ce qu'adore, en ma haute fortune,
    Du vil comédien la bassesse importune,
    N'est que de ces beautés dont l'éclat éblouit,
    Et qu'on cesse d'aimer sitôt qu'on en jouit.
    Dans sa possession j'ai trouvé, pour tous charmes,
    D'effroyables soucis, d'éternelles alarmes.
    Le mousquetaire altier m'a montré le bâton[1],
    Le public insolent m'accable de lardon.
    . . . .

---

1. Le premier janvier 1760, le duc d'Aumont, qui avait enlevé aux officiers des mousquetaires leurs entrées à la Comédie, reçut de ces messieurs une épée dont la lame était collée dans le fourreau, sur lequel on lisait la devise du rideau du théâtre italien : *Sublato jure nocendi.*

> Voilà, mes chers amis, ce qui me trouble l'âme
> . . . .
> Ne considérez point cette grandeur suprême,
> Odieuse au public et pesante à moi-même ;
> Suivant vos seuls avis, je serai, cet hiver,
> Ou directeur de troupe ou simple duc et pair.

Lekain, « mettant bas » le respect qui pourrait l'empêcher d'oser émettre un avis complètement sincère, supplie le duc de rester dans l'intérêt de la Comédie. « Qu'importent les criailleries du parterre, dit-il, n'avons nous pas la garde ? »

> Que l'amour du bon goût, que la pitié vous touche !
> Notre troupe à genoux vous parle par ma bouche.
> Considérez combien vous nous avez coûté !
> Non que nous vous croyions avoir trop acheté,
> De l'argent qu'elle perd la troupe est trop payée,
> Mais, la quittant ainsi, vous l'auriez ruinée.
> Conservez-la, seigneur, en lui faisant un maître
> Sous lequel sa splendeur sans doute va renaître.

Le duc d'Aumont persuadé se décide à garder l'empire tragique.

Cette parodie fut attribuée à Marmontel, qui en était fort innocent ; mais M. d'Aumont, exaspéré du persiflage, fit envoyer l'auteur supposé à la Bastille et de plus il obtint qu'on lui enlevât le privilège du *Mercure*, c'est-à-dire son pain.

Les pouvoirs des Gentilshommes ne devaient d'abord s'étendre que sur ce qui regardait le service de la Comédie française ; mais quand la comédie italienne en s'établissant à Paris, en 1716, eut reçu un privilège, une subvention, et fut devenue troupe royale, elle tomba tout naturellement sous le même joug; comme au Théâtre français, les Gentilshommes donnaient les ordres de début, et intervenaient sans cesse dans l'administration[1].

L'Académie royale de musique[2] était soumise à l'autorité directe du ministre de la maison du roi; administrée d'abord par des directeurs privilégiés, elle fut en 1749[3] confiée à la prévôté des marchands, qui en garda la direction jusqu'en 1776[3].

L'autorité des Gentilshommes ne s'exerçait pas seulement sur les théâtres de Paris; elle s'étendait encore, dans une certaine mesure, sur le reste de la France; ils avaient le droit d'enlever aux scènes de province[4] tous les acteurs qu'ils jugeaient en

1. Il y avait des parts comme à la Comédie française, et les acteurs se partageaient les bénéfices. La police du théâtre était confiée à trois semainiers, qui veillaient également à l'exécution des règlements. La comédie italienne possédait une troupe de ballets.
2. L'Opéra était établi au théâtre du Palais-Royal depuis 1673; il y resta jusqu'en 1763. Brûlé à cette époque, on le transporta aux Tuileries. En 1770, la nouvelle salle, élevée place du Palais-Royal, fut inaugurée. Brûlée encore en 1781, on la reconstruisit à la porte Saint-Martin.
3. Elle afferma le théâtre de 1757 à 1776. A cette époque on lui enleva l'administration et le privilège; et jusqu'en 1789 l'Opéra fut dirigé par un comité nommé par le roi. Sa Majesté fut à plusieurs reprises obligée d'intervenir pour combler les déficit.
4. Les théâtres royaux possédaient également le droit souverain d'enlever aux autres scènes, pour se les approprier, toutes les pièces à leur convenance.

état de figurer sur un des trois théâtres royaux[1].

Tous ces pouvoirs extraordinaires étaient admis sans discussion et ils furent exercés journellement jusqu'en 1789.

1. En province les théâtres se trouvaient placés sous la juridiction des magistrats municipaux.

XVI

RÈGNE DE LOUIS XV (suite)

Sommaire : Peu de sympathie du public pour les comédiens. — Attaque de J.-J. Rousseau. — Réponse de d'Alembert. — Intervention de Voltaire. — Son opinion sur les comédiens et le théâtre.

Les traitements rigoureux, presque barbares, que l'Église et la société civile infligeaient aux comédiens pendant le dix-huitième siècle, ne paraissent pas avoir soulevé l'indignation publique. Le préjugé, contre eux avait poussé de si profondes racines, on s'était depuis longtemps si bien habitué à les considérer comme hors la loi, qu'on ne s'inquiétait guère de ce qui leur advenait et qu'à leur égard tout paraissait naturel et légitime. On trouvait fort bon, il est vrai, de jouir de leurs talents, on les encourageait par des applaudissements unanimes, mais quant à modifier leur situation sociale, quant à faire disparaître le ridicule anathème qui pesait sur eux, nul n'y songeait et ne s'en souciait. Sur ce point l'opinion leur était manifestement hostile, et loin de les soutenir dans leurs revendications, elle s'y montrait toujours défavorable.

La bourgeoisie qu'irritaient leurs succès à la cour et à la ville, les décriait volontiers et si les grands les entouraient d'excessives adulations, ils trouvaient en même temps fort avantageux de les maintenir dans un véritable état d'ilotisme. Seule la petite secte philosophique leur montrait quelque sympathie et paraissait ne pas vouloir les oublier dans la campagne qu'elle venait d'entreprendre contre les injustices et les préjugés de l'époque.

Les témoignages contemporains montrent à quel point était poussé le mauvais vouloir à l'égard des gens de théâtre.

« Quant au rang que tient dans l'ordre de la société un comédien, dit Collé, j'avoue que le préjugé l'a réglé et qu'il lui a assigné sa place au-dessus de celle du bourreau, en la jugeant pourtant moins nécessaire. Cependant, sans adopter un préjugé aveugle qui pousse les choses au delà du but, il faut convenir néanmoins que le mépris que l'on a pour un histrion est assez bien fondé sur la bassesse d'une profession ou plutôt d'un métier dans lequel l'homme qui l'exerce est obligé de me faire rire pour mon argent.

« Les mœurs de toute cette race-là ont d'ailleurs augmenté infiniment ce mépris de préjugé que l'on a pour leur art et il a passé à leurs personnes. Je sais bien que nos petits philosophes ont des raisonnements tout faits, danIs eurs manufactures métaphysiques, pour saper par le fondement ce préjugé-là et beaucoup d'autres, qui, même comme préjugés, sont fort utiles; mais en donnant des preuves convaincantes aux hommes, on ne les amène pas à avoir de la considération pour des gens auxquels on a voué un mépris né avec nous. Pour déraciner en nous ce mépris, il faudroit imaginer une abstraction métaphysique par laquelle nous verrions un comédien parfaitement honnête homme, et qui n'auroit d'autre tare que de s'être fait comédien, et c'est ce qui ne s'est point encore rencontré parmi nous. »

Cette question du théâtre, et de la situation sociale qui devait être faite à ses interprètes, est une de celles qui ont le plus vivement passionné les deux derniers siècles. Au dix-septième, la discussion était restée entre théologiens; au dix-huitième, les philosophes interviennent et c'est entre eux que se poursuit une querelle qui, pour l'Église, n'a plus de raison d'être puisque sa doctrine fait loi.

La société civile et la société religieuse allaient trouver un auxiliaire inattendu dans un philosophe qui jusqu'alors n'avait pas passé pour un ennemi déclaré des spectacles, bien au contraire. Après avoir fait représenter des opéras, des ballets, des comédies, J.-J. Rousseau, fidèle à son goût pour la contradiction, fut saisi tout à coup de la plus vertueuse indignation contre l'art dramatique. Non content de se tenir désormais à l'écart de cet art funeste, il voulut en détourner son prochain, et c'est ainsi qu'il fut amené à écrire la *Lettre sur les spectacles*. Cette lettre répondait à l'article Genève de d'Alembert, dans lequel l'encyclopédiste avait émis le vœu de voir un théâtre s'élever dans la cité de Calvin.

L'opinion de Rousseau n'admet pas d'ambiguïté : « L'effet du théâtre, dit-il, est de donner une nouvelle énergie à toutes les passions... Tout est mauvais et pernicieux dans la comédie. Plus elle est agréable, plus son effet est funeste aux mœurs. Qui peut disconvenir que le théâtre de Molière ne soit une école de vices et de mauvaises mœurs, plus dangereuse que les livres mêmes où l'on fait profession de les enseigner? » Les écrivains religieux les plus austères ne parlaient pas autrement.

Le philosophe ne se borna pas à publier une diatribe contre les spectacles; il s'attaqua avec violence aux interprètes tragiques et comiques. Pour lui la profession de comédien est infâme et la conduite de ceux qui l'exercent ne l'explique que trop. « En commençant par observer les faits, avant de raisonner sur les causes, dit-il, je vois en général que l'état de comédien est un état de licence et de mauvaises mœurs; que les hommes y sont livrés au désordre; que les femmes y mènent une vie scandaleuse; que les uns et les autres, avares et prodigues tout à la fois, toujours accablés de dettes, et toujours versant l'argent à pleines mains, sont aussi peu retenus sur leurs dissipations que peu scrupuleux sur les moyens d'y pourvoir. Je vois encore que par tout pays leur profession est déshonorante; que ceux qui l'exercent, excommuniés ou non, sont partout méprisés, et qu'à Paris même, où ils ont plus de considération et une meilleure conduite que partout ailleurs, un bourgeois craindrait de fréquenter ces mêmes comédiens qu'on voit tous les jours à la table des grands. »

Voilà des faits incontestables. Il est possible, poursuit le philosophe, que ce ne soient là que des préjugés, mais ces préjugés sont universels.

Avant de s'élever contre ce préjugé, il faut premièrement s'assurer « si ce n'est qu'un préjugé, et si la profession de comédien n'est pas en effet déshonorante en elle-même. Qu'est-ce que le talent du comédien? L'art de se contrefaire, de revêtir un autre caractère que le sien, de paraître différent de ce qu'on est, de se passionner de sang-froid, etc... Qu'est-ce que la profession du comédien? Un métier, par lequel il se donne en représentation pour de l'argent, se soumet à l'ignominie et aux affronts qu'on achète le droit de lui faire, et met publiquement sa personne en vente. J'adjure tout homme sincère de dire s'il ne sent pas au fond de son âme qu'il y a dans ce trafic de soi-même quelque chose de servile et de bas. »

Rousseau en conclut que l'esprit que le comédien reçoit de son état est « un mélange de bassesse, de fausseté, de ridicule orgueil et d'indigne avilissement, qui le rend propre à toutes sortes de personnages, hors le plus noble de tous, celui d'homme, qu'il abandonne. »

Mais ce n'est pas tout. De ce que le comédien représente des passions qu'il n'éprouve pas en réalité, de ce qu'il cultive un art où l'imitation joue le plus grand rôle, le philosophe genevois tire des conclusions réellement stupéfiantes. Il se demande avec anxiété : « Ces hommes si bien parés, si bien exercés au ton de la galanterie et aux accents de la passion, n'abuseront-ils jamais de cet art pour séduire de jeunes personnes? Ces valets filous, si subtils de la langue et de la main sur la scène, dans les besoins d'un métier plus dispendieux que lucratif, n'auront-ils jamais de distractions utiles? Ne prendront-ils jamais la bourse d'un fils prodigue ou d'un père avare pour celle de Léandre ou d'Argan? Partout la tentation de mal faire augmente avec la facilité, et il faut que les comédiens soient plus vertueux que les autres hommes s'ils ne sont pas plus corrompus. »

Jean-Jacques n'admet même pas que la morale puisse exister dans un état aussi dangereux: forcément, fatalement, la comédienne est condamnée au vice; « celle qui se met à prix en représentation s'y mettra bientôt en personne. »

« Quoi! dit-il, malgré mille timides précautions, une femme honnête et sage, exposée au moindre danger, a bien de la peine encore à se conserver un cœur à l'épreuve; et ces jeunes personnes audacieuses, sans autre éducation qu'un système de coquetterie et des rôles amoureux, dans une parure très peu modeste, sans cesse entourées d'une jeunesse ardente et téméraire, au milieu des douces voix de l'amour et du plaisir, résisteront-elles à leur âge, à leur cœur, aux objets qui les environnent, aux discours qu'on leur tient, aux occasions toujours renaissantes et à l'or auquel elles sont d'avance à demi vendues? »

Dans de pareilles conditions Rousseau estime que la résistance est impossible. Que penser d'une profession qui par son essence même ne vous permet pas de rester vertueux?

Mais il ne s'agit ici que des comédiennes. Les comédiens trouvent-ils grâce auprès du philosophe? Pas davantage, et à ses yeux leur vertu n'est pas plus en sûreté que celle de leurs camarades : « Je n'ai pas besoin, je crois, d'expliquer comment le désordre des actrices entraîne celui des acteurs... Je n'ai pas besoin de montrer comment d'un état déshonorant naissent des sentiments déshonnêtes, ni comment des vices divisent ceux que l'intérêt commun devrait réunir. »

Quel remède porter à tant de maux? Ne pourrait-on par des lois sévères réformer le théâtre et les mœurs des comédiens? Ce serait peine perdue. « Quand les maux de l'homme lui viennent de sa nature ou d'une manière de vivre qu'il ne peut changer, les médecins les préviennent-ils? Défendre au comédien d'être vicieux, c'est défendre à l'homme d'être malade. »

C'est à cette conclusion consolante que s'arrête le philosophe genevois. Pour lui, le seul moyen efficace de moraliser la scène est de faire disparaître la cause, c'est-à-dire de supprimer le théâtre.

D'Alembert prit la peine de répliquer et de réfuter les singulières théories de Jean-Jacques : « La plupart des orateurs chrétiens en attaquant la comédie, riposta-t-il malicieusement, condamnent ce qu'ils ne connaissent pas. Vous avez au contraire étudié, analysé, composé vous-même, pour en mieux juger les effets, le poison dangereux dont vous cherchez à nous préserver ; et vous décriez nos pièces de théâtre avec l'avantage non seulement d'en avoir vu, mais d'en avoir fait. »

Sans vouloir suivre l'encyclopédiste dans son argumentation, nous citerons cependant le curieux passage qu'il consacre aux femmes de théâtre. Ne gardant pas plus de mesure dans sa défense que Jean-Jacques dans son attaque, d'Alembert croit pouvoir se porter garant de la vertu des comédiennes avec une assurance qui frise le ridicule.

« La chasteté des comédiennes, j'en conviens avec vous, dit-il, est plus exposée que celle des femmes du monde, mais aussi la gloire de vaincre en sera plus grande : il n'est pas rare d'en voir qui résistent longtemps, et il serait plus commun d'en trouver qui résistassent toujours, si elles n'étaient découragées de la continence par le peu de considération qu'elles en retirent... Qu'on accorde des distinctions aux comédiennes sages, et ce sera, j'ose le prédire l'ordre de l'État le plus sévère dans ses mœurs. »

D'Alembert ne fut pas le seul à relever les singulières imputations de Jean-Jacques. La *Lettre sur les spectacles* avait soulevé dans le monde des théâtres une émotion indescriptible; les extraits que l'on vient de lire ne l'expliquent que trop aisément. L'indignation était générale et plusieurs comédiens prirent la plume pour réfuter des articulations calomnieuses. Un certain Laval, entre autres, publia, pour réhabiliter sa profession, une brochure dont les arguments ne manquaient ni de justesse ni de valeur[1].

Ce débat sur la considération que méritaient les gens de théâtre n'était pas nouveau; il avait déjà soulevé des discussions passionnées. Quelques années auparavant, les comédiens, violemment attaqués par l'abbé Desfontaines[2], étaient eux-même entrés

---

1. L'ouvrage de Rousseau provoqua une foule de réfutations, dont on peut trouver la liste dans les *Lettres sur les spectacles* par M. Desprez de Boissy. Paris, 1773.

2. L'abbé Desfontaines avait d'abord été au mieux avec les comédiens, qui l'avaient même chargé de répondre à une attaque de Riccoboni; il écrivit dans ce but les *Lettres d'un Garçon de café*, où il réhabilitait la profession du théâtre. Pour reconnaître ce service, les Comédiens français « donnèrent à l'auteur une somme d'argent, le régalèrent et lui accordèrent ses entrées gratuites. » Mais Desfontaines se brouilla avec Voltaire et l'irascible philosophe exigea des comédiens une rupture complète avec l'abbé. Le 9 août 1742, à la première représentation de

dans la lice et avaient fait composer en leur honneur un petit opuscule[1] destiné à mettre en relief leurs mérites et leurs vertus; mais leurs arguments, quelque excellents qu'ils pussent être, avaient le tort de venir de la partie intéressée et se trouvaient par conséquent d'avance frappés de nullité. Heureusement pour eux les acteurs avaient trouvé des défenseurs dans le parti encyclopédique, et, à leur tête, le plus puissant de tous, l'homme le plus capable d'abattre un préjugé et de faire triompher la vérité.

Depuis les vers indignés que lui avait inspirés le traitement barbare infligé aux restes de Mlle Lecouvreur, Voltaire, en toute occasion, s'était efforcé de lutter contre le préjugé qui mettait hors la loi les gens de théâtre. Il était doublement dans son rôle en agissant ainsi : lui qui ne pouvait supporter l'injustice, qui toujours prit parti pour l'opprimé, ne devait pas voir de sang-froid l'indignité dont étaient frappés, au mépris de toute équité, des hommes respectables qu'il estimait et qu'il regardait comme ses amis.

Mahomet, Desfontaines fut consigné à la porte du théâtre. Furieux de cette injure, il publia des *Observations sur les écrits modernes* où il couvrait d'injures les comédiens. Mme de Vaudreuil disait un jour à l'abbé : « Vous ne craignez donc pas les ennemis? » « Dieu m'en garde, répondit-il, c'est toute ma fortune. » (*Tablettes d'un gentilhomme sous Louis XV.*)

1. Il portait le titre de *Lettre d'un comédien de Paris à un de ses camarades en province*. Bruxelles, 1742. L'auteur était M. Janvier de Flinville.

Mais il y avait encore une autre raison pour qu'il cherchât à faire revenir son siècle sur d'absurdes préventions. N'était-il pas le premier auteur dramatique de l'époque et ces hommes si maltraités, si avilis, n'étaient-ils pas chaque jour ses interprètes? Cette seule raison eût été suffisante pour motiver son intervention active, pressante, incessante.

Dès 1738, répondant à Mlle Quinault qui l'engageait à composer de nouvelles tragédies, il lui parlait du dégoût qu'il éprouvait et de son désir de se dérober aux fureurs de l'envie et aux jugements inconsidérés des hommes.

« Personne n'était plus capable que vous, lui écrivait-il, de donner quelque considération à l'état charmant que vous ennoblissez tous les jours. Mais ce bel état en est-il moins décrié par les bigots, moins indifférent aux personnes de la cour? Et répand-on moins d'opprobre sur un état qui demande des lumières, de l'éducation, des talents, sur une étude et sur un art qui n'enseigne que la morale, les bienséances et les vertus?

« J'ai toujours été indigné[1] pour vous et pour moi que des travaux si difficiles et si utiles fussent payés de tant d'ingratitude, mais à présent mon indignation est changée en découragement. Je ne réformerai point les abus du monde; il vaut mieux y renoncer. Le public est une bête féroce : il faut

---

1. A Mlle Quinault. Cirey, 16 août 1738.

l'enchaîner ou la fuir. Je n'ai point de chaînes pour elle, mais j'ai le secret de la retraite... »

En toute occasion il faisait le panégyrique des comédiens; il ne cessait de s'élever contre les rigueurs dont ils étaient victimes, rigueurs souvent même contradictoires et qui nous couvraient de ridicule aux yeux des étrangers.

« Lorsque les Italiens et les Anglais, disait-il[1], apprennent que l'on excommunie des personnes gagées par le roi,... qu'on déclare œuvres du démon des pièces revues par les magistrats les plus sévères et représentées devant une reine vertueuse, que voulez-vous qu'ils pensent de notre nation, et comment peuvent-ils concevoir, ou que nos lois autorisent un art déclaré si infâme, ou qu'on ose marquer de tant d'infamie un art autorisé par les lois, récompensé par les souverains, cultivé par les plus grands hommes[2] ? »

Le châtelain de Ferney défendait le théâtre avec non moins d'énergie que ses interprètes; et il ne pouvait concevoir comment des hommes étaient assez insensés pour attaquer un art qui ne pouvait

---

1. *Lettres philosophiques.*
2. L'abbé de Latour, qui n'est jamais à bout d'arguments quand il s'agit des comédiens, prévoit cette objection et y répond : « Il n'y a pas inconséquence, dit-il, à déshonorer des gens qu'on protège, qu'on paye, qu'on pensionne, car il est à propos quelquefois que l'État encourage et protège des professions déshonorantes mais utiles, sans que ceux qui les exercent en doivent être plus considérés pour cela. »

produire que de bons et salutaires effets. « Il vaut mieux voir l'*Œdipe* de Sophocle, mandait-il au marquis Albergati Capacelli, que de perdre au jeu la nourriture de ses enfants, son temps dans un café, sa raison dans un cabaret, sa santé dans des réduits de débauche, et toute la douceur de sa vie dans le besoin et dans la privation des plaisirs de l'esprit[1]. »

Voltaire depuis plusieurs années habitait près de Genève; il avait vainement tenté d'acclimater l'art dramatique dans la Rome protestante. Furieux de sa déconvenue et des tracasseries que le clergé calviniste ne cessait de lui susciter à propos de ses représentations de Tournay et de Ferney, il accusait volontiers les réformateurs des infortunes du théâtre et des comédiens.

« Ce sont les hérétiques, il le faut avouer, s'écriait-il, qui ont commencé à se déchaîner contre le plus beau de tous les arts. Léon X ressuscitait la scène tragique; il n'en fallait pas davantage aux prétendus réformateurs pour crier : A l'œuvre de Satan! Aussi la ville de Genève et plusieurs illustres bourgades de Suisse ont été cent cinquante ans sans souffrir chez elles un violon. Quelques catholiques un peu visigoths, de deçà les monts, craignirent les reproches des réformateurs et crièrent aussi haut qu'eux. Ainsi peu à peu s'établit dans notre France la mode de diffamer César et Pompée, et de refuser

---

1. 25 décembre 1760.

certaines cérémonies à certaines personnes gagées par le roi et travaillant sous les yeux du magistrat[1]. »

Le philosophe de Ferney n'avait garde de laisser dans l'oubli la contradiction si choquante qui existait entre Paris et Rome :

« Rome, de qui nous avons appris notre catéchisme, n'en use point comme nous, disait-il; elle a su toujours tempérer les lois selon les temps et selon les besoins; elle a su distinguer les bateleurs effrontés, qu'on censurait autrefois avec raison, d'avec les pièces de théâtre de Trissin et de plusieurs évêques et cardinaux qui ont aidé à ressusciter la tragédie. Aujourd'hui même on représente à Rome publiquement des comédies dans des maisons religieuses. Les dames y vont sans scandale; on ne croit point que des dialogues récités sur des planches soient une infamie diabolique. On a vu jusqu'à la pièce de *Georges Dandin* exécutée à Rome par des religieuses, en présence d'une foule d'ecclésiastiques et de dames. Les sages Romains se gardent bien surtout d'excommunier ces messieurs qui chantent le dessus dans les opéras italiens; car, en vérité, c'est bien assez d'être châtré dans ce monde, sans être encore damné dans l'autre. »

1. *Police des spectacles.*

XVII

RÈGNE DE LOUIS XV (suite)

Sommaire : Clairon prend en main la cause des comédiens. — Mémoire de Huerne de la Mothe. — Il est condamné par le Parlement. — Indignation de Voltaire. — L'abbé Grizel et l'Intendant des Menus.

Les comédiens ne se résignaient pas sans peine à la situation douloureuse qui leur était faite, et à plusieurs reprises, pendant le dix-huitième siècle, ils cherchèrent à conquérir les droits que la société civile et la société religieuse leur refusaient obstinément.

Une actrice en particulier, Mlle Clairon, se montrait plus affectée que tout autre de l'indignité dont sa profession était frappée; c'est elle qui, la première, osa se révolter contre un injuste traitement et s'élever ouvertement contre l'opprobre dont on couvrait sa profession. Par la place considérable qu'elle tenait à la Comédie, par la gloire dont elle était environnée, par l'enthousiasme que le public lui témoignait, l'illustre tragédienne paraissait plus en situation que personne de se faire écouter et d'amener quelque heureux changement dans une situation vraiment intolérable.

En 1760, elle se décida à prendre en main la cause des comédiens; mais, estimant fort judicieusement qu'à chaque jour suffit sa peine, elle se contenta de protester tout d'abord contre l'excommunication dont les gens de sa caste restaient frappés. Elle supposait avec raison que le jour où l'Église ne persisterait plus dans ses censures, l'État ne tarderait pas à l'imiter. Se défiant de ses propres talents, la tragédienne se borna à jeter quelques notes sur le papier et elle les confia à un avocat au Parlement, M. Huerne de la Mothe, en le priant d'exposer dans un lumineux mémoire toutes les raisons qui militaient en faveur de la réhabilitation religieuse des gens de théâtre. Sous l'empire, s'il faut l'en croire, des scrupules religieux qui tourmentaient sa conscience, elle écrivit à son avocat :

« Monsieur, la confiance que j'ai en vos lumières et la juste douleur que me cause l'excommunication et, par conséquent, l'infamie qu'on attache à mon état, me fait vous prier de jeter les yeux sur les mémoires ci-joints.

« Née citoyenne, élevée dans la religion chrétienne catholique que suivaient mes pères, je respecte ses ministres, je suis soumise aux décisions de l'Église. D'après cette profession de foi, et ce que j'ai pu rassembler de preuves, de titres pour et contre ma profession, voyez sans me flatter ce que je dois espérer ou craindre. Quelque chose que vous décidiez, je vous aurai la plus grande obligation de fixer mon incertitude; elle est affreuse pour une âme pénétrée de ses devoirs[1]... »

Se conformant aux instructions de la comédienne, Huerne résuma la question dans une brochure qu'il intitula : *Liberté de la France contre le pouvoir arbitraire de l'excommunication*. Il reprenait tout ce qui avait déjà été dit sur le sujet par Voltaire et les quelques personnes qui s'en étaient occupées; mais il avait le tort de le dire en moins bons termes. L'auteur affirmait qu'il n'existait contre les comédiens aucunes lois formelles de l'Église et il mettait le clergé au défi de les produire; il assurait en outre que l'excommunication n'était valable que sous certaines conditions dont aucune n'avait été remplie.

A ce propos, il entrait dans une discussion interminable et absolument incompréhensible sur les pouvoirs que possédait l'Église en France au point de vue de l'excommunication.

Ce travail aussi diffus que long ne fut pas accueilli avec faveur. « Le mémoire de Huerne, dit Grimm, est d'un imbécile, et si cruellement fait et si mal écrit, qu'il n'est pas possible d'en soutenir la lecture. » « Comment lire sans se fâcher, s'écrie Vol-

---

1. Clairon dans ses *Mémoires* prétend à tort n'avoir eu qu'une part très indirecte à la publication du travail de Huerne.

taire, le détestable style du détestable avocat qui a fait un mémoire si illisible¹ ? »

Malheureusement pour lui, Huerne, entraîné par son sujet, avait parlé en termes peu mesurés du cardinal de Noailles et de l'Église en général. C'était une grave imprudence, on le lui fit bien voir. Les avocats s'empressèrent de repousser de leur corps un confrère aussi compromettant, et d'eux-mêmes ils le déférèrent au Parlement en y dénonçant son ouvrage. Le bâtonnier des avocats, vu la gravité de l'affaire, porta lui-même la parole devant le Parlement et il qualifia en termes indignés les piteuses élucubrations de son collègue.

« Il n'y a aucune de ces pièces, s'écria-t-il, où il n'y ait du venin ; nous oserions même assurer qu'à chaque page il a des propos inconvenants et des erreurs ou des impiétés... C'est une critique indécente de tout ce qui condamne la comédie et frappe sur les acteurs ; ce n'est qu'un tissu de propositions scandaleuses, de principes erronés, de fausses maximes et de propos injurieux à la religion, contraires aux bonnes mœurs, attentatoires aux deux puissances... Le tout est un ouvrage de ténèbres... »

Après le bâtonnier des avocats, Mᵉ Omer Joly de Fleury, avocat général, demanda la parole, et il requit une condamnation sévère contre l'audacieux apologiste des comédiens. Sur ses conclusions on prit

---

1. A d'Argental, 27 avril 1761.

un arrêté qui condamnait le livre à être lacéré et brûlé par la main de l'exécuteur de la haute justice et ordonnait que ledit Huerne de la Mothe serait et demeurerait rayé du tableau des avocats[1].

La sentence prononcée, le premier président fit un petit compliment de circonstance au bâtonnier et aux avocats en les félicitant de leur zèle pour tout ce qui intéressait l'ordre public et la discipline du barreau.

Le lendemain l'exécution eut lieu dans la cour du Palais, au pied du grand escalier. En apprenant cet autodafé, Voltaire écrivait à Helvétius : « Voilà un pauvre bavard rayé du tableau des bavards, et la consultation de Mlle Clairon incendiée. Une pauvre fille demande à être chrétienne et on ne veut pas qu'elle le soit. Eh! messieurs les inquisiteurs, accordez-vous donc! »

Clairon comprit que la cause qui lui tenait tant au cœur n'était pas encore mûre pour la discussion, et elle se résigna à attendre des jours meilleurs. Elle ne voulut pas cependant avoir le dessous, du moins aux yeux du public, dans une affaire qui avait fait un bruit énorme, et laisser sur le pavé celui qui s'était compromis pour elle. Elle alla trouver le duc de Choiseul et sollicita un dédommagement en faveur de Huerne de la Mothe.

Le duc, en homme d'esprit, lui répondit que ceux qui avaient condamné l'ouvrage n'avaient pro-

---

1. 11 mai 1761.

bablement jamais été à la Comédie, et il s'empressa de créer dans son ministère un bureau particulier à la tête duquel il plaça l'avocat des comédiens avec 3800 livres d'appointements et un logement à Versailles.

L'ouvrage de Huerne provoqua un certain nombre de réponses, et le sujet devint d'actualité. On ne voyait plus que brochures pour ou contre les comédiens.

Chevrier[1], qui rédigeait l'*Observateur des spectacles*, publia dans son journal une lettre assez plaisante d'un soi-disant marchand d'étoffes de la rue Saint-Honoré. Cet honorable commerçant avait lu, pour son malheur, une brochure intitulée : *Examen des motifs des condamnations prononcées contre les comédiens*, et aussitôt ses scrupules s'étaient éveillés. La lettre est adressée à un docteur de Sorbonne, auquel il soumet le cas qui trouble sa quiétude :

« Monsieur, je viens de parcourir un livre qui

---

1. « M. de Chevrier, lit-on dans les *Anecdotes dramatiques*, partit le 2 juillet pour Amsterdam. Il descendit à l'hôtel de Turenne et se coucha à onze heures après un copieux souper. A trois heures du matin, il fut incommodé; il se leva, on vint le soigner, tout à coup il s'écria: « Je n'en puis plus, j'étouffe, » et dans l'instant il fit la grimace au plancher. Le chirurgien arriva au moment qu'il venoit d'expirer; il parut étonné qu'un auteur se soit avisé de mourir d'une indigestion. Effectivement cela est impertinent:

« Un prélat peut mourir d'un coulis trop épais,
Mais un auteur, ô temps, ô mœurs, ô siècle!... »

alarme ma conscience; le casuiste qui a composé l'ouvrage dont j'ai l'honneur de vous entretenir ne condamne point la comédie en elle-même, et j'en suis charmé, car j'aime à rire, mais il soutient que les condamnations prononcées par l'Église contre les comédiens sont justes, parce que le spectacle est une assemblée où des objets mondains s'offrent aux yeux, touchent le cœur, et le font passer du scandale au crime.

« Le rôle que je joue dans ma boutique m'intimide autant que si je représentais sur le théâtre de la Comédie française.

« Je ne puis plus ouvrir ma boutique sans risquer mon salut; j'ai huit enfants, je vends en conscience; ayez la bonté de m'indiquer la voie que je dois suivre, car enfin je suis damné, s'il est vrai que ceux qui tiennent des assemblées ou des objets mondains, etc..., essuient ce funeste sort.

« Les comédiens sont autorisés par le prince à représenter leurs pièces; je vends mes étoffes avec privilège. L'affiche annonce le spectacle du jour, et les acteurs n'obligent personne à y venir; plus coupable qu'eux dans cette circonstance, j'ai, indépendamment de mon enseigne, qui avertit les passants, une femme et deux filles jolies dont les discours agaçants et les yeux tendres attirent les chalands; ils entrent, de jolies femmes arrivent, et voilà le moment critique pour ma conscience...

« Encore un coup, monsieur, je ne décide point

si ces proscriptions sont fondées, mais je suis malheureusement autorisé à penser que les mêmes peines me menacent avec plus de raison encore, puisque ma boutique, que je suis obligé d'ouvrir à tout le monde, et le luxe dont je dois augmenter le progrès pour le soutien de mon commerce, me rendent bien plus coupable que les comédiens à qui on reproche les mêmes inconvénients.

« Daignez me retirer de cet abîme en me persuadant que je puis vendre des étoffes en conscience, sans craindre les foudres de l'Église romaine. »

Dès qu'il connut les événements qui se passaient à Paris, Voltaire ne put s'empêcher de protester avec indignation contre le jugement du Parlement; en même temps il cherchait par ses témoignages d'estime et d'affection à consoler les comédiens de leur mésaventure et à mettre un peu de baume sur une blessure que les récentes discussions venaient de raviver cruellement.

S'adressant à Lekain il lui dit :

« Mon cher Roscius, je vous écris rarement. La poste est trop chère pour vous faire payer des lettres inutiles.

« J'ai lu le mémoire de votre avocat contre les excommuniants. Il y a des choses dont il est à souhaiter qu'il eût été mieux informé. J'avais écrit, il y a quelques années au confesseur du pape, à un théologien pantalon de Venise, à un preti buggerone de Florence et à un autre de Rome pour avoir des autorités sur cette matière; je crois que je remis les réponses entre les mains de M. d'Argental.

« Cette excommunication est un reste de la barbarie absurde dans laquelle nous avons croupi. Cela fait détester ceux qu'on appelle rigoristes, ce sont des monstres ennemis de la société. On accable les jésuites et on fait bien, ils étaient trop insolents. Mais on laisse dominer les jansénistes et on fait mal. Il faudrait, pour saisir un juste milieu et pour prendre un parti modéré et honnête, étrangler l'auteur des *Nouvelles ecclésiastiques* avec les boyaux de frère Bertier. Sur ce je vous embrasse. »

A la suite de la déconvenue qu'elle venait d'éprouver, Clairon songeait à quitter la scène. Prévenu de ces dispositions, le poète prodiguait à la tragédienne les plus délicates flatteries.

« Ménagez votre santé qui est encore plus précieuse que la perfection de votre art, lui écrivait-il. J'aurais bien voulu que vous eussiez pu passer quelques mois auprès d'Esculape-Tronchin; je me flatte qu'il vous aurait mise en état d'orner longtemps la scène française, à laquelle vous êtes si nécessaire. Quand on pousse l'art aussi loin que vous, il devient respectable, même à ceux qui ont la grossièreté barbare de le condamner. Je ne prononce pas votre nom, je ne lis pas un morceau de Corneille ou une pièce de Racine sans une véhémente indignation contre les fripons et contre les fanatiques qui ont l'insolence de proscrire un art qu'ils devraient du moins étudier pour mériter, s'il se peut, d'être entendus, quand ils osent parler. Il y a tantôt soixante ans que cette infâme superstition me met en colère. Ces animaux-là entendent bien peu leurs intérêts de révolter contre eux ceux qui savent penser, parler et écrire, et de les mettre dans la nécessité de les traiter comme les derniers des hommes. L'odieuse contradiction de nos Français, chez qui on flétrit ce qu'on admire, doit vous déplaire autant qu'à moi, et vous donner de violents dégoûts...

« Adieu, mademoiselle, soyez aussi heureuse que vous méritez de l'être, croyez que je vous admire autant que je méprise les ennemis de la raison et des arts, et que je vous aime autant que je les déteste[1]. »

Voltaire était désolé qu'on ait laissé paraître le pitoyable ouvrage de Huerne de la Mothe. Pourquoi Clairon ne s'était-elle pas adressée à lui? Avec quel plaisir, avec quelle joie ne se serait-il pas chargé de défendre ses chers comédiens? N'avait-il pas entre les mains des pièces péremptoires, entre autres la décision du confesseur de Clément XII, qu'on lui avait confiée, il y a plus de vingt ans[2]? Mais le mal était fait, il fallait recourir à un autre moyen.

Le philosophe rappelait alors qu'il existait une ordonnance de Louis XIII où il était dit expressément : « Nous voulons que l'exercice des comé-

---

1. Ferney, 23 juillet 1761.
2. A Mlle Clairon, 7 août 1761.

diens, qui peut divertir innocemment nos peuples, ne puisse leur être imputé à blâme, ni préjudicier à leur réputation dans le commerce public. » Cette déclaration avait été enregistrée au Parlement. Quoi de plus simple que de la faire renouveler? Il suffisait d'un peu de bonne volonté de la part des Gentilshommes. Le roi aurait simplement à déclarer que : « Sur le compte à lui rendu par les quatre premiers Gentilshommes de sa chambre, et sur sa propre expérience que jamais les comédiens n'ont contrevenu à la déclaration de 1641, il les maintient dans tous les droits de la société, et dans toutes les prérogatives des citoyens attachés particulièrement à son service[1]. »

Malheureusement les choses les plus simples sont souvent les plus difficiles à obtenir, et Clairon, malgré toute son influence sur les Gentilshommes, ne parvint pas à obtenir leur intervention.

Voltaire ne put contenir son impatience plus longtemps et à son tour il entra dans la lice en publiant la spirituelle conversation de l'Intendant des Menus avec l'abbé Grizel. Il y exposait avec verve et gaieté toutes les raisons qui militaient en faveur des comédiens :

« Je suppose, disait l'Intendant des Menus à l'abbé Grizel, que nous n'eussions jamais entendu parler de comédie avant Louis XIV ; je suppose que ce prince

[1]. Voltaire à Mlle Clairon, 27 août 1761.

eût été le premier qui eût donné des spectacles, qu'il eût fait composer *Cinna*, *Athalie* et *le Misanthrope*, qu'il les eût fait représenter par des seigneurs et des dames devant tous les ambassadeurs de l'Europe ; je demande s'il serait tombé dans l'esprit du curé La Chétardie, ou du curé Fantin, connus tous deux par les mêmes aventures, ou d'un seul autre curé, ou d'un seul habitué, ou d'un seul moine, d'excommunier ces seigneurs et ces dames, et Louis XIV lui-même ; de leur refuser le sacrement du mariage et la sépulture !

« Non, sans doute, dit l'abbé Grizel ; une si absurde impertinence n'aurait passé par la tête de personne. »

« Je vais plus loin, dit l'Intendant des Menus. Quand Louis XIV et toute sa cour dansèrent sur le théâtre, quand Louis XV dansa avec tant de jeunes seigneurs de son âge dans la salle des Tuileries, pensez-vous qu'ils aient été excommuniés ? »

« Vous vous moquez de moi, dit Grizel ; nous sommes bien bêtes, je l'avoue, mais nous ne le sommes pas assez pour imaginer une telle sottise. »

L'abbé fait alors observer à son interlocuteur que tout le mal vient de ce que les acteurs jouent pour de l'argent ; c'est là le fait délictueux qui attire sur eux les foudres de l'Église.

« Eh quoi ! reprend le Menu, c'est uniquement, dites-vous, parce qu'on paye vingt sous au parterre ; cependant ces vingt sous ne changent point l'espèce : les choses ne sont ni meilleures ni pires, soit qu'on les paye, soit qu'on les ait gratis. Un *De profundis* tire également une âme du purgatoire, soit qu'on le chante pour dix écus en musique, soit qu'on vous le donne en faux-bourdon pour douze francs, soit qu'on vous le psalmodie par charité : donc *Cinna et Athalie* ne sont pas plus diaboliques quand ils sont représentés pour vingt sous, que quand le roi veut bien en gratifier sa cour. Or, si on n'a pas excommunié Louis XIV quand il dansa pour son plaisir, il ne paraît pas juste qu'on excommunie ceux qui donnent ce plaisir pour quelque argent avec la permission du roi de France.... »

« Il y a des tempéraments, répond Grizel ; tout dépend sagement de la volonté arbitraire d'un curé ou d'un vicaire. Nous sommes assez heureux et assez sages pour n'avoir en France aucune règle certaine. »

« Soyez logiques, cependant, reprend l'Intendant. Les canons de vos conciles excommunient aussi bien les sorciers que les comédiens ; or vous enterrez des sorciers en terre sainte et vous refuseriez la sépulture à Mlle Clairon si elle mourait après avoir joué *Pauline* ? »

« Je vous ai déjà dit, riposte l'abbé, que cela est arbitraire. J'enterrerais de tout mon cœur Mlle Clairon, s'il y avait un gros honoraire à gagner ; mais il se peut qu'il se trouve un curé qui fasse le difficile : alors on ne s'avisera pas de faire du fracas en sa faveur, et d'appeler comme d'abus au Parlement. Les acteurs de Sa Majesté sont d'ordinaire des citoyens nés de familles pauvres; leurs parents n'ont ni assez d'argent, ni assez de crédit pour gagner un procès; le public ne s'en soucie guère; il jouit des talents de Mlle Lecouvreur pendant sa vie, il la laissa traiter comme un chien après sa mort, et ne fit qu'en rire. »

Le Menu arrive à un argument capital et de nature à terrasser son adversaire :

« Monsieur, oubliez-vous que les comédiens sont gagés par le roi, et que vous ne pouvez pas excommunier un officier du roi faisant sa charge? Donc il ne vous est pas permis d'excommunier un comédien du roi jouant *Cinna* et *Polyeucte* par ordre du roi[1]. »

« Et où avez-vous pris, dit Grizel, que nous ne pouvons damner un officier du roi? C'est apparemment dans vos libertés de l'Église gallicane? Mais ne savez-vous pas que nous excommunions les rois eux-mêmes,... que nous sommes les maîtres d'anathématiser tous les princes, et de les faire mourir de mort subite; et après cela vous irez vous lamenter de ce que nous tombons sur quelques princes de théâtre? »

L'Intendant des Menus, un peu piqué, répond à son interlocuteur :

---

[1]. On lit en effet dans les *Lois ecclésiastiques*: « On ne peut excommunier les officiers du roi pour tout ce qui regarde les fonctions de leur charge. »

« Monsieur, excommuniez mes maîtres tant qu'il vous plaira, ils sauront bien vous punir; mais songez que c'est moi qui porte aux acteurs de Sa Majesté l'ordre de venir se damner devant elle. S'ils sont hors du giron, je suis hors du giron; s'ils pèchent mortellement en faisant verser des larmes à des hommes vertueux dans des pièces vertueuses, c'est moi qui les fais pécher; s'ils vont à tous les diables, c'est moi qui les y mène. Je reçois l'ordre des premiers Gentilshommes de la chambre, ils sont plus coupables que moi; le roi et la reine, qui ordonnent qu'on les amuse et qu'on les instruise, sont cent fois plus coupables encore. Voyez, s'il vous plaît, à quel point vous êtes absurde; vous souffrez que des citoyens au service de Sa Majesté soient jetés aux chiens, pendant qu'à Rome et dans tous les autres pays on les traite honnêtement pendant leur vie et après leur mort. »

Grizel riposte à cet argument : « Ne voyez-vous pas que c'est parce que nous sommes un peuple grave, sérieux, conséquent, supérieur en tout aux autres peuples? Tout est contradiction chez nous. La France est le royaume de l'esprit et de la sottise, de l'industrie et de la paresse, de la philosophie et du fanatisme, de la gaieté et du pédantisme, des lois et des abus, du bon goût et de l'impertinence.... Le pape est assez puissant en Italie pour n'avoir pas besoin d'excommunier d'honnêtes gens qui ont des talents estimables; mais il est des animaux dans

Paris, aux cheveux plats, et à l'esprit de même, qui sont dans la nécessité de se faire valoir. S'ils ne cabalent pas, s'ils ne prêchent pas le rigorisme, s'ils ne crient pas contre les beaux-arts, ils se trouvent anéantis dans la foule. Les passants ne regardent les chiens que quand ils aboient, et on veut être regardé. Tout est jalousie de métier dans ce monde. Je vous dis notre secret ; ne me décelez pas, et faites-moi le plaisir de me donner une loge grillée à la première tragédie de M. Colardeau. »

« Je vous le promets, dit l'Intendant. J'aime votre franchise ; laissons paisiblement subsister de de vieilles sottises ; peut-être tomberont-elles d'elles-mêmes, et nos petits-enfants nous traiteront de bonnes gens comme nous traitons nos pères d'imbéciles. »

La prophétie de Voltaire s'est réalisée.

Il faut reconnaître que si la conversation de l'Intendant des Menus avec l'abbé Grizel brillait par une verve étincelante, jointe à beaucoup de bon sens, elle n'était guère de nature à faire revenir le clergé des préventions qu'il nourrissait contre les comédiens et qu'en somme le philosophe servait assez mal ses protégés. Du reste il n'examinait qu'un côté de la question, et il aurait dû, pour se montrer équitable, attaquer les lois civiles avec non moins de violence que les lois religieuses. Les unes n'étaient pas moins inconséquentes que les autres.

L'incident qui eut lieu lors des obsèques de

Sarrazin montra bientôt qu'on se trouvait plus que jamais éloigné de la conciliation et de l'apaisement. Jusqu'alors on n'avait pas, en général, contesté aux comédiens le droit de faire dire des prières pour l'âme de leurs camarades morts réconciliés avec l'Église. Ainsi en 1761, lors de la mort de Mlle Camouche[1], jeune actrice de la troupe française, les Comédiens firent célébrer un service à la paroisse de Saint-Sulpice, et ils y assistèrent en corps, après y avoir invité tous les gens de leur connaissance par des billets imprimés.

L'année suivante, Sarrazin[2] mourut. Retiré du théâtre depuis plusieurs années, il obtint sans difficulté les secours de la religion et fut enterré à Saint-Sulpice. Mais quand ses camarades, quelques jours plus tard, voulurent faire dire un service en

1. Mlle Camouche était à peine âgée de vingt ans; elle avait débuté trois ans auparavant dans les grands rôles tragiques. Sa figure était belle, mais ses talents médiocres. Avant de mourir, Mlle Camouche avait renoncé à sa profession, aussi fut-elle enterrée à l'église.
2. Sarrazin (1729-1759) porta d'abord le petit collet puis il embrassa la carrière théâtrale. « C'était un grand comédien, dit Grimm. Aucun de ses confrères n'a jamais approché de la simplicité et de la vérité de son jeu. » Voltaire était loin de partager cet enthousiasme; il prétendait que Sarrazin récitait les vers comme on lit la Gazette. Un jour, dans une répétition, agacé de la mollesse de l'acteur, il lui cria à brûle-pourpoint : « Mais, monsieur, songez donc que vous êtes Brutus, le plus ferme de tous les consuls romains, et qu'il ne faut pas parler au dieu Mars comme si vous disiez : « Ah! bonne sainte Vierge, faites-moi « gagner un lot de cent francs à la loterie. »

son honneur, ils se heurtèrent à un refus formel; on leur répondit que les curés ne pouvaient pas dire de prières à la requête de gens excommuniés.

Un refus du même genre, mais plus étrange encore, se produisit peu de temps après et provoqua un scandale qui amusa tout Paris. En 1763, Crébillon, l'un des quarante de l'Académie française, succomba à l'âge de quatre-vingt-neuf ans. Peu d'auteurs avaient joui depuis le commencement du siècle d'autant de réputation; il la devait plus encore à sa longue rivalité avec Voltaire qu'à son propre talent[1].

Les Comédiens français, désireux de témoigner

1. Il était né le 13 février 1674. « Il jouissait sur la fin de ses jours, raconte Favart, de sept à huit mille livres de rente; mais les femmes, par l'ascendant qu'elles avaient sur lui, le dépouillaient de tout. Il était souvent obligé, pour vivre, d'avoir recours à la bourse de ses amis. Il adorait le sexe, mais ne l'estimait point. Il n'a jamais respecté que deux sœurs, filles d'un apothicaire nommé Péage: il leur fit deux enfants par délicatesse de sentiment. Le père, qui ne connaissait pas ce raffinement-là, prétendit que l'honneur de sa famille était blessé, et qu'il fallait que M. de Crébillon épousât tout au moins une des deux, en lui laissant la liberté du choix. Le hasard en décida, et notre auteur se maria à la mère de M. Crébillon fils; l'autre devint ce qu'elle put. Il ne goûta pas longtemps les douceurs du mariage; il fut si affligé de la mort de son épouse, qu'il cherchait partout des consolations. Dans l'espérance où il était de pouvoir trouver une femme aussi estimable que celle qu'il avait perdue, il mettait à l'essai toutes celles qu'il rencontrait. La passion qu'il ressentait pour les femmes n'était balancée que par celle qu'il avait pour les animaux domestiques. » (*Journal de Favart.*)

publiquement leur reconnaissance à l'auteur qui pendant si longtemps avait illustré leur scène, résolurent de faire dire une messe pour le repos de son âme. Ce souhait n'avait rien d'extravagant ni de répréhensible. Cependant, craignant, s'ils sollicitaient un curé de Paris, de s'exposer à un refus fort humiliant, les Comédiens eurent l'idée assez ingénieuse de s'adresser à l'église de Saint-Jean-de-Latran, qui appartenait à l'Ordre de Malte et ne se trouvait pas placée sous la juridiction de l'archevêque de Paris.

Le curé de Saint-Jean-de-Latran se laissa persuader et il s'engagea à célébrer le 6 juillet un service solennel. Ravis d'une faveur aussi inespérée, les Comédiens saisirent avec empressement l'occasion de mettre le clergé dans l'embarras en faisant une manifestation qui contrastât avec leur situation d'excommuniés. Tout ce que Paris comptait de plus distingué par la naissance et par le rang, tous les membres des académies, tous les gens de lettres furent conviés par des billets imprimés de la part de Messieurs les Comédiens français et du Roi.

Les avenues de l'église, ainsi que la porte, étaient tendues de noir; à l'intérieur de longues draperies noires semées de larmes d'argent tapissaient toute la nef. De grands candélabres d'argent avec des girandoles d'or supportaient un luminaire considérable, qui seul rompait la profonde obscurité dans laquelle le temple était plongé. L'éclat des lumières, au milieu de ces draperies mortuaires, produisait l'effet le plus saisissant[1].

Tout le clergé, revêtu de ses plus beaux ornements, figurait à l'autel. La majesté du lieu, la solennité du service, le recueillement des assistants, tout contribuait à la pompe de la cérémonie.

Les Comédiens français faisaient naturellement les honneurs; ils attendaient les invités à la porte de l'Église et les conduisaient aux places qui leur étaient réservées. M. de Crébillon, fils du défunt, occupait le premier rang. Les assistants furent si nombreux qu'à peine le vaisseau put les contenir. L'Académie française envoya une députation. L'Opéra, la Comédie italienne, tous les corps comiques assistèrent au service.

La Comédie se trouvait au grand complet, les hommes d'un côté, les femmes de l'autre; les actrices étaient sans rouge. Mlle Clairon, portant un long manteau de deuil, représentait avec beaucoup de dignité; ses camarades tenaient à la main de superbes missels tout neufs achetés pour la circonstance. L'assistance se rendit à l'offrande dans le plus grand ordre, et les acteurs se firent remarquer par leur générosité. Cette brillante cérémonie devait avoir des suites.

1. L'*Almanach des spectacles*, auquel nous empruntons ces détails, ne tarit pas en descriptions sur cette importante cérémonie.

L'archevêque de Paris[1], qui n'avait pu l'empêcher à temps, fit les reproches les plus vifs à l'Ordre de Malte et il demanda la suppression du privilège qui enlevait l'église à son autorité. On tint aussitôt un consistoire chez l'ambasseur de l'Ordre et, dans l'espoir d'apaiser la colère du prélat, il fut décidé que le curé de Saint-Jean-de-Latran recevrait une punition pour avoir causé un scandale dans l'Église de Paris en communiquant avec des excommuniés. L'infortuné curé fut condamné à trois mois de séminaire, et de plus à distribuer aux pauvres l'argent qu'il avait reçu pour les frais du service.

A cette nouvelle les Comédiens montrèrent la plus vive indignation. Ils s'adressèrent aux premiers Gentilshommes et aux Ministres pour avoir raison de cet outrage. Clairon voulait que la Comédie donnât sa démission en masse pour forcer la cour à faire enfin abolir cette loi absurde portée contre des gens que « le roi pensionnait pour se donner au diable ». Mais le préjugé était encore trop puissant; tous les efforts échouèrent, et il fallut se résigner à attendre une occasion meilleure.

Le scandale provoqué par la cérémonie de Saint-Jean-de-Latran fit du tort à Crébillon, qui n'en pouvait mais. Son buste en marbre fut exécuté par l'ordre du roi; quand il fut terminé, on voulut le poser dans l'église Saint-Gervais, où le célèbre auteur était

1. M. de Beaumont.

inhumé, mais le curé s'y opposa formellement, « à la sollicitation, dit Favart, de plusieurs dévotes qui trouvent très scandaleux que le buste d'un homme d'esprit mort en bon chrétien figure à côté des simulacres de MM. les marguilliers qui n'étaient que des sots[1]. »

Le curé cependant finit par revenir à des sentiments plus conciliants et il laissa la troupe comique élever dans l'église une statue et un mausolée, avec tous les attributs du théâtre, à l'auteur de *Rhadamiste*.

1. Favart à Durazzo, 17 avril 1764.

XVIII

RÈGNE DE LOUIS XV (suite)
1765

Sommaire : Querelle de Saint-Foix et de Clairon. — Intervention de Fréron. — Il est condamné à la prison. — La reine obtient sa grâce. — Dubois et Blainville font un faux serment. — Le *Siège de Calais*. — Les Comédiens refusent de jouer avec Dubois. — Troubles à la Comédie. — Arrestation des Comédiens. — Clairon est mise en liberté. — Bellecour fait amende honorable. — Les Comédiens sont relâchés.

Au commencement de 1765 survint un incident dont toute la capitale allait s'occuper.

M. de Saint-Foix[1], que Clairon n'aimait pas, venait de composer une pièce intitulée *les Grâces*; il obtint qu'elle serait jouée à Versailles, et il fut convenu qu'elle paraîtrait comme petite pièce le même jour que la tragédie d'*Olympie*. Le roi avait témoigné le désir d'entendre l'œuvre nouvelle, mais il demanda que le spectacle fût terminé à neuf heures pour pouvoir se rendre au conseil. Les actrices qui jouaient dans *les Grâces*, et notamment Mlle Dolligny[2],

1. Saint-Foix (1698-1776).
2. Mlle Dolligny avait été reçue à la Comédie française en 1763.

devaient faire partie du cortège d'Olympie; mais afin qu'elles eussent le temps de s'habiller et que la petite pièce pût commencer sans perte de temps, M. de la Ferté, intendant des Menus-Plaisirs, décida qu'elles seraient remplacées dans le cortège par des choristes de l'Opéra. Prévenue de ce changement, Clairon, qui remplissait le rôle d'Olympie, s'y opposa formellement, et elle déclara qu'elle n'achèverait pas son rôle si Mlle Dolligny quittait la scène avant le dernier vers de la tragédie. Il fallut s'incliner, l'entr'acte fut long, et le roi sortit avant l'apparition des *Grâces*.

Saint-Foix, furieux, écrivit dans l'*Année littéraire* de Fréron[1] une lettre qui se terminait par ces mots : « J'aime mieux la franchise du vice que la morgue orgueilleuse de la dignité. »

pour jouer les rôles tendres et ingénus. Un fâcheux incident signala ses débuts. En rentrant dans la coulisse, elle fit un faux pas et tomba si malheureusement que le public jouit d'un spectacle qui ne faisait nullement partie du programme. Sans être jolie, elle avait de la fraîcheur, de la jeunesse, une figure intéressante, un son de voix si touchant qu'elle fut bientôt l'idole du public. Ses camarades tout naturellement la détestaient. Elle avait encore le tort d'être d'une sagesse et d'une vertu rares. Le marquis de Gouffier, raconte Bachaumont (26 janvier 1766), lui fit des offres brillantes qui furent repoussées; il la demanda alors en mariage et lui envoya le contrat tout prêt à signer. Elle lui répondit fort prudemment qu'elle s'estimait trop pour être sa maîtresse et trop peu pour être sa femme.

1. Fréron (1719-1776). « Il y a eu de tout temps des Frérons dans la littérature, écrivait Voltaire à Laharpe, mais on dit qu'il faut qu'il y ait des chenilles, parce que les rossignols les mangent afin de mieux chanter. » (22 décembre 1763.)

Clairon supposa avec raison que la phrase était à son adresse, et, pour se venger, elle fit ramasser toutes les estampes d'un portrait de Saint-Foix qu'on venait de graver ; elle enleva la figure, la remplaça par une tête d'hyène et remit le tout dans le commerce. Paris en fut inondé.

La lutte ainsi engagée ne devait pas se terminer si vite ; le poète riposta par ces vers sanglants :

> Pour la fameuse Frétillon[1]
> On a frappé, dit-on, un médaillon ;
> Mais à quelque prix qu'on le donne,
> Fût-ce pour douze sols, fût-ce même pour un,
> Il ne sera jamais aussi commun
> Que le fut jadis sa personne.

Fréron, qui avait déjà publié la première attaque de Saint-Foix, crut à propos de ne pas abandonner son collaborateur en pleine lutte, et à son tour il ouvrit les hostilités. Il ne le fit pas cependant ouvertement ; il se contenta de faire un pompeux éloge de Mlle Dolligny[2] et d'amener en contraste un por-

---

1. On avait publié à Rouen, en 1740, un infâme libelle contre Mlle Clairon sous le titre : *Histoire de Mlle Cronel, dite Frétillon*. Ce nom était la plus cruelle injure qu'on pût adresser à la tragédienne ; quand elle fut reçue à la Comédie, elle dit à ses camarades : « Mesdemoiselles, je chercherai toutes les occasions de vous être agréable, mais quiconque m'appellera Frétillon, je proteste que je lui f...... le meilleur soufflet qu'elle ait reçu de sa vie. » (De Manne.)

2. La curieuse lettre que nous donnons ici, et que nous devons à l'extrême obligeance de Mlle Bartet, montre que, si de nouvelles difficultés s'élevèrent encore trois ans plus tard entre

trait infâme où, bien qu'il ne la nommât pas, il n'était que trop facile de reconnaître Clairon.

« On dit que le vertueux M. Fréron, écrit Grimm, connu par son amour pour la vérité et son fanatisme pour les bonnes mœurs, s'est laissé entraîner un peu loin par sa ferveur pour la chasteté, et que le public a cru reconnaître dans sa philippique contre les actrices qui vivent dans le désordre les erreurs célèbres de la première jeunesse de Mlle Clairon[1]. »

L'actrice, outrée de cette attaque injustifiée, alla trouver les Gentilshommes de la chambre et menaça de se retirer si elle n'obtenait pas justice de ce « vil

Clairon et Mlle Dolligny, la première du moins agit avec délicatesse vis-à-vis de celle dont on avait cherché à lui faire une ennemie. Elle lui écrivait le 14 novembre 1768 :

« On vient de me dire, mademoiselle, que je vous causois la peine la plus sensible en désirant qu'une autre que vous jouât le rôle d'Iphise. Il faut qu'on ne vous ait pas dit ni mes raisons ni les termes dont je me suis servie; vous seriez sûrement contente de l'un et de l'autre. Si je n'étois pas malade et même obligée de garder mon lit, je volerois chez vous pour justifier la droiture de mes intentions. En attendant que je le puisse, je proteste au moins que je n'ai jamais voulu, que je ne veux pas, que sûrement je ne voudrai jamais ni vous affliger ni vous nuire. Si vous croyez votre talent compromis en ne jouant pas, je cède. Mon refus portoit sur l'inégalité de nos forces, de nos organes, sur le peu de vraisemblance que nos âges mettroient dans la confiance d'Électre pour sa sœur, et voilà tout. On auroit dû vous dire que je n'avois parlé de vos talents qu'avec éloge, et que j'avois exigé les plus grands ménagements dans la demande qu'on devoit vous faire. Mais enfin, mademoiselle, si la représentation des Menus-Plaisirs a lieu, je vous laisse maîtresse absolue, je n'apporterai d'obstacle à rien de ce qui pourra vous plaire. »

1. *Corresp. littér.*, février 1765.

journaliste ». La plainte était légitime. On sollicita
et on obtint un ordre du roi pour mener l'imprudent écrivain au For l'Évêque.

Heureusement pour lui, Fréron fut subitement
frappé d'un accès de goutte, qui le mit dans l'impossibilité de remuer. C'est du moins ce qu'il expliqua
à l'exempt qui vint le chercher, et on lui accorda
quelques jours de répit[1]. Il en profita pour mettre
en campagne tous ses amis. L'abbé de Voisenon, un
de ses plus intimes, s'adressa au duc de Duras, Gentilhomme de la chambre, mais le duc répondit qu'il
n'accorderait la grâce qu'à la demande de Mlle Clairon elle-même. « Aux carrières plutôt, » s'écria le
folliculaire en parodiant le mot du philosophe grec.
En même temps il protestait contre l'interprétation
donnée à ses articles, et il écrivait lettre sur lettre
au maréchal de Richelieu pour l'assurer de son innocence. Enfin il se donna tant de mal, il fit si bien
mouvoir toutes ses relations, qu'il réussit à intéresser

---

[1]. Au cours de cette querelle fameuse, un partisan de l'actrice
régala Fréron de cette épigramme :

> Aliboron, de la goutte attaqué,
> Se confessoit, croyant sa fin prochaine,
> Et détailloit, de remords provoqué,
> De ses méfaits une liste assez pleine.
> Naïvement chacun étoit marqué,
> Basse impudence et noire hypocrisie,
> Stupide orgueil, mensonge, ivrognerie ;
> Il ne croyoit en oublier aucun.
> Le confesseur dit : Vous en passez un.
> — Un : non, pardieu, j'en dis assez, je pense.
> — Eh ! mon ami, le péché d'ignorance.

(Favart, Corresp. avec Durazzo, mars 1765.)

la reine à sa cause et que Marie Leczinska demanda sa grâce[1]. « Il est bien honteux qu'un pareil coquin trouve des protections respectables[2] », s'écrie d'Alembert.

Cependant le bruit se répand que Fréron va être gracié. A cette nouvelle, Clairon s'indigne ; elle écrit aussitôt aux Gentilshommes une lettre des plus pathétiques, où elle leur témoigne son regret de voir que ses talents ne sont plus agréables au roi, puisqu'on la laisse avilir impunément, et elle prie qu'on lui accorde sa retraite. Puis, estimant que le premier ministre ne peut être trop tôt mis au courant d'un pareil projet, elle se rend chez le duc de Choiseul pour lui narrer ces graves événements.

S'il faut en croire les mémoires contemporains, le duc lui aurait répondu, avec une douce ironie : « Mademoiselle, nous sommes, vous et moi, chacun sur un théâtre ; mais avec la différence que vous choisissez les rôles qui vous conviennent et que vous êtes toujours sûre des applaudissements du public. Il n'y a que quelques gens de mauvais goût comme ce malheureux Fréron qui vous refusent leurs suffrages. Moi, au contraire, j'ai ma tâche souvent très désagréable ; j'ai beau faire de mon mieux, on me critique, on me condamne, on me hue, on me bafoue, et cependant je ne donne point ma démission.

---

1. Le roi Stanislas était parrain du fils de Fréron.
2. D'Alembert à Voltaire, 27 février 1765.

Immolons, vous et moi, nos ressentiments à la patrie, et servons-la de notre mieux, chacun dans notre genre. D'ailleurs la reine ayant fait grâce, vous pouvez, sans compromettre votre dignité, imiter la clémence de Sa Majesté[1]. »

Clairon se retira fort peu satisfaite du persiflage, et elle réunit chez elle tous ses camarades, sous la présidence du duc de Duras, pour aviser à la conduite qu'elle devait tenir. Les esprits se montraient fort échauffés, et il n'était question de rien moins que d'une désertion en masse si l'on ne faisait pas droit à la Melpomène moderne. Le duc de Duras fut chargé de porter cet ultimatum à M. de Saint-Florentin, ministre d'État.

Cependant des amis intervinrent, on fit comprendre à la comédienne qu'elle ne pouvait résister aux volontés de la reine, et elle finit par céder[2]. Fréron, à cette nouvelle, éprouva une joie si vive que la goutte, qui le tenait alité depuis le commencement de la querelle, disparut comme par enchantement.

Clairon resta profondément irritée de n'avoir pu obtenir justice de celui qui l'avait si cruellement outragée. Elle comprit que c'était à sa profession qu'elle devait cet injuste traitement; aussi attendit-

1. Bachaumont, 21 février 1765.
2. Comme compensation, le duc de Richelieu envoya aux Comédiens, en les autorisant à les garder dans leurs archives, les lettres qu'il avait reçues de Fréron.

elle impatiemment l'occasion de recommencer la lutte en faveur de l'émancipation des comédiens. Un futile incident lui fournit le prétexte qu'elle désirait.

Un certain Dubois, acteur médiocre de la Comédie, eut recours aux soins d'un chirurgien et négligea de le payer. L'homme de l'art le cita en justice, mais Dubois affirma sous serment qu'il avait réglé sa dette, et il trouva même un de ses camarades, Blainville, qui déclara également par serment avoir assisté au payement.

Le procureur du chirurgien, voyant que son adversaire n'était pas à un faux serment près, eut recours à un autre expédient; il fit imprimer un mémoire dans lequel il soutint que ni le serment de Dubois ni celui de Blainville ne pouvaient être reçus en justice, attendu qu'ils exerçaient tous les deux un métier infâme. A Rome, en effet, le témoignage des histrions n'était pas admis; les lois romaines étant appliquées aux comédiens du dix-huitième siècle, on pouvait en conclure que leur serment n'avait aucune valeur; bien des esprits éclairés partageaient cette opinion et la thèse était parfaitement soutenable.

Mais Dubois et Blainville poussèrent des cris d'indignation; la Comédie prit naturellement fait et cause pour eux; tous les acteurs se levèrent comme un seul homme pour demander satisfaction de l'insulte publique faite à l'état de comédien. Malheureusement, quand on vint à l'éclaircissement des faits, il fut prouvé que Dubois et Blainville étaient des fripons ; qu'ils avaient fait un faux serment et que le chirurgien n'avait réellement pas été payé. Les Comédiens s'empressèrent de désintéresser le disciple d'Esculape ; puis ils eurent le bon esprit de ne pas chercher à pallier la faute de leurs camarades et ils mirent autant d'empressement à les répudier qu'ils en avaient mis à les défendre, tant qu'ils les avaient crus innocents. En somme, leur conduite fut des plus correctes et des plus honorables. Ils s'adressèrent aux Gentilshommes de la chambre en racontant les faits et en demandant l'expulsion immédiate des coupables. « M. de Richelieu, dit Bachaumont, a traité l'affaire comme une affaire de vilains ; il n'a pas voulu s'en mêler, il en a remis la décision aux Comédiens, disant qu'ils étoient les pairs de Dubois et qu'ils pouvoient le juger[1]. »

Les acteurs n'hésitèrent pas, ils chassèrent avec éclat les deux fripons.

On donnait à ce moment sur la scène de la Comédie le *Siège de Calais*, de du Belloy[2] ; la pièce était

1. 6 avril 1765.
2. Lorsque Voltaire vint à Paris en 1778, Lemierre et du Belloy, en qualité d'auteurs tragiques, crurent devoir lui rendre visite. « Messieurs, leur dit Voltaire, ce qui me console de quitter la vie, c'est que je laisse après moi MM. Lemierre et du Belloy. » Lemierre racontait volontiers cette anecdote, et il ne manquait jamais d'ajouter : « Ce pauvre du Belloy ne se doutait pas que Voltaire se moquait de lui. »

encore dans toute sa nouveauté et obtenait un succès étourdissant[1]. Dubois y jouait le rôle de Mauny ; on ne voulut pas naturellement interrompre le succès par suite de son départ, et Bellecour fut chargé de le remplacer. Les affiches annoncèrent simplement au public cette modification dans l'interprétation. Mais Dubois avait une fille[2] qui faisait elle-même partie de la Comédie. « Animée, dit Grimm, de cette piété filiale qui mène droit à l'héroïsme, elle entreprend de sauver son père, à quelque prix que ce soit... L'histoire prétend que la beauté, suivant l'usage, trouva les dieux propices, qu'un des premiers Gentilshommes de la chambre, se rappelant les anciennes bontés de la belle Dubois, ne put la voir dans cet état sans lui en demander de nouvelles et sans lui promettre de finir ses malheurs. » Le duc

---

1. On la donna trois fois à Versailles, le Roi en agréa la dédicace et il accorda à l'auteur une gratification de mille écus et une médaille d'or.
2. Mlle Dubois passait pour avoir peu de talent ; elle avait eu cependant beaucoup de succès dans la tragédie de *Tancrède*, car Voltaire écrivait d'elle, après la représentation : « Je ne connaissais pas cette aimable actrice, ce que vous m'en écrivez me charme. Je tremblais pour le Théâtre français, Mlle Clairon est prête à lui échapper. Remercions la Providence d'être venue à notre secours. Si les suffrages d'un vieux philosophe peuven encourager notre jeune actrice, faites-lui dire, mon ancien ami, tout ce que j'ai dit autrefois à l'immortelle Lecouvreur... Dites-lui surtout d'aimer ; le théâtre appartient à l'Amour, ses héros sont enfants de Cythère. » « Il paraît, dit Grimm, que le devoir d'aimer, que M. de Voltaire impose aux actrices, est celui dont Mlle Dubois s'acquitte le mieux. »

de Fronsac, auquel il est fait ici allusion, obtint l'intervention de son père, le maréchal de Richelieu, et le dévouement filial de Mlle Dubois ne resta pas stérile.

Le *Siège de Calais* était affiché pour le soir avec Bellecour[1]; à midi un ordre du roi transmis par les premiers Gentilshommes, arrive à la Comédie, enjoignant de jouer la pièce avec Dubois dans le rôle de Mauny. On juge de la consternation des Comédiens et de leur indignation; ils se réunirent chez Clairon pour aviser aux mesures à prendre; à l'unanimité ils décidèrent de refuser de jouer.

Sur les quatre heures et demie, Lekain arrive au théâtre et demande aux semainiers qui jouera le rôle de Mauny. « C'est Dubois, lui est-il répondu, suivant l'ordre du roi. » « En ce cas, reprend- voilà mon rôle. » Et il part. Molé, Brizard[2], Daubervat, viennent successivement et jouent la même scène. Enfin Clairon paraît, sortant de son lit, assurant qu'elle est toute malade, mais qu'elle sait « ce qu'elle doit au public et qu'elle mourra plutôt sur le théâtre que de lui manquer. » Puis elle demande négligemment qui remplit le rôle de Mauny : « Dubois, » lui dit-on. A

1. Bellecour (1724-1778), comédien français
2. Brizard (1721-1791), comédien français. Voltaire ne l'aimait pas parce qu'il le trouvait froid : « Je n'ai jamais conçu comment l'on peut être froid, disait-il; quiconque n'est pas animé, est indigne de vivre, je le compte au rang des morts. » (A d'Argental, 11 mars 1764.) Il disait encore : « Brizard est un cheval de carrosse, moi je suis un cheval de fiacre, mais je fais pleurer. »

ce mot elle se trouve mal et retourne bien vite se mettre au lit[1].

Les semainiers ne savaient à quel saint se vouer ; il n'y avait point là de Gentilshommes de la chambre ; l'heure du spectacle approchait, il fallait prendre à tout prix une détermination. On consulta M. de Biron, qui se trouvait par hasard au théâtre, et, sur son avis, on décida de donner le *Joueur* au lieu du *Siège de Calais*.

Pendant ce temps la salle s'était remplie ; Mlle Dubois avait convoqué tous ses amis, et ils étaient nombreux ; elle-même, ses beaux cheveux épars, les yeux rougis de larmes, courait de loge en loge pour exciter l'ardeur de ses partisans ; sa beauté, son émotion, attendrissaient tous les cœurs[2]. Enfin la toile se lève. Bouret[3], ses gants blancs à la main, s'avance : « Messieurs, dit-il, nous sommes au désespoir de ne pouvoir donner le *Siège*... » Un tumulte épouvantable lui coupe la parole : « Point de désespoir, s'écrie le parterre, nous voulons le *Siège de Calais* et Dubois. » Le bruit gagne tout le théâtre, la salle

---

1. Clairon, dans ses *Mémoires*, prétend au contraire que seule elle était disposée à se soumettre à l'ordre royal, et que ce sont les camarades qui ont mené toute la cabale. La mémoire lui faisait volontairement défaut.

2. « Jeune, jolie, ayant l'avantage de rendre tous les Gentilshommes de la chambre heureux,... elle vint, les cheveux épars, dans les foyers, demander vengeance de mes atrocités et des malheurs de son respectable père. » (Clairon, *Mémoires*.)

3. Bouret, comédien français mort en 1783.

entière est en combustion. L'irritation du public contre les Comédiens ne connaît plus de bornes; la salle, les corridors, le foyer, retentissent d'injures contre eux. Un jeune et bouillant colonel d'infanterie s'écrie dans son indignation : « Oh! que n'ai-je mon régiment ici! »

Un seul mot sensé fut prononcé dans cette célèbre soirée : un homme, qui avait conservé son sang-froid, arrêta dans le foyer un des plus courroucés pour lui montrer le portrait de Molière : « Voilà un de ces gueux, lui dit-il, qui a été plus envié à la France que ne le sera vraisemblement jamais aucun premier Gentilhomme de la chambre. »

Cependant l'orage continuait à gronder dans la salle, et c'est surtout contre Clairon que la colère du public se déchaînait. On entendait hurler de tous côtés : « La Clairon, à l'hôpital! à l'hôpital, la Clairon! » La garde voulut intervenir pour rétablir l'ordre, mais l'effervescence était telle qu'on pouvait redouter les plus grands malheurs et que le sang aurait certainement coulé, si M. de Biron n'avait eu la sagesse d'ordonner aux soldats de s'abstenir de toute intervention. En même temps il conseillait aux Comédiens d'entrer en scène et de commencer quand même la représentation. Préville[1] et Mme Bellecour[2] se présentent en effet. A leur vue, les cris

---

[1]. Préville (Pierre Dubus dit), comédien français (7211-1799).
[2]. Mme Bellecour (Mlle Beauménard) (1730-1799).

redoublent, ils sont sifflés outrageusement et ne peuvent se faire entendre. Après quelques efforts infructueux, ils rentrent dans la coulisse. Le tumulte ne fait que s'en accroître, on n'entend que ces cris forcenés : « Les comédiens sont des insolents ! au cachot, les insolents ! à l'hôpital, la Clairon ! au cachot, tous ces coquins ! »

Enfin à sept heures un sergent vient haranguer le parterre et lui annoncer qu'on va rendre l'argent. La foule finit par se calmer et par évacuer le théâtre.

Cette mémorable journée garda le nom de *journée du Siège de Calais*.

Les semainiers coururent sans perdre de temps chez le lieutenant de police pour le mettre au courant de ces graves événements. Le lendemain, tout Paris était en fermentation; on ne parlait que de cette étrange aventure; les uns louaient les Comédiens de leur probité, mais la grande majorité leur était hostile et demandait qu'on leur infligeât une punition exemplaire.

Collé, se faisant l'interprète du sentiment public, écrivait :

« Je ne puis m'empêcher de dire que la superbe Mlle Clairon a pensé occasionner une véritable tragédie et que si la garde royale avoit fait ce jour-là son devoir, il y eût eu réellement beaucoup de sang de répandu... Et pourquoi? Parce que Mlle Clairon, enivrée d'orgueil et de vanité, veut que les Comédiens aient un honneur. Que l'on me passe de dire ici que voilà bien du bruit pour une omelette au lard, et, en suivant toujours la noblesse de cette comparaison, j'ajouterai pour une omelette au lard rance et aux œufs couvés, car c'est à cette idée basse que je compare l'honneur de tous les Comédiens du monde. En effet, à moins que d'accorder que l'honneur revient comme les ongles, comment peut-on arranger que les Comédiens aient de l'honneur?

« Le lendemain de cette équipée des Comédiens, le public parut, en y réfléchissant, être encore plus indigné de l'insolence et du manque de respect de ces histrions : le cri contre eux étoit général ; j'excepte cependant quelques fanatiques amis de la demoiselle Clairon, et quelques-uns de ces prétendus philosophes qui, dans de pareilles occasions, ne manquent point de raisonner faux, et de prendre le mauvais parti avec le ton sourcilleux des sages fous, et l'air despotique et impudent de leur baroque philosophie[1]. »

Les philosophes, en effet, prêtèrent aux Comédiens, dans cette grave occurrence, l'appui de leur parole et de leur plume. Grimm, qui confirme l'hostilité du public, ne dissimule pas combien il en est révolté : « Tout Paris, dit-il, condamne les Comédiens sans miséricorde, et sans savoir de quoi il est question. Charmant public, que tu es aimable dans tes juge-

1. Avril 1765.

ments! qu'on est heureux de te servir, toi qui sais si bien oublier en un moment tous les services passés, et qui aimes à outrager ce que tu as applaudi vingt ans de suite! Avec cette noble reconnaissance, tu ne saurais manquer d'avoir de grands génies, de grands artistes, de grands talents. Charmant public, que tu es aimable ! »

Les Gentilshommes de la chambre se réunirent chez M. de Sartines pour aviser aux mesures à prendre : Il fut décidé que les coupables seraient envoyés immédiatement au For l'Évêque.

Brizard, dont la femme accouchait le même jour, et Dauberval furent arrêtés et incarcérés sans délai; mais on se présenta vainement chez Molé et chez Lekain : prévoyant ce qui allait se passer, ils avaient quitté Paris en écrivant une belle lettre où ils déclaraient que l'honneur ne leur permettait pas de jouer avec un fripon. Cependant, en apprenant l'emprisonnement de leurs camarades, ils quittèrent volontairement leur retraite et vinrent les rejoindre au For l'Évêque[1].

---

1. Nous avons retrouvé le récit de ces événements dans la correspondance d'un témoin oculaire qui touchait de très près à M. Clairon, M. de Valbelle ; son témoignage est trop important et trop curieux pour ne pas le citer. Cet officier écrivait à Voltaire le 16 avril 1765 :

« Il y eut hier à la Comédie le tapage le plus épouvantable. Dubois a eu un procès infâme avec son chirurgien. Il a fait un faux serment. Ce maraud, en outre, est un assez mauvais comédien. Sur le scandale que faisoit son affaire, M. de Richelieu signe l'ordre de le chasser; le lendemain il suspend l'exécution

En attendant que son tour vînt, Clairon, quoique malade, avait ouvert ses salons; étendue sur une chaise longue, elle recevait et la cour et la ville. Il n'était question, bien entendu, que du grand évé-

de son ordre et il veut avoir les avis de tous les Comédiens. Ils s'assemblent et jugent, ils étoient vingt. Tous les vingt déclarent par écrit, chacun sur une feuille à part, sans s'être concertés, que Dubois est un fripon. Sur cela, M. de Richelieu trouve qu'il faut le garder, et hier, à une heure après midi, il envoie l'ordre de lui faire jouer, dans la pièce affichée, le rôle qu'il avoit fait lui-même apprendre à Bellecour. L'injustice à la fin produit l'indépendance. Lekain et Molé ont commencé par s'éloigner et se mettre en sûreté. Ils ont envoyé sur les quatre heures leur désistement à la Comédie. Mlle Clairon a suivi avec transport un si noble exemple. Brizard s'est dévoué ensuite et toute la Comédie en a fait autant. La salle étoit remplie, on a proposé le *Joueur*, qui étoit la seule pièce que l'on pût donner sans Dubois et sans les deux acteurs qui avoient disparu. Le parterre s'est obstiné à avoir la tragédie annoncée. On a vu dix fois le moment où le feu alloit être mis à la salle. Mlle Dubois étoit partout, animant le public contre les Comédiens; enfin à huit heures on est sorti sans avoir eu de pièce. Aujourd'hui le théâtre est fermé, et l'on ignore quand on le rouvrira. Brizard et Dauberval sont déjà au For l'Évêque. Mlle Clairon espère qu'on lui fera le même honneur. On court après Lekain et Molé; tous les autres se présentent, et rien n'est encore prononcé sur eux; mais quoi qu'on puisse faire, rien ne les forcera à paroître à côté de Dubois. Les partis les plus violents ne serviront qu'à les affermir dans leur résolution. On ne pardonneroit pas en vérité à M. de Fronsac la légèreté que le très aimable maréchal son père a mise à toute cette affaire. Je ne sais comment il s'en tirera. Il arrive aujourd'hui de Versailles. Vous qui lui avez donné l'honneur de la bataille de Fontenoy, nous verrons quel parti vous tirerez pour lui de cette journée-ci.

« C'est avec tout l'enthousiasme et tous les sentiments que vous devez attendre de tout être pensant que j'ai l'honneur d'être, monsieur... » (Lettre inédite. Bibliot. nat., Mss. n., acq. 2777.)

nement, de la rare énergie déployée par la tragédienne et des conséquences qui en allaient résulter. On raconte que des officiers faisant cercle chez elle, elle avait saisi l'occasion de leur demander si sa conduite n'était pas conforme aux lois de l'honneur et si eux-mêmes ne quitteraient pas tous le service plutôt que de rester avec un infâme. « Sans doute, mademoiselle, riposta gaiement l'un d'eux, mais ce ne serait pas un jour de siège. »

Enfin un exempt se présenta pour mener en prison l'auguste Melpomène: elle objecta son état de maladie, mais il ne voulut rien entendre, et elle dut s'incliner[1]. Elle trouva cependant moyen de transformer en un nouveau triomphe ce qui devait être pour elle une fâcheuse disgrâce.

Mme de Sauvigny, intendante de Paris, se trouvait chez Clairon lorsque l'exempt se présenta; elle obtint la faveur de la conduire elle-même au For l'Évêque. Tous trois montèrent dans le vis-à-vis de l'intendante : l'exempt prit place sur le devant, Mme de Sauvigny dans le fond, avec l'actrice sur ses genoux; ils traversèrent tout Paris dans cet

---

1. Les gazettes du temps prétendent que lorsque l'exempt signifia à l'actrice l'ordre de détention, elle reçut la nouvelle avec noblesse : « Je suis soumise, dit-elle, aux ordres du roi; tout en moi est à la disposition de Sa Majesté, mes biens, ma personne, ma vie, en dépendent; mais mon honneur restera intact et le roi lui-même n'y peut rien. » « Vous avez raison, mademoiselle, répliqua l'exempt facétieux, où il n'y a rien, le roi perd ses droits. »

étrange équipage, à la grande joie des spectateurs. On donna à la tragédienne le meilleur logement de la prison, et ses amies, la duchesse de Villeroy, Mme de Sauvigny, la duchesse de Duras, le firent somptueusement meubler. A peine incarcérée, elle commença à recevoir et elle donna chaque jour des soupers « divins et nombreux ». Grands seigneurs, grandes dames, toute la cour venait lui rendre visite; l'affluence était telle, que le quai du For l'Évêque était garni de carrosses du matin au soir; il devint de bon ton de visiter les comédiens emprisonnés.

La plupart d'entre eux, Brizard, Lekain, Molé, Clairon, etc., outrés du traitement qui leur était infligé, se montraient résolus à quitter la scène. Lekain écrivait fièrement de sa prison à M. de Sartines :

« Le 20 avril 1765.

« Monseigneur,

« L'asile d'où je prends la liberté de vous écrire, prouve évidemment à Votre Grandeur que la nécessité où je me suis vu réduit de manquer au public, ne m'en a jamais imposé sur la punition qui pouvoit en résulter.

« S'il est dur à tout homme sensible d'être privé de sa liberté, en revanche il est bien doux d'être en paix avec soi-même, et de paroître, sans rougir, dans le cercle de tous les honnêtes gens... Vous êtes vraisemblablement instruit de la violence qu'on nous a faite, pour nous rendre un camarade que nous avions jugé malhonnête homme... Le mépris que le maréchal de Richelieu a fait de nos représentations les plus respectueuses, en dévoilant son peu de délicatesse ou l'excès de son orgueil, me désola par la portion qui en jaillissoit sur moi même... La conduite actuelle de la Comédie françoise doit lui mériter les éloges de tous les honnêtes gens... Si j'ai mérité les châtiments du magistrat, il me restera le plaisir de savoir que ma conduite a pu m'acquérir son estime[1]. »

Et il demandait son congé.

Molé écrivait du For l'Evêque à Garrick, le 21 avril 1765 : « Nous en voilà réduits encore à notre première alternative, ou nous déshonorer, nous flétrir de notre volonté, ou garder pour asile celui des malheureux ou des criminels, et pourtant quelquefois celui des honnêtes gens. Vous sentez que notre choix n'est pas douteux, et qu'entre le mépris et l'estime il n'y a pas à hésiter, quelque prix qu'il en coûte. » Décidé à demander son congé définitif, Molé priait son correspondant de lui prêter cent louis qui lui seraient bien nécessaires, vu la dureté des temps[2].

Cependant Clairon était toujours malade. Son chirurgien fit des représentations et déclara que sa santé serait en danger si elle restait plus longtemps en prison. Elle fut en conséquence autorisée à retourner chez elle, après cinq jours de détention;

1. *Mémoires de Lekain.*
2. *Correspondence of Garrick.*

mais elle fut mise aux arrêts dans son appartement avec défense expresse de recevoir plus de six personnes, parmi lesquelles Mme de Sauvigny, M. de Valbelle et un Russe « pot au feu[1] ».

A peine en liberté, la tragédienne s'occupa de venir en aide à ses camarades moins heureux qu'elle. En même temps elle remuait ciel et terre pour triompher de Dubois et de la puissante cabale qui le soutenait.

Elle écrivait à Lekain :

« *De chez moi*, 22 avril 1765.

« Je viens d'avoir une très grande conférence avec une personne parfaitement instruite. L'indigne protégé du maréchal de Richelieu ne reparoîtra jamais. On ne me l'a pas articulé aussi positivement; mais on m'a dit que tous ceux dont notre sort dépend, sont convenus qu'il falloit renoncer à la Comédie, ou au projet de nous dégrader : on craint les désistements; tenons ferme, respectueusement, et tout ira bien.

« J'ai demandé qu'on vous changeât de lieu, par la crainte que j'ai que vous ne tombiez tous malades où vous êtes; que l'on fixât le temps de votre détention...

« Enfin, mon cher ami, j'ose espérer que cela ne

---

1. Bachaumont. D'après les Mémoires du temps, ce Russe se contentait de « baiser la main » de la tragédienne; M. de Valbelle jouait un rôle plus actif.

sera pas bien long et que la semaine prochaine, au plus tard, nous serons tous chacun chez nous, jouissant de notre gloire[1]. »

Les Comédiens ne restèrent pas au For l'Évêque dont les conditions hygiéniques étaient déplorables; à force de sollicitations, on obtint qu'ils seraient transférés à la prison militaire de l'Abbaye. C'est là qu'ils achevèrent leur temps de détention.

A la nouvelle des événements qui se passaient à Paris, Garrick s'empressa de mander à Clairon toute la part qu'il prenait à sa mésaventure. La tragédienne lui répondit :

« De Paris, 9 mai 1765.

« Mon âme à jamais pénétrée d'un traitement aussi barbare qu'injuste avoit besoin, mon cher ami, du plaisir que votre lettre vient de lui faire. Cette lettre a suspendu quelques moments l'indignation et la douleur qui me consument. Jamais ma santé n'a donné de si grandes inquiétudes pour ma vie, jamais les accidents auxquels je suis sujette n'ont été aussi multipliés et aussi violents, mais, soyez tranquille, mon courage est encore au-dessus de mes maux.

« Le croiriez-vous? Mes camarades sont encore en prison. Moi, l'on m'en a fait sortir le cinquième jour, mais l'on m'a mise aux arrêts chez moi avec défense

---

[1] *Mémoires* de Lekain.

de recevoir plus de six personnes nommées. On dit que Dubois a demandé son congé; on espère qu'il sera accepté et que nous serons libres ce soir ou demain. Il en est temps. Comme on n'a voulu permettre à aucun de mes camarades de me venir voir, j'ignore ce qu'ils pensent et ce qu'ils feront tous. Je suis décidée à ne leur donner aucun conseil, à ne m'occuper que de moi et surtout de l'estime des honnêtes gens; je l'obtiendrai, j'ose en être sûre.

« Je ne vous ferai point part de toutes mes réflexions sur le passé, le présent et l'avenir, non que je craigne de les soumettre à vos lumières et à votre amitié, mais ma lettre peut être ouverte, on pourroit m'interpréter mal, je ne veux donner aucun prétexte à la persécution. Embrassez pour moi Mme Garrick, soyez sûrs tous deux que je vous aime, vous estime et vous regrette autant qu'il est possible et autant que vous avez droit de l'attendre du cœur le plus sensible et le plus reconnaissant[1]. »

Le Théâtre français, à la suite des incidents que nous venons de raconter, fut fermé pendant toute une soirée. On le rouvrit le surlendemain; mais, pour éviter des scènes tumultueuses, on ne fit afficher que fort tard, en sorte qu'il y eut très peu de monde du vrai public; la salle était remplie d'exempts et de sergents des gardes. Le lieutenant de police, M. de Sartines, assistait à la représentation.

1. Lettre inédite. Coll. Stassaert (Académie royale de Belgique).

Avant de commencer la pièce, Bellecour parut et demanda humblement pardon au public, au nom de la troupe, de lui avoir manqué. Son compliment, que Grimm appelle « un chef-d'œuvre de bassesse et de platitude », fut prononcé par ordre supérieur.

« Messieurs, dit-il, c'est avec la plus vive douleur que nous nous présentons devant vous. Nous ressentons avec la plus grande amertume le malheur de vous avoir manqué. Notre âme ne peut être plus affectée qu'elle l'est du tort réel que nous avons. Il n'est aucune satisfaction que l'on ne vous doive. Nous attendons avec soumission les peines qu'on voudra bien nous imposer et qui ont été déjà imposées à plusieurs de nos camarades. Notre repentir est sincère, et ce qui ajoute encore à nos regrets, c'est d'être forcés de renfermer au fond de nos cœurs les sentiments de zèle, d'attachement et de respect que nous vous devons et qui doivent vous paroître suspects dans ce moment-ci. Le temps seul en peut prouver la réalité. C'est par nos soins et les efforts que nous ferons pour contribuer à vos amusements, que nous espérons vous ôter jusqu'au moindre souvenir de notre faute; et c'est des bontés et de l'indulgence dont vous nous avez tant de fois honorés que nous attendons la grâce que nous vous demandons, et que nous osons vous supplier de nous accorder[1]. »

1. Fréron, rappelant méchamment cette scène dans la quarantième lettre, se fait écrire de Venise : « Le sieur Guadagny ayant

Le parterre sans pitié couvrit d'applaudissements cette tirade si humiliante.

Bellecour, en rentrant dans les foyers, ne dissimula pas combien il était pénétré de la scène honteuse qu'on l'avait forcé à jouer, et il déclara qu'il ne se serait jamais prêté à un pareil rôle si son attachement pour la compagnie ne l'emportait encore sur ce qu'il se devait à lui-même.

Les représentations continuèrent donc; mais comme on ne pouvait se passer de tous les acteurs qui étaient en prison, on les amenait chaque soir au théâtre sous bonne escorte et des exempts les reconduisaient ensuite au For l'Évêque.

La maladie de Clairon, l'emprisonnement des principaux sujets et la « consternation universelle de la troupe » mirent la Comédie dans l'impossibilité de donner des représentations suivies; elle dut prendre plusieurs jours de congé. « On ne croiroit jamais, dit Bachaumont, l'importance que l'on met

---

refusé de chanter à la table du doge, ayant même répondu et parlé avec beaucoup de hauteur, a été condamné à une prison de quinze jours, les fers aux pieds, et a été ensuite exilé. Une garde de soldats l'a conduit auparavant jusqu'à la chambre du trône, en le faisant passer par la grande place qui étoit remplie de masques, et, après avoir chanté devant Sa Seigneurie, il a demandé à genoux et obtenu son pardon. Tout le monde a été attendri et touché de la façon avec laquelle il a chanté à travers les pleurs et les sanglots, comme le cygne qui ne chante, dit-on, jamais mieux que lorsqu'il est près de sa mort. Quoi qu'il en soit, c'est ainsi qu'en tout pays on devroit punir les chanteurs et histrions insolents. »

à l'accommodement d'une affaire qui n'en devroit avoir d'autre qu'une soumission servile et aveugle de la part des histrions[1]. »

Tout se termina par un compromis. D'abord M. du Belloy, dans le but d'être agréable à Clairon, retira le *Siège de Calais*; de cette façon le public n'était plus en droit de réclamer la pièce avec Dubois. Ensuite on obtint que cet acteur, cause de tout le tapage, demanderait sa retraite. Bien qu'il n'eût que vingt-neuf ans de service et qu'il en fallût trente, on lui accorda 1500 livres de pension et 500 livres de pension extraordinaire pour avoir formé une élève, sa fille[2].

A la suite de cet arrangement, les comédiens détenus au For l'Evêque furent mis en liberté. Ils étaient restés vingt-six jours en prison, mais leur obstination avait fini par les faire triompher.

La cause que Clairon et ses camarades venaient de soutenir était juste et on peut s'étonner qu'elle n'ait pas reçu l'appui du public. Comment osait-on leur reprocher d'être trop scrupuleux sur les questions d'honneur? Malheureusement la tragédienne avait porté tort elle-même à sa cause par sa vanité, ses prétentions, ses menaces incessantes de démission; il n'était question que de vers, de tableaux, de bustes, d'estampes, de médailles faites en son honneur; ce

1. 6 mai 1765.
2. Il était d'usage d'accorder une pension de 500 livres à tout comédien qui avait formé un élève.

besoin d'occuper sans cesse les esprits finit par fatiguer. On triompha de la voir dans cette même prison où elle avait voulu faire mettre Fréron un mois auparavant. Le public « a été assez imbécile, dit Grimm, et assez malhonnête pour se venger sur le talent de l'actrice et de ses camarades et pour les traiter dans ces dernières querelles avec une indignité que je ne lui pardonnerai de longtemps. »

Quant au duc de Richelieu, furieux d'être obligé de se soumettre, il accorda à Dubois une place dans la troupe de Bordeaux. En même temps il se vengeait des comédiens en exerçant contre eux les plus mesquines persécutions. C'est ce qui faisait écrire à Lekain :

« Vous voudrez bien m'excuser, mon cher Garrick, si j'ai tant tardé à vous donner des nouvelles de la suite de notre malheureuse aventure. Nous nous en sommes tirés assez glorieusement, mais aux dépens de notre recette et de notre liberté; c'est ainsi que l'on gagne toujours son procès en France contre les gens de qualité. M. le maréchal de Richelieu fait tout ce qu'il peut pour nous faire éprouver la suite de son ressentiment; mais il aura beau faire, il ne pourra dissimuler à qui que ce soit qu'il est honteux d'attendre que l'on soit maréchal de France, et que l'on ait soixante-dix ans, pour faire des étourderies dignes d'un jeune mousquetaire[1]. »

1. Paris 1er juin 1765. *Correspondence* of Garrick.

XIX

RÈGNE DE LOUIS XV (suite)
1765-1766

Sommaire : Voltaire exhorte Clairon à quitter le théâtre, si on ne donne pas aux comédiens les droits de citoyen. — Lekain demande son congé. — Voyage de Clairon à Ferney. — Vers à Clairon sur sa retraite. — On propose d'ériger la Comédie française en *Académie royale dramatique*. — Mémoire de Jabineau de la Voute. — Le Roi refuse de modifier la situation des comédiens. — Voltaire et Mlle Corneille.

Cette aventure fit un bruit énorme et passionna tout Paris. Les uns, et parmi eux il faut compter la noblesse et presque toute la secte encyclopédique, prirent parti pour les comédiens. Les autres, c'est-à-dire la majorité de la bourgeoisie et des gens de lettres, s'acharnèrent contre eux[1] ; à leurs yeux il n'y avait point d'humiliation qui ne fût justifiée à l'égard des « histrions ».

[1] « Je ne puis concevoir, écrivait Clairon, comment des auteurs, obligés de capter la bienveillance des comédiens, vivant avec eux, partageant leurs travaux et leurs salaires, nés pour la plupart dans la plus chétive bourgeoisie, s'aveuglent au point de se réunir aux sots, à la populace, pour insulter ceux qui les font vivre, connoître et souvent valoir. » (*Mémoires*.)

Voltaire, lui, n'hésita pas. Dès qu'il fut au courant des faits, dès qu'il connut la détermination de Clairon de ne pas remonter sur le théâtre, si elle n'obtenait pas justice, il crut le moment venu pour les comédiens de prendre des résolutions extrêmes et de se délivrer enfin d'un joug insupportable. Pénétré de cette idée il s'empressa d'envoyer à la tragédienne une note pressante pour la soutenir dans ses résolutions et l'exhorter à ne pas se démentir :

« L'homme qui s'intéresse le plus à la gloire de Mlle Clairon et à l'honneur des beaux-arts, la supplie très instamment de saisir ce moment pour déclarer que c'est une contradiction trop absurde d'être au For l'Évêque, si on ne joue pas, et d'être excommunié par l'évêque si on joue ; qu'il est impossible de soutenir ce double affront, et qu'il faut enfin que les Welches se décident. Les acteurs, qui ont marqué tant de sentiments d'honneur dans cette affaire, se joindront sans doute à elle. Que Mlle Clairon réussisse ou ne réussisse pas, elle sera révérée du public, et si elle remonte sur le théâtre comme une esclave qu'on fait danser avec ses fers, elle perd toute considération. J'attends d'elle une fermeté qui lui fera autant d'honneur que ses talents, et qui fera une époque mémorable[1]. »

En même temps, car il ne négligeait aucune influence, il s'adressait à Richelieu ; bien qu'il n'igno-

1. 1er mai 1765.

rât pas le rôle que le maréchal avait joué dans les derniers événements[1], il crut pouvoir, par de délicates flatteries, le rallier à la cause qu'il regardait comme celle de la vérité et de la justice, et qu'il brûlait de voir triompher.

« Permettez-moi de vous dire un petit mot des spectacles, qui sont nécessaires à Paris et que vous protégez, lui écrivait-il... Est-il juste qu'on perde tous ses droits de citoyen et jusqu'à celui de la sépulture, parce qu'on est sous votre autorité? Si quelqu'un peut jamais avoir la gloire de faire cesser cet opprobre c'est assurément vous, et Paris vous élèverait une statue comme Gênes. Mais quelquefois les choses les plus simples et les plus petites sont plus difficiles que les grandes, et tel homme qui peut faire capituler une armée d'Anglais ne peut triompher d'un curé[2]. »

Clairon suivit les conseils de Voltaire; elle refusa de remonter sur le théâtre tant qu'on n'aurait pas accordé aux comédiens les droits de tous les citoyens. Elle prétexta l'état de sa santé et demanda son congé. La tragédienne dans ses *Mémoires* assure que le duc d'Aumont fit près d'elle les plus vives instances pour la déterminer à reparaître sur la

---

1. « Votre maréchal a tenu une jolie conduite, mandait d'Alembert à Voltaire. Son procédé est atroce et abominable; aussi finira-t-il aux yeux du public par avoir tout l'odieux et tout le ridicule de cette affaire. »

2. 13 mai 1765.

scène. « Il m'offrit, dit-elle, de me faire payer par le roi, de ne plus dépendre d'aucuns supérieurs ; de n'avoir plus rien à démêler avec les Comédiens ; de ne jouer que quand bon me sembleroit, sans autre soin que celui d'écrire à l'assemblée : « Je désire telle pièce pour tel jour. » La Melpomène fut inflexible.

Voyant l'inutilité de ses efforts, le duc lui promit, si elle restait au théâtre, de l'aider à relever la comédie de « la honte de l'excommunication. »

« Je ne dissimulerai point, dit la tragédienne, que je mêlois infiniment de vanité au désir juste et naturel d'avoir un état plus honnête : mon talent ne peut s'écrire ni se peindre, l'idée s'en perd avec mes contemporains, et j'avois lieu de croire que je le constaterois supérieur même à ce qu'il fut jamais, si j'obtenois la gloire de surmonter les préjugés de ma nation : le tenter seulement disoit beaucoup pour moi. J'acceptai. »

Il fut convenu qu'on allait faire les démarches nécessaires et que, si elles réussissaient, Clairon reprendrait sa place à la Comédie. En attendant, on lui accorda un congé jusqu'à Pâques, afin qu'elle eût le temps d'aller à Genève et « des'y faire raccommoder ce qu'elle avoit de malade[1] ».

Lekain fut encore moins hésitant que sa camarade. Le 15 juin, il écrivait au duc de Richelieu pour

---

1. Bachaumont.

solliciter son congé et il le faisait en termes aussi fermes que dignes :

« Permettez-moi, Monseigneur, de vous demander pour seule et unique grâce la permission de me retirer, et d'abandonner un état qui ne peut faire illusion qu'à des fanatiques, mais que tout homme sage doit regarder d'un œil plus réfléchi. L'exemple dernier n'a que trop prouvé que cet état étoit encore la victime d'un préjugé aussi absurde que barbare. Je sais que vous êtes le maître de disposer de tout : vous m'en avez donné des preuves convaincantes à la clôture du théâtre de 1761, et nommément à la rentrée dernière; mais il est un droit que tout citoyen, né dans un état monarchique, peut et doit réclamer, c'est celui de sa liberté[1]. »

En même temps il mandait à Garrick : « Je n'ai pas comme Moïse le don de lire dans les choses à venir, mais, autant que je puis m'y connoître, il faut que notre établissement ou culbute ou se relève à Pâques prochain; nous ne pouvons pas demeurer diffamés comme nous le sommes. » Il faisait ressortir l'étrange différence qui existait entre Paris et Londres, au point de vue des comédiens : « Vous êtes dans les bonnes grâces de votre clergé, disait-il à Garrick, et le nôtre nous envoie à tous les diables; vous êtes votre maître et nous sommes esclaves; vous jouissez d'une gloire véri-

---

1. *Mémoires* de Lekain.

table et la nôtre nous est toujours disputée ; vous avez une fortune brillante et nous sommes pauvres : voilà de furieuses oppositions[1]. »

En apprenant ces projets de retraite, Garrick répondait : « Pauvre Paris! que je te plains! les Lekain, les Dumesnil[2] et les Clairon ne peuvent pas être trouvés tous les jours sur le Pont-Neuf, malgré qu'on le croiroit à la manière dont vos ducs les ont traités[3]. »

Molé demanda également son congé, mais il lui fut formellement refusé, ainsi qu'à Lekain.

Pour se consoler de ses mésaventures, et pendant que l'on préparait les négociations qui devaient réhabiliter son état, Clairon fit un voyage qu'elle projetait depuis fort longtemps ; sous prétexte de consulter Tronchin, elle se rendit à Ferney où Voltaire la reçut comme « dans un temple où l'encens brûlait pour elle seule ». Il donna en son honneur des fêtes qui sont restées célèbres ; la grande actrice, à la demande de son hôte, consentit à monter sur la

---

1. *Correspondence* of Garrick.
2. Lorsque Garrick vint à Paris, il vit jouer Dumesnil et Clairon. « Eh bien! lui demandait-on, comment avez-vous trouvé le jeu des deux rivales? » « Il est impossible, répondit-il, de rencontrer une plus parfaite actrice que Mlle Clairon. » « Et Mlle Dumesnil, qu'en pensez-vous? » « En la voyant, je n'ai pas pu songer à l'actrice ; c'est Agrippine, c'est Sémiramis, c'est Athalie que j'ai vues! » On prétend que Mlle Dumesnil se livrait à la boisson et que, lorsqu'elle jouait, « son laquais était toujours dans la coulisse, la bouteille à la main, pour l'abreuver. »
3. 25 juillet 1765.

scène et à donner quelques représentations¹. Son triomphe fut complet et quand elle partit le patriarche reconnaissant lui adressa des vers débordants d'enthousiasme. Comme d'Alembert lui reprochait ses exagérations, il lui répondit : « Croyez, mon cher philosophe, que je ne donnerai jamais à aucun grand seigneur les éloges que j'ai prodigués à Mlle Clairon ; le mérite et la persécution sont mes cordons bleus. » Il écrivait à d'Argental : « Je sais bien que j'ai été un peu loin avec Mlle Clairon ; mais j'ai cru qu'il fallait un tel baume sur les blessures qu'elle avait reçues au For l'Évêque. Plus on a voulu l'avilir et plus j'ai voulu l'élever². »

Pendant son séjour chez le patriarche, la tragédienne ne perdait pas de vue le but qu'elle poursuivait depuis plusieurs années avec tant de ténacité. Ses amis la tenaient fidèlement au courant de tout ce qui se tramait dans l'ombre et le mystère en faveur de la Comédie. Les conjurés avaient même déjà choisi celui qui devait plaider leur cause. Bien que les Comédiens n'aient pas eu la main heureuse en 1761, c'est encore à un avocat, Mᵉ Jabineau de la Voute³, qu'ils confièrent leurs intérêts.

Comme les pénalités infligées à Huerne de la Mothe

---

1. Voir les détails des brillantes fêtes de Ferney dans la *Vie intime de Voltaire aux Délices et à Ferney*. (Paris, Calmann-Lévy.)
2. 17 septembre 1765.
3. Pierre Jabineau de la Voute, né à Étampes en 1721, mort en 1787.

n'étaient pas de nature encourageante, Clairon écrivait à Lekain pour l'assurer que leur avocat ne courrait aucun danger :

« Ferney, 14 août 1765. »

« Cela va le mieux du monde, mon cher camarade. Dites à la personne que je ne vois pas le moindre risque à courir pour elle; qu'elle ne peut jamais être découverte, si elle ne veut pas l'être; et que si par hasard elle l'étoit, elle auroit à répondre que nous l'avons exigé, vous et moi, comme le service le plus important. Au fait, que demandons-nous? Un prétexte pour mettre à couvert et notre honneur et notre sensibilité; celui qui nous le fournira, peut-il jamais être blâmable? Quand l'injure ne tombe sur aucun particulier, qu'elle n'attaque que des préjugés absurdes, qu'on peut avec de la plaisanterie seulement ôter à sa nation un ridicule qui la fait bafouer de toutes les nations policées et donner à une société qu'on opprime une existence qu'elle mérite; quand on n'attaque aucune loi, qu'a-t-on à craindre?

« D'ailleurs on n'ira en avant, sur le point qui le concerne, que lorsque toutes les batteries seront bien dressées pour le reste; il ne court au moins aucun risque d'être prêt. Si, dans le temps, nous ne voyons sûrement pas de probabilités pour le succès, nous n'avons rien de mieux à faire que de garder le silence et de jeter tout au feu; et nous le ferons. Si nous voyons jour à faire de grandes choses, nous irons en avant, et nous lui devrons la plus éternelle reconnoissance...

« Bonjour, mon cher camarade, je joue aujourd'hui *Tancrède*, pour notre cher patriarche, qui ne se porte pas trop bien, et qui m'a fait jurer par la devise de Tancrède de ne jamais reparoître, que la comédie n'eût un état[1]. »

Au moment où tout Paris, on pourrait dire toute la France, attendait avec anxiété le parti qu'allait prendre la « divine Melpomène », parut une épître charmante, où, sous une forme badine, l'auteur raillait la comédienne sur son indécision et ses scrupules, mais où en même temps il la couvrait de fleurs et d'éloges :

> Rentres-tu? ne rentres-tu pas?
> Prononce. Éclaircis ce mystère.
> Quand la gloire te tend les bras
> Pourquoi ferois-tu la sévère?
> On se demande tour à tour :
> « Eh! bien! sait-on quelque nouvelle?
> « L'aurons-nous? reparoîtra-t-elle?

---

1. A peu près à la même époque Clairon écrivait à Garrick : « Il faut encore que je vous dise que le plus coquin, le plus fourbe, le plus méchant des hommes est M. Lekain; ce n'est pas un ouï-dire, j'en ai les preuves par écrit de sa main. Cependant, c'est à moi seule qu'il doit un quart de plus pour sa femme, une pension du roi pour lui, et un certificat sur sa probité, attaquée par un de ses supérieurs même et plus que suspectée par les autres. » (*Correspondence* of Garrick.)

« Jouera-t-elle au moins pour la cour? »
C'est une alarme universelle,
Un deuil qui croît de jour en jour.
L'Europe entière te rappelle;
Sourde à sa voix, veux-tu, cruelle,
Bouder et l'Europe et l'Amour?
Oui l'Amour, il marche à ta suite,
Il te doit ses touchants attraits,
A ta voix il pleure ou s'irrite,
Ses triomphes sont tes bienfaits,
Et ta couronne de cyprès
Est sa parure favorite.
Allons, il faut prendre un parti,
Ma Clairon, vois où nous en sommes,
Plus d'actrices, plus de grands hommes,
Tout meurt, tout est anéanti,
Tu mets tout Paris au régime.
Reprenant ses antiques droits,
En vain Dumesnil quelquefois
Pour nous enchanter se ranime,
En vain Brizard, les sens troublés,
Vient étaler sur notre scène
Ses beaux cheveux gris pommelés
Et son âme républicaine,
Chevelure, âme, rien ne prend,
Tous nos jeunes talents succombent,
L'un sur l'autre les drames tombent,
Le public ne voit ni n'entend.
Souveraine, toujours chérie,
Tes États sont dans l'anarchie;
Pour rendre encor le mal complet,
D'un quart la recette est baissée,
Et Melpomène est éclipsée

Par le singe de Nicolet.
Toi seule, à nos vœux indocile,
Causes les maux dont je gémis.
Tel jadis le courroux d'Achille
Fit les malheurs de son pays.
On dit, oh! la plaisante histoire,
Que par un scrupule enfantin
Tu ne veux pas, dois-je le croire?
Trouver Laïs sur le chemin
Où tu prends ton vol pour la gloire.
Ce bruit est faux, je le soutiens.
Laïs est si bonne personne,
Elle a des amants la friponne,
C'est un avoir qui sied fort bien.
Je suis juste, sois indulgente;
Il est permis d'être calin
Depuis dix-huit ans jusqu'à trente,
Et d'en avoir quitté le train
On gémit encore à quarante.
D'ailleurs l'aigle au milieu des airs,
Planant au-dessus des collines,
Se jouant parmi les éclairs,
Du haut de ces routes divines,
Voit-il à l'ombre des buissons
Les jeux des mouches libertines
Et les amours des papillons?
Ah! j'y suis; tu voudrois détruire
Ce ridicule préjugé
Qui, très sottement protégé,
Fait qu'on flétrit ce qu'on admire;
Tu voudrois que tout simplement
Mérope, Alzire, Bérénice,
Allassent jurer en justice,

Et qu'on les crût sur leurs serments.
Tu voudrois sans trop de caprices
Jouir des mêmes droits que nous,
Et que Jésus-Christ, mort pour tous,
Fût aussi mort pour les actrices.
J'approuve fort de tels désirs,
Et le pape plein de sagesse
Devroit, exauçant tes soupirs,
Te donner pour menus plaisirs
Le droit de mentir à confesse,
Dans un de ces étuis sacrés
Par les dévotes révérés.
Combien j'aimerois Ariane,
Moitié sainte, moitié profane,
A quelques carmes débauchés
Demandant avec tous ses charmes
L'absolution de nos larmes
Et le pardon de nos péchés.
Je ne puis cacher mes penchants,
J'aime les dieux du paganisme;
Ces dieux-là sont de bonnes gens,
Ils favorisent les talents
Et proscrivent le fanatisme;
Clairon, tu leur dois de l'encens,
Et puisque le christianisme
N'ose, malgré tes vœux ardents,
Te compter parmi ses enfants,
Et t'immole au froid cagotisme,
Choisis enfin des dieux plus doux,
Console-toi par notre estime,
Nous prendrons tes crimes sur nous;
Sois toujours païenne et sublime,
Tu feras encor des jaloux.

Cette pièce[1] ne fut pas seule dans son genre ; vers la même époque, un mauvais plaisant publia une épître du pape à Clairon, où le souverain pontife joignait ses prières à celles de toute la France pour obtenir de la tragédienne qu'elle renonçât à ses projets de départ.

Après plusieurs mois d'absence, Clairon revint à Paris. Sans perdre de temps, elle s'occupa de la fameuse question qui la préoccupait à tant de titres. Tous ses amis furent mis en mouvement. Tout le monde s'ingéniait à trouver une combinaison qui fît enfin rentrer les comédiens dans le droit commun ; les avocats les plus habiles étaient consultés, on rédigeait consultation sur consultation, mémoire sur mémoire. Jabineau de la Voute préparait son dossier ; des comités se réunissaient à chaque instant chez la tragédienne dans l'espoir d'arriver à une conclusion satisfaisante. On s'avisa tout à coup d'un subterfuge assez ingénieux.

Comme nous l'avons déjà dit, l'excommunication qui frappait les comédiens ne pesait pas sur la Comédie italienne, bien que son genre fût souvent trivial et bas. L'Opéra se trouvait dans le même cas par une raison au moins singulière, c'est qu'il ne portait pas le titre d'Opéra, mais d'Académie royale

---

1. Nous avons trouvé ces vers dans la collection Stassaert, à l'Académie royale de Bruxelles. Ils ne portent pas de nom d'auteur, mais nous croyons ne pas trop nous avancer en les attribuant à Colardeau dont ils ont absolument le cachet.

de musique¹, que ceux qui en faisaient partie n'appartenaient pas à un théâtre, mais à une académie, et qu'ils n'étaient pas regardés comme des comédiens.

Déjà en 1761, quand la consultation inspirée par Clairon à Huerne de la Mothe eut si mal réussi, on avait eu l'idée, pour soustraire les Comédiens aux censures de l'Église, de substituer au nom de Comédie française celui d'Académie nationale de déclamation: de cette façon les acteurs n'étant plus des comédiens, ils se trouvaient sur le même pied que ceux de l'Opéra, et on ne pouvait leur refuser le même traitement. Le projet n'aboutit pas.

En 1766, on revint à cette idée d'*Académie nationale de déclamation* ou d'*Académie royale dramatique* et l'on projeta de la faire établir par lettres patentes enregistrées au Parlement. Les membres de cette académie auraient joui de leurs droits civils et auraient échappé à l'excommunication comme leurs confrères de l'Académie de musique. Les Comédiens prétendaient même avoir trouvé des lettres patentes de Louis XIII les établissant valets de chambre du roi; on résolut donc de réclamer de plus en leur faveur le titre de valets de chambre de Sa Majesté, et pour les actrices celui de femmes de chambre de la reine.

1. « Ce titre, disait J.-J. Rousseau, lui donne le droit de faire la plus mauvaise musique de l'Europe et d'empêcher dans toute l'étendue du royaume qu'on en fasse de bonne. » On appelait souvent l'Académie de musique la « triste veuve ».

Voltaire, bien entendu, était l'âme de la conjuration. Pendant que Clairon stimulait à Paris l'activité de ses partisans, le patriarche envoyait de Ferney note sur note et fournissait ainsi les matériaux du mémoire destiné à prouver le bien-fondé des réclamations de la troupe comique.

Jabineau de la Voute s'acquitta avec zèle de la mission qui lui était confiée, trop de zèle même, car Voltaire, à qui le Mémoire naturellement fut soumis, dut modérer son enthousiasme et le rappeler avec beaucoup de bon sens au calme et à la modération : « Je vous prie, lui écrivait-il, de ne point mettre dans le projet de Déclaration : « Voulons et nous plaît « que tout gentilhomme et demoiselle puisse repré- « senter sur le théâtre, etc. » Cette clause choquerait la noblesse du royaume. Il semblerait qu'on inviterait les gentilshommes à être comédiens ; une telle déclaration serait révoltante. Contentons-nous d'indiquer cette permission, sans l'exprimer... Il faut tâcher de rendre l'état de comédien honnête et non pas noble[1]. »

Pour bien démontrer combien la condamnation qui pesait sur les comédiens était ridicule, le patriarche engageait M. de la Voute à rappeler qu'à Rome les mathématiciens étaient également frappés par la loi : « Cet exemple, lui mandait-il, me parait décisif ; nos mathématiciens, nos comédiens ne sont

---

1. 4 février 1766.

point ceux qui encoururent quelquefois par les lois romaines une note d'infamie ; certainement cette infamie qu'on objecte n'est qu'une équivoque, une erreur de nom[1]. » Autrement il faudrait excommunier l'Académie des sciences.

Ne doutant plus du succès, Voltaire calculait déjà avec ravissement toutes les conséquences du changement qui se préparait.

« Je renvoie à mes divins anges, écrit-il aux d'Argental, le Mémoire de M. de la Voute pour les Comédiens. La tournure que vous avez prise est très habile. La Déclaration du roi sera un bouclier contre la prêtraille ; elle sera enregistrée, et quand les cuistres refuseront la sépulture à un citoyen, pensionnaire du roi, on leur lâchera le Parlement[1]. »

En même temps il recommandait à Clairon de ne pas se laisser leurrer par de vaines promesses et de rester inébranlable dans sa retraite tant que la Déclaration du roi érigeant la Comédie française en Académie dramatique n'aurait pas été formellement accordée et enregistrée. L'enthousiasme du patriarche était au comble, il touchait enfin au but si ardemment poursuivi depuis tant d'années.

« Ce sera une grande époque dans l'histoire des beaux-arts, s'écrie-t-il, je ne vois nul obstacle à cette Déclaration ; elle est déjà minutée. J'ai été la mouche du coche dans cette affaire. J'ai fourni quelques

1. 4 février 1766.

passages des anciens jurisconsultes en faveur des spectacles, et j'en suis encore tout étonné[1]. »

Jugeant la cause gagnée, Voltaire prenait bien vite les devants pour s'attribuer le beau rôle; il y avait droit en effet, mais un peu moins d'empressement et un peu plus de modestie n'eussent pas été inutiles, comme on ne tardera pas à le voir.

Au moment où tout le monde vivait dans l'attente du grand événement, le solitaire de Ferney adressait à sa « chère Melpomène » une requête que nous nous ferions scrupule de ne pas reproduire, car elle empruntait aux circonstances un caractère vraiment des plus plaisants. Voltaire recourant à l'influence d'une excommuniée pour obtenir une cure en faveur d'un de ses protégés serait assurément un spectacle fort inattendu, si cette époque, fertile en contrastes, ne nous en ménageait de tous les genres.

Il écrivait à Clairon :

« Un drôle de corps de prêtre du pays de Henri IV, nommé Doléac, demeurant à Paris sur la paroisse Sainte-Marguerite, meurt d'envie d'être curé du village de Cazeaux. M. de Villepinte donne ce bénéfice. Le prêtre a cru que j'avais du crédit auprès de vous et que vous en aviez bien davantage auprès de M. de Villepinte; si tout cela est vrai, donnez-vous le plaisir de nommer un curé au pied des Pyrénées à la requête d'un homme qui vous en prie au pied

---

1. 12 février, à Mlle Clairon.

des Alpes. Souvenez-vous que Molière, l'ennemi des médecins, obtint de Louis XIV un canonicat pour le fils d'un médecin.

« Les curés, qui ont pris la liberté de vous excommunier, vous canoniseront, quand ils sauront que c'est vous qui donnez des cures... Je voudrais que vous dispossassiez de celle de Saint-Sulpice.

« Je ne sais pas quand vous remonterez sur le jubé de votre paroisse. Vous devriez choisir, pour votre premier rôle, celui de lire au public la Déclaration du roi en faveur des beaux-arts contre les sots; c'est à vous qu'il appartient de la lire[1]. »

Cependant le travail de Jabineau de la Voute n'eut pas le succès espéré. M. de Saint-Florentin, circonvenu de tous côtés, avait consenti à s'en charger et à le présenter au roi. Il le lut en effet à une réunion du conseil, mais quelqu'un fit observer que les privilèges accordés aux comédiens par Louis XIII n'ayant pas été révoqués, il ne tenait qu'à eux de les faire valoir dans l'occasion. Quant au roi, il dit à M. de Saint-Florentin : « Je vois où vous voulez en venir; les comédiens ne seront jamais sous mon règne que ce qu'ils ont été sous celui de mes prédécesseurs; qu'on ne m'en reparle plus. »

C'est ainsi qu'échouèrent les projets si savamment et si laborieusement préparés.

Fidèle à sa promesse, Clairon ne reparut plus sur

[1]. 30 mars 1766.

la scène[1]. En vain une députation de la Comédie française vint-elle la supplier de se laisser fléchir, la grande actrice fut inébranlable[2]. « La jalousie de mes camarades, dit-elle dans ses *Mémoires*, la folle et barbare administration de mes supérieurs, la facilité que trouvent toujours les méchants à faire de ce public si respectable une bête brute ou féroce à volonté, la réprobation de l'Église, le ridicule d'être Français sans jouir des droits de citoyen, le silence des lois sur l'esclavage et l'oppression des comédiens, m'avoient fait trop sentir la pesanteur, le danger et l'avilissement de mes chaînes pour que je consentisse à les porter plus longtemps. » Et elle ajoutait modestement: « Le moment de ma liberté m'a paru le plus précieux de ma vie. Rentrée dans tous mes droits de citoyenne, je me contente de déplorer le malheur de ceux qui sont encore dans l'esclavage; je me tais et me console, en lisant Épictète, de tous les hasards de la nature et du sort. »

Voltaire éprouva la plus amère déception en apprenant le peu de succès de ses combinaisons. Il se consola en couvrant d'éloges la conduite de Clairon. « Je ne puis, écrivait-il à Mme d'Argental,

[1]. Elle n'avait que quarante-deux ans. On ne la revit plus qu'à la cour et chez quelques grands seigneurs

[2]. On craignait que son départ ne causât la ruine du théâtre; cependant on ne la voyait pas souvent sur la scène; un jour ses camarades lui reprochant ses absences, elle leur répondit avec orgueil: « Il est vrai que je ne joue pas fréquemment, mais une de mes représentations vous fait vivre pendant un mois. »

blâmer une actrice qui aime mieux renoncer à son art que de l'exercer avec honte. De mille absurdités qui m'ont révolté depuis cinquante ans, une des plus monstrueuses, à mon avis, est de déclarer infâmes ceux qui récitent de beaux vers, par ordre du roi. Pauvre nation, qui n'existe actuellement dans l'Europe que par les beaux-arts et qui cherche à les déshonorer[1]. »

Le duc de Richelieu, malgré les pressantes instances du patriarche, ne s'était pas montré favorable aux demandes des Comédiens. Quand la négociation eut échoué, le philosophe écrivit spirituellement à son vieil ami : « Je suis bien fâché pour le public et pour les beaux-arts que vous protégez de voir le théâtre privé de Mlle Clairon, lorsqu'elle est dans la force de son talent. J'y perds plus qu'un autre, puisqu'elle faisait valoir mes sottises... Elle a renoncé à l'excommunication, et moi aussi, car j'ai pris mon congé. Il n'y a que vous qui restez excommunié, puisque vous restez toujours premier Gentilhomme de la chambre disposant souverainement des œuvres de Satan. Il est clair que celui qui les ordonne, est bien plus maudit que les pauvres diables qui les exécutent[2]. »

Le premier soin de Clairon après avoir quitté le théâtre, et être ainsi rentrée dans le giron de l'Église,

---

1. 13 avril 1766.
2. 17 mai 1765.

fut de jouir avec éclat des droits qui lui avaient été si longtemps refusés; elle saisit avec empressement l'occasion de se montrer un dimanche à l'église de Saint-Sulpice. « Vous m'enchantez de me dire que Mlle Clairon a rendu le pain bénit, mande Voltaire à d'Alembert, on aurait bien dû la claquer à Saint-Sulpice. Je m'y intéresse d'autant plus, moi qui vous parle, que je rends le pain bénit tous les ans avec une magnificence de village[1]. »

Il faut bien le dire, si les comédiens avaient trouvé de chaleureux appuis, le roi en repoussant leur demande, se faisait l'interprète de l'opinion publique, qui ne pouvait concevoir qu'un comédien devînt l'égal de tous les citoyens.

« Quelle étoit donc leur prétention, s'écrie Collé, faisant allusion aux récentes et infructueuses tentatives, d'être déclarés citoyens? Ils le sont, mais comme il est juste, dans un ordre inférieur aux autres... Quand les comédiens auroient obtenu des lettres patentes du roi pour être au niveau des autres citoyens, quand ces lettres auroient été enregistrées au Parlement, le roi et le Parlement auroient-ils par là détruit l'opinion publique? En seroient-ils restés moins infâmes dans l'idée de toute notre nation? En supposant même que ce soit un préjugé, son extinction peut-elle être opérée par des lettres patentes et par l'arrêt qui les enregistre? »

1. 1er juillet 1766.

Non content de témoigner aux « histrions » en quelle piètre estime il les tient, Collé éprouve encore le besoin de rabaisser leur art et la façon dont ils l'exercent en empruntant au règne animal les moins obligeantes comparaisons.

« J'ai, dit-il, quelques petites observations à faire sur ce titre ambitieux d'*Académie dramatique*; les perroquets, sous le prétexte qu'il rendent les idées des hommes en les estropiant, ont-ils jamais pu porter leurs prétentions jusqu'à être déclarés hommes, et à nous vouloir faire croire qu'ils pensent? La plus grande partie des comédiens est dans le cas de ces petits oiseaux charmants, et plus souvent encore dans la classe des singes, par leur imitation, leur libertinage et leur malfaisance[1]. »

Et l'auteur se félicite en terminant que le gouvernement ait eu la sagesse de repousser un projet dont la réalisation n'aurait fait qu'augmenter la corruption des mœurs.

Le préjugé contre les comédiens était si fort, si enraciné, que Voltaire lui-même, qui s'en moquait avec tant d'esprit, en subissait l'influence. En 1761, dans un de ces accès de sensibilité assez fréquents chez lui, le patriarche avait adopté une nièce[2] du grand Corneille. En 1765, grâce à l'intermédiaire des

1. Collé, avril 1766.
2. A proprement parler, Mlle Corneille était la petite-fille d'un oncle du grand Corneille.

d'Argental et de Mlle Clairon, il fut question d'un mariage pour la jeune fille. Les négociations étaient déjà assez avancées lorsque Voltaire apprit que le futur, M. de Cormont, se trouvait dans une situation de fortune plus que précaire. Le mariage fut rompu.

« Toute cette aventure a été assez triste, écrit le philosophe à d'Argental. Il est vraisemblable que M. de Cormont a toujours caché à M. de Valbelle et à Mlle Clairon l'état de ses affaires, sans quoi nous serions en droit de penser que ni l'un ni l'autre n'ont eu pour nous beaucoup d'égards. Nous serions d'autant plus autorisés dans nos soupçons, que Mlle Clairon ayant dit qu'elle allait marier Mlle Corneille, Lekain nous écrivit qu'elle épousait un comédien et nous en félicitait. J'estime les comédiens quand ils sont bons, et je veux qu'ils ne soient ni infâmes dans ce monde, ni damnés dans l'autre; mais l'idée de donner la cousine de M. de la Tour du Pin à un comédien est un peu révoltante, et cela paraissait tout simple à Lekain[1]. »

Cette question de la réhabilitation des acteurs avait fait tellement de bruit que tout le monde s'en occupait et que les combinaisons les plus étranges germaient dans certaines têtes.

Pour remédier « à l'inconvénient de la roture et de l'infamie des gens de théâtre », un auteur dé-

[1]. 10 janvier 1765.

mandait sérieusement qu'on n'admit dans les troupes comiques que des gentilshommes ou des demoiselles bien titrées, à l'imitation des chapitres de Lyon, de Strasbourg, de Remiremont, et de l'Ordre de Malte.

En 1769, une idée non moins ridicule fut mise en avant. Dans sa *Dissertation sur les spectacles*, M. Rabelleau insistait pour qu'on fît de la profession de comédien une espèce de milice que chaque citoyen serait obligé d'exercer avant d'être admis à aucune charge publique à la cour, dans le ministère et dans la magistrature. L'auteur reprochait aux comédiens d'être la cause de la corruption des théâtres, et en modifiant le recrutement il espérait moraliser la scène et les coulisses. Malheureusement cet ingénieux projet n'eut pas de suite.

1. Fréron, *Année littéraire*, 8 octobre 1760.

XX

RÈGNE DE LOUIS XV (suite)

Sommaire : Passion générale pour les spectacles. — Scènes particulières. — Le clergé se montre au théâtre. — Succès des comédiens dans le monde. — Leur intimité avec la noblesse. — Flatteries dont ils sont l'objet. — Leurs bonnes fortunes. — Maladie de Molé.

Après les incidents que nous venons de raconter, les comédiens comprirent qu'ils n'avaient plus rien à espérer ; ils se résignèrent donc et courbèrent la tête sous le double anathème qui les frappait.

Il est vraiment étrange que l'opinion publique se soit montrée si hostile à leur réhabilitation. C'est en effet à l'époque où le préjugé attaché à leur profession règne avec le plus de force ; c'est à l'époque où les condamnations civiles et canoniques pèsent sur eux le plus durement, que le théâtre et ses interprètes jouissent d'une vogue incomparable.

Voyons quel accueil recevaient dans le monde et même près du clergé ces hommes hors la loi et excommuniés, voyons comment on traitait « l'art funeste » qu'ils exerçaient.

Le goût des spectacles est devenu dominant en France. Les théâtres publics ne suffisant plus à l'enthousiasme général, les scènes de société se multiplient; à la cour, à l'armée, dans les châteaux, dans les couvents, dans les maisons particulières, partout la fièvre dramatique sévit avec intensité. « La fureur incroyable de jouer la comédie gagne journellement, dit Bachaumont, et malgré le ridicule dont l'immortel auteur de la *Métromanie* a couvert tous les histrions bourgeois, il n'est pas de procureur qui, dans sa bastide, ne veuille avoir des tréteaux et une troupe[1]. »

Mme de Pompadour a donné l'exemple en créant le théâtre des Petits-Cabinets en 1747. Comédie, vaudeville, opéra, ballet, tous les genres y figurent successivement, et la favorite s'y fait applaudir par la finesse de son jeu et l'éclat de son chant. La plus haute noblesse interprète les rôles; les ducs de Chartres, d'Ayen, de Coigny, de Duras, de Nivernais, de la Vallière, jouent avec le plus grand succès; la duchesse de Brancas, la marquise de Livry, Mme de Marchais donnent la réplique à la royale courtisane.

A Bagnolet, chez le duc d'Orléans, les représentations sont continuelles. Le duc excelle dans les rôles de paysan et de financier; sa maîtresse, Mme de Montesson, déploie un véritable talent et l'on s'ac-

1. *Mémoires secrets*, 17 novembre 1770.

corde à dire qu'elle ne serait pas déplacée à la Comédie française. La marquise de Crest, la comtesse de Lamarck, le vicomte de Gand, le comte de Ségur, le comte de Bonnac-Donnezan, forment la troupe habituelle. C'est à Bagnolet que l'on joue pour la première fois *le Roi et le Meunier* et la *Partie de Chasse de Henri IV*, de Collé[1].

On peut encore citer les théâtres du prince de Conti au Temple et à l'Isle-Adam, de la duchesse de Bourbon à Chantilly, de la duchesse de Mazarin à Chilly, du maréchal de Richelieu à l'hôtel des Menus, etc., etc.; la liste en est innombrable. A Paris seulement on comptait plus de 160 scènes particulières.

Toutes les classes de la société étaient envahies par cette manie du théâtre. La Popelinière donnait dans son magnifique château de Passy des fêtes qui sont restées célèbres. Qui ne se rappelle les représentations de la *Chevrette* où Mme d'Épinay brillait d'un si vif éclat et où Rousseau fit ses débuts. M. de

---

1. Collé composait pour le théâtre de Bagnolet des pièces d'une grivoiserie extrême et qu'il eût été impossible de présenter sur un théâtre public. La *Partie de chasse* fut jouée cependant, mais interdite aussitôt; il est vrai qu'on la donna en province, où les échevins, chargés de la police et des spectacles, se montraient moins sévères. Collé composa encore pour la scène de Bagnolet *le Berceau*, tirée d'un conte de la Fontaine. Il y avait trois lits sur le théâtre pour six personnes. La pièce fut accueillie avec beaucoup de froideur; c'est ce qui engagea un des spectateurs à dire au duc d'Orléans : « Monseigneur, je crois qu'il faudrait bassiner tous ces lits-là. »

Magnanville, qui succéda aux d'Épinay, hérita de leur goût pour l'art dramatique.

Les courtisanes en renom auraient cru déroger en ne se mettant pas au goût du jour. Les demoiselles Verrières, « les Aspasies du siècle », avaient théâtre à la ville et à la campagne; les représentations qu'elles donnaient attiraient une énorme affluence et l'on voyait chez elles toute la haute société; il y avait même des loges grillées pour les grandes dames et les abbés qui, par un reste de pudeur, voulaient voir sans être vus. Colardeau, Laharpe fournissaient les pièces inédites qu'interprétaient les amis de la maison. Les théâtres de la Guimard, dirigés par Carmontelle, ne jouissaient pas d'une moins grande réputation.

Cette rage dramatique avait pris de telles proportions qu'on voyait dans les garnisons des officiers jouer la comédie pour se distraire et même figurer avec des actrices. Ils firent plus encore; désireux de déployer leurs talents à Paris, ils louèrent la salle d'Audinot aux boulevards et y jouèrent deux opéras comiques, *le Déserteur* et *les Sabots*[1]. Mais le duc de Choiseul, trouva la plaisanterie fort indécente, et il fut à l'avenir interdit à tout officier de paraître sur les scènes de société[2].

Les comédies dans les collèges avaient continué

1. Le 19 décembre 1770.
2. Cette interdiction fut prononcée en 1772 par le marquis de Monteynard, ministre la guerre.

avec le plus grand succès depuis la Régence, mais en 1765, peu après l'expulsion des jésuites, le Parlement, redoutant pour la jeunesse le goût des distractions mondaines, défendit formellement aux écoliers de représenter ni comédie ni tragédie[1]. L'arrêt fut peu respecté. Les séminaires, les communautés religieuses, les couvents même de jeunes filles[2], donnaient fréquemment des représentations dramatiques.

L'enthousiasme excessif que l'on éprouvait pour les théâtres particuliers s'explique fort aisément. Outre l'agrément de jouer la comédie entre soi et de déployer sur la scène des talents variés, on pouvait encore, grâce à cette ingénieuse innovation, donner des spectacles même dans les temps défendus, et alors que les théâtres publics étaient rigoureusement fermés. De plus, on pouvait y représenter des pièces d'une extrême licence et que la police n'aurait jamais tolérées sur une scène publique. La grivoiserie, qui faisait le fond du répertoire de société, devenait un attrait de plus et donnait une vogue immense à ce genre de spectacle[3].

1. Article 49 de l'arrêt du Parlement du 29 janvier 1765 portant règlement pour les collèges.
2. A l'Abbaye-aux-Bois on jouait *Polyeucte*, *Esther* le *Cid*, la *Mort de Pompée*; on donnait le ballet d'*Orphée et Eurydice*, etc., interprétés par les pensionnaires. (*Histoire d'une grande dame au dix-huitième siècle*, par Lucien Perey, 1887.)
3. L'archevêque de Paris, M. de Beaumont, fit interdire cependant à plusieurs reprises certaines représentations par trop scan-

La plus brillante société se pressait à ces réunions ; grands seigneurs, grandes dames, y accouraient en foule, et les membres du clergé ne s'y montraient pas les moins assidus. Il en résultait même quelquefois pour eux des mésaventures assez fâcheuses, mais elles n'avaient pas le don de leur inspirer plus de retenue[1]. A un spectacle particulier chez la comtesse d'Amblimont, assistaient plusieurs prélats et parmi eux l'évêque d'Orléans, M. de Jarente, qui tenait la feuille des bénéfices. Le duc de Choiseul lui présenta deux jeunes abbés en le priant d'écouter leur requête ; l'évêque, séduit par la grâce et la réserve des postulants, leur promit tout ce qu'ils demandaient, et avant de les quitter leur donna une fraternelle accolade. Mais quelle fut sa stupéfaction en revoyant quelques instants plus tard sur la scène deux actrices charmantes qui ressemblaient à s'y tromper à ses protégés. Une petite parade où sa méprise était racontée et les rires de l'assistance, qu'on avait mise dans la confidence, ne lui laissèrent bientôt plus le moindre doute[2]. Il fut le premier à rire de la raillerie[3].

daleuses. Cette intervention de l'Église jusque dans le domicile privé est à signaler.

1. A une époque où les évêchés se distribuaient comme les régiments et où la vocation était la chose dont on s'occupait le moins, on ne peut trouver étonnant de voir la conduite des prélats ne pas différer sensiblement de celle des grands seigneurs.

2. Tout Paris sut l'aventure ; on en fit une farce intitulée le *Ballet des abbés* ; elle fit rage sur les théâtres particuliers.

3. M. de Jarente ne se contentait pas d'aimer le théâtre, il

Le clergé, on le voit, n'avait pas résisté à la contagion, mais ce n'était pas seulement dans les spectacles de société qu'il se montrait, on le rencontrait aussi aux théâtres publics.

« On a beau le défendre, dit un auteur du temps, peut-on espérer que le clergé n'ira point au spectacle, lorsque de toutes parts on lui en ouvre l'entrée, on lui en fournit l'occasion, on l'invite, on le presse, on le force presque d'y venir? A Paris, le monde a formé dans le clergé une foule d'élèves intrépides et aguerris contre les bienséances, les canons et la religion. Qui connoît mieux les anecdotes théâtrales, qui y fournit plus de matière, qui lit plus régulièrement les pièces, juge plus hardiment, prononce plus décisivement, qui sent, qui goûte mieux le jeu des acteurs et les grâces des actrices, que ceux que leur état devroit y rendre les plus étrangers? Pour les pièces de communauté ou de collège, ce sont les spectateurs les plus bénévoles et les meilleurs acteurs. »

Pendant tout le dix-huitième siècle les abbés tonsurés fréquentent régulièrement l'Opéra et la Comédie. Tous cependant n'osaient pas s'y montrer, et beaucoup prenaient un déguisement pour s'y rendre.

---

aimait aussi ses interprètes, et il prodigua à la Guimard des preuves indiscutables du vif intérêt qu'il lui portait. On prétend même qu'il l'enrichit des deniers de la feuille des bénéfices. La danseuse était fort maigre; c'est ce qui faisait dire à Sophie Arnould : « Je ne sais pas comment cette chenille est si maigre; elle vit cependant sur une si bonne feuille. »

L'abbé de Montempuis y fut rencontré en demoiselle et puni par l'interdiction et l'exil. D'autres s'y rendaient dans des loges grillées où ils se trouvaient à l'abri des regards curieux et malins; ils évitaient ainsi les railleries que les spectateurs ne leur ménageaient pas. Les anecdotes sur les rapports des abbés et du parterre abondent.

Un soir, à l'Opéra, un abbé, escortant deux jeunes et jolies femmes, se fait ouvrir la loge du maréchal de Noailles, qui passait pour malheureux à la guerre. A peine sont-ils installés que le maréchal se présente et réclame sa loge; une altercation s'élève, lorsque tout à coup l'abbé s'adressant au parterre, qui suivait la discussion avec intérêt, s'écrie : « Messieurs, je vous fais juges de la question. Voici M. le maréchal de Noailles qui n'a jamais pris de places et qui veut aujourd'hui prendre la mienne? Dois-je lui céder? » « Non, non, » répond le parterre enchanté de la raillerie, et le maréchal sifflé est contraint de se retirer.

A une représentation d'*Abdilly*, de Mme Riccoboni, le parterre aperçut un abbé aux premières loges et se mit à dire : « A bas monsieur l'abbé, à bas! » Comme la clameur augmentait, l'interpellé se leva et dit fort poliment : « Pardon, messieurs, mais la dernière fois que je fus me placer parmi vous, on me vola ma montre; j'ai mieux aimé payer ma place plus cher et moins risquer. » Le parterre n'insista pas.

A la première de *Brutus*, un abbé s'était placé sur le devant d'une loge, bien qu'il y eût des dames derrière lui. Le parterre galant s'indigna du procédé et s'écria avec persistance « Place aux dames! à bas la calotte! » A la fin, impatienté, l'abbé prit sa calotte et la jeta au milieu du parterre en disant : « Tiens, la voilà la calotte, tu la mérites bien! » Et le parterre d'applaudir.

On s'explique difficilement comment une société qui éprouvait pour le théâtre une passion aussi violente, et qui lui accordait une si large place dans son existence, pouvait infliger à ses interprètes les traitements humiliants et rigoureux dont nous avons fait un rapide exposé.

Mais tout était contradiction à cette époque; ces mêmes hommes qu'on excommuniait et qu'on traitait en parias, jouissaient en même temps d'un incroyable crédit et étaient l'objet d'un engouement qui dépasse toute description. L'un n'était pas plus justifié que l'autre, et l'on peut dire à bon droit qu'ils ne méritaient

Ni cet excès d'honneur, ni cette indignité.

Les illustres comédiens qui succédèrent à Baron dans la première moitié du dix-huitième siècle ne jouirent pas dans la société d'une situation inférieure à celle qu'il avait occupée. Mlle Quinault[1] réunissait

---

1. Jeanne-Françoise Quinault (1699-1783) se retira du théâtre en 1741. Elle est restée célèbre par ses dîners du *bout du*

à sa table tout ce que la noblesse et la littérature comptaient de célébrités. Son salon, où se rencontraient les encyclopédistes, fut longtemps fort à la mode; on y voyait parmi les plus fidèles Voltaire, Marivaux, le comte de Caylus, d'Alembert, J.-J. Rousseau, etc.

Adrienne Lecouvreur était tellement recherchée de la bonne société qu'elle ne pouvait suffire aux invitations qu'elle recevait, et qu'elle se plaignait que les duchesses, par leurs assiduités, vinssent troubler sa vie paisible et retirée. Sa maison était le rendez-vous des hommes les plus remarquables dans les lettres, dans les arts, dans les armes. Elle possédait à la cour une véritable influence, qu'elle employait au service de ses amis.

Un critique de l'époque a spirituellement dépeint l'ardente curiosité qu'excitaient les gens de théâtre.

« Les papiers publics en font chaque semaine une honorable mention; les Mercures, les affiches, les journaux, les feuilles de Desfontaines, de Fréron, de la Porte, transmettent à la postérité les événements importants du monde dramatique; on célèbre le début d'une actrice, les hommages poétiques de ses amants, les compliments d'ouverture et de clôture[1];

---

banc. Elle mourut dans son salon en causant et, suivant l'expression de J. Janin, « ensevelie dans ses dentelles ».

1. Au commencement et à la fin de l'année théâtrale, il était d'usage de faire adresser un compliment au public par un des acteurs. Cette vieille coutume subsista jusqu'en 1791.

on détaille avec soin les beautés, les défauts, les succès, les revers de chaque pièce; on en présente à toute la France de longs morceaux avec les noms fameux de Valère et de Colombine. Ces histoires intéressantes sont lues avec avidité et c'est la seule partie de ces feuilles que parcourt la moitié des lecteurs... Ajoutons cette foule d'almanachs, de tablettes, d'histoires, de dictionnaires de théâtre, cette inondation de programmes et d'affiches qui parent les carrefours et arrêtent les passants par leurs couleurs et leurs vignettes, ces listes innombrables d'acteurs, de danseurs, de sauteurs, de chanteurs, qui apprennent au public, comme une chose de la dernière importance, qu'un tel à joué le rôle de Scaramouche, une telle celui de soubrette, que celui-ci a chanté une ariette, celui-là dansé un pas de trois[1]. Les affaires de l'État n'occupèrent jamais tant d'imprimeurs, de colporteurs et de lecteurs. Il y a cinquante ans que le seul soupçon d'une fortune si éclatante eût été pris pour une injure; on rendait encore justice au métier de comédien, on le méprisait; aujourd'hui, c'est un état brillant dans le monde : un acteur est un homme de conséquence, ses talents sont précieux, ses fonctions glorieuses, son ton imposant, son air avantageux; on est trop heureux de l'avoir, on se l'arrache. Les pièces dramatiques font les dé-

1. Ce n'est cependant qu'en 1791 que l'on prit l'habitude d'afficher les noms des acteurs qui jouaient dans la représentation du soir.

lices des gens de goût, nulle fête n'est bien solennisée sans elles ; un gazetier raconte sans rougir, mais non pas sans rire : « On a assisté au *Te Deum*, à la « messe, au sermon ; de là, on est allé à la Comédie. »

Cette passion effrénée pour le spectacle amena forcément des rapports constants entre les comédiens et la noblesse, la bourgeoisie, la finance. Non seulement toutes ces troupes nobles ou bourgeoises, remplies d'inexpérience et d'ignorance, devaient sans cesse recourir à la science des comédiens, mais fort souvent encore elles étaient obligées de confier certains rôles trop importants ou trop difficiles à des artistes de profession. La promiscuité devint bientôt complète, et l'on vit les représentants les plus illustres de la noblesse française figurer sur la scène avec les interprètes ordinaires de Voltaire et de Molière, on vit les femmes les plus titrées donner sans vergogne la réplique aux actrices de la Comédie française et de l'Opéra.

En dehors même du prestige et de la séduction toujours exercée par les gens du théâtre sur les gens du monde, ces rapports de tous les jours amenaient une intimité forcée et une familiarité qui devint promptement excessive. Ces excommuniés, ces « histrions » frappés d'infamie et hors la loi, n'avaient pas de meilleurs amis que les membres de l'aristocratie et ils en recevaient sans cesse des témoignages d'estime et d'affection.

Le roi les comble de cadeaux ; à chaque instant

il 'eur accorde des pensions sur sa cassette particulière; son exemple est suivi par plus d'un grand seigneur; le prince de Condé donne plus de 50 000 livres à la seule troupe des Français. Richelieu offre à Molé un costume qui valait 10 000 livres. Le baron d'Oppède fait présent à Fleury[1] d'un habit qu'il n'avait porté qu'une fois et qu'il avait payé 18 000 livres. Lors de ses débuts à la Comédie française, Mlle Raucourt reçoit de Mme du Barry un magnifique costume de théâtre. Les princesses de Beauvau, de Guéménée, la duchesse de Villeroy, imitent l'exemple de la favorite. Presque toutes les dames de la cour envoient à la jeune comédienne les robes merveilleuses qu'elles avaient portées aux fêtes du mariage du Dauphin. Ces dons, qui de nos jours pourraient paraître singuliers, étaient au contraire fort appréciés et n'impliquaient aucune idée fâcheuse.

Mlle Clairon, qui régnait en souveraine reconnue et respectée de la Comédie française, reçut des honneurs qui auraient troublé et fait sombrer une modestie plus solide encore que la sienne. Non seulement elle voyait toute la cour à ses pieds, les hommes de lettres la couvrir d'éloges et de fleurs, Voltaire lui-même en des vers éloquents transmettre à la postérité l'admiration qu'elle lui inspirait, mais encore de grandes dames, telles que la duchesse

---

1. Fleury, comédien français (1751-1822).

de Villeroy, la princesse Galitzin[1], la princesse Radziwill, Mme de Sauvigny, etc., se faire un titre de gloire de son amitié, et Mme Necker, l'austère Mme Necker elle-même, ne lui ménager ni les caresses ni les flatteries.

Elle dominait sur la littérature comme au théâtre. N'est-ce pas chez elle qu'au milieu d'une auguste réunion a lieu, en 1772, l'apothéose de Voltaire? Vêtue en prêtresse d'Apollon et voilée de l'antique péplum, elle se présente une couronne de lauriers à la main; puis après avoir récité avec l'air de l'inspiration et le ton de l'enthousiasme une ode de Marmontel, elle couronne en grande pompe le buste du solitaire de Ferney. Et le vieux philosophe ravi de tant d'honneurs riposte aussitôt :

>   Les talents, l'esprit, le génie,
>   Chez Chiron sont très assidus;
>   Car chacun aime sa patrie.
>   . . . .
>   Vous avez orné mon image
>   Des lauriers qui croissent chez vous;
>   Ma gloire en dépit des jaloux
>   Fut en tous les temps votre ouvrage.

On épuisa pour elle toutes les formes de l'adulation. Le fameux Garrick fit graver une estampe où elle était représentée recevant de Melpomène une

[1]. Femme du ministre plénipotentiaire de Russie à la cour de Vienne.

couronne de lauriers; comme légende se trouvait ce quatrain :

> J'ai prédit que Clairon illustreroit la scène,
> Et mon espoir n'a point été déçu;
> Elle a couronné Melpomène,
> Melpomène lui rend ce qu'elle en a reçu.

Les fanatiques de l'actrice firent aussitôt frapper des médailles d'après l'estampe de Garrick, et ils instituèrent « l'ordre de la Médaille » dont ils se décorèrent[1].

La princesse Galitzin chargea Carle Vanloo de peindre la tragédienne en Médée, traversant les airs sur son char magique, et montrant à son perfide époux ses enfants égorgés à ses pieds. Le tableau terminé, elle en fit don à son amie et il fut exposé au salon du Louvre, à côté de ceux de la famille royale. Le roi, voulant également accorder à Clairon un témoignage de sa satisfaction, ordonna que le tableau serait gravé à ses frais et il lui fit cadeau de la planche[2]. Quand l'estampe parut, ce fut une véritable fureur pour la posséder, bien qu'elle coûtât un louis.

Paris était inondé d'épîtres, d'odes, de stances à la gloire de l'actrice, et ses admirateurs, désireux

---

1. Bachaumont.
2. Il donna également à l'actrice un cadre magnifique et qui coûtait plus de cinq mille livres. Plus tard le cadre et le tableau furent offerts au margrave d'Anspach, par Clairon elle-même.

de transmettre à la postérité un monument durable de leur enthousiasme, firent composer un recueil de tout ce qui avait été écrit et fait en son honneur.

Ce n'était pas seulement à la ville que les gens de théâtre recueillaient ces témoignages éclatants de la faveur dont ils étaient l'objet; au cours de leurs représentations, on ne leur ménageait ni les encouragements ni les applaudissements : « Les moindres lueurs de talents qu'ils annoncent, dit M. de Querlon, excitent une chaleur qui fait assiéger toutes les entrées du théâtre avec un empressement forcené, ou plutôt avec une fureur que les gens rassis ne peuvent considérer sans étonnement[1]. »

Lorsque Lekain parut pour la première fois sur la scène française, il souleva un enthousiasme indescriptible et en même temps des protestations sans nombre : « Tout Paris, dit Grimm, a pris parti pour ou contre et s'est passionné pour cet acteur comme

[1]. Déjà à cette époque les billets faisaient l'objet d'un commerce qui soulevait les plus violentes réclamations. On lit dans les *Anecdotes dramatiques* à propos de la première représentation de *Timoléon* (1764) : « Les jours de pièces nouvelles, il se commet un monopole criant sur les billets du parterre. Il est de fait qu'aujourd'hui, à *Timoléon*, on n'en a pas délivré la sixième partie au guichet. On voyoit de toutes parts les garçons de café, les Savoyards, les cuistres du canton, rançonner les curieux, et agioter sur nos plaisirs. Les plus modérés vouloient tripler leur mise, et le taux de la place étoit depuis trois livres jusqu'à six francs. Le magistrat qui préside à la police ignore sans doute ce désordre qui ne peut provenir que d'une intelligence sourde entre les subalternes de la Comédie et les agents de leur cupidité. »

on se passionnait autrefois à Rome pour les pantomimes. »

Les débuts de Mlle Raucourt[1] plongèrent Paris dans une véritable ivresse. La jeune actrice était à peine âgée de dix-sept ans, grande, bien faite, de la figure la plus intéressante; son jeu plein de noblesse et d'intelligence souleva des applaudissements frénétiques; le public riait et pleurait tout à la fois, enfin le délire devint tel que les gens s'embrassaient sans se connaître. Le soir même, la nouvelle de ce grand événement se répandait dans la capitale, et le nom de Raucourt était dans toutes les bouches. « Elle sera la gloire immortelle du Théâtre français, s'écrie Grimm. » « C'est un vrai prodige, propre à faire crever de dépit toutes ses concurrentes les plus consommées, » dit Bachaumont.

Les mêmes transports se renouvelèrent les jours suivants; loin de diminuer, ils ne faisaient qu'augmenter.

Quand la débutante devait paraître, les portes de la Comédie étaient assiégées dès le matin : « On s'y étouffait, les domestiques qu'on envoyait retenir des places couraient risque de la vie, on en emportait chaque fois plusieurs sans connaissance, et l'on prétend qu'il en est mort des suites de leur intrépidité. » On faisait sur les billets l'agiotage le plus effréné. Grimm raconte qu'il entendit une vieille matrone

---

[1]. Mlle Raucourt (1756-1815) débuta le 23 décembre 1772,

dire à la vue de cette horrible bagarre : « N'ayez pas peur, s'il était question du salut de leur patrie, ils ne s'exposeraient pas ainsi. » Et le critique ne peut s'empêcher de faire quelques réflexions philosophiques et peu consolantes sur un peuple « qui se passionne à cet excès pour un acteur ou pour une actrice[1]. »

Faut-il rappeler les succès de Jelyotte[2], qui dès ses débuts à l'Opéra devint l'idole du public : « Il faisoit les délices de la cour et de la ville ; dès qu'il chantoit il se faisoit un silence involontaire qui avoit quelque chose de religieux... Il vivoit dans la plus grande compagnie, ne s'attachant qu'à ce qui étoit du plus haut parage[3]. »

« On tressailloit de joie dès qu'il paroissoit sur la scène, raconte Marmontel ; on l'écoutoit avec l'ivresse du plaisir, et toujours l'applaudissement marquoit les repos de sa voix... Les jeunes femmes en étoient folles : on les voyoit à demi-corps élancées hors de leurs loges, donner en spectacle elles-mêmes l'excès de leur émotion, et plus d'une, des plus jolies, vouloit bien la lui témoigner... Il jouissoit dans les bureaux et les cabinets des ministres d'un crédit très considérable... Homme à bonnes fortunes autant et plus qu'il n'auroit voulu être, il étoit re-

---

1. Grimm, *Corresp. littér.*, janvier 1775.
2. Célèbre chanteur de l'Opéra, il prit sa retraite en 1756 et mourut en 1797.
3. *Mémoires* de Dufort, comte de Cheverny.

nommé pour sa discrétion, et de ses nombreuses conquêtes on n'a connu que celles qui ont voulu s'afficher. »

Personne en effet plus que les comédiens n'était de mode auprès des femmes du monde. Si Jelyotte fut souvent heureux, beaucoup de ses camarades de théâtre n'eurent rien à lui envier. Peut-être furent-ils moins discrets, mais la liste serait longue si l'on voulait citer tous ceux dont les aventures retentissantes ont fourni matière à la chronique scandaleuse de l'époque.

La princesse de Robecq, fille du maréchal de Luxembourg, ne cachait nullement la passion qu'elle éprouvait pour Larrivée, le chanteur[1].

Clairval, de la Comédie italienne, était la coqueluche de toutes les femmes et il est resté célèbre par ses succès galants, plus encore que par ceux qu'il obtenait sur la scène. Il avait débuté dans la vie par être garçon-perruquier, mais ses admiratrices, ne pouvant supporter cette idée, s'imaginèrent de le faire descendre d'une ancienne maison d'Écosse[2].

La comtesse de Stainville s'éprit de Clairval au

---

[1]. Larrivée (1733-1802). Son seul défaut était de chanter du nez. Un jour un plaisant du parterre s'écria : « Voilà un nez qui a une superbe voix. »

[2]. Clairval (Jean-Baptiste Guignard dit) (1737-1795). On avait écrit ces vers sous un de ses portraits :

> Cet auteur minaudier et ce chanteur sans voix
> Écorche les auteurs qu'il rasoit autrefois.

point de s'afficher sans réserve[1]. Le mari[2] ferma longtemps les yeux, ainsi qu'il était de bon ton à l'époque[3]; mais un soir, rentrant à l'improviste chez

1. Lauzun, qui avait précédé Clairval dans les bonnes grâces de la comtesse et qui s'était vu quitter pour le comédien, raconte avec une naïveté charmante les débuts de cette liaison dont il faisait les frais : « Trouvant un jour la comtesse baignée de larmes et dans l'état le plus déplorable, je la pressai tellement de me dire ce qui causoit ses peines, qu'elle m'avoua, en sanglotant, qu'elle aimoit Clairval, et qu'il l'adoroit. Elle s'étoit dit mille fois inutilement tout ce que je pouvois lui dire contre une inclination si déraisonnable, et dont les suites ne pouvoient qu'être funestes. J'entrepris de la ramener à la raison ; je la prêchois, je la persuadois de renoncer à lui, elle me donnoit des paroles qu'elle ne tenoit pas. J'étois douloureusement affligé de voir se perdre une personne qui m'étoit aussi chère. Je fus trouver Clairval : je lui fis sentir tous les dangers qu'il couroit, et tous ceux qu'il faisoit courir à Mme de Stainville. Je fus content de ses réponses : elles furent nobles et sensibles : « Monsieur », me dit-il, « si je courois seul des risques, un regard de Mme de Stain-« ville payeroit ma vie ; je me sens capable de tout supporter « pour elle sans me plaindre ; mais il s'agit de son bonheur, de « sa tranquillité, dites-moi le plan de conduite que je dois sui-« vre et soyez sûr que je ne m'en écarterai pas. » Il ne tint pas mieux ses promesses. » (*Mémoires* de Lauzun).
2. Stainville (Jacques de Choiseul, comte de) ; il était frère du duc de Choiseul et devint maréchal de France en 1782. Il épousa Thomasse Thérèse de Clermont-Resnel, à peine âgé de quinze ans ; elle avait une grande fortune et une figure charmante. Tout fut réglé pendant que M. de Choiseul était encore à l'armée ; on lui envoya l'ordre de revenir et on le maria six heures après son arrivée à Paris.
3. On cite à ce propos un bon mot de Caillot, camarade de Clairval. Ce dernier n'était pas très rassuré sur les conséquences de sa liaison avec Mme de Stainville et il consultait Caillot sur le parti qu'il avait à prendre : « M. de Stainville, lui disait-il, me menace de cent coups de bâton si je vais chez sa femme. Madame m'en offre deux cents si je ne me rends pas à ses or-

sa maitresse, Mlle Beaumesnil, de l'Opéra, il y trouva installé l'inévitable Clairval. Cette fois, c'en était trop; être trompé par sa femme, passe encore, mais être trahi par sa maitresse avec l'amant de sa femme, voilà qui devenait du dernier mauvais goût. Par un sentiment d'équité qu'on appréciera, le comte fit expier à Mme de Stainville l'infidélité de Mlle Beaumesnil. Usant de ses droits, il fit enfermer la comtesse dans un couvent; elle y tomba dans la plus haute dévotion. Quant à la comédienne, indignée de la conduite de son amant, elle déclara qu'elle ne le reverrait de sa vie, ne voulant pas qu'on pût la soupçonner d'avoir eu part à l'iniquité qu'il avait commise.

Deux femmes du monde, l'une Française, l'autre Polonaise, se disputaient les bonnes grâces de Chassé. Elles se battirent au pistolet au bois de Boulogne; la Française fut blessée et enfermée dans un couvent. Pendant que le duel avait lieu, Chassé, étendu sur une chaise longue, se désolait d'inspirer de telles passions. Louis XV lui fit dire par Richelieu de cesser cette comédie : « Dites à Sa Majesté, répondit Chassé, que ce n'est pas ma faute, mais celle de la Providence, qui m'a créé l'homme le plus aimable du royaume. » « Apprenez, faquin, riposta le duc, que vous ne venez qu'en troisième; je passe après le roi. »

dres. Que faire? » « Obéir à la femme, répondit Caillot sans hésiter; il y a cent pour cent à gagner. »

Tout ce qui concernait les comédiens passionnait Paris, les moindres incidents de leur existence passaient de bouche en bouche et devenaient l'événement du jour. En 1765, lorsque Clairon prit sa retraite, pendant plus d'un mois il ne fut bruit dans la capitale que de cette fatale disgrâce. En 1769, quand Sophie Arnould voulut se retirer, l'émoi ne fut pas moindre. Les gens de la cour et du plus haut parage intervinrent; à force de soins et d'habileté, ils finirent par amener une réconciliation entre l'actrice et les directeurs de l'Opéra.

On s'intéressait à la santé des comédiens comme on aurait pu le faire à celle des plus illustres personnages.

Le 14 avril 1760, on rouvrit le Théâtre français par l'*Orphelin de la Chine*; on fit le compliment d'usage et en annonçant le rétablissement de la santé de Préville, qui venait d'être souffrant, l'orateur ne craignit pas de dire : « Une maladie cruelle vous a privés longtemps d'un acteur comique que vous aimez, j'oserais dire que vous adorez, et que vous reverrez bientôt avec transport. » Aussitôt les applaudissements éclatèrent, les battements de pieds et de mains furent universels, et recommencèrent à plusieurs reprises pour bien témoigner l'approbation que le public donnait à ces paroles d'une si rare outrecuidance.

Quand en 1766, après une assez longue absence causée par la maladie, Lekain reparut sur la scène,

le public fit éclater des transports de joie indicibles ;
on lui fit l'application des quatre premiers vers de
son rôle du comte de Warwick [1].

> Je ne m'en défends pas ; ces transports, ces hommages,
> Tout le peuple à l'envi volant sur le rivage,
> Prêtent un nouveau charme à mes félicités ;
> Ces tributs sont bien doux quand ils sont mérités.

La salle entière retentit d'acclamations.

A la fin de 1766, Molé est atteint d'une fluxion de poitrine. Le parterre demande des nouvelles du malade ; on lui en donne de fort mauvaises. A partir de ce moment, pendant six semaines, il exigea tous les jours un bulletin de santé de l'acteur bien-aimé. Cette maladie devint l'unique sujet de conversation ; tout Paris était bouleversé, il semblait qu'une calamité publique fût imminente. Il devint de bon ton de se rendre chez le comédien ; la cour et la ville s'inscrivirent chez lui, mais les carrosses faisaient queue aux environs de sa demeure pour que le bruit ne pût troubler son repos ; on prétend même que Louis XV envoya deux fois s'informer de sa santé. On apprit que le médecin lui avait ordonné pour sa convalescence de prendre un peu de bon vin, toutes les dames s'empressèrent de lui en envoyer ; il reçut en quelques jours plus de deux mille bouteilles des

1. Tragédie de Laharpe.

crus les plus célèbres et il eut la cave la mieux garnie de Paris.

Molé avait la tête tournée par toutes ces folies. On prétendit qu'il avait répondu à son médecin qui fixait à sa guérison un terme assez éloigné : « Ce terme est peut-être trop court pour ma santé, mais il est trop long pour l'intérêt de ma gloire. » A quoi l'Esculape riposta : « Tâchez de vous tranquilliser et tout ira bien. Au reste, vous savez qu'on a reproché à Louis XIV de parler trop souvent de sa gloire. »

Pendant le cours de cette fameuse maladie on apprit que le comédien avait vingt mille livres de dettes. Le souci de sa situation pécuniaire pouvait être nuisible au prompt rétablissement du cher malade. On résolut aussitôt de faire une souscription pour payer ce qu'il devait. Clairon, bien qu'elle eût quitté la scène, offrit de donner sur un théâtre particulier une représentation au bénéfice de son ancien camarade; le prix du billet fut fixé à un louis, mais on pouvait donner davantage. La duchesse de Villeroy, la comtesse d'Egmont et quelques autres dames se chargèrent de la distribution des billets. Malheur à qui refusait son concours : « Il étoit même ignoble, dit Bachaumont, de ne prendre qu'un billet. » On comptait quatre prélats parmi les souscripteurs : le prince Louis, l'archevêque de Lyon, l'évêque de Blois, etc.

La représentation eut lieu sur le théâtre du

baron d'Esclapon, au faubourg Saint-Germain. Elle produisit vingt-quatre mille livres; mais, en vrai talon rouge, Molé, au lieu de payer ses dettes, acheta des diamants à sa maîtresse.

Une partie du public cependant avait mal pris ces derniers incidents. Quelques esprits moins enthousiastes calculèrent qu'avec l'argent qu'on donnait à un « histrion » on aurait pu préserver du froid et de la faim bien des pauvres de Paris pendant tout un hiver. Les épigrammes ne manquèrent pas et on en arriva à faire la parodie de Molé et de sa maladie. Le singe de Nicolet faisait depuis un an l'admiration de la capitale en dansant sur la corde[1]; on annonça qu'il était malade, le parterre demanda de ses nouvelles, on fit une souscription, etc.

Les vers les plus méchants coururent à cette occasion; on peut citer ceux du chevalier de Boufflers :

> Quel est ce gentil animal
> Qui dans ces jours de carnaval

---

[1]. Nicolet était installé au boulevard et ses représentations bouffonnes attiraient un monde énorme; ce fut au point que la Comédie française s'en inquiéta. Déjà, en 1750, les Comédiens s'étaient plaints à M. de Saint-Florentin de ce que leurs privilèges étaient « ébranlés jusque dans leurs principes et attaqués par l'audace et la voracité des gueux de la foire ». En 1764, l'Opéra et la Comédie italienne se joignirent aux Français pour obtenir que le genre de Nicolet fut réduit uniquement à la pantomime. Le forain se rendit, consterné et suppliant, à la toilette de Mlle Clairon dans l'espoir de faire cesser la persécution. « Cela n'est pas possible, lui dit Melpomène avec dignité, nos parts

Tourne à Paris toutes les têtes
Et pour qui l'on donne des fêtes ?
Ce ne peut être que Molet,
Ou le singe de Nicolet.

. . . .

De sa nature cependant
Cet animal est impudent,
Mais dans ce siècle de licence
La fortune suit l'insolence,
Et court du logis de Molet
Chez le singe de Nicolet.

. . . .

L'animal un peu libertin
Tombe malade un beau matin,
Voilà tout Paris dans la peine,
On crut voir la mort de Turenne;
Ce n'étoit pourtant que Molet,
Ou le singe de Nicolet.

. . . .

Si la mort étendoit son deuil
Ou sur Voltaire, ou sur Choiseul,
Paris seroit moins en alarmes,
Et répandroit bien moins de larmes
Que n'en feroit verser Molet,
Ou le singe de Nicolet[1].

Dauberval[2], le danseur, n'était pas moins goûté du beau sexe que son camarade Molé. En 1774, ne

n'ont pas été à 8000 livres cette année. » « Ah! mademoiselle, lui répondit Nicolet, venez chez moi, vous y gagnerez, et moi aussi. »

1. Bachaumont, 2 mars 1767.
2. Dauberval (Jean Bercher dit, (1742-1806) fut surnommé le

pouvant acquitter ses dettes, qui montaient à plus de 50 000 livres, il se préparait à partir pour la Russie où l'appelaient de brillantes promesses. A cette nouvelle, tout Paris fut en alarmes. Mme du Barry organisa une quête et elle fixait elle-même la cotisation que chacun devait payer. En quelques jours elle réunit 90 000 livres et le précieux danseur resta. Deux ans plus tard, il tomba gravement malade, et l'on vit se renouveler les scènes ridicules qui s'étaient passées lors de la maladie de Molé. La porte du danseur se trouva assiégée d'une multitude de visites, comme si la vie de l'homme le plus précieux à l'État eût été en danger; on ne respira que quand il fut sauvé.

Préville de la danse. Il fit construire dans sa maison un magnifique salon qui lui coûta plus de 45 000 livres. Grâce à un mécanisme ingénieux, ce salon se transformait aisément en salle de spectacle. Dauberval eut la permission d'y donner des bals; Il y donnait également des répétitions à la noblesse pour les divertissements et les représentations qui devaient avoir lieu à la cour ou chez les particuliers.

XXI

RÈGNE DE LOUIS XV (SUITE ET FIN)

Sommaire : Orgueil des comédiens. — Leur mépris pour les auteurs. — Leur paresse — Ils jouent rarement. — Leurs revenus. — Indulgence extrême du parterre à leur égard. — Duels de comédiens.

Un pareil engouement de la part du public devait fatalement tourner la tête des comédiens. Ils en arrivèrent à une morgue extravagante et à une fatuité dont on se fait difficilement l'idée.

Un jour, une dame de la cour traversait le Palais-Royal avec son mari. Poussée par la foule, elle marche sur le pied d'un promeneur; elle lui fait aussitôt ses excuses et lui demande poliment si elle ne lui a point fait mal : « Non, madame, répond-il, mais vous avez failli mettre tout Paris en deuil pendant quinze jours. » « Ah! s'écrie le mari, c'est Vestris[1]. » « Vous ne le saviez pas, monsieur, reprit le danseur d'un air de mépris, mais Mme votre

---

1. Vestris (1729-1808). On l'avait surnommé le dieu de la danse.

épouse le savait bien, elle. » Il avait pris sa maladresse pour une agacerie[1].

Dufresne disait modestement en parlant de lui : « On me croit heureux, erreur populaire! Je préférerais à mon état celui d'un gentilhomme qui mangerait tranquillement ses douze mille livres de rente dans son vieux castel[2]. »

Lorsque Mlle Lemaure[3] consentit à se faire entendre à la cour pour les fêtes du mariage du Dauphin en 1745, elle imposa comme condition qu'un carrosse du roi viendrait la prendre pour la conduire à Versailles et qu'un Gentilhomme de la chambre l'accompagnerait à l'aller et au retour. On s'inclina devant ces exigences, et lorsque la cantatrice traversa Paris dans ce superbe équipage, en considérant la foule qui se pressait sur son passage elle ne put contenir ce mot d'un orgueil si naïf : « Mon Dieu, que je voudrais être à l'une de ces fenêtres pour me voir passer! »

Lesage, dans son immortel *Gil Blas*, donne un exemple bien plaisant de l'étrange vanité des comédiens. Quand Gil Blas, installé comme intendant chez

---

1. *Mémoires* de Mme d'Oberkirch.
2. Les comédiens aspiraient même déjà aux distinctions honorifiques qu'on paraît décidé à leur accorder de nos jours. On raconte qu'un acteur, qui avait été au service, demanda la croix de Saint-Louis en promettant de prendre le temps d'essuyer son rouge. « Alors, dit le ministre sollicité, c'est assez d'une serviette. » (*Tablettes d'un gentilhomme.*)
3. Lemaure (Catherine Nicole) (1704-1783).

la comédienne Arsénie, reçoit dix pistoles de sa maitresse pour donner un souper : « Madame, lui répond-il, avec cette somme je promets d'apporter de quoi régaler toute la troupe même. » « Mon ami, reprend Arsénie, corrigez s'il vous plaît vos expressions : sachez qu'il ne faut point dire la troupe; il faut dire la compagnie. On dit bien une troupe de bandits, une troupe de gueux, une troupe d'auteurs; mais apprenez qu'on doit dire une compagnie de comédiens[1]. »

C'est en effet vis-à-vis des auteurs que la morgue des comédiens avait particulièrement lieu de s'exercer; on ne peut s'imaginer en quelle piètre estime les tenaient les gens de théâtre. Lesage nous le montre encore : « Eh! madame, s'écrie Rosimiro chez Arsénie, de quoi vous inquiétez-vous? Les auteurs sont-ils dignes de notre attention? Si nous allions de pair avec eux, ce seroit le moyen de les gâter. Je connois ces petits messieurs, je les connois; ils s'oublieroient bientôt. Traitons-les toujours en esclaves et ne craignons point de lasser leur patience. Si leurs chagrins les éloignent de nous quelquefois, la fureur d'écrire nous les ramène et ils sont encore trop heureux que nous voulions bien jouer leurs pièces[2]. »

On sait le fameux mot de Clairon : « Quand un

---

1. *Gil Blas*, livre III, chap. x.
2. Ibid., livre III, chap. xi.

auteur a fini une pièce, il n'a fait que le plus facile. » Elle parlait en connaissance de cause et cette boutade est plus vraie qu'on ne le pourrait croire[1]. Le sort des auteurs était vraiment digne de pitié. Pas d'affront qu'on ne leur fît subir, pas d'humiliation qui ne leur fût imposée. Tantôt on refusait leurs pièces sans raison, sans motif aucun, sans même les lire; tantôt on les recevait et on ne les jouait jamais. Les malheureux écrivains ne parvenaient à se faire représenter qu'à force de bassesses.

Quelquefois à bout de patience et de ressources, ils portaient leurs doléances devant le public, juge souverain. C'est ce que fit un certain Boivin, poète famélique et septuagénaire. Il sut intéresser le parterre à sa pièce des *Chérusques* et la représentation en fut exigée. Le malheureux vieillard alla relancer Molé dans sa maison de campagne à Antony : « Eh! monsieur, cessez de m'accabler, lui dit ce Tarquin superbe, l'on vous jouera, et ne venez plus de grâce traîner dans mon antichambre. » Les *Chérusques* furent représentés, mais les comédiens exaspérés savaient à peine leur rôle et le parterre ne leur ménagea pas ses invectives.

1. Voltaire écrivait en 1722 à M. Lefébure: « C'est pis si vous composez pour le théâtre. Vous commencez par comparaître devant l'aréopage de vingt comédiens, gens dont la profession, quoique utile et agréable, est cependant flétrie par l'injuste mais irrévocable cruauté du public. Ce malheureux avilissement, où ils sont, les irrite, ils trouvent en vous un client, et ils vous prodiguent tout le mépris dont ils sont couverts. »

L'instruction des comédiens, leur goût littéraire, leur profonde connaissance de la scène, pouvaient-ils dans une certaine mesure expliquer le dédain qu'ils témoignaient aux écrivains? En aucune façon et, à part quelques glorieuses exceptions, ils se montraient en général très inférieurs à ceux qu'ils malmenaient. Ce n'était pas toujours le bon goût en effet qui dictait leurs arrêts; ils refusèrent des pièces qui furent données avec éclat sur d'autres scènes, et en revanche ils en acceptèrent qui tombèrent piteusement[1]. « On ne peut revenir, dit Bachaumont, du peu de goût, ou, pour mieux dire, de l'imbécillité des Comédiens; on ne conçoit pas que cet aréopage si difficile et si impertinent à l'égard des auteurs, qu'il fait valeter plusieurs années de suite, ait donné les mains à recevoir un drame aussi complètement ridicule que celui du *Jeune Homme*[2]. »

Le manque de discernement des Comédiens était si bien accrédité, qu'on publia une caricature où le tribunal comique était représenté sous l'emblème d'un certain nombre de bûches en coiffures et en perruques[3].

1. La reine demandait un jour à Lekain : « Comment la Comédie s'y prend-elle pour recevoir tant de mauvaises pièces? » « Madame, répondit-il, c'est le secret de la Comédie. »
2. Bachaumont, 19 mai 1765. La pièce était si détestable que le parterre refusa de la laisser finir.
3. Il n'y avait pas alors de comité de lecture : toute la troupe était appelée à émettre son avis. Clairon blâmait ce système qui donnait au plus ignorant les mêmes droits qu'au plus

L'insolence de la troupe comique avec les auteurs amena souvent d'amusantes méprises. Voltaire, pour se venger de mille petites misères, lui joua même un tour assez spirituel. Un jeune homme se présente un jour au semainier avec une pièce intitulée le *Droit du seigneur*; il est reçu avec l'impertinence ordinaire, mais il fait tant de respectueuses instances qu'il obtient qu'on jettera les yeux sur sa comédie. Il revient quelques jours après et on lui dit qu'elle est détestable. Néanmoins il réclame une lecture on lui rit au nez, en lui disant que la compagnie ne s'assemble pas pour de pareilles misères. Il a recours aux suppliques et aux prières; enfin par compassion il obtient un jour de lecture : son œuvre est conspuée par le comique aréopage. Quelque temps après Voltaire adresse la même pièce aux Comédiens sous le titre de l'*Écueil du sage*; elle est reçue avec respect, lue avec admiration, et on prie M. de Voltaire de continuer à être le bienfaiteur de la compagnie. L'aventure fut ébruitée et tout Paris s'en égaya.

Il existait au répertoire de la Comédie une tragédie de Rotrou intitulée *Wenceslas*. Sur l'ordre de

---

éclairé. « Je voudrois, dit-elle, qu'on fît un conseil de dix ou douze comédiens, dont le goût, le savoir, l'expérience, seroient reconnus, pour les faire juges de toutes les grandes affaires. Ce seroit là qu'on iroit lire, et que dans le calme de cette assemblée on pourroit donner des avis, prescrire des corrections, motiver des refus. » (*Mémoires.*)

Mme de Pompadour, Marmontel fut chargé de la remanier et de la rajeunir; il y changea ainsi plus de 1200 vers. Lekain commença par refuser de jouer le rôle de Ladislas tel que Marmontel l'avait refait, disant que sa mémoire s'y refusait et que, malgré lui, les anciens vers lui reviendraient à l'esprit. Pour terminer le débat, le maréchal de Duras lui permit de lire son rôle. Mais le jour de la représentation à Versailles, on fut bien étonné de voir Lekain jouer de mémoire sans papier et sans manquer un seul mot. La pièce reçut les plus vifs applaudissements et Marmontel fut accablé d'éloges, dont les trois quarts portaient sur les beaux vers dont le rôle de Ladislas était plein. Dès que la représentation fut terminée, M. de Duras se précipita pour féliciter le comédien. Marmontel arrive : « Vous devez, lui dit le duc, de grands remerciements à M. Lekain pour son zèle et sa bonne volonté. » « Des remerciements, s'écrie le poëte furieux, je viens vous porter les plus grandes plaintes; les vers du rôle de monsieur ne sont ni de Rotrou ni les miens. » Lekain, pour se jouer de Marmontel, avait trouvé plaisant de faire composer son rôle par Colardeau, et c'était l'œuvre de ce dernier qu'il venait de réciter avec tant de succès devant le public. « Colardeau, dit Collé, est inexcusable, c'est un lâche de se prêter vis-à-vis d'un de ses confrères aux menées d'un comédien ; voilà comment les gens de lettres s'avilissent et deviennent le jouet des sots qui ne sont faits que pour les respecter. »

Même vis-à-vis d'un homme comme Voltaire, à qui ils devaient tant, qui était le pourvoyeur habituel de leur scène, et qui généreusement leur abandonnait toujours ses droits d'auteur, les Comédiens se montraient de la plus rare impertinence : « A l'égard des comédiens de votre ville de Paris, écrivait le philosophe à d'Argental, je puis dire d'eux ce que saint Paul disait des Crétois de son temps : « Ce sont de méchantes bêtes et des ventres paresseux... Je puis ajouter encore que ce sont des ingrats[1]. »

Quand le philosophe leur donnait ses tragédies, bien loin de respecter scrupuleusement l'œuvre du grand homme, ils l'altéraient à leur gré, et ne songeaient qu'à se faire valoir. Ils changeaient les vers, allongeaient les passages qui leur agréaient, écourtaient ceux qui n'avaient pas le don de leur plaire, bref mutilaient sans scrupule la pièce qu'on leur avait donnée. « Recommandez bien au fidèle Lekain, mandait Voltaire à d'Argental, d'empêcher qu'on n'étrique l'étoffe, qu'on ne la coupe, qu'on ne la recouse avec des vers welches; il en résulte des choses abominables. Un Gui Duchêne achète le manuscrit mutilé, écrit à la diable, et l'on est déshonoré dans la postérité, si postérité il y a. Cela dessèche le sang et abrège les jours d'un pauvre homme[2]. »

1. A d'Argental, 19 avril 1773.
2. Au même, 22 juin 1764

L'excessive vanité des Comédiens provoqua de plaisantes scènes : un jour l'affiche portait *Ydoménée*[1] par un I grec. Clairon se plaignit de la part de l'auteur de cette faute d'orthographe. L'afficheur, mandé devant l'assemblée, reçut des observations ; il s'excusa en disant qu'il n'avait agi que d'après les ordres du semainier : « Voilà qui est impossible, riposta avec dignité Mlle Clairon, il n'y a point de comédien parmi nous qui ne sache orthographer. » « Vous me donnez la preuve du contraire, mademoiselle, lui répliqua l'imprimeur, il faut dire orthographier[2]. »

La paresse de la troupe française était à la hauteur de sa vanité ; on avait toutes les peines du monde à lui faire apprendre ses rôles. Pendant les répétitions de *Zaïre*, Voltaire apporta d'assez nombreux changements au texte primitif, mais il se heurta au mauvais vouloir de ses interprètes et en particulier de Dufresne.

« Chaque jour le poète était à la porte du comédien, pour l'engager à concourir par un peu de complaisance au plus grand succès de sa pièce, mais l'acteur faisait dire qu'il était sorti. Voltaire ne se rebutait pas : il montait à la porte de l'ap-

---

1. Tragédie de M. Lemierre (1764).
2. *Anecdotes littéraires*. La prétention de la tragédienne était superflue à une époque où personne ne se piquait de savoir l'orthographe et où Voltaire lui-même n'y attachait aucune importance. Les lettres de Clairon fourmillent de fautes.

parlement, et y glissait ses corrections. Dufresne ne les lisait point ou n'y avait aucun égard : le poëte eut recours à un stratagème qui lui réussit. Sachant que le comédien devait donner un grand diner, il fit faire, pour ce jour-là, un pâté de perdrix et le lui envoya en gardant l'anonyme. Dufresne le reçut avec reconnaissance et remit à un autre temps le soin de connaître son bienfaiteur. Le pâté fut servi aux grandes acclamations de tous les convives. L'ouverture s'en fit avec pompe; la surprise égala la curiosité et le plaisir surpassa la surprise à la vue de douze perdrix tenant chacune dans leur bec plusieurs billets, qui, semblables à ces feuilles mystérieuses des sibylles, contenaient tous les vers qu'il fallait ajouter, retrancher ou changer dans le rôle de Dufresne[1]. » Ce dernier ne résista pas à un procédé aussi spirituel et il se décida à apprendre son rôle.

Satisfaire le public était devenu la moindre préoccupation des Comédiens : « Ils sont, dit Collé, d'une paresse et d'une négligence à faire grincer les dents[2]. » Ils restreignaient de plus en plus leur répertoire et ne donnaient guère dans l'année que trois ou quatre pièces nouvelles[3]; il y en avait une quarantaine de reçues, mais elles restaient en magasin. Les premiers rôles ne jouaient qu'à de rares

1. *Anecdotes dramatiques.*
2. Collé, janvier 1771.
3. Autrefois ils en représentaient une douzaine tous les ans.

intervalles et dans des pièces rebattues; la moitié de l'année, on ne voyait figurer sur la scène que les doublures. Lekain, vers la fin de sa carrière, ne jouait pas plus de huit ou dix fois par an[1].

La grande aisance dont jouissaient les artistes de la troupe française contribuait encore à l'indépendance de leurs allures. Tout Comédien à part entière retirait par an dix mille livres des petites loges et quatre ou cinq mille de la salle[2]. Ils tiraient d'autres profits, et des plus importants, en jouant sur les théâtres de société. L'abus devint tel qu'ils négligeaient complètement la Comédie française. Les premiers Gentilshommes intervinrent[3] et leur défendirent de

---

1. En 1776, après une représentation de l'*Orphelin de la Chine*, Lekain fut rappelé par des applaudissements unanimes: « Oui, c'est très bien, s'écria une voix partie des loges, mais à une condition : c'est que monsieur jouera plus souvent. »

2. A ce propos, Bachaumont raconte sur Lekain une anecdote curieuse: « On exalte, on se transmet de bouche en bouche un mot sublime du sieur Lekain. On félicitoit cet acteur sur le repos dont il alloit jouir, sur la gloire et l'argent qu'il avoit gagnés. « Quant à la gloire, répondit modestement cet acteur, je ne me flatte pas d'en avoir acquis beaucoup. Quant à l'argent je n'ai pas lieu d'être aussi content qu'on le croiroit,... ma part se monte au plus à dix ou douze mille livres. » « Comment, morbleu ! s'écria un chevalier de Saint-Louis qui écoutoit le propos, comment, morbleu ! un vil histrion n'est pas content de douze mille livres de rente, et moi qui suis au service du roi, qui dors sur un canon et qui prodigue mon sang pour la patrie, je suis trop heureux d'obtenir mille livres de pension. » « Eh ! comptez-vous pour rien, monsieur, la liberté de me parler ainsi? » répondit le bouillant Orosmane. » (12 avril 1767).

3. En 1769.

représenter en ville sans une permission expresse, mais cette sévérité fut de courte durée.

La province était aussi pour les Comédiens une source de revenus considérables. Les meilleurs acteurs partaient avant la fin de l'année théâtrale pour visiter les grandes villes où ils gagnaient plus en huit jours que ne leur valait à Paris une part entière; à leur retour ils se retiraient dans leurs maisons de campagne, sans s'occuper de rien préparer pour la rentrée.

Enfants gâtés du public, ils se croyaient tout permis, et ils agissaient avec un sans-gêne incroyable. Le 21 juin 1763, les Français donnèrent la comédie gratis; ils jouèrent le *Mercure galant* et les *Trois cousines*. Entre les deux pièces, Mlle Clairon et Mlle Dubois se présentèrent sur le théâtre et jetèrent de l'argent au peuple en criant : « Vive le roi! » La populace enchantée s'empressa de crier à son tour : « Vivent le roi et Mlle Clairon! Vivent le roi et Mlle Dubois! » « On trouve l'action des deux reines comiques de la dernière insolence, » dit Bachaumont qui raconte l'anecdote, mais elle n'en avait pas moins été acceptée avec enthousiasme.

Mlle Arnould refuse un soir de chanter à l'Opéra sous prétexte de maladie; elle est remplacée par Mlle Beaumesnil. Tout à coup, au milieu de la représentation, une loge s'ouvre et l'on voit apparaître Sophie Arnould en toilette de gala : « Je viens, dit-elle, prendre une leçon de Mlle Beaumesnil. » Au lieu de l'envoyer au For l'Évêque comme on aurait dû le faire, on se contenta de la réprimander et le public ne lui tint pas rigueur.

Le parterre si exigeant, et parfois si injuste, se montrait souvent aussi plein d'indulgence et supportait les insolences des comédiens avec une rare mansuétude. Un jour, Le Grand, que le Dauphin avait fait venir de Pologne, et que le public recevait mal parce que sa figure lui déplaisait, harangua le parterre en ces termes : « Messieurs, il vous est plus facile de vous faire à ma figure qu'à moi d'en changer, » et on l'applaudit.

Un soir Dugazon[1] remplace Préville à l'improviste dans le rôle de Brid'oison. Le public, mécontent du changement, siffle. « J'en-en-en-tends bien, » dit Dugazon en se tournant vers le parterre. Les sifflets redoublent : « Je vous dis que j'en-en-en-tends bien, » répète l'acteur. Le tumulte augmente encore : « Eh bien; est-ce que vous croyez que je n'en-en-en-tends pas? » Et le parterre désarmé se met à rire.

L'habitude de faire un compliment à la rentrée et à la clôture des spectacles avait peu à peu amené les acteurs à entretenir les spectateurs de leurs

---

1. Dugazon (1746-1809), comédien français. On mit au-dessous un de ses portraits ce quatrain:

En fait de comédie
Le talent de Monsieur est la bouffonnerie,
Et le style comique est si fort de son goût
Qu'il ne peut s'empêcher de bouffonner partout.

affaires intimes. En 1774, à la clôture, Dugazon remercia le public des bontés dont il daignait honorer toute sa famille, Mme Vestris[1] et Mlle Dugazon, ses sœurs, et il « s'attendrit sur ces liens du sang si précieux à toute âme sensible », ajoute le chroniqueur.

Une année, aux Italiens, quand selon l'usage tous les acteurs eurent salué le parterre par un couplet, Mlle Deschamps vint prendre Clairval par la main et lui dit : « Allons, monsieur Clairval, vous qui savez si bien faire votre cour aux dames, c'est à vous à leur adresser un compliment. » Cette naïveté fut applaudie avec un transport « tout à fait scandaleux ».

Bien que le duel fût en général un passe-temps réservé à la noblesse, les comédiens y avaient quelquefois recours. A plusieurs reprises, pendant le règne de Louis XV, ils vidèrent leurs querelles les armes à la main[2].

En 1750, deux acteurs des Français, Roselly et Ribou eurent un duel dont l'issue fut fatale à l'un

---

[1]. Elle avait fait partie de la troupe du duc de Wurtemberg. Le duc, dont elle était la favorite, la surprit un jour avec Vestris, le frère du fameux danseur ; pour se venger, il les fit marier sur l'heure.

[2]. Déjà en 1649 un duel eut lieu entre deux actrices. Mlle Beaupré, qui appartenait à la troupe du Marais, à la suite d'une dispute, adressa un cartel à sa camarade, Catherine des Urlis, et toutes deux se battirent à l'épée sur le théâtre même. Catherine des Urlis fut blessée au cou.

des combattants. Dans un voyage à Fontainebleau, la reine ayant demandé que Roselly jouât, Ribou[1] furieux chercha une querelle à son camarade et lui donna un soufflet. L'affaire en serait probablement restée là, grâce à l'intervention des Gentilshommes de la chambre, si Mlle Gauthier n'avait dit tout haut : « En vérité, il est bien singulier que des gens qui ont chacun une épée à leur côté s'amusent à se dire des pouilles. » Elle envenima si bien la querelle qu'on alla sur le terrain et que Roselly tomba percé de deux coups d'épée. Il mourut quelques jours après[2]. On prétendit qu'il avait répondu au confesseur qui lui demandait l'engagement de ne plus reparaître sur le théâtre :

N'abusez point, Probus, de l'état où je suis.

Ribou prit la fuite et se cacha à l'étranger.

1. Ribou, fils du libraire de ce nom, avait une figure agréable, un son de voix gracieux, « un jeu plein de naturel et de de dignité, on dirait que c'est un seigneur qui joue pour son plaisir. » (Grimm, *Nouv. litt.*, 1747-1755).
2. On fit paraître à propos de ce duel l'épigramme suivante :

Ribou, si dans le feu du zèle qui t'entraîne,
De tout mauvais acteur tu veux purger la scène.
Vite, occis nous le plat et fat Drouin,
Pourfends le sot Baron et le hideux Lekain,
Et, pour mettre le comble à ce service extrême,
Tout aussitôt transperce-toi toi-même.

XXII

RÈGNE DE LOUIS XVI

Sommaire : Débuts du règne. — Passion de la reine pour le théâtre. — La comédie à Trianon. — Le clergé et les spectacles. — Succès des comédiens dans le monde. — Enthousiasme qu'ils excitent à Paris et en province.

L'engouement pour les spectacles, déjà si excessif sous le règne de Louis XV, devient sous celui de son successeur une passion effrénée, le goût pour les comédiens devient de la folie pure.

Se rendre au théâtre est devenu un des devoirs essentiels de la journée. « Il y a vingt-cinq ans, dit Mlle Clairon en 1786, qu'une femme qui auroit paru plus de deux ou trois fois par mois au spectacle, se seroit affichée de la manière du monde la plus indécente. Grâce à l'invention des petites loges, elles y vont impunément tous les jours, et ce n'est qu'à l'instant du souper qu'on les trouve chez elles[1]. »

---

1. Grimm, *Correspondance littéraire*, mai 1786.

L'exemple part de haut, et la reine elle-même éprouve pour l'art dramatique un irrésistible penchant. N'étant encore que dauphine, elle jouait la comédie en cachette du vieux roi et elle prenait de Dugazon des leçons de déclamation; dans son aveugle frivolité, elle usait de tout son crédit pour faire autoriser les représentations du *Barbier;* mais Mme Du Barry, plus avisée, s'y opposait. Dès qu'elle fut sur le trône, Marie-Antoinette fit lever l'interdit et la pièce fut jouée au mois de janvier 1775. En même temps, elle cherchait à organiser des représentations à Versailles; longtemps elle eut à lutter contre les répugnances du roi qui détestait le théâtre au point de jeter au feu, lorsqu'on la lui présenta, la liste du nouveau répertoire en s'écriant : « Voilà le cas que je fais de ces choses-là. » La reine cependant finit par vaincre les scrupules de Louis XVI, et elle put s'adonner à son goût en toute liberté.

La Comédie française et la Comédie italienne sont appelées très fréquemment à la cour. Leurs représentations paraissant encore insuffisantes, la reine fait donner à la Montausier[1] l'autorisation de s'installer avec sa troupe à Versailles et le privilège de

---

1. Montausier (Marguerite Brunet dite la) (1730-1820). Elle débuta au théâtre, mais sans grand succès; sa véritable vocation était de diriger des troupes de comédiens. Ses relations avec la cour la rendirent suspecte pendant la Révolution, et en 1792, pour faire acte de civisme, elle équipa une compagnie franche de trente hommes.

suivre le roi dans toutes ses résidences : « Il y avait souvent, dans les petits voyages de Choisy, spectacle deux fois dans la même journée : grand opéra, comédie française ou italienne à l'heure ordinaire, et, à onze heures du soir, on rentrait dans la salle de spectacle pour assister à des représentations de parodies, où les premiers acteurs de l'Opéra se montraient dans les rôles et sous les costumes les plus bizarres[1]. »

On donnait les parodies d'*Ermelinde* et d'*Iphigénie*. *Ermelinde* avait d'abord été représentée à Paris, chez la Guimard, et l'on sait combien les pièces de ces théâtres particuliers étaient souvent licencieuses. Celle-ci se conformait à l'usage; elle eut cependant le plus grand succès, et le roi parut s'en amuser beaucoup. On en conclut à tort que Louis XVI avait un goût marqué pour la grivoiserie, et on lui servit sans plus tarder d'autres pièces du même genre. *La Princesse a, e, i, o, u*, fut jouée à Choisy en présence du roi, avec des applaudissements unanimes : « Cette parade est des plus équivoques et des plus dégoûtantes, disent les *Mémoires secrets*, pour quelqu'un qui ne porteroit pas à ce genre de spectacle une certaine bonhomie... Du reste, on n'y trouve rien contre les bonnes mœurs, mais une gaieté polissonne et des propos si poissards qu'on a été obligé d'avoir recours aux poissardes les plus

---

1. *Mémoires* de Mme Campan, chap. vii.

consommées pour exercer et styler les acteurs. Les hommes étoient habillés en femmes et les femmes en hommes : c'étoit une déraison, une farce générale. »

Partout où la reine se trouvait, il lui fallait un théâtre; en juin 1778, étant à Marly, où il n'y avait pas de salle de comédie, elle en fit installer une à la hâte dans une grange et on appela la Montausier avec sa troupe. Enfin en 1780 on organisa le théâtre de Trianon; la reine voulait elle-même monter sur la scène, le roi s'y opposa d'abord, puis, comme toujours, finit par céder. Les principaux acteurs étaient : la reine, le comte d'Artois, le comtesse Diane de Polignac, la duchesse de Guiche, Mme Élisabeth, la duchesse de Polignac, Mme de Polastron, le comte d'Adhémar, le comte de Vaudreuil, le duc de Guiche, etc. Caillot[1] et Dazincourt furent chargés de diriger les répétitions.

On pense bien que de pareils exemples ne firent que donner une nouvelle recrudescence aux théâtres particuliers. Plus encore que pendant le dernier règne, Paris en était inondé. Mais le genre, loin de s'épurer, devenait de plus en plus licencieux. Monsieur, en particulier, donna à son château de Brunoy une représentation qui fit scandale et où plusieurs femmes du monde, révoltées enfin des grivoiseries qu'on leur présentait, se levèrent et se retirèrent.

Le genre léger avait gagné les théâtres publics

1. Caillot (1732-1816), comédien français.

eux-mêmes; ils n'en étaient que plus fréquentés :
« La troupe du sieur Lécluse, intitulée aujourd'hui le spectacle des *Variétés amusantes*, dit Bachaumont, est devenue à la mode : c'est la fureur du moment. Malgré les grossièretés dont ce théâtre est infecté, les femmes les plus qualifiées, les plus sages, en raffolent[1]. »

Le clergé suivait l'exemple général et ne se montrait pas plus réservé que la cour elle-même. L'archevêque de Paris écrivait cependant au ministre Malesherbes pour se plaindre que la Montausier, fière de son privilège, donnât des représentations les jours de fêtes solennelles et qu'elle affectât de choisir les époques où les spectacles étaient prohibés à Paris pour donner le sien à Versailles, dans l'espérance d'y avoir plus de monde : « Les honnêtes gens, disait le prélat, gémissent sur un usage aussi abusif, aussi contraire à la décence, et que le Roi, étant Dauphin, désapprouvoit fort, à ce qu'on m'a assuré. J'espère donc, monsieur, de votre amour pour la religion et de votre zèle pour le bon ordre, que vous vous porterez à faire cesser un pareil scandale[2]. »

Mais s'il y avait scandale à donner des spectacles les jours de fête religieuse, il était encore bien plus fâcheux de voir des prélats se montrer aux représentations les moins réservées.

1. 13 juillet 1779.
2. Adolphe Jullien, *la Comédie à la cour*.

En mars 1778 on représenta chez Mme de Montesson *l'Amant romanesque* et le *Jugement de Midas*[1]. « Outre beaucoup d'abbés qui y ont assisté, il y avoit, suivant la coutume, des archevêques et des évêques au nombre de douze. Ces prélats y sont venus avec la même aisance, la même impudence que s'ils fussent entrés dans le sanctuaire pour y officier. Ils entouroient M. le duc d'Orléans et l'un d'eux a prêté son manteau pour Midas. Quoiqu'il y ait quelques gravelures dans la deuxième pièce, Nos Seigneurs ont fait bonne contenance et n'ont point été déconcertés[2]. »

Il y avait cependant une excommunication spéciale portée par le concile d'Elvire contre ceux qui prêtaient leurs habits aux comédiens; ils étaient privés pendant trois ans de la communion. Mais si l'on observait scrupuleusement les canons des conciles quand il s'agissait de chasser de l'église les comédiens, on s'empressait de n'en tenir aucun compte quand ils excluaient du théâtre les hommes d'église.

Au mois d'avril on donna encore chez Mme de Montesson *la Belle Arsène*, opéra comique où il y avait des ballets « extrêmement voluptueux ». « Les prélats y sont venus comme à l'ordinaire, mais en moindre nombre; ils n'étoient que huit; on y remarquoit entres autres l'archevêque de Narbonne

---

1. Opéra comique en trois actes, musique de Grétry.
2. Bachaumont, 30 mars 1778.

et l'évêque de Saint-Omer. Mme de Montesson remplissoit le rôle de la belle Arsène, M. de Caumartin celui d'Alcindor, et différentes femmes et seigneurs de cette cour faisoient les autres. Mais les danses étoient exécutées par ce que l'Opéra a de meilleur en élèves de Terpsichore. Le coup d'œil le plus curieux pour un philosophe étoit celui des évêques, tous la lorgnette à la main, savourant avec un plaisir qui se manifestoit sur leur physionomie les mouvements les plus lascifs, les attitudes les plus lubriques des danseuses et ils n'en perdoient rien[1]. »

S'il ne faut accepter qu'avec réserve les détails égrillards où se complaît le chroniqueur, on peut, quant au fait en lui-même, s'en rapporter à son récit.

Plus peut-être qu'à aucune époque, le goût pour les gens de théâtre était devenu une véritable monomanie. Marie-Antoinette appelait la Guimard à ses conseils de toilette, et la danseuse n'ignorait pas le prix que la reine attachait à ses avis. Un jour, pour une escapade, on la menait au For l'Évêque : « Ne pleure pas, dit-elle à sa suivante, je viens d'écrire à la reine que j'ai trouvé une nouvelle manière d'échafauder les cheveux, je serai libre avant ce soir. » Et ce fut comme elle avait dit. Mlle Raucourt jouissait au plus haut degré de la protection de la reine : « Sa Majesté assiste à toutes ses représen-

---

1. Bachaumont, 9 avril 1778.

tations, écrit Mme d'Oberkirch, et l'encourage par les éloges les plus flatteurs[1]. »

Toutes les élégantes copiaient les costumes des actrices. La *lévite* de Mlle Saint-Val dans le rôle de la comtesse Almaviva, fut adoptée avec fureur et on lui donna le nom de la comédienne. Mlle Contat[2], jouant le rôle de Suzanne, portait un bonnet fort élégant ; la mode s'en empara sous le nom de « bonnet soufflé à la Suzanne ». Mlle Raucourt faisait scandale par ses folles dépenses, on imagina aussitôt un chapeau à la Raucourt, figurant un panier percé ; les plus honnêtes femmes n'hésitèrent pas à s'en parer.

On jouait la comédie chez Mlle Guimard devant la plus auguste assemblée : princes du sang, ministres, grands seigneurs s'y trouvaient confondus. La danseuse dépensait plus de 100 000 livres par an[3] ; elle

1. *Mémoires* de Mme d'Oberkirch.
2. Contat (Louise) (1760-1813), de la Comédie française.
3. Elle passait pour fort charitable, donnait beaucoup à la paroisse et ses gens avaient ordre de ne jamais renvoyer un pauvre : « Je donne l'exemple, disait-elle, afin qu'on ne me refuse pas plus tard. » Pendant l'hiver de 1768, on raconta qu'elle montait elle-même dans les galetas secourir les indigents ; la nouvelle fit grand bruit ; Marmontel composa une ode sur ce spectacle touchant ; un curé loua en chaire la bienfaisance de la danseuse, tout le monde était attendri : « J'ai envie, dit Grimm, en racontant l'anecdote, de faire ici le rôle de ce bon curé de village, qui, ayant prêché à ses paysans la Passion de Notre-Seigneur, et les voyant tous pleurer de l'excès de ses souffrances, eut quelque pitié de les renvoyer chez eux si affligés, et leur dit : « Mes enfants, ne pleurez pourtant pas tant, car tout cela n'est peut-être pas vrai. »

avait un hôtel superbe où elle déployait un luxe inouï[1]. Son théâtre lui coûtait des sommes considérables. Un jour, après une représentation à la cour, le roi lui accorda une pension de 1500 livres. « Je l'accepte, dit-elle dédaigneusement, à cause de la main dont elle vient, car c'est une goutte d'eau dans la mer; c'est à peine de quoi payer le moucheur de chandelles de mon théâtre. »

Mlle Laguerre en mourant laissa plus de 1800000 livres. Le duc de Bourbon eut un enfant d'une actrice, Mlle Michelot; l'enfant fut baptisé sous le nom du duc et tenu par procuration au nom de Mlle de Condé, sa sœur, et du prince de Soubise[2]. Le comte de Mercy-Argenteau, ambassadeur de l'empereur et de l'impératrice reine, comblait de biens Mlle Levasseur[3] de l'Opéra; il lui fit don d'une terre titrée et en 1790, complètement subjugué, il épousa la comédienne[4]. Mlle Saint-Huberty devint comtesse d'En-

---

1. En 1786, Mlle Guimard vendit sa maison de la rue de la Chaussée-d'Antin au moyen d'une loterie de 2500 billets à 120 livres l'un. Un officier public assista au tirage. Ce fut le numéro 2175 qui gagna; il appartenait à la comtesse du Lau, qui revendit l'hôtel 500 000 livres au banquier Perregaux.

2. L'enfant mourut.

3. Mlle Levasseur se montra en toutes choses d'une extrême précocité; on assure qu'elle fut mère à neuf ans.

4. Le comte de Clermont avait épousé Mlle Leduc. Mlle Rem était devenue la seconde femme de M. Le Normant d'Étiolles; on écrivit sur cette union :

> Pour réparer miseriam
> Que Pompadour laisse à la France,

traigues¹ et elle reçut du comte de Provence le cordon de l'ordre de Saint-Michel², pour le courage dont elle fit preuve en faisant évader son mari. Mlle Lolotte Gaucher³, fille d'un comédien, fut déclarée comtesse d'Hérouville. Personne ne murmura de cette alliance. La maison du comte devint le rendez-vous du goût, de l'esprit, de la politesse, des talents et de tout ce qu'il y avait de plus recommandable à la cour et à la ville⁴.

Grisés par la place de plus en plus grande qu'on leur laissait prendre dans la société, flattés d'occuper à un si haut point l'opinion, les comédiens ne se faisaient pas faute d'entretenir ce beau zèle et à chaque instant on les voyait prendre le public pour juge dans les moindres querelles qui survenaient entre eux.

Une dispute éclate à la Comédie à propos de quelques rôles entre Mme Vestris qui a l'emploi des premières princesses et Mlle Sainval l'aînée, reçue pour l'emploi des reines. Les Gentilshommes tranchent le différend en faveur de Mme Vestris que protège le duc de Duras. L'actrice satisfaite

Son mari, plein de conscience,
Vient d'épouser Rempublicam.

1. (1756-1812).
2. Elle était la seconde femme honorée de cet ordre; la première fut Mlle Quinault.
3. Elle avait inspiré la plus violente passion à mylord d'Albermale, ambassadeur d'Angleterre.
4. *Mémoires* de Dufort de Cheverny

cède alors à sa rivale les rôles qui faisaient l'objet du litige et propose modestement de la doubler. Elle a soin de faire insérer dans le Journal de Paris une note où son bon procédé est exalté.

Mlle Sainval, outrée de voir son ennemie faire un étalage public de beaux sentiments, voulut répondre, mais on refusa sa lettre. Elle fit alors imprimer un mémoire, et le répandit à profusion. Le maréchal de Duras furieux la fit exiler par lettre de cachet à Clermont en Beauvaisis. C'était une punition réservée jusqu'alors aux personnes illustres et qu'on n'avait point exercée encore envers une comédienne. Cette querelle devint un des événements du dix-huitième siècle, la cour et la ville étaient divisées en deux partis : lettres, libelles, mémoires, épigrammes, se succédaient sans interruption.

En 1784, nouvelle querelle entre Mme Vestris et Sainval cadette; le public est encore mis dans la confidence. Nouvelles discussions, nouveaux mémoires, rédigés par les plus fameux avocats.

Quand on représenta à Fontainebleau la *Didon* de Piccini, Mlle Saint-Huberty excita des transports incroyables[1]. Louis XVI lui-même applaudissait à tout rompre; sur l'heure il accorda à la cantatrice

---

1. Elle parut costumée à l'antique. Déjà précédemment dans une pièce qui se passait en Thessalie, elle s'était montrée revêtue d'une longue tunique de lin, les jambes nues et chaussée de brodequins. Le lendemain il lui fut interdit de reparaître en scène dans ce costume.

une pension de 1500 livres, et il envoya le maréchal de Duras lui exprimer toute sa satisfaction. « Ce fut, écrit un des assistants, la plus belle scène de la soirée. Lorsque M. le maréchal de Duras entra dans les coulisses, suivi d'une foule de courtisans en habit de gala, Mme Saint-Huberty n'avait pas encore eu le temps de changer de costume. Elle était debout, sa couronne sur la tête, drapée dans le manteau de pourpre de la reine de Carthage. Marmontel et Piccini, ivres de bonheur, s'étaient jetés à ses genoux et lui embrassaient les mains. On aurait dit deux coupables à qui elle faisait grâce de la vie. Ils ne se relevèrent pas quand M. de Duras s'approcha pour répéter les paroles du roi. L'actrice écoutait le maréchal, et son visage, encore animé par l'inspiration, s'illuminait de la joie du triomphe, le rouge de l'orgueil montait à son front. C'était un spectacle admirable. Elle avait tant de grandeur, de noblesse, de majesté avec ces hommes à ses pieds, que mieux encore que sur le théâtre elle donnait l'idée de la reine de Carthage; tous les grands seigneurs présents avaient l'air de ses courtisans[1]. »

Quand *Didon* fut représentée à Paris, l'enthousiasme ne fut pas moindre. Le public en délire ne

---

[1]. M. de Duras, étant allé lui rendre visite quelques jours plus tard, « trouva la sublime Didon enveloppée dans un mauvais jupon; elle faisait une partie de piquet avec son petit jockey, sur un coin de table recouvert d'un vieux torchon en guise de tapis. » (Gaboriau, *les Comédiennes adorées*.)

savait comment témoigner à l'actrice son admiration; la salle entière sanglotait et n'interrompait ses larmes que pour éclater en applaudissements frénétiques.

La province ne se montrait pas moins idolâtre de tout ce qui touchait à la comédie. Les acteurs de Paris qui parcouraient les grandes villes de France, étaient l'objet d'ovations incessantes.

Lorsque Mlle Sainval l'aînée fut exilée de Paris, pour occuper ses loisirs elle se rendit à Bordeaux, où elle joua avec le plus grand succès; jamais actrice n'avait fait une pareille sensation. « Quoiqu'on fût dans le temps le plus pressant des vendanges, on a tout quitté pour elle, et le dernier jour, comme elle finissait *Mérope*, deux Amours sortant d'un nuage sont venus poser une couronne sur sa tête aux acclamations du public, qui lui a jeté à son tour d'autres couronnes et des pièces de vers, en demandant à grands cris une représentation à son profit. »

Larive donna également des représentations à Bordeaux; il y excita de tels transports qu'à la sortie du spectacle il trouvait les avenues de sa demeure toutes parsemées de lauriers[1].

Quand Mme Saint-Huberty se rendit en province, elle souleva un enthousiasme incroyable; les ovations que reçoivent certaines actrices de nos jours, et qui nous paraissent si excessives, n'en sont que

---

1. *Histoire des Théâtres de Bordeaux*, par Detcheverry.

de pâles imitations. A Marseille, on donna à la cantatrice une fête digne d'une souveraine. On ne pourrait y croire, si un témoin digne de foi n'en attestait tous les détails.

« Mme Saint-Huberty, écrit M. Campion[1], vêtue ce jour-là à la grecque, est arrivée par mer sur une très belle gondole, portant pavillon de Marseille, armée de huit rameurs, vêtus de même à la grecque ; elle étoit suivie de 200 chaloupes chargées de ceux qui vouloient voir la fête et encore plus celle qui en étoit l'objet. Elle a débarqué sur le rivage, au bruit d'une décharge de boîtes, et des acclamations du peuple. Un moment après, elle a remis en mer pour jouir du spectacle d'une joute. Le vainqueur lui a apporté la couronne et l'a reçue de nouveau de ses mains avec le prix de son triomphe. »

Une fois descendue de la gondole, la cantatrice s'étendit sur une espèce de divan et elle reçut en souveraine les hommages des spectateurs. Puis dans une petite pièce allégorique, on la proclama la dixième Muse et Apollon, détachant sa propre couronne, la lui remit au bruit de l'artillerie et des applaudissements. A Toulouse, à Lyon, à Strasbourg, même délire, même enthousiasme.

---

1. 15 août 1785

XXIII

RÈGNE DE LOUIS XVI (SUITE ET FIN)

Sommaire : Duels de comédiens. — Voltaire et les Comédiens français. — Le tripot comique. — Le tripot lyrique. — Rousseau, Lays et Chéron. — Les Comédiens à la Force. — Fuite de Lays, de Nivelon. — Arrestation de Mlle Théodore. — Les comédiens et le clergé.

Plus encore que sous le règne précédent, les comédiens se montrèrent friands de la lame, et on les vit souvent régler leurs différends l'épée à la main.

Fleury, à la suite de querelles de théâtre, se battit plusieurs fois avec Dugazon. En 1781, une rencontre eut lieu aux Champs-Élysées entre Larive et Florence. L'année suivante, Dugazon et Dazincourt allèrent sur le terrain et furent blessés tous deux. « Voilà peut-être, dit Grimm, de quoi dégoûter beaucoup d'honnêtes gens du plus barbare, du plus ridicule, et cependant du plus respecté de tous nos usages. »

Nous en saurions passer sous silence le duel fameux de Dugazon et de Desessart[1]. Ce dernier remplissait à la Comédie française les rôles de financier. Il était « gros comme un muids », dit Laharpe, et cette corpulence lui avait valu de la part de ses camarades le surnom de « l'Éléphant ». Lorsque l'éléphant de la ménagerie du roi mourut, Dugazon, qui se plaisait aux mystifications, alla trouver son camarade et le pria de venir avec lui chez le ministre pour l'aider dans un petit proverbe qu'il y devait représenter. « Quel costume dois-je prendre, » demande Desessart? « Mets-toi en grand deuil, lui répond son camarade, tu représenteras un héritier. » Desessart se conforme scrupuleusement au programme. Il passe un habit noir avec des crêpes, des pleureuses, etc., et l'on se rend chez le ministre, où se trouvait réunie nombreuse compagnie. « Monseigneur, dit Dugazon, la Comédie française a été on ne peut plus affligée de la mort du bel animal qui faisait l'ornement de la ménagerie du roi et je viens, au nom de mon théâtre, vous demander pour notre camarade la survivance de l'éléphant. » On peut se figurer la joie de l'assistance en entendant ce discours et en voyant le pauvre Desessart qui ne savait quelle contenance garder. Furieux de cette plaisanterie, il provoque son camarade et l'on part pour le bois de Boulogne en compagnie des témoins

---

[1]. Desessart (Denis Dechanet dit) (1740-1793), comédien français.

obligatoires dans ces sortes de rencontres. Au moment où l'on allait croiser le fer, Dugazon demande la parole : « J'ai trop d'avantages, dit-il, laissez-moi égaliser les chances. » Puis il tire un morceau de craie de sa poche, et, avec le plus grand sang-froid, trace un rond sur l'énorme ventre de son adversaire. « Tout ce qui sera hors du rond ne comptera pas, » dit-il, et il se remet en garde. L'hilarité des témoins gagna Desessart lui-même, qui renonça à ses projets homicides; le duel fut remplacé par un joyeux déjeuner.

Les comédiennes elles-mêmes ne voulurent pas laisser à leurs camarades du sexe fort, le monopole de ces rencontres d'un genre si aristocratique. Mlle Beaumesnil, chanteuse de l'Opéra, s'étant prise de querelle avec une danseuse du même théâtre, Mlle Théodore, à propos d'une rivalité d'amour, les deux actrices résolurent d'en appeler au sort des armes. Elles se rendirent à la porte Maillot accompagnées de leurs témoins. Le duel devait avoir lieu au pistolet. Heureusement Rey, basse-taille de l'Opéra, passa par là. En voyant les préparatifs du combat, il intervint et chercha à détourner ses camarades de leur dessein; elles ne voulurent rien entendre. Mais pendant la harangue il avait déposé les pistolets sur l'herbe humide, et, quand on en fit usage, tous deux ratèrent. Il ne restait plus qu'à s'embrasser et à aller déjeuner; c'est ce que l'on fit.

Jusqu'en 1780 les comédiens continuent à témoigner le plus parfait mépris aux écrivains qui alimentent leur répertoire. Quand Voltaire vint à Paris en 1778 pour triompher et mourir dans une apothéose, il eut à subir les plus détestables procédés de la part du « tripot comique », comme il le désignait toujours. Ni son âge, ni son génie, ni les bienfaits dont il avait comblé la compagnie ne purent lui concilier la déférence à laquelle il avait tant de droits. Lekain, qui lui devait tout, refusa nettement de jouer dans *Irène* le rôle de l'ermite Léonce. Outré d'un tel procédé, le marquis de Thibouville écrivit au comédien une lettre publique où il lui reprochait amèrement « son ingratitude et son impudence ». Lekain finit par céder; mais sa bonne volonté tardive n'eut pas lieu d'être mise à l'épreuve, il mourut la veille même du jour où Voltaire arrivait à Paris.

Ce n'est pas seulement avec Lekain que la représentation d'*Irène* souleva des difficultés : le maréchal de Richelieu voulait que le rôle de Zoé fût donné à Mme Molé; Voltaire préférait Mlle Sainval cadette; ce n'est que grâce à l'intervention de Sophie Arnould qu'il put obtenir l'interprète qu'il désirait. Mais il faut voir dans quels termes le poète, alors au comble de la gloire, écrit aux époux Molé pour leur témoigner sa gratitude[1] : « Le vieux malade de Ferney n'a point de termes pour exprimer la reconnaissance

1. 20 février 1778

qu'il doit à l'amitié que M. Molé veut bien lui témoigner, et aux extrêmes bontés de Mme Molé. Elle lui sacrifie ce qui n'était pas digne d'elle et ce qu'elle embellira lorsqu'elle daignera le reprendre; il est pénétré de ce qu'il doit à sa complaisance; il espère l'être de ses talents quand il aura le plaisir de l'entendre. Il lui présente ses respectueux remerciements[1]. »

---

1. Avant de mourir, Voltaire donna encore aux Comédiens une preuve du vif intérêt qu'il leur portait. Il eut l'idée de les soustraire au bon plaisir royal en leur enlevant le titre de Comédiens du roi. « Un mourant qui aime passionnément sa patrie, écrivait-il à Molé, vous consulte pour savoir s'il ne conviendrait pas de mettre sur les affiches : « *Le théâtre français donnera* tel jour, etc. » N'est-il pas honteux que le premier théâtre de l'Europe et le seul qui fasse honneur à la France, soit au-dessous du spectacle bizarre et étranger de l'Opéra?... » Molé répondit que ce changement ne dépendait pas des Comédiens. Voltaire s'adressa aussitôt à M. Amelot :

« Monseigneur,

« Voici la requête que vous m'avez permis de vous présenter au nom de Corneille, de Racine et de Molière. Je ne vous présente au mien que le profond respect et la reconnaissance avec lesquels je serai jusqu'au dernier moment de ma vie, etc. » (Lettre inéd., 2 avril 1778, Bibl. nat.)

A la lettre était jointe cette note de la main de Wagnière :

« Monseigneur Amelot, secrétaire d'État, ayant le département de Paris, est supplié de vouloir bien observer :

« Que le nom de *Comédiens du roi* fut donné indistinctement par le public, quoique le théâtre ait commencé par représenter des tragédies;

« Que ce fut pour représenter des tragédies que le cardinal de Richelieu fit bâtir la salle du Palais-Royal;

« Que le théâtre de France, depuis le grand Corneille, est

Les auteurs cependant commençaient à se montrer moins patients que par le passé et plus d'un cherchait à secouer le joug que les comédiens faisaient peser sur eux. A propos des honoraires de leurs pièces, quelques écrivains se prétendirent gravement et arbitrairement lésés. En 1775 le sieur Mercier fit même un procès à la Comédie et porta l'affaire devant le Parlement, mais les Gentilshommes de la chambre intervinrent aussitôt et obtinrent un arrêt par lequel l'affaire fut évoquée au Conseil, les Comé-

représenté comme le premier de l'Europe, et que c'est la partie de la littérature qui fait le plus d'honneur à la nation.

« Ne conviendrait-il pas que l'on affichât :

> Le théâtre français
> « Ordinaire du Roi »
> Représentera un tel jour, etc?

« Si Monseigneur approuve cette affiche, il est supplié d'en donner la permission à la police. »

Le 18 avril, Amelot répondait au philosophe :

« J'ai, monsieur, mis sous les yeux du roi le mémoire par lequel on demande que les affiches de la Comédie française soient réformées, qu'au lieu du titre de *Comédiens du roi* elles portent à l'avenir la dénomination de *Théâtre français, ordinaire du Roi*. S. M. n'a pas cru devoir adopter ce changement. Elle n'a vu aucune nécessité à ne pas laisser subsister un usage très ancien et auquel le public est accoutumé, sans que cela donne atteinte ni à la gloire des auteurs ni aux talents des acteurs, ni à l'honneur que les uns et les autres font à la nation. Je suis bien fâché de n'avoir pu dans cette occasion, vous donner des preuves de l'empressement que j'aurai toujours pour ce qui pourra vous être agréable, etc. » (Lettre inéd., Bibl. nat.)

En cette circonstance comme en tant d'autres, Voltaire se trouvait en avance sur son siècle; la modification qu'il proposait ne fut adoptée que quelques années plus tard.

diens français appartenant à la maison du Roi. Les Gentilshommes furent nommés arbitres et naturellement donnèrent raison à leurs subordonnés. Beaumarchais rouvrit le débat quelques années plus tard et finit par avoir raison de la résistance des Comédiens.

L'hostilité constante qui régnait entre les gens de lettres et les acteurs amena souvent les discussions les plus acrimonieuses. En 1781, le jeune Fréron, dans ses feuilles, parlant de Desessart, l'appela ventriloque, par allusion à son ventre énorme. Desessart se plaignit au maréchal de Duras en demandant une réparation. Le garde des sceaux exigea des excuses de Fréron, sous menace de perdre son privilège. « On ne peut concevoir à quel excès d'avilissement on réduit ainsi les gens de lettres, dit Bachaumont, par complaisance pour un grand, engoué d'un méprisable histrion. » Fréron se refusa à ce qu'on exigeait de lui.

L'insolence et la morgue des comédiens croissaient avec les égards qu'on leur témoignait et ils en étaient arrivés à se permettre d'incroyables impertinences. Ils pensaient que tout leur était dû, mais ils étaient persuadés en revanche qu'ils ne devaient rien à personne.

Un jour, la Guimard fit changer le spectacle parce qu'elle devait, disait-elle, se purger. La purge consistait à se rendre à la campagne, en nombreuse et joyeuse société.

Bachaumont rapporte une anecdote stupéfiante dont le héros fut, paraît-il, Dugazon. Pendant la nuit du jeudi gras 1778, au bal de l'Opéra, on remarquait « un masque vêtu comme une poissarde, avec une coiffure déchirée sur la tête, et le reste de l'habillement à proportion. Dès que la reine a paru, ce masque est venu au bas de sa loge et l'a entreprise avec une familiarité singulière, l'appelant Antoinette et la gourmandant de n'être pas couchée auprès de son mari qui ronfloit en ce moment. Il a soutenu la conversation, que tout le monde entendoit, sur ce ton de liberté; il y a mis tant de gaieté et d'intérêt, que S. M., pour mieux causer avec lui, se baissoit vers lui et lui faisoit presque toucher sa gorge. Après plus d'une demi-heure de propos, elle l'a quitté en convenant qu'elle ne s'étoit jamais tant amusée, et sur ce qu'il lui reprochoit de s'en aller, elle lui a promis de revenir; ce qu'elle a fait. Le second entretien a été aussi long et aussi public et cette farce a fini par l'honneur qu'a eu l'inconnu de baiser la main de la reine; familiarité qu'il a prise sans qu'elle s'en soit offensée. Le bruit général est que ce masque étoit le sieur Dugazon, de la Comédie française; mais on a peine à se le persuader.[1] »

Un soir, à la Comédie italienne, Narbonne[2], dans le rôle de Damis de l'opéra des *Dettes*, imita si parfaitement la figure, le costume et la démarche du

1. Bachaumont, 4 mars 1778.
2. Narbonne (1745-1802).

maréchal de Richelieu, que tout le monde reconnut le vieux courtisan. L'insolence de Narbonne reçut la punition qu'il méritait et il fut envoyé au For l'Évêque[1].

Jusqu'aux comédiens des boulevards qui montraient une morgue incroyable. Volange, surnommé Jeannot, acteur de la foire, excitait un tel enthousiasme qu'il fut engagé à la Comédie italienne[2]. Le marquis de Brancas ayant voulu en régaler ses convives à un grand souper, l'avait invité à venir. Quand il arriva : « Mesdames, dit le marquis, voilà M. Jeannot que j'ai l'honneur de vous présenter. » « Monsieur le marquis, dit l'histrion en se rengorgeant, j'étais Jeannot aux boulevards, mais je suis à présent M. Volange. » « Soit, répondit M. de Brancas, mais comme nous ne voulions que Jeannot, qu'on mette à la porte M. Volange. »

Grâce à la faiblesse des Gentilshommes, les acteurs et les actrices devenaient chaque jour plus indisciplinés. Ils ne jouaient que quand cela leur faisait plaisir. La présence même du roi ou de la reine ne les rappelait pas au sentiment de leurs devoirs. En 1776, les premiers Comédiens furent mis chacun à 200 livres d'amende, pour avoir fait jouer une pièce par les doubles, un jour où Marie-Antoinette assistait au spectacle.

Quand Mme Vestris eut ses démêlés célèbres avec

1. Cet incident eut lieu en 1787.
2. Il n'y eut aucun succès.

Mlle Sainval, elle fut un soir insultée au théâtre même par plusieurs de ses camarades. Furieux de l'outrage fait à sa protégée, le duc de Duras écrivit au semainier une lettre qui montre bien quel était alors l'état de trouble du « tripot comique ».

« La licence des Comédiens, dit-il, tient à une révolution funeste que je vois avec chagrin se faire insensiblement dans cette société; il y existe un esprit d'anarchie et d'indépendance qui me forcera tôt ou tard à agir avec une sévérité que j'aurois voulu ne jamais employer. On refuse des rôles, on refuse de jouer; on est obligé de changer éternellement le répertoire, parce que chacun veut faire sa volonté, parce que les chefs d'emploi ne sont plus respectés, parce que les anciens ne jouissent plus de la considération qui devroit leur appartenir. Et pour justifier les torts qu'on se donne, on menace de quitter la Comédie. Les Comédiens oublient donc que leurs engagements sont inviolables.

« Désabusez-les, monsieur, et annoncez bien formellement à la Comédie entière que je ne céderai sur ce point au premier ni au dernier talent. Quiconque quittera la Comédie sans mon congé, ou me forcera à le renvoyer, ne pourra jouer sur aucun théâtre du royaume, ni hors du royaume : c'est la loi de tous les temps; on l'oublie. Je saurai la rappeler et la maintenir dans toute sa rigueur[1]. »

---

1. Lettre inéd., 7 septembre, Arch. nat., O¹844.

Si le tripot comique était difficile à diriger, ce n'était rien encore auprès du tripot lyrique ou Académie royale de musique. Les infortunés chargés de conduire cette troupe rebelle et indisciplinée en perdaient le boire et le manger. Sans cesse ils sont accablés de demandes de gratifications, d'augmentations, de pensions ; pas un sujet n'est satisfait de sa situation, pas un qui n'aspire à remplacer celui qui le précède. Chanteurs et chanteuses, danseurs et danseuses, rivalisent à l'envi de caprices et d'exigences ridicules ; à peine sont-elles satisfaites que de nouvelles surgissent, plus impérieuses encore. Il n'y a pas de jour où les pensionnaires de l'Académie de musique ne demandent des exceptions au règlement, des passe-droits, des prix exceptionnels. Ils font intervenir toutes les influences, même les plus étrangères à l'art lyrique. Grâce à la protection de son amant, le comte de Mercy-Argenteau, Mlle Rosalie Levasseur obtient des appointements plus élevés ; il est entendu que cette faveur restera secrète, pour ne pas exciter de jalousies. Mais Mlle Guimard soupçonne l'intrigue, découvre la vérité et, saisie d'indignation, elle refuse tout service tant qu'on ne lui aura pas donné les mêmes avantages[1]. Il faut s'incliner, mais comme pour sa camarade on lui demande un secret absolu. Il n'est pas

---

1. « A l'Opéra, les volontés de Mlle Guimard sont suivies avec autant de respect que si elle en étoit directrice. » (Arch. nat., O¹ 630.)

si bien gardé que Mlle Saint-Huberty, Vestris, d'autres encore, ne s'en soient doutés et on doit leur accorder un traitement analogue[1].

Les demandes de congé sont incessantes; les acteurs s'absentent, même sans prendre la peine de prévenir leur directeur; il faut les remplacer au pied levé. Chaque jour, ce sont des refus de service sous les prétextes les plus futiles; pour faire jouer les artistes, on est obligé de recourir à de véritables supplications.

---

[1]. Quand les artistes élevaient ces prétentions et qu'on ne cédait point à leurs désirs, ils refusaient le service et aimaient mieux se laisser conduire au For l'Evêque que de rien abandonner de leurs exigences. Ils savaient bien qu'ils finissaient toujours par triompher. Voici une lettre de Mlle Dupré, danseuse à l'Opéra, et que protégeait l'ambassadeur de Sardaigne, qui montre bien comment les comédiens savaient jouer du For l'Evêque :

« A M. Morel, rue du Sentier, n° 10. 5 septembre 1783. J'ai l'honneur de vous informer, monsieur que le tout a été on ne peut pas mieux. Je n'ai d'autres regrets que celui de n'avoir resté enfermée que vingt-quatre heures. Le raclement des barreaux et le train des verrous étoient très amusants, et faisoient une harmonie délicieuse. J'y avois déjà fait porter bien des paquets et des provisions, comptant faire un plus long séjour dans ces lieux charmants, où néanmoins j'aurois beaucoup souffert d'ennui et de tristesse, comme vous pouvez bien vous l'imaginer. Enfin voilà la pièce jouée au parfait. Il ne me reste qu'à m'occuper de l'état de mes affaires. Je vous prie, monsieur, de vouloir bien engager M. de la Ferté à me donner un mot d'écrit, au moyen duquel on puisse commencer à me payer les appointements du mois échu sur le nouveau pied convenu; bien entendu que je continuerai à signer sur l'état comme ci-devant. Le secret sera toujours gardé soigneusement et j'attendrai votre réponse avec impatience, vous priant de me marquer par la même occa-

En 1778, la direction de l'Opéra fut enlevée aux intendants des Menus, et confiée à un particulier, M. de Vismes; ce dernier, plein de zèle, voulut faire tant de réformes qu'on le surnomma le Turgot de l'Opéra; mais il souleva par ses projets une véritable émeute dans la troupe « chantante et cabriolante ». Il fallut sévir et on fit arrêter plusieurs danseurs, entre autres Dauberval et Vestris, à la table même de Mlle Guimard[1]. Celle-ci, offensée d'une telle licence, déclara qu'elle ne reparaitrait plus sur la scène, et son exemple fut suivi par plusieurs de ses camarades : « Prenez garde, monseigneur, disait Sophie Arnould à Amelot, on ne vient pas à bout de l'Opéra aussi facilement que d'un Parlement[2]. »

Poursuivant cette comparaison, qui à défaut de justesse, flattait du moins sa vanité, Mlle Guimard disait à ses camarades avec cette superbe qui ne

---

sion le jour que je pourrai aller remercier M. de la Ferté de toutes les bontés qu'il a pour moi. » (Lettre inéd., Arch. nat., O¹620.)

1. En l'honneur de « l'ouverture du ventre de la reine », les artistes du chant et de la danse, à l'Opéra, avaient décidé de doter une fille pauvre et de la marier avec de grandes réjouissances. La fête devait avoir lieu au Wauxhall d'hiver, mais elle fut interdite sous prétexte que c'était parodier la cour. Le banquet fut alors transporté chez Mlle Guimard, et c'est pendant le repas qu'on vint signifier à Dauberval et à Vestris la lettre de cachet qui les envoyait au For l'Évêque à cause de leur résistance aux ordres de leur directeur. (Bachaumont.)

2. Amelot était intendant de Bourgogne, lors des modifications apportées au Parlement par le chancelier Maupeou; il avait dissous l'ancien parlement de Dijon et recomposé le nouveau; c'est ce qui donnait tant d'à-propos au mot de Sophie Arnould.

l'abandonnait jamais : « Mesdames et messieurs, point de démissions combinées, c'est ce qui a perdu le Parlement. »

M. de Vismes, ne pouvant venir à bout de ses pensionnaires récalcitrants, se retira, et M. de la Ferté[1] le remplaça sous le titre de commissaire du roi près de l'Académie de musique. Il n'y fut pas sur un lit de roses. Accablé de réclamations continuelles, ne sachant auquel entendre, le malheureux directeur se plaint sans cesse à Amelot des bontés excessives que la reine témoigne aux Comédiens, et qui les rendent chaque jour plus orgueilleux, plus insupportables et plus difficiles à conduire[2]. »

Abreuvé de dégoûts, désespérant d'amener enfin la paix dans cette troupe ingouvernable, la Ferté, à plusieurs reprises, offrit sa démission, mais Amelot, qui savait bien qu'un nouvel administrateur ne serait pas plus heureux, la refusait toujours et cherchait à remonter le moral de son infortuné collaborateur.

---

1. **M.** Papillon de la Ferté, intendant des Menus. Poinsinet lui dédia une comédie en un acte intitulée *le Cercle*, et dans l'épître dédicatoire lui prodigua les louanges les plus outrées; à cette occasion, M. de la Ferté reçut le couplet suivant:

> C'est à tort que chacun s'irrite
> De voir encenser un butor,
> Jadis le peuple israélite
> A bien adoré le veau d'or.
> Un auteur fait, sans être cruche,
> Un Mécène d'un La Ferté;
> C'est un sculpteur qui d'une bûche
> Sait faire une divinité.
> (*Journal* de Favart.)

2. Amelot à la Ferté. Lettre inéd., Arch. nat., O¹ 626.

« En vérité, lui écrivait-il, je sens qu'il faut une patience plus qu'humaine pour conduire l'indécrottable machine de l'Opéra, mais ne perdez pas courage et aidez-moi à le faire aller au moins de notre mieux[1]. »

Les cartons de l'Opéra, aux Archives nationales, sont bourrés de notices, de comptes rendus sur les comédiens, sur leurs rébellions, sur les propos indécents qu'ils tiennent, etc. En général, ils ne montraient tant d'insolence que parce qu'ils ne se croyaient pas payés selon leur mérite et qu'ils savaient pouvoir facilement gagner davantage à l'étranger.

Il y avait à l'Académie de musique trois chanteurs en particulier, Chéron, Lays et Rousseau, dont le mauvais vouloir cause au malheureux la Ferté d'incessants déboires. Leur nom revient sans cesse dans les piteuses doléances du directeur.

Quand il s'agissait de paraître, ces trois chanteurs opposaient toujours des fins de non-recevoir : « On ne croit point devoir laisser ignorer à Mgr le baron de Breteuil, écrit la Ferté, la conduite étrange des sieurs Rousseau et Lays, qui ne semblent occupés que des moyens de compromettre les intérêts de l'Académie royale de musique et conséquemment ceux des finances du roi, puisque ce spectacle est à la charge de S. M. Ce n'est qu'avec la plus grande

---

1. Amelot à la Ferté, 6 avril 1782. Arch. nat., O¹629.

peine qu'on est parvenu quelquefois à les faire jouer l'un et l'autre depuis la rentrée du théâtre. Ils trouvent continuellement des prétextes de rhume pour se dispenser de jouer... Le mal est encore aggravé par l'absence du sieur Chéron qui, sous prétexte d'indisposition, n'a pas paru au théâtre depuis Pâques[1]. »

En 1788, la situation ne s'était pas modifiée, et nous voyons Dauvergne, sous-intendant de la musique du roi, écrire à la Ferté : « J'ai envoyé hier chez le sieur Chéron pour l'engager à chanter son rôle dans *Armide*; il a fait dire qu'il ne seroit pas en état de chanter de toute la semaine, ce qui, ajouté aux douze ou treize jours qu'il y a qu'il ne chante point, font trois semaines de vacances. Le sieur Lays chez qui j'ai envoyé, a fait dire qu'il venoit de suer quatorze chemises... il a toujours une maladie en poche... cet homme est fourbe et méchant[2]. »

La troupe cabriolante de l'Académie royale ne se montrait ni plus accommodante, ni moins vaniteuse que la troupe chantante.

En 1784, le jeune Vestris[3] revint de Londres avec

---

1. Lettre inéd., mars 1786, Arch. nat., O¹ 626.
2. D'Auvergne à la Ferté, sept. 1788, lettre inéd., Arch. nat., O¹ 629.
3. Vestris était le fils naturel du danseur Vestris et de Mlle Allard; on l'avait surnommé Vestrallard en raison de cette origine. Le danseur Dauberval, qui avait eu également les bonnes grâces de Mlle Allard, dit un jour un mot assez plaisant. Des coulisses, il assistait aux débuts du jeune Vestris, et émerveillé il s'écria :

une extension de nerf au pied droit. La reine se trouvant à l'Opéra avec le comte de Haga[1], auquel elle désirait montrer le célèbre danseur, envoya dire trois fois à Vestris qu'elle le priait de danser comme il pourrait, ne fut-ce qu'une seule entrée. Il s'y refusa : « Soit que ses réponses, dit Grimm, aient passé en effet les bornes de la bêtise ou de l'impertinence permises à un danseur, soit que l'envie et la malignité de ses camarades se soient chargées de les empoisonner, » le baron de Breteuil[2] envoya Vestris à l'hôtel de la Force[3].

A cette nouvelle tout Paris s'émeut et prend parti pour ou contre l'histrion. Son père va le voir en prison : « Tou te f... de moi, je crois, lui dit-il ;

« Quel malheur! C'est le fils de Vestris et ce n'est pas le mien! Hélas, je ne l'ai manqué que d'un quart d'heure!. »

1. C'était le titre que portait le roi de Suède pendant son voyage en France.

2. Sur les réclamations de la Ferté, M. de Breteuil lui répondait le 18 juillet 1781 : « Indépendamment des plaintes que vous me portez de l'insolence inouïe du sieur Vestris, j'en reçois encore par la voie de la police, dont je vous envoie ci-joint le rapport. Vous voudrez bien voir sur-le-champ M. Lenoir et vous concerter avec lui pour faire conduire sans différer le sieur Vestris en prison, d'où on le tirera lorsqu'on aura besoin de lui pour danser, et où on le ramènera ensuite. Ma lettre, que vous communiquerez à M. Lenoir, suffira à ce magistrat pour ordonner l'emprisonnement de cet histrion. » (Inéd., Archiv. nat. O^1 626).

3. L'hôtel de la Force était situé au Marais, rue Pavée et rue du Roi-de-Sicile. Cette demeure avait appartenu à la famille de la Force. Sous Louis XVI, elle fut transformée en prison, lorsqu'on supprima le For l'Évêque et le Petit-Châtelet, qu'on trouvait trop malsains.

tou as ouue difficulté avec la reine. Ne sais-tou pas que jamais la maison Vestris n'a ou de démêlé avec la maison de Bourbon! Je te défends de brouiller les deux familles[1]. » Chansons, pamphlets, épigrammes, pleuvent de toutes parts. Enfin la reine ordonne à M. de Breteuil de mettre le danseur en liberté.

« Le jour où il reparut pour la première fois, dit Grimm, est un jour à jamais mémorable dans les fastes de l'Opéra. Jamais assemblée ne fut plus nombreuse ni plus agitée. C'était tout le trouble, toute la confusion d'une guerre civile. Au moment où il entra sur la scène avec Mlle Guimard, les uns d'applaudir, les autres de siffler et de crier comme des furieux : « A genoux! à genoux! » Vestris ne se laissa pas troubler et dansa divinement[2]. » Le parterre désarmé lui fit une ovation enthousiaste.

Le public ne savait pas garder rancune aux gens de théâtre et la faiblesse qu'il leur témoignait contribuait encore à augmenter leur sans-gêne et leur insolence.

Quand Mlle Vanhove[3] débuta dans *Phèdre*[4], elle fut si mal accueillie que dans la sixième scène du

---

1. Grimm raconte que Vestris le père, informé des dépenses, exagérées de son fils, lui aurait dit : « Souvenez-vous, Auguste, que je ne veux pas de Guéménée dans ma famille. »
2. Grimm, *Corresp. littér.*, 1784.
3. Vanhove (1771-1860), de la Comédie française.
4. En 1780.

quatrième acte, au lieu de cette apostrophe à Minos :

> Pardonne : un dieu cruel a perdu ta famille ;
> Reconnais sa vengeance aux fureurs de ta fille,

il lui échappa de dire :

> Reconnais sa vengeance aux fureurs du parterre.

Le public fut charmé de l'incartade et prodigua dès ce moment à Mlle Vanhove beaucoup d'applaudissements.

En 1778, Mme Molé, sans motif plausible, fit attendre la reine plus de trois quarts d'heure à Marly. Le duc de Villequier, gentilhomme de service, l'envoya en prison, et la fit mettre au secret. La Comédienne furieuse déclara qu'elle quittait la scène, et son mari suivit son exemple. Ils refusèrent de jouer pendant assez longtemps ; à la fin ils se ravisèrent. La première fois qu'ils reparurent « au lieu de recevoir, dit Bachaumont, les huées ou du moins la correction qu'ils méritoient, le benêt parterre les applaudit à tout rompre. Il n'est pas étonnant que l'insolence des histrions augmente journellement, lorsqu'on les gâte à ce point-là[1]. » Mais ce n'est pas tout, Mme Molé reçut bientôt une pension du roi comme dédommagement de l'humiliation qu'elle avait soufferte.

Malgré l'engouement dont les acteurs étaient l'objet, malgré les honneurs excessifs qu'on leur

---

1. 16 novembre 1778.

rendait, malgré leur morgue et leur outrecuidance, la législation qu'on leur avait appliquée sous le règne de Louis XV subsistait plus que jamais.

L'habitude d'attenter à leur liberté était complètement passée dans les mœurs, et on les envoyait au For l'Évêque pour la plus légère incartade, souvent pour des peccadilles. Il y avait même un inspecteur de police spécialement affecté à leur service et dont l'emploi consistait à les conduire en prison avec les formes les plus galantes. C'est un nommé Quidor[1] qui remplissait ces délicates fonctions ; on le voit figurer dans toutes les arrestations de ce genre.

En 1777, Monvel[2], par suite d'une erreur avec le semainier, ne vint pas à la comédie un jour où il devait jouer dans les *Horaces*. On dut donner une autre pièce. Monvel fut arrêté et jeté en prison ; le semainier lui-même, Dauberval, subit le même sort.

Un soir, Mlle Dorival se présenta pour danser dans un état complet d'ébriété. La Ferté la fit conduire à la Force, et il se plaignit au baron de Breteuil qui lui répondit : « 16 janvier 1784. Vous avez fort bien fait de prendre les mesures nécessaires pour faire punir la demoiselle Dorival de sa crapule et de son manquement à ses devoirs ; je la ferai retenir au moins huit jours en prison, et je

---

1. Quidor avait également la surveillance des prostituées.
2. Monvel (1745-1811), de la Comédie française.

chargerai M. Lenoir[1] de lui faire sentir tout le mécontentement que j'ai de sa conduite[2]. » Mlle Dorival fut mise au secret et on l'empêcha de « se divertir avec des étrangers », ce qui, comme nous le savons, était assez l'habitude des acteurs sous les verrous.

La tyrannie des ministres et des Gentilshommes s'exerçait souvent, il faut le dire, de la manière la plus odieuse et la plus vexatoire ; le libre arbitre des comédiens se trouvait complètement annihilé.

Un artiste de province paraissait-il digne de figurer sur une des scènes royales, une lettre de cachet le mandait à Paris et, quelles que pussent être ses convenances personnelles, il lui fallait obéir. En 1784, un certain Martin jouait à Marseille avec succès; le ministre décide qu'il viendra à Paris et il envoie au gouverneur de la province l'ordre suivant, si éloquent dans sa concision :

« Versailles, 27 mars 1784.

« Le service du Roi exigeant, monsieur, que le sieur Martin, qui est actuellement à la comédie de Marseille, se rende à Paris, S. M. a donné l'ordre que vous trouverez ci-joint, pour le faire venir. Je vous prie de le lui faire remettre et de tenir la main à ce qu'il obéisse sans délai. Vous voudrez bien aussi

1. Lieutenant de police.
2. Arch. nat., O¹626 et 634.

prévenir le directeur. Le sieur Martin, à son arrivée à Paris, s'adressera à M. de La Ferté, commissaire général de la maison du Roi au département des Menus[1]. »

Cet ordre était accompagné d'une lettre de cachet.

Les exemples d'arbitraire qui nous restent à signaler, sont plus curieux encore.

Le 8 juin 1781, le théâtre du Palais-Royal, qui depuis la mort de Molière était resté affecté à l'Opéra, fut détruit par un incendie. Ce fâcheux événement exposait les pensionnaires à une assez longue inaction. Craignant d'être lésés dans leurs intérêts, Rousseau, Lays et Chéron, les trois chanteurs dont nous avons déjà signalé les hauts faits, prirent le parti d'aller à l'étranger chercher fortune; mais Rousseau n'attendit pas ses camarades et il se sauva à Bruxelles, où il parvint sans encombre. Cette évasion, qui n'était pas prévue, plongea M. de La Ferté dans la stupeur, et il supplia le ministre de faire étroitement surveiller Lays et Chéron pour qu'ils ne pussent imiter la conduite de leur camarade, « ce qui, disait-il, ruineroit l'Opéra. »

« J'ai vu la semaine dernière, répond le ministre, les sieurs Lays et Chéron, et ils m'ont bien assuré qu'ils ne songeoient pas à s'en aller. Cependant, je viens d'écrire à M. Lenoir, pour le prier de les faire

---

1. Lettre inéd., Archiv. nat., O¹ 626.

surveiller de très près sans qu'ils s'en doutent, et de les faire arrêter dans le cas où il seroit assuré qu'ils se disposeroient à partir, en m'en donnant avis sur-le-champ[1]. »

Quidor fut chargé de filer les deux chanteurs. Comme ils n'ignoraient pas la surveillance dont ils étaient l'objet, ils ne laissaient en rien soupçonner leurs secrets desseins; mais au bout de quinze jours, Lays, supposant que son apparente docilité avait apaisé toutes les inquiétudes, prit la fuite à son tour. Malheusement pour lui, Quidor avait trop l'habitude des comédiens pour se laisser jouer si aisément; le chanteur fut arrêté avant même d'être sorti de Paris, et il fut conduit incontinent au For l'Évêque.

Quant à Rousseau, la conduite qu'il avait tenue pouvant trouver des imitateurs, on ne le laissa pas jouir paisiblement de sa liberté : « Je crois, mandait la Ferté au ministre, qu'il faudroit tout tenter pour avoir, de gré ou de force, le sieur Rousseau qui est à Bruxelles[2]. »

M. de Breteuil s'adressa au comte de Vergennes, son collègue des Affaires étrangères, pour le prier d'obtenir l'arrestation et l'extradition du chanteur. Le comte d'Adhémar, notre représentant à Bruxelles, fut chargé de cette importante négociation diploma-

---

1. Lettre inéd., 28 juillet 1751. Arch. nat., O¹ 629.
2. Arch. nat., O¹ 610.

tique; mais il échoua complètement. Le gouvernement des Pays-Bas autrichiens rappela que quelques années auparavant Dazincourt et Beauval, engagés à Bruxelles, s'étaient sauvés à Paris et que le duc de Duras avait refusé de les livrer au gouvernement des Pays-Bas qui les réclamait[1].

Quelques mois plus tard, la même aventure se renouvela à propos de Nivelon, le danseur, qui, ne pouvant faire accepter sa démission, s'enfuit et se réfugia à Ostende. Quidor fut envoyé à sa poursuite avec les passeports nécessaires pour requérir le concours du gouvernement des Pays-Bas, mais il échoua encore dans sa mission. Le danseur eut l'imprudence de revenir. Il fut aussitôt arrêté et enfermé à la Force, où on le mit au secret; il ne put voir que sa mère et sa femme[2].

Au mois de mars 1782, Mlle Théodore, la célèbre danseuse, se rendit à Londres, où elle obtint le plus grand succès. Comme elle y gagnait beaucoup plus d'argent qu'à Paris, elle résolut d'y prolonger son séjour et elle écrivit à M. de la Ferté pour demander son congé. On ne fit aucune difficulté de le lui accorder. A quelque temps de là elle revint en France et se rendit sans méfiance chez Dauberval, dans le château qu'il possédait à Chablis, en Champagne. Dès qu'on connut son retour, Amelot donna

---

1. Adolphe Julien, *l'Opéra secret au dix-huitième siècle.*
2. Arch. nat., O¹629.

l'ordre de la faire arrêter. L'inévitable Quidor fut chargé de la mission. Il se rendit à Chal.!'s et enleva purement et simplement la danseuse. Elle fut déposée à la Force et mise au secret. Sa détention fut de peu de durée ; le 27 juillet on lui rendit sa liberté, mais on l'exila à trente lieues de Paris, et on l'obligea à payer les frais de son arrestation. Ils s'élevaient à 771 livres 10 sols[1].

Si la législation civile n'avait été nullement modifiée à l'égard des gens de théâtre, la législation religieuse était également restée immuable.

Comme par le passé, tout comédien qui voulait bénéficier des sacrements devait avant toute chose renoncer formellement à sa profession. En 1778, lorsque Lekain fut sur le point de mourir, Tronchin, qui le soignait, l'avertit du danger de son état et l'exhorta à se réconcilier avec l'Eglise : « Un carme, dit Bachaumont, est venu nettoyer cette conscience sale, le comédien a fait la renonciation ordinaire et il a été administré[2]. » Aussi fut-il porté à l'église et enterré avec pompe dans le cimetière de sa paroisse.

En 1781, lors de l'incendie de la salle de l'Opéra, plus de trente personnes périrent, et parmi elles quelques danseurs. L'archevêque de Paris décida que ces derniers, étant morts *in flagrante delicto*, se-

1. Arch. nat., O¹629. Cet exil ne fut pas maintenu.
2. Bachaumont, 11 février 1778.

raient privés de la sépulture chrétienne; mais le curé de Saint-Eustache s'était montré plus tolérant et plus miséricordieux que le prélat, et lorsque les défenses épiscopales arrivèrent, il avait déjà accordé aux corps de ces infortunés la terre sainte et les prières de l'Église : il n'avait fait du reste que se conformer à l'usage établi pour les pensionnaires de l'Opéra.

XXIV

PÉRIODE RÉVOLUTIONNAIRE

Sommaire : L'Assemblée nationale relève les comédiens de l'indignité qui les frappe et leur accorde les droits civils et politiques. — Mariage de Talma.

Le jour de la retraite de Brizard, au moment où, la représentation terminée, le comédien recevait dans sa loge les adieux de ses camarades, un des plus notables habitants de Paris vint avec son jeune fils le féliciter : « Mon enfant, dit-il, saluez en M. Brizard l'homme de bien, estimé de tous, dont la vie a combattu le préjugé attaché à sa profession, et qui saura compenser dans la société le vide que sa retraite va laisser au théâtre. » Ces paroles si flatteuses émurent profondément tous les assistants. Brizard, attendri, embrassa l'enfant et se tournant vers ses camarades : « Mes amis, leur dit-il, prenez patience, votre tour viendra. »

Cette prophétie devait se réaliser trois ans plus tard.

Dès le début de la Révolution, la question de la

situation sociale des acteurs se pose nettement. Au moment où paraissent les « plaintes et doléances » des divers états, on publie également les *Cahiers, plaintes et doléances de messieurs les comédiens français.* L'auteur, sous une forme plaisante, expose les justes revendications des artistes de la Comédie; il les suppose réunis, à l'instar des états généraux, pour formuler leurs vœux. Saint-Phal[1] parle le premier et se plaint que les comédiens ne soient pas représentés à l'Assemblé nationale; il propose de former un cahier sur les rapports des comédiens avec la nation et d'enjoindre aux députés de Paris d'y avoir égard. Cette motion est votée par acclamation. Grammont[2] se lève après lui et demande que l'on cesse de flétrir leur profession par un préjugé aussi injuste que grossier : « Les philosophes et les gens éclairés, dit-il, l'ont secoué depuis longtemps, mais il est cependant toujours existant. » Il rappelait qu'un acteur n'était jamais nommé au nombre des municipaux et qu'on ne l'admettait même pas à exercer les charges qu'il pouvait acquérir à prix d'argent.

La question des droits civils et politiques des comédiens n'allait pas rester dans le domaine de la fantaisie; elle fut soulevée à l'Assemblée nationale en même temps que celle des Juifs. Cette discussion

1. Saint-Phal (1755-1835), comédien français.
2. Grammont (Nourry dit) (1750-1795), comédien français.

est trop instructive et trop intéressante pour que nous ne lui donnions pas le développement qu'elle comporte.

Après la Déclaration des Droits de l'homme, qui rendait tous les Français égaux devant la loi, on devait supposer que les exclusions qui frappaient certaines classes de la société se trouvaient virtuellement abrogées. Cependant comme la question faisait doute encore pour beaucoup d'esprits, afin de dissiper toute équivoque, Rœderer, le 21 décembre 1789, proposa formellement d'admettre aux droits de citoyens « et cette nation si active, si industrieuse, qui a promené sur tout le globe ses superstitions et ses malheurs, et cette classe d'hommes qu'un préjugé ancien a voulu dégrader et qu'on repousse de tous les emplois de la société, tandis que nos applaudissements leur font partager tous les jours sur le théâtre la gloire des plus sublimes génies. Je crois, dit-il, qu'il n'y a aucune raison solide, soit en morale, soit en politique, à opposer à ma réclamation. »

Le comte de Clermont-Tonnerre prit à son tour la parole et proposa un décret ainsi conçu :

« L'Assemblée nationale décrète qu'aucun citoyen actif, réunissant les conditions d'éligibilité, ne pourra être écarté du tableau des éligibles, ni exclu d'aucun emploi public, à raison de la profession qu'il exerce, ou du culte qu'il professe. »

La discussion fut ajournée et reprise le 22 décembre. Dès l'ouverture de la séance, le comte de Clermont-Tonnerre monte à la tribune pour défendre son projet : « Les professions, dit-il, sont nuisibles ou ne le sont pas. Si elles le sont, c'est un délit habituel que la justice doit réprimer. Si elles ne le sont pas, la loi doit être conforme à la justice qui est la source de la loi. Elle doit tendre à corriger les abus, et non abattre l'arbre qu'il faut redresser ou corriger. »

Puis parlant de ces deux professions « que la loi met sur le même rang, mais qu'il souffre de rapprocher, » il demande à la fois la réhabilitation du bourreau et celle du comédien : « Pour le bourreau, dit-il, il ne s'agit que de combattre le préjugé... Tout ce que la loi ordonne est bon; elle ordonne la mort d'un criminel, l'exécuteur ne fait qu'obéir à la loi; il est absurde que la loi dise à un homme : « Fais cela, et si tu le fais, tu seras coupable d'infamie. »

Passant aux comédiens, il démontre qu'à leur égard le préjugé s'établit sur ce qu'ils sont sous la dépendance de l'opinion publique. « Cette dépendance fait notre gloire et elle les flétrirait! s'écrie-t-il. D'honnêtes citoyens peuvent nous présenter sur les théâtres les chefs-d'œuvre de l'esprit humain, des ouvrages remplis de cette saine philosophie qui, ainsi placée à la portée de tous les hommes, a préparé avec succès la révolution qui s'opère, et vous leur direz : « Vous êtes Comédiens du Roi, vous oc-« cupez le théâtre de la Nation, vous êtes infâmes! » La loi ne doit pas laisser subsister l'infamie. Si les spectacles, au lieu d'être l'école des mœurs, en causent la dépravation, épurez-les, ennoblissez-les, et n'avilissez pas des hommes qui exercent des talents estimables. « Mais, dit-on, vous voulez donc appeler « aux fonctions de judicature, à l'Assemblée nationale, « des comédiens? » Je veux qu'ils puissent y arriver s'ils en sont dignes. Je m'en rapporte aux choix du peuple et je suis sans inquiétude. Je ne veux flétrir aucun homme ni proscrire les professions que la loi n'a jamais proscrites. »

Après avoir chaudement plaidé la cause des gens de théâtre, l'orateur demande en terminant que les Juifs soient également admis aux droits de citoyens.

C'est l'abbé Maury qui se chargea de réfuter l'argumentation de son collègue; il insista pour que les classes, dont on sollicitait l'émancipation, fussent maintenues dans l'état d'infériorité où elles avaient vécu jusqu'alors, et que l'infamie qui frappait la profession du théâtre fut formellement maintenue.

Robespierre intervint dans la discussion et prit la défense des acteurs avec le ton déclamatoire qui lui était propre. Au moment où l'orateur terminait son discours, le président de l'Assemblée, M. Desmeuniers, reçut un message au nom de la Comédie française. Les Comédiens, sachant que leur sort se décidait, avaient jugé à propos de solliciter directement la bienveillance des députés. Le président interrompit la discussion pour donner lecture de la suppliqué qui venait de lui être adressée :

« Paris, ce 24 décembre 1789.

« Monseigneur,

« Les Comédiens françois ordinaires du Roi, occupant le théâtre de la Nation, organes et dépositaires des chefs-d'œuvre dramatiques qui sont l'ornement et l'honneur de la scène françoise, osent vous supplier de vouloir bien calmer leur inquiétude.

« Instruits par la voix publique qu'il a été élevé dans quelques opinions prononcées dans l'Assemblée nationale des doutes sur la légitimité de leur état, ils vous supplient, Monseigneur, de vouloir bien les instruire si l'Assemblée a décrété quelque chose sur cet objet, et si elle a déclaré leur état compatible avec l'admission aux emplois et la participation aux droits de citoyen. Des hommes honnêtes peuvent braver un préjugé que la loi désavoue, mais personne ne peut braver un décret ni même le silence de l'Assemblée nationale sur son état. Les Comédiens françois, dont vous avez daigné agréer l'hommage et le don patriotique[1], vous réitèrent, Monseigneur, et à l'auguste Assemblée, le vœu le plus formel de n'employer jamais leurs talents que d'une manière digne de citoyens françois et ils s'estime-

1. Les Comédiens avaient offert quelque temps auparavant un don de 23 000 livres qui fut accepté avec reconnaissance.

roient heureux si la législation, réformant les abus qui peuvent s'être glissés sur le théâtre, *̇ ̇oit se saisir d'un instrument d'influence sur les *̇ eurs et sur l'opinion publique...

> « Les Comédiens françois ordinaires du Roi,
> « DAZINCOURT, *secrétaire.* »

A peine cette lecture était-elle terminée que l'abbé Maury se précipita à la tribune pour se plaindre du procédé. « Il est de la dernière indécence, s'écria-t-il, que des comédiens se donnent la licence d'avoir une correspondance directe avec l'Assemblée. » L'abbé fut rappelé à l'ordre et la discussion suivit son cours.

Les partisans des idées nouvelles n'étaient cependant pas exempts d'un certain embarras quand ils faisaient à la tribune l'apologie du théâtre et de ses interprètes. Le dieu de la Révolution, l'homme dont les ouvrages formaient l'Évangile de l'époque, Rousseau, n'avait-il pas en effet dans un éloquent réquisitoire sévèrement proscrit les spectacles et déversé l'outrage et le mépris sur les comédiens. Comment concilier ses théories avec la réhabilitation de la profession dramatique?

M. de Marnezia comprit le parti qu'on pouvait tirer de la *Lettre sur les spectacles* et toute son argumentation se borna à mettre ses collègues en contradiction avec eux-mêmes, ou plutôt avec le philosophe dont ils se vantaient de suivre aveuglément les élucubrations.

« Vous vous honorez, leur dit-il, de puiser la plupart de vos principes dans les ouvrages de J.-J. Rousseau ; puisez-les donc tout entiers. Le *Contrat social* n'est pas le seul ouvrage de Rousseau. Relisez une autre de ses productions les plus sublimes, sa *Lettre à d'Alembert contre les spectacles;* vous vous y convaincrez combien il est impossible que le théâtre, ce tableau de toutes les passions, ne soit pas toujours funeste aux mœurs de ceux qui les représentent.... Vous, les mandataires de la nation aujourd'hui la plus auguste de l'univers, voudriez-vous élever à vos fonctions éminentes des hommes qui prostituent tous les jours leur caractère dans les farces qu'ils jouent, et qui, après avoir dicté ici les lois de la nation, iraient au théâtre faire couvrir les législateurs du peuple de ses huées. Il ne faut pas sans doute flétrir l'état de comédien, mais il ne faut pas l'honorer. On vous dit que ce sera les flétrir que les exclure de l'éligibilité, mais quelle apparence ! Vous auriez donc flétri aussi tous les citoyens qui n'ont pas de propriété territoriale, tous ceux qui n'auront pas assez de fortune pour payer une contribution directe d'un marc d'argent ? Non, entre les honneurs et le déshonneur il y a l'estime, toujours accordée à qui s'en rend digne et que pourront obtenir les comédiens, lorsqu'ils résisteront aux séductions de leur état. »

Mirabeau lui-même ne jugea pas la question indigne de lui et il jeta dans la discussion le poids de sa parole et de son autorité. « Aujourd'hui même, messieurs, dit-il, il est des provinces françaises qui déjà ont secoué le préjugé que nous devons abolir; et la preuve en est que les pouvoirs d'un de nos collègues, député de Metz, sont signés de deux comédiens. Il serait donc absurde, impolitique même, de refuser aux comédiens le titre de citoyen que la nation leur défère avant nous, et auquel ils ont d'autant plus de droits, qu'il est peut-être vrai qu'ils n'ont jamais mérité d'en être dépouillés. »

Ces conclusions furent adoptées et il fut décidé qu'à l'avenir les acteurs jouiraient de tous les droits des citoyens et qu'ils seraient accessibles à tous les emplois civils et militaires.

Ainsi disparaissait le préjugé barbare qui, depuis des siècles, maintenait hors du droit commun toute une classe de la société, et les comédiens obtenaient enfin une justice qui avait été impitoyablement refusée aux plus illustres d'entre eux, aux Clairon, aux Dumesnil, aux Lekain.

L'Assemblée nationale avait tranché elle-même et dans le sens le plus libéral la question des droits civils et politiques des comédiens, mais la question religieuse n'avait pas été résolue : elle ne tarda pas à se poser.

En 1790, Talma[1] voulut se marier. Il se rendit

---

1. Talma avait commencé par exercer la profession de dentiste; on lui offrit même le brevet de dentiste du duc de Chartres. Il refusa et entra à l'école de déclamation. Il débuta à la Comé-

chez le curé de sa paroisse pour s'entendre avec lui sur la publication des bans; il se heurta à un refus des plus catégoriques. Le curé de Saint-Sulpice lui déclara que le mariage n'était pas fait pour un excommunié.

Le comédien ne se tint pas pour battu; il jugea que le moment était opportun pour forcer enfin l'Église à modifier sa discipline et il écrivit à l'Assemblée nationale pour protester contre le refus de sacrement dont il était victime. Sa lettre eut les honneurs de la séance; elle fut lue le 12 juillet 1790 :

« Messieurs,

« J'implore le secours de la loi constitutionnelle et je réclame les droits du citoyen qu'elle ne m'a point ravis, puisqu'elle ne prononce aucun titre d'exclusion contre ceux qui embrassent la carrière du théâtre. J'ai fait choix d'une compagne à laquelle je veux m'unir par les liens du mariage; mon père m'a donné son consentement, je me suis présenté devant M. le curé de Saint-Sulpice pour la publication de mes bans. Après un premier refus, je lui ai fait faire une sommation extra-judiciaire; il a répondu à l'huissier qu'il avoit cru de la prudence d'en référer à ses supérieurs; qu'ils lui ont rappelé les règles canoniques auxquelles il doit obéir et qui défendent de

---

die française le 21 novembre 1787. Il a beaucoup contribué à la réforme du costume dramatique.

donner à un comédien le sacrement du mariage avant d'avoir obtenu de sa part une renonciation à son état.

« Je me prosterne devant Dieu, je professe la religion catholique, apostolique et romaine; comment cette religion peut-elle autoriser le dérèglement des mœurs?

« J'aurois pu sans doute faire une renonciation et reprendre le lendemain mon état, mais je ne veux pas me montrer indigne du bienfait de la Constitution en accusant vos décrets d'erreurs et vos lois d'impuissance. »

L'Assemblée renvoya cette lettre aux comités ecclésiastique et de constitution en leur demandant un rapport.

Ces deux comités étaient justement occupés à rédiger un projet de décret sur les empêchements, les dispenses et la forme des mariages. Ils avaient décidé que « tout mariage seroit désormais valide civilement par le seul consentement et la seule déclaration qu'en feroient librement les parties; qu'il y auroit un mode commun pour tous les citoyens, qui seroient tous obligés de faire cette déclaration et ensuite un autre mode (le rite ecclésiastique) pour les catholiques, qui, sans rien ajouter à la validité de leur mariage, lui donneroit le caractère du sacrement dans la religion qu'ils professsent[1]. »

---

[1]. Rapport sur le projet de décret des comités ecclésiastique et de constitution concernant les empêchements, les dispenses

A la suite de ce rapport, le mariage civil fut institué. Dès lors la demande de Talma perdait beaucoup de son intérêt : du moment qu'il lui était loisible de se marier légitimement sans recourir à l'Église, il n'avait qu'à se passer du mariage religieux puisqu'on le lui refusait.

M. Durand de Maillane, qui fut chargé de rapporter l'affaire de Talma, fit remarquer en effet que les comédiens pouvaient se borner à la forme civile de leur mariage : « Cependant, ajoutait-il, s'ils veulent le revêtir de la bénédiction ecclésiastique, qui en fait un sacrement, la question sera bientôt décidée, si on ne la juge que par la règle générale, établie et reçue en France, savoir : que nulle censure spirituelle ne peut extérieurement frapper un citoyen quand elle n'est pas prononcée contre lui par un jugement dans les formes requises, et c'est ce qui ne sauroit être opposé au sieur Talma. » Le comédien aurait donc été en droit d'exiger du curé de Saint-Sulpice le mariage religieux.

Mais, ajoutait le rapporteur, si on a admis la puissance spirituelle dans l'État, on n'a pu l'admettre qu'avec l'indépendance de son exercice : « Cette puissance doit être aussi libre dans la dispensation des sacrements pour le bien particulier et spirituel des fidèles, que la puissance temporelle dans les

---

et la forme des mariages, par M. Durand de Maillane, commissaire du comité ecclésiastique.

effets civils du contrat de mariage, pour le bien général et particulier des citoyens... Il faut donc séparer dans le mariage le contrat qui suffit aux yeux de la nation, d'avec le sacrement où la nation n'a rien à voir. Qui, d'entre les catholiques veut recevoir ce sacrement, doit en être digne aux yeux de l'église qui le confère. » En conséquence il proposait fort judicieusement « pour tout ce qui ne regarde que l'administration religieuse du sacrement, de laisser les ministres de l'église dans le droit et la liberté de la régler comme ils trouvent meilleur pour le salut des âmes et la plus grande gloire de Dieu. »

Conformément à cette conclusion, l'Assemblée décida qu'il n'y avait pas lieu de délibérer sur la demande du sieur Talma.

Les registres de décès et la police des cimetières ayant été enlevés au clergé en même temps que les registres de mariage, la question de sépulture se trouvait résolue dans le même sens que celle du mariage. A défaut de sépulture religieuse, la sépulture civile était assurée aux comédiens, et l'on n'était plus exposé à voir se reproduire le scandale qui avait accompagné la mort d'Adrienne Lecouvreur.

La profession du théâtre ne se trouvant plus entachée d'infamie, on vit des gens de la meilleure condition l'embrasser sans hésitation. M. de Latour, fils d'un président au Parlement, donna le premier l'exemple et débuta à la Comédie française. Certains membres du clergé eux-mêmes, adoptant les idées du jour, ne craignirent plus de frayer ostensiblement avec les comédiens. En 1790, Larive ne consentit à remonter sur le théâtre que sur les sollicitations instantes de l'abbé Gouttes, président de l'Assemblée nationale. L'abbé, ancien vicaire au Gros-Caillou, où Larive habitait[1], était resté dans les meilleurs termes avec son paroissien; il lui montra sa rentrée comme un acte de civisme, qui pourrait arrêter la décadence du théâtre dont on accusait le nouvel état de choses. Le jour de la première représentation de Larive, l'abbé se fit remplacer comme président de l'Assemblée pour pouvoir applaudir son protégé.

Dès que les gens de théâtre eurent enfin conquis ces droits civils auxquels ils aspiraient depuis tant d'années, ils se hâtèrent naturellement d'en jouir et ils se ruèrent avec rage sur toutes les fonctions dont l'indignité légale, qui les frappait, les avait jusqu'alors éloignés. A peine le décret de l'Assemblée nationale était-il rendu, que plusieurs d'entre eux furent nommés par le libre choix de leurs concitoyens à des grades importants dans la garde bour-

---

[1]. Larive (Jean Mauduit de) (1749-1827) y possédait une demeure somptueuse. « Il y recevait avec beaucoup de dignité dans une vaste pièce où son lit était dressé sous une tente que décoraient les portraits de Gengishan, de Bayard, de Tancrède, de Spartacus et de beaucoup d'autres, qui tous lui ressemblaient. » (*Souvenirs d'un sexagénaire*).

geoise : Naudet¹ devint colonel ; Grammont, lieutenant-colonel ; Brizard, capitaine, etc.

Mais il ne suffisait pas d'un simple décret pour faire disparaître un préjugé qui était si profondément enraciné dans l'esprit public. Aux yeux de la loi le comédien pouvait être devenu l'égal de tous les citoyens, aux yeux de la majorité du public il restait un infâme, un paria comme par le passé.

Les nominations de Naudet, de Grammont, etc., soulevèrent des protestations indignées et donnèrent lieu aux plus vives polémiques.

Dans un pamphlet intitulé les *Comédiens commandants*, on voit un provincial, fraîchement débarqué à Paris, rester pétrifié en lisant une affiche signée Naudet, colonel. Il interroge, s'enquiert ; on lui apprend les nouveaux décrets, qui lui inspirent les réflexions suivantes :

« J'estime, dit-il, un comédien individuellement, c'est un homme, c'est mon frère ; je lui marquerai sans efforts des égards lorsque je distinguerai en lui un moral modeste et rectifié. Mais s'il s'émancipe, s'il veut primer, je lui représenterai que, dévoué par état au plaisir, à l'amusement du public, son devoir est d'employer son temps à lui devenir agréable et non point à le commander. Je lui dirai que la garde parisienne ne jouant pas la comédie, ne doit pas avoir des comédiens pour chefs, et s'il man-

---

1. Naudet (1743-1830).

quoit de jugement au point de s'aigrir de mes réflexions, j'ajouterai qu'il est du dernier ridicule qu'un bourgeois parisien soit commandé militairement par un officier, qu'il peut, pour prix et somme de 48 sols, applaudir ou siffler journellement à son choix. Ce contraste révolte le bon sens[1]. »

Peu de jours après paraissaient les « *Réflexions d'un bourgeois du district de Saint-André-des-Arts sur la garde bourgeoise et sur le choix des officiers de l'état-major.* » L'auteur, le sieur Lavaud[2], y malmenait assez rudement les nouveaux officiers. Naudet, fort chatouilleux en tout ce qui concernait son honneur, mais peu scrupuleux quant aux moyens de le défendre, écrit au pamphlétaire qu'il a besoin de lui parler et lui donne rendez-vous dans un café. Lavaud s'y présente sans défiance; l'acteur le reçoit à coups de poing, le foule aux pieds et le roue littéralement de coups en lui faisant les plus terribles menaces[3].

Si les comédiens étaient vivement attaqués, ils avaient aussi des partisans non moins chaleureux.

Joseph Chénier, entre autres, s'indigna des protestations que soulevait la nomination de quelques acteurs à des grades militaires, et il publia à cette

1. 1789.
2. Charles de Lavaud était un ancien chirurgien-major de la marine royale.
3. Archiv. nat., Y, 13818. Campardon, *les Comédiens du Roi de la troupe françoise.*

occasion de courtes réflexions sur l'état civil des comédiens[1].

« Vous êtes, dit-il à ses concitoyens, convenus que la pluralité des voix seroit l'expression de la volonté générale; vous êtes convenus que la volonté générale dans chaque district nommeroit les officiers de chaque district. La volonté générale a fait le choix dont vous vous plaignez, donc ce choix est légal, donc vous ne pouvez légitimement réclamer contre ce choix. »

Attribuant l'invincible aversion que la bourgeoisie paraissait éprouver pour les gens de théâtre au salaire qu'ils recevaient, il cherchait à démontrer l'absurdité de ce préjugé et il s'écriait :

« Un éloquent député de la Provence (Mirabeau) ne voit dans la société que trois classes : les *mendiants*, les *voleurs*, les *salariés*. Les salariés composent incontestablement les neuf dixièmes de la société. Cette classe comprend tous ceux qui exercent des métiers, tous ceux qui professent les arts, tous les officiers publics, tous les agents du pouvoir exécutif et du pouvoir judiciaire. Si vous flétrissez les comédiens parce qu'ils sont salariés, flétrissez les neuf dixièmes de la nation. »

« Enfin, disait encore Chénier, si on refuse les droits de citoyen aux comédiens parce qu'ils sont exposés aux sifflets du public, il faut être consé-

---

[1]. Septembre 1789.

quent et priver des mêmes droits tous ceux qui parlent en public et en particulier les orateurs de l'Assemblée nationale qui sont exposés aux mêmes accidents. »

Il n'est pas jusqu'aux clubs où la situation des acteurs ne fût discutée avec passion[1]. Dans une réunion où on déclamait contre eux, l'orateur s'étayait de Cicéron qui avait refusé de paraître en public avec Roscius. Un auditeur lui riposta :

« Permettez-moi, messieurs, de répondre à l'honorable membre que je ne connais pas M. Cicéron; je ne sais pas ce qu'il a fait dans la Révolution. Ce que je sais, c'est que M. Naudet, mon général, entend fort bien le service, qu'on a été fort heureux de le trouver dans les moments de troubles et qu'après s'être servi des gens on ne doit pas en être quitte pour leur dire : « Allez-vous-en, gens de la « noce, etc.[2]. »

---

1. « Je sais, écrivait Laya, que le nom de comédien est encore un épouvantail chez nos bourgeoises du Marais, mais qu'importent les clameurs des procureuses et les scrupules des bourgeoises? Faut-il que les cris de la chouette empêchent Philomèle de chanter? Ne sait-on pas d'ailleurs que tous les états se méprisent, que la haute robe insulte à la moyenne, et la moyenne à celle qu'elle croit au-dessous d'elle. » (*La Régénération des comédiens en France ou leurs droits à l'état civil*, par Laya, 1789.)

2. Il parut à l'époque un très grand nombre de brochures sur ce sujet. Nous venons de citer les principales. Ajoutons encore : *Mémoire pour les comédiens françois à MM. de la milice bourgeoise*, par un membre du district du Val-de-Grâce, 1789; — *Événements remarquables et intéressants à l'oc-*

Les fonctions militaires ou civiles dont les comédiens se laissaient affubler, les flattaient prodigieusement; aussi s'en acquittaient-ils avec beaucoup plus de zèle que de leur service au théâtre. A chaque instant la représentation se trouvait retardée parce qu'un acteur manquait et le régisseur venait dire au public : « Notre camarade un tel est de service auprès du général Henriot, » ou : « Notre camarade un tel est au Comité de Sûreté générale pour l'intérêt de la République. » Un jour, un de ces comédiens militaires, arriva si tard, qu'il ne prit même pas le temps de changer de costume et qu'il joua son rôle en uniforme.

Plus d'un acteur fut chargé par les électeurs d'un mandat législatif; beaucoup remplirent des fonctions importantes. Collot-d'Herbois, de si triste mémoire, était comédien. En 1793, Dugazon se fit aide de camp volontaire de Santerre. Fusil, qui doublait Dugazon dans l'emploi des comiques, fut envoyé à Lyon; il y fit partie du comité révolutionnaire qui ordonna les affreux massacres dont cette malheureuse ville fut le théâtre. Grammont quitta la scène et s'improvisa général; il mourut sur l'échafaud avec son fils qui lui servait d'aide de camp. Bordier jouait les Arlequins au théâtre des *Folies amusantes* quand il fut chargé d'une

casion des décrets de l'auguste Assemblée nationale concernant l'éligibilité de MM. les comédiens, le bourreau et les Juifs, 1790.

mission révolutionnaire à Rouen ; il commit mille excès et finit par être pendu. Dufresse[1] devint général et commanda en chef à Naples.

La Convention fit plus encore pour les comédiens. Quand elle créa l'Institut, elle décida d'y réserver une place « à l'acteur célèbre qui recrée les chefs-d'œuvre du théâtre en leur donnant l'âme du geste, du regard et de la voix, et qui achève ainsi Corneille et Voltaire[2] ». Molé[3], Préville, Monvel, Grandmesnil[4], furent nommés membres titulaires de la section des *Beaux-arts*[5]. Larive reçut le titre de membre correspondant.

A plusieurs reprises, pendant la Révolution, les comédiens voulurent jouer aux législateurs et on les vit intervenir dans les Assemblées délibérantes. En juillet 1791, une députation du théâtre de Molière se présenta à la barre de l'Assemblée nationale, où l'orateur de la troupe prononça ce petit discours :

« Nos frères sont déjà sur la frontière ; les comédiens du théâtre de Molière, obligés par les devoirs

---

1. Simon-Camille Dufresse, acteur du théâtre de la Montansier; il fut fait baron et commandeur de la Légion d'honneur.
2. Rapport de M. Daunou.
3. Molé écrivait quelques années plus tard à Chaptal en lui recommandant un protégé : « Si vous ne pouvez, mon cher collègue, faire pour lui ce que je vous demande, veuillez le recommander à notre collègue le premier consul. » (De Manne.)
4. Grandmesnil (1737-1816), comédien français.
5. Le 25 octobre 1795 parut le décret qui fondait l'Institut. A l'origine, il ne comptait que trois classes : l'Académie des sciences, l'Académie des sciences morales et politiques, l'Académie de la littérature et des Beaux-Arts.

de leur état de renoncer au bonheur de partager leur gloire, prient l'Assemblée d'agréer la soumission de fournir à leurs frais à l'équipement et à l'entretien de six gardes nationaux. Directeur du théâtre de Marseille, j'avais, par un don patriotique de cent louis, donné le premier à mes confrères l'exemple de venir au secours de la patrie. Directeur du théâtre de Molière, j'ai encore l'honneur de les devancer aujourd'hui. Mon patriotisme m'inspire un autre sentiment qui sera sans doute partagé par eux. Je jure de ne souffrir jamais sur mon théâtre aucune maxime contraire aux lois, à la liberté et aux principes que vous avez reconnus et consacrés. »

Cette petite tirade, si sottement emphatique, fut couverte d'applaudissements; le président remercia la députation et l'engagea à assister à la séance.

XXV

PÉRIODE RÉVOLUTIONNAIRE (SUITE ET FIN)

Sommaire : Triste situation des comédiens. — La municipalité remplace les Gentilshommes de la chambre. — *Charles IX*. — Expulsion de Talma de la Comédie. — Les Comédiens se divisent. — Talma fonde le théâtre de la rue de Richelieu. — L'*Ami des lois*. — *Paméla*. — Arrestation des Comédiens. — Fermeture du théâtre. — 9 thermidor. — Sévérité du public pour les acteurs révolutionnaires.

Si les comédiens avaient enfin conquis les droits civils et l'égalité avec les autres citoyens, ils ne devaient pas cependant s'en trouver beaucoup plus heureux. Dès le début de la Révolution, la liberté des théâtres est proclamée et de tous côtés s'élèvent de nouvelles scènes qui ruinent les théâtres déjà existants[1], sans faire fortune elles-mêmes. Les acteurs sont devenus indépendants, mais les spectateurs sont devenus souverains. Chaque jour des scènes scandaleuses se passent au théâtre, le public

---

1. La Révolution n'avait pas été favorable à la Comédie française : sur cent mille écus de loges à l'année qu'elle retirait, elle en conservait à peine un tiers en 1790.

intervient à tout propos pour modifier le répertoire et faire représenter les pièces à sa convenance[1]; enfin « le théâtre et le parterre semblent être devenus les corps de deux armées ennemies ». On ne se borne pas toujours aux invectives; un soir, à la Comédie française, la mauvaise humeur du public se manifeste par l'envoi de pommes cuites; un de ces projectiles tombe dans la loge de Mme de Simiane qui le fait tenir aussitôt au général La Fayette avec ce billet : « Mon cher général, permettez-moi de vous envoyer le premier fruit de la Révolution qui soit venu jusqu'à moi. »

A aucune époque, la Comédie ne traversa des phases plus douloureuses et jamais sa troupe ne fut plus profondément divisée. Dès 1789, l'autorité des Gentilshommes de la chambre cesse peu à peu de s'exercer[2], et Bailly, maire de Paris, prend de fait la place de Richelieu. Il en résulte une situation intolérable; les Comédiens reçoivent à la fois des Gentilshommes et de Bailly des ordres qui souvent sont contradictoires. Ne sachant auquel entendre, ils envoient quatre d'entre eux auprès du maire de Paris.

---

1. En 1790, après le départ de Mlle Raucourt, un citoyen se leva pendant la représentation et demanda que Mlle Sainval fût invitée à rentrer au théâtre pour remplacer sa camarade. Le public applaudit. Le comédien Dunant répondit aussitôt que la Société porterait à Mlle Sainval le *décret du parterre*.

2. Ils ne conservent que le droit dérisoire de signer des billets.

Molé prend le premier la parole :

« Monsieur, nous venons, au nom des Comédiens français, vous offrir leurs respects et vous représenter que depuis plus d'un siècle nous avons l'honneur d'appartenir au roi; que le titre de Comédiens français ordinaires du roi nous a été déféré sous le bon plaisir de Sa Majesté par son Gentilhomme de la chambre, que nous avons à cœur de le conserver dans toute son étendue, tant que nous exercerons une profession qu'une sage philosophie a placée enfin dans la classe des professions honorables. Cependant, d'après l'ordre que nous a donné M. de Richelieu de nous retirer par-devant M. le maire de Paris pour ce qui concerne le détail courant de notre spectacle, nous n'avons entendu par détails courants que les faits relatifs à la police[1]. »

Bailly lui répondit : « Je suis heureux de pouvoir vous fixer sur ce point. Je suis investi par le roi de France de l'entière autorité des Gentilshommes de la chambre sur les spectacles royaux, et je suis étonné que le ministre ne vous l'ait pas fait savoir... J'aime et je protège les talents tout aussi bien qu'un Gentilhomme de la chambre. »

« Mais notre titre de comédien du roi, objecta Dugazon?

— Vous paraissez y tenir.

[1]. La loi du 24 août sur l'organisation judiciaire attribuait à la municipalité la police des spectacles.

— Dame, c'est notre noblesse à nous.

— Ce titre ne peut vous être contesté, » répondit le maire.

Bailly assura encore les Comédiens de sa protection et il leur déclara que, comme les Gentilshommes, il ne se mêlerait pas des affaires d'argent de la Comédie. Il les autorisa à prendre des congés de huit ou quinze jours sans sa permission.

On décida le même jour que le titre de Théâtre français[1] serait remplacé par celui de Théâtre national ou de la Nation et que les affiches seraient ainsi libellées :

THÉATRE NATIONAL
Les Comédiens ordinaires du Roi
donneront :

Le premier mouvement des Comédiens fut de se réjouir d'être enfin délivrés d'un joug qui pesait si lourdement sur eux, mais leur joie fut de courte durée et ils virent bientôt, par expérience, qu'ils n'avaient fait que changer de maîtres; ils en arrivèrent même à regretter amèrement les premiers.

« C'est, dit Grimm, depuis qu'échappés du joug honteux et tyrannique des Gentilshommes de la chambre ils ont l'honneur d'être les Comédiens de la Nation, au lieu d'être modestement comme jadis de

---

1. Il datait sur les affiches de 1782.

simples pensionnaires du roi ; c'est depuis cette heureuse révolution qu'ils reçoivent plus d'ordres arbitraires, qu'ils éprouvent plus de dégoûts et de vexations de toute espèce qu'ils n'en avaient jamais essuyé auparavant. Le parterre prétend les assujettir tous les jours à de nouvelles fantaisies, à de nouveaux caprices; la municipalité ou la volonté du peuple ne manque pas une occasion de leur faire sentir tout le poids de son autorité[1]. »

La pièce de *Charles IX*[2], jouée le 4 novembre 1789, provoqua à la Comédie des dissensions intestines irréparables. Le succès fut colossal; on voyait pour la première fois sur le théâtre un roi faire « égorger son peuple avec le fer du fanatisme[3] ». Les représentations furent interrompues par ordre de la cour; mais en 1791, Mirabeau se trouvant un soir au théâtre demanda à haute voix qu'on reprît *Charles IX*. Naudet répondit qu'il était impossible de satisfaire cette demande à cause des maladies de Mme Vestris et de Saint-Prix; mais Talma, s'avançant à son tour sur la scène, donna à entendre que si tous

---

1. Novembre 1790. Grimm, *Correspondance littéraire.*
2. De Marie-Joseph Chénier.
3. Voltaire, en 1764, écrivait à Saurin ces lignes prophétiques : « Un temps viendra sans doute où nous mettrons les papes sur le théâtre comme les Grecs y mettaient les Atrée et les Thyeste qu'ils voulaient rendre odieux. Un temps viendra où la Saint-Barthélemy sera un sujet de tragédie et où l'on verra le comte Raymond de Toulouse braver l'insolence hypocrite du comte de Montfort. »

ses collègues étaient aussi bons patriotes que lui, la pièce pourrait être jouée[1].

Le soupçon d'aristocratie jeté publiquement par Talma sur ses camarades leur parut un crime de lèse-Comédie et une indigne trahison. Par un arrêté pris à la presque unanimité des voix, ils l'expulsèrent de leur société.

Dès qu'il apprit la résolution des Comédiens, Bailly leur fit dire qu'ils ne pouvaient être juges et parties et qu'il leur conseillait de jouer avec Talma jusqu'à ce que la municipalité eût statué. On ne tint aucun compte de son avis et le soir même, en présence d'une énorme assistance, Fleury informa le public de la décision de la compagnie. A peine a-t-il terminé sa harangue que Dugazon s'élance à son tour sur la scène. Il dénonce formellement ses camarades qui vont, dit-il, l'expulser, comme ils vien-

---

1. A la suite de cette scène, Talma eut une altercation violente avec Naudet, qui l'accusa de ne pas monter sa garde et de s'être caché dans un grenier avec son fusil le jour d'une émeute. Talma répondit qu'il était monté à un deuxième étage pour mieux observer l'ennemi et il donna un soufflet à l'interlocuteur. Le lendemain ils se battirent au pistolet : « On nous avait placés à vingt pas l'un de l'autre, raconte Talma, et, grâce à ma vue abominable, je n'apercevais même pas Naudet qui avait cinq pieds huit pouces. « Que cherchez-vous? me dirent mes témoins en voyant l'hésita- « tion de mon pistolet. « Ma foi, répondis-je, je cherche Naudet. » Naudet était brave, il s'avança à dix pas : « Me voilà, dit-il, « me vois-tu maintenant? » En effet, je l'apercevais comme dans un brouillard. Je tirai : ma balle dut passer à dix pieds de lui. Il tira en l'air. Pour que notre duel pût être égalisé, il aurait fallu nous faire battre au mouchoir. »

nent de le faire pour Talma. Un épouvantable tumulte s'ensuit, le théâtre est escaladé, les banquettes brisées en mille pièces et l'intervention de la force armée parvient seule à ramener le calme. Le lendemain, le maire de Paris mande les acteurs à sa barre et leur enjoint d'obéir à ses ordres; il ne peut rien obtenir. En présence de cette obstination, la salle fut fermée par ordre de la municipalité. En même temps Dugazon, qui avait manqué au public, en le prenant pour juge, fut condamné à garder les arrêts chez lui pendant huit jours et à l'impression du jugement.

Les Comédiens comprirent qu'ils ne seraient pas les plus forts; ils se résignèrent à céder et, le 28 septembre, Talma reparut dans *Charles IX*; il y fut couvert d'applaudissements ainsi que Dugazon.

Le soupçon d'aristocratie qui pesait sur la Comédie française était parfaitement mérité; la plupart de ses membres regrettaient le passé. L'indépendance, les droits civils et politiques, l'accession aux fonctions publiques, leurs paraissaient de maigres compensations à tout ce qu'ils avaient perdu. A l'aisance, à la fortune, avaient succédé pour eux la misère et la ruine; à la vie heureuse et facile, une existence inquiète et tourmentée; plus de rapports avec la cour et les grands seigneurs, plus de ces invitations qui chatouillaient si agréablement leur vanité. L'insupportable despotisme des Gentilshommes avait disparu, il est vrai, mais n'était-il pas remplacé par une tyrannie mille fois pire encore, celle d'une populace grossière et déchaînée?

Ce n'était pas seulement à la Comédie qu'on conservait le culte du passé; il en était de même dans d'autres théâtres et ce sentiment quelquefois se donnait jour d'une façon vraiment touchante.

En 1792, on jouait à l'Opéra-Comique les *Événements imprévus*. La reine assistait à la représentation. Mme Dugazon remplissait le rôle de Lisette; dans un duo du second acte se trouvent ces deux vers :

J'aime mon maître tendrement;
Ah! combien j'aime ma maîtresse!

En chantant ces paroles, Mme Dugazon se tourna vers la reine de façon à ne laisser aucun doute sur le sens qu'elle leur donnait. Aussitôt des cris furieux se firent entendre dans le public : « En prison! en prison! criait-on. L'actrice, sans se troubler, bien qu'elle risquât sa tête[1], recommença les deux vers en les adressant à la reine d'une façon encore plus marquée. Des applaudissements frénétiques accueillirent cette action si noble et si courageuse.

Les sentiments très vifs que la plupart des comédiens français avaient conservés pour la cour créaient avec ceux de leurs camarades qui ne partageaient pas les mêmes opinions des difficultés

1. Mme Dugazon ne fut pas punie, mais on ne la laissa pas reparaître dans ce rôle.

incessantes. A la fin, il en résulta une séparation. Ceux d'entre eux qui se montraient enthousiastes des idées nouvelles, quittèrent le théâtre de la Nation ; ils s'établirent à celui du Palais-Royal[1], qui prit le nom de Théâtre-Français de la rue de Richelieu, puis ensuite celui de Théâtre de la République[2]. Talma[3], Dugazon, Grandménil, étaient à leur tête.

Le Théâtre de la République ne joua que des pièces franchement révolutionnaires ; tantôt on y voyait, comme dans le *Despotisme renversé*, le peuple armé de pioches, de haches, etc., piller les maisons, les magasins et se livrer à tous les excès ; les gardes françaises, au lieu de rétablir l'ordre, déposaient leurs armes et fraternisaient avec les insurgés ; tantôt on représentait sur la scène des moines

---

1. Cette salle avait été construite et ouverte en 1785 sous le titre de *Variétés amusantes*, mais on la désignait souvent sous le nom de *Théâtre du Palais-Royal* ; c'est la salle actuelle de la Comédie française.

2. En 1792, ce titre ne paraissant pas encore suffisamment accentué, on le changea pour celui de Théâtre de la liberté et de l'égalité.

3. Quand Talma envoya sa démission à ses camarades, on refusa de l'accepter, et on ne lui permit pas d'emporter ses costumes. Il ne put les obtenir que grâce à un subterfuge de Dugazon. Ce dernier, trouvant quelques comparses inoccupés dans le théâtre, les costume en licteurs et leur donne de grandes corbeilles dans lesquelles il dépose les casques, cuirasses, en un mot toute la défroque tragique de son camarade. Lui-même revêt le costume d'Achille avec le bouclier et la lance, et il sort gravement, suivi de ses licteurs et de leurs paniers, sans que les gardiens stupéfaits songent à le retenir. (De Manne.)

et des religieuses se rejouissant d'avoir reconquis leur liberté et tenant les propos les plus licencieux.

Désormais il fut interdit de prononcer dans une pièce, qu'elle fût ancienne ou moderne, les noms de duc, marquis, comte, etc.; on devait dire citoyen. Le changement choquait le bon sens, rompait le vers, violait la rime, peu importait[1]. Molé, jouant aux échecs sur la scène, s'écriait : échec au tyran. Tous les acteurs, même dans les rôles de Grecs ou de Romains, portaient des cocardes tricolores. Au moment de la translation des cendres de Voltaire au Panthéon en 1791, le Théâtre de la République donna les *Muses rivales*, de Laharpe. La pièce, composée en 1779, contenait mille flatteries à l'adresse de Louis XVI. L'auteur les supprima et y substitua généreusement les attaques les plus vives contre les despotes et les prêtres.

Le 3 janvier 1793, le Théâtre de la Nation représenta l'*Ami des lois*. On savait que la pièce contenait de nombreuses allusions politiques, qu'elle était franchement réactionnaire; aussi l'affluence à la première représentation fut-elle énorme; dès la veille, un nombre considérable de curieux passa la nuit sous les murs de l'Odéon pour être plus sûr d'obtenir des places. L'*Ami des lois* attaquait avec

---

1. Le titre de valet est de l'ancien régime :
Ainsi, valet, marquis, comte, esclave ou baron,
Sont des mots qui chez nous ne sont plus de saison.
(*Le Patriote*, du 10 août.)

une violence inouïe tous ces « faux patriotes, aux dehors plâtrés et à l'âme hypocrite », qui désolaient la France :

> Que tous ces charlatans, populaires larrons
> Et de patriotisme insolents fanfarons,
> Purgent de leur aspect cette terre affranchie !
> Guerre, guerre éternelle aux faiseurs d'anarchie !

Le succès fut prodigieux, les tirades les plus virulentes soulevèrent un enthousiasme indescriptible.

Les spectateurs furent dénoncés comme un rassemblement d'émigrés, et sur le réquisitoire d'Anaxagoras Chaumette le conseil général de la Commune défendit de continuer les représentations. C'était le 12 janvier. La pièce était déjà affichée pour le soir même.

Une foule énorme se porte au Théâtre de la Nation. Dès que la toile est levée, les Comédiens donnent aux spectateurs connaissance de l'arrêté de la Commune. Les huées et les sifflets y répondent et on demande la pièce à grands cris ; la salle est encombrée de troupes, deux pièces de canon sont braquées au coin de la rue de Buci, mais rien ne peut calmer l'effervescence. Santerre croit que sa vue fera trembler le public ; il se présente en grand uniforme et accompagné de son état-major. « La pièce ne sera pas jouée », s'écrie-t-il. « A la porte, silence ! à bas le général mousseux ! Nous voulons la pièce, la pièce ou la mort, » lui répond-on de toutes parts. Il doit se retirer au milieu des huées.

Le désordre va toujours croissant; en vain Chambon[1], maire de Paris, essaye-t-il de calmer les esprits, il n'y peut parvenir; enfin le peuple exige que l'on en réfère à la Convention. Cette Assemblée était en permanence pour le jugement de l'infortuné Louis XVI. Chambon, accompagné de Laya, l'auteur de la pièce, porte lui-même la requête du peuple à la barre de l'Assemblée. La Convention, après une discussion tumultueuse, déclare qu'aucune loi n'autorise la Commune à violer la liberté des théâtres et son arrêté est révoqué. Cette réponse, portée à la Comédie, provoque des acclamations prolongées; la pièce est jouée sur-le-champ et ne se termine qu'à une heure du matin, au milieu d'applaudissements frénétiques.

La Commune ne se tint pas pour battue. Sous prétexte de troubles dont Paris était menacé, elle décréta le lendemain que tous les théâtres seraient fermés jusqu'à nouvel ordre. Le conseil exécutif cassa cet arrêté, mais il autorisa l'interdiction des pièces qui pouvaient troubler la tranquillité publique. La Commune défendit alors les représentations de l'*Ami des lois*, et malgré les réclamations la pièce ne fut plus donnée.

---

[1]. C'était un comédien. Il reçut de telles contusions pendant cette soirée, qu'il en mourut peu de temps après.

L'attitude des Comédiens devait attirer sur eux les vengeances jacobines. Le 2 août 1793, la Convention décrète que « tout théâtre sur lequel seront représentées des pièces tendant à dépraver l'esprit public et à réveiller la honteuse superstition de la royauté, sera fermé et les directeurs arrêtés et punis selon la rigueur des lois ». Au mois de septembre, à propos de la pièce de *Paméla*[1] dont les maximes paraissent entachées d'aristocratie, la Comédie française est dénoncée aux jacobins comme un foyer de contre-révolution. Le théâtre est fermé après cent treize ans d'existence. Les Comédiens, hommes et femmes, arrêtés chez eux pendant la nuit, sont jetés dans les prisons[2]; les hommes sont enfermés aux Madelonnettes[3] et les femmes à Sainte-Pélagie[4]; Molé seul échappa à la proscription générale qui frap-

1. Comédie en cinq actes, imitée du roman de Richardson, par François de Neufchâteau.
2. Le jeudi 5 septembre 1793, Barrère monta à la tribune de la Convention, et donna les motifs qui, à ses yeux, légitimaient l'arrestation des acteurs et la fermeture du théâtre : « On y voyait, dit-il, non la vertu récompensée, mais la noblesse; les aristocrates, les modérés, les feuillants s'y réunissaient pour applaudir des maximes proférées par des mylords; on y entendait l'éloge du gouvernement anglais. » L'Assemblée applaudit la décision prise par le Comité de Salut public et la confirma.
3. Quand les Comédiens arrivèrent aux Madelonnettes, les prisonniers, et il y avait parmi eux beaucoup de nobles, les reçurent chapeau bas et en poussant de longs vivats.
Cinq mois après on transféra les hommes à Picpus et les femmes aux Anglaises, rue des Fossés-Saint-Victor.
4. Desessart, qui était aux eaux de Barèges, mourut de saisissement en apprenant cette nouvelle.

pait tous ses camarades[1]. Champville, neveu de Préville, qui avait été arrêté en même temps que les Comédiens, puis remis en liberté, chercha à les sauver. Il alla trouver Collot-d'Herbois, qui, à titre d'acteur, devait les protéger : « Va-t'en, lui répondit Collot, tu es bien heureux d'en être quitte; tes camarades et toi vous êtes tous des contre-révolutionnaires. La tête de la Comédie sera guillotinée et le reste déporté. »

Le même jour il envoyait à Fouquier-Tinville une note où les noms de Dazincourt, Fleury, Louise Contat, Émilie Contat, Raucourt et Lange étaient suivis d'un grand G, qui voulait dire simplement « guillotiner ».

Le jugement devait avoir lieu le 13 messidor an II (1ᵉʳ juillet 1794) et l'on sait que l'exécution avait lieu dans les vingt-quatre heures. On s'y attendait si bien que, le 14, une foule plus considérable que d'habitude encombrait les quais et les ponts pour voir passer sur la charrette fatale ces fameux Comédiens.

Heureusement, un employé du Comité de salut public, nommé Labussière, eut le courage de faire disparaître les pièces d'accusation que Collot envoyait à Fouquier-Tinville. Il fallut rédiger de nouvelles

---

1. Molé, pour qu'on ne pût douter de ses sentiments, avait écrit sur sa porte : « C'est ici que demeure le républicain Molé. » Pendant la Terreur, et après l'incarcération de ses camarades, il joua sur le théâtre de Mlle Montausier le rôle de Marat.

pièces qui disparurent de la même façon. Le 9 thermidor arriva ; les Comédiens étaient sauvés[1].

Dès qu'ils furent sortis de prison[2], ils ouvrirent un théâtre rue Feydeau et débutèrent par la *Mort de César* et la *Surprise de l'Amour* ; ils furent acclamés et on chercha à leur faire oublier les longues souffrances qu'ils avaient eu à endurer[3].

Par contre, l'orage se déchaîna contre leurs camarades de la rue de Richelieu qui avaient joui pendant le règne de la Terreur de toute la faveur des hommes au pouvoir.

La première fois que Fusil, dont on connaît le triste rôle à Lyon, entra en scène après le 9 thermi-

---

1. Nous publions, grâce à l'obligeance de Mlle Bartet, qui a bien voulu nous le communiquer, l'ordre de mise en liberté des sœurs Contat et de Mlle Mézeray :

« Convention nationale
Comité de Sûreté générale et de surveillance
de la Convention nationale
du 15 thermidor an second
de la République une et indivisible

« Le Comité arrête que les citoyennes Contat l'aînée, Émilie Contat, sœurs, et Mézeray, artistes du théâtre dit de la Nation, détenues aux Magdelonnettes, seront mises sur-le-champ en liberté, et les scellés apposés sur leurs papiers seront levés par deux membres du comité révolutionnaire.

« Les représentants du peuple
Membres du Comité de sûreté générale de la Convention nationale
Legendre, Goupilleau de Fontenai, Élie Lacoste,
Louis (du Bas-Rhin), Voulland, Bernard. »

2. Tous furent mis en liberté, à l'exception de Dazincourt qui subit onze mois de détention.

3. *Gazette nationale*, primidi, 2 pluviôse an III (30 janvier 1795).

dor, un cri d'horreur s'éleva de toutes parts. On n'entendait que ces mots : « A bas l'assassin! à bas le brigand! » On exigea qu'il chantât le *Réveil du Peuple*, l'hymne de la réaction antiterroriste. Tremblant de frayeur, le comédien ne pouvait obéir. Talma lut l'hymne à sa place, et, pendant la lecture, Fusil, courbé sous l'indignation publique, tenait d'une main vacillante un flambeau pour éclairer son camarade.

Dugazon, qui avait dénoncé la modération comme un crime capital, n'échappa pas non plus à la vindicte du parterre. Il jouait le valet des *Fausses confidences*. Quand son maître lui dit : « Nous n'avons plus besoin de toi ni de ta race de canailles », une triple bordée d'applaudissements approuva ces paroles. Le comédien voulut tenir tête à l'orage et, s'avançant sur le bord de la scène, il saisit sa perruque et la jeta comme un défi au public. Vingt spectateurs s'élancèrent sur le théâtre pour châtier l'insolent, mais un machiniste le fit disparaître par une trappe et il put se sauver par une porte de derrière[1].

Talma lui-même, se présentant un soir dans *Épicharis*, entendit s'élever d'énergiques protestations :

1. Dugazon, même aux plus terribles moments, se permit sur la scène d'étranges mystifications. « En 1793, il était dans les coulisses au moment d'un entr'acte de tragédie. Tout à coup il s'engouffre dans le manteau rouge d'Othello, fait lever la toile et s'avance en capitan jusque sur le bord de la scène. Les spectateurs se taisent et attendent. Alors, les yeux hagards et fixés sur

« Au Jacobin! au Jacobin! » criait-on de tous côtés. L'acteur était accusé, fort à tort du reste, d'avoir fait emprisonner ses camarades du théâtre de la Nation. Sans se laisser intimider, il dit au public : « Citoyens, j'avoue que j'ai aimé et que j'aime encore la liberté, mais j'ai toujours détesté le crime et les assassins : le règne de la Terreur m'a coûté bien des larmes et la plupart de mes amis sont morts sur l'échafaud. Je demande pardon au public de cette courte interruption, je vais tâcher de la lui faire oublier par mon zèle et par mes efforts. » Cette tirade fut fort applaudie[1].

En 1793, Trial avait été nommé membre de la municipalité de Paris et officier de l'état civil. Il fut un des familiers de Robespierre et un de ses agents les plus actifs. Après le 9 thermidor, quand il re-

la rampe, Dugazon prononce d'abord d'une voix caverneuse : « Un quinquet!... deux quinquets!... trois quinquets! » et ainsi jusqu'à dix, en marchant et en imprimant à chaque exclamation une vigueur ascendante si bien accentuée, si sérieuse, qu'il tient l'auditoire stupéfait et comme enchaîné sous la pression d'une puissance magnétique. La scène jouée, peut-être la gageure gagnée, Dugazon se drape avec fierté et s'éloigne en héros qu'agiterait la passion la plus fougueuse. Alors un tonnerre d'applaudissements l'accompagne. » (Charles Maurice).

1. Plusieurs comédiens protestèrent contre la sévérité du public et déclarèrent que loin de contribuer à leur arrestation Talma avait fait tous ses efforts pour les sauver. Larive entre autres et Mlle Contat publièrent dans le *Moniteur* du 7 germinal an III (27 mars 1795) une lettre des plus honorables pour leur camarade. Au moment du procès des Girondins, Talma avait été dénoncé et il n'échappa que par prodige à l'échafaud.

parut sur le théâtre, le parterre l'accueillit par des huées formidables et l'obligea à demander pardon à genoux de sa conduite pendant la Terreur. Le lendemain Trial était honteusement chassé par ses collègues de la municipalité. De désespoir, il s'empoisonna.

Lays, le fameux chanteur qui avait causé tant de soucis à Papillon de La Ferté, était devenu un terroriste ardent. Quand il reparut sur la scène, il jouait le rôle d'Oreste dans *Iphigénie*. « J'étois à l'amphithéâtre, raconte Dufort de Cheverny, toute la salle étoit pleine. Dès qu'il parut, ce furent des sifflements, des hurlements continuels; il resta les bras croisés, il voulut parler, il voulut chanter; les cris redoublèrent et les femmes dans toutes les loges tirèrent leur mouchoir pour lui faire signe de se retirer. Au bout d'une heure, il sortit au bruit des applaudissements. Alors un officier municipal s'avança sur le théâtre et prononça : « Au nom de la loi ». Toute la salle se tut. Il fit une phrase aussi plate qu'insignifiante; les cris, les hurlements recommencèrent de plus belle, et ce fut le même train. Enfin, à huit heures, le spectacle commença, et ce fut un autre acteur qui joua le rôle[1]. »

1. *Mémoires* de Dufort de Cheverny.

XXVI

LES COMÉDIENS SOUS LE PREMIER EMPIRE

Sommaire : le Directoire. — Le Consulat. — L'Empire. — Les obsèques de Mlle Chameroi. — Bonaparte exclut les comédiens de l'Institut. — Il rétablit contre eux les arrêts et la prison. — Talma et la Légion d'honneur. — Crescentini.

Jamais on ne fut plus avide de plaisirs qu'après la Terreur; tous ceux qui avaient survécu à cette triste époque ne songeaient qu'à jouir de la vie et à oublier les affreux souvenirs du passé. A Paris seulement on comptait vingt-trois théâtres et six cent quarante bals publics.

Les principales scènes sont le théâtre Feydeau, le théâtre de la République, et le théâtre Louvois, fondé par Mlle Raucourt avec quelques-uns de ses camarades. Mais Louvois est fermé pour avoir toléré des allusions blessantes au ministre de la justice[1];

---

1. Le 17 thermidor an V, on représentait *les Trois frères rivaux*; Larochelle jouait le rôle du valet de chambre Merlin; son maître lui dit : « Monsieur Merlin, vous êtes un coquin, monsieur Merlin, vous serez pendu. » Le public appliqua cette phrase à Merlin, ministre de la justice, et applaudit à tout rompre.

Raucourt s'établit alors avec sa troupe dans l'ancien théâtre du faubourg Saint-Germain; à peine y est-elle installée que la salle est brûlée (1799). En même temps le théâtre de la République, complètement délaissé, est obligé de fermer ses portes. Sageret, directeur de Feydeau, veut reconstituer la Comédie française, il se ruine et le théâtre cesse ses représentations.

François de Neufchâteau, ministre de l'intérieur, reprend alors le projet de Sageret et reconstitue le Théâtre français en réunissant les troupes éparses des théâtres de Feydeau, de Louvois et de la République. La réunion définitive eut lieu le 30 mai 1799 (11 prairial an VII). Molé devint le doyen de la nouvelle troupe[1]. En 1802 le premier consul dota la Comédie d'une rente annuelle de cent mille francs.

De 1798 à 1806 Paris est inondé de théâtres bourgeois.

« Alors, dit Brazier, on en comptait plus de deux cents dans la capitale. Il y en avait dans tous les

---

1. Malgré son âge il se montrait plein d'ardeur. Mlle Contat disait de lui : « Il a soixante-cinq ans et il n'existe pas un jeune homme qui se jette si bien aux genoux d'une femme. » Il mourut le 11 décembre 1802. Lorsqu'il eut succombé, Grimod de la Reynière proposa sérieusement « qu'il fût donné sur le théâtre de la Nation une représentation solennelle d'un de nos chefs-d'œuvre, et que ce jour tous les spectateurs, sans distinction d'âge, de rang, ni de sexe, parussent dans la salle avec un crêpe au bras. » Cette proposition, qui rappelait les beaux jours des comédiens sous Louis XV, ne trouva point d'écho; elle parut ridicule et n'aboutit pas.

quartiers, dans toutes les rues, dans toutes les maisons; il y avait le théâtre de l'Estrapade, celui de la Montagne-Sainte-Geneviève, ceux de la Boule-Rouge, de la rue Montmartre, de la rue Saint-Sauveur; du cul-de-sac des Peintres, de la rue Saint-Denis, du faubourg Saint-Martin, de la rue des Amandiers, de la rue Grénier-Saint-Lazare, etc. On jouait la comédie dans les boutiques des marchands de vin, dans les cafés, dans les caves, dans les greniers, les écuries, sous des hangars. C'était épidémique, une grippe, un choléra dramatique... De la petite bourgeoisie ce goût était descendu jusque chez les ouvriers. Ils perdaient souvent un ou deux jours de la semaine, sans compter l'argent qu'ils dépensaient, pour avoir le plaisir d'amuser à leurs dépens. J'ai vu des Agamemnons aux mains calleuses, des Célimènes en bas troués; j'ai vu jouer le *Séducteur* par un homme qui avait deux pieds bots, et le *Babillard* par un bègue. Cette fièvre, qui dura plusieurs années, était devenue inquiétante, et jeta au théâtre un grand nombre de comédiens détestables. »

En 1807 tous ces théâtres bourgeois, où se dépensaient inutilement le temps et l'argent des ouvriers, furent fermés.

La cour avait suivi l'exemple général. La reine Hortense, le prince Eugène, Murat, la duchesse d'Abrantès, l'impératrice Joséphine elle-même, jouaient la comédie. Il existait des théâtres particuliers chez toutes les notabilités de l'époque.

Quelle fut pendant l'Empire, au point de vue civil et au point de vue religieux, la situation des comédiens?

Dès que le culte fut rétabli et que le Concordat eut réglé les rapports de l'Église et de l'État, le clergé chercha à renouveler contre les gens de théâtre les lois qu'on leur avait appliquées jusqu'en 1789.

En 1802, le curé de Châtillon-sur-Seine refusa d'accepter une comédienne pour marraine. Il fut vivement blâmé par l'autorité civile, qui lui fit observer « qu'il ne fallait pas imprudemment faire revivre les anciennes lois qui écartaient les personnes attachées au théâtre de toute participation aux actes extérieurs de religion et que sous l'ancien régime même l'application de ces lois avait donné lieu à des réclamations célèbres[1]. »

La même année un nouvel incident se présenta et motiva encore l'intervention du pouvoir civil.

Mlle Chameroi, danseuse de l'Opéra, mourut. Son corps, accompagné de tous ses camarades et d'une foule immense, fut porté à l'église Saint-Roch; mais le curé fit fermer les portes et refusa de le recevoir. La foule exaspérée voulait pénétrer de force; Dazincourt parvint à la calmer et le convoi se rendit à la succursale des Filles-Saint-Thomas, où le service fut célébré sans difficulté[2].

1. Jauffret, *Mémoires*, t. I, pag. 261.
2. A propos de la mort de Mlle Chameroi parurent plusieurs brochures en vers :

Quand le premier consul apprit cet événement, il se contenta de dire : « Pourquoi a-t-on présenté le corps à l'église? Le cimetière est ouvert à tout le monde, il fallait l'y porter tout droit. » Un instant il fut question d'arrêter le curé, mais on se contenta de lui faire infliger trois mois de séminaire par l'archevêque de Paris.

Le 30 brumaire parut dans le *Moniteur* un article dont la paternité fut attribuée à Bonaparte :

« Le curé de Saint-Roch, y disait-on, a, dans un moment de déraison, refusé de prier pour Mlle Cha-

Réponse de saint Roch et de saint Thomas à saint Andrieux. Chez Girard, quai de la Vallée, n° 70, 1802.
Saint Roch à Andrieux, chez Dabin, palais du Tribunat, 1802.
Saint Roch et saint Thomas, chez Dabin, 1802.
Cette dernière satire est assez plaisante. On y voit Chameroi se présenter au paradis et invoquer l'intercession de saint Roch, pour l'église duquel elle a souvent donné de l'argent; mais le saint refuse de lui servir d'introducteur :

> La danse! o ciel! rien n'est plus immodeste.
> Puisqu'à ces jeux vous perdiez vos loisirs,
> Soyez damnée et sans miséricorde.
> Allez-vous-en ; que mon chien ne vous morde.

La danseuse a recours à saint Thomas, qui se montre plus conciliant. Chameroi dit que ses amis les comédiens donneront soixante louis pour elle. Aussitôt on lui ouvre les portes du paradis et on arrange incontinent un concert où figurent sainte Cécile et le roi David. Chameroi se met à danser :

> Les chérubins, les trônes, les archanges,
> Étoient ravis, la combloient de louanges.
> Le roi David, danseur très vigoureux
> Quitta sa harpe; on eut un pas de deux
> Vraiment divin; ce fut une soirée
> Douce, rapide, au plaisir consacrée,
> On s'amusa comme des bienheureux.

merci et de l'admettre dans l'église. Un de ses collègues, homme raisonnable, instruit de la véritable morale de l'Évangile, a reçu le convoi dans l'église des Filles-Saint-Thomas, où le service s'est fait avec toutes les solennités ordinaires.

« L'archevêque de Paris a ordonné trois mois de retraite au curé de Saint-Roch, afin qu'il puisse se souvenir que Jésus-Christ commande de prier même pour ses ennemis, et que, rappelé à ses devoirs par la méditation, il apprenne que toutes ces pratiques superstitieuses conservées par quelques rituels et qui, nées dans des temps d'ignorance ou créées par des cerveaux échauffés, dégradaient la religion par leur niaiserie, ont été proscrites par le Concordat et par la loi du 18 germinal. »

Portalis fut chargé de s'entendre avec l'archevêque de Paris et de décider avec lui d'après quels principes agiraient les curés du diocèse :

« L'Église de France, écrit le jurisconsulte, était la seule qui considérât comme excommuniées les personnes vouées au théâtre. Cette manière de voir est inconciliable avec les idées qui se sont établies sur l'état civil des acteurs depuis les règlements de l'Assemblée constituante. D'ailleurs, dans les principes d'une saine théologie, les curés doivent présumer que le défunt dont on présente le corps à l'église est mort dans des dispositions qui le rendent digne de l'application des secours spirituels. De plus, après la mort, les hommes n'ont plus rien à juger; ils ne peuvent savoir ce qui s'est passé dans les derniers moments dans l'âme du défunt; ils ne doivent pas affliger les vivants par des mesures indiscrètes, ni se permettre de s'expliquer sur des choses dont le jugement n'appartient qu'à Dieu[1]. »

Bonaparte, qui protégeait si bien les comédiens contre le zèle intempestif de certains membres du clergé, n'avait pas hésité cependant à leur enlever une partie des prérogatives que la Révolution leur avait accordées. Ainsi, quand il réorganisa l'Institut[2], son premier soin fut de les exclure de la troisième classe, où la Convention les avait admis[3].

Napoléon rétablit même en partie contre les gens de théâtre les peines disciplinaires qui avaient disparu avec l'ancien régime; le décret du 1ᵉʳ novembre 1807 sur la surintendance des grands théâtres permet de condamner à l'amende ou aux arrêts tout

---

1. Lettre au premier consul, 25 vendémiaire an XI, 17 octobre 1802.

2. En 1803, Bonaparte décida que l'élection des membres de l'Institut serait soumise à l'approbation du pouvoir exécutif et il divisa l'Institut en quatre classes.

3. En 1800, il écrivait à Lucien Bonaparte, ministre de l'intérieur.

Paris, 25 fructidor an VIII (10 sept. 1800).

« Je vous prie, citoyen ministre, de me remettre la liste de nos dix meilleurs peintres, de nos dix meilleurs sculpteurs, de nos dix meilleurs compositeurs de musique, de nos dix meilleurs artistes musiciens, *autres que ceux qui jouent sur nos théâtres*, de nos dix meilleurs architectes, ainsi que les noms des artistes dans d'autres genres dont les talents méritent de fixer l'attention publique. (Plon, 1861, t. VI, p. 457.)

sujet qui aura fait manquer le service sans cause valable ou pour insubordination envers ses supérieurs. Les sujets mis aux arrêts ne pouvaient être conduits dans la maison de l'Abbaye que sur l'autorisation du surintendant. Si les arrêts étaient de plus de huit jours, on devait en rendre compte à l'empereur. C'était le rétablissement du For l'Évêque. Quant au surintendant, il se trouvait investi de toute l'autorité qu'avaient possédée autrefois les Gentilshommes de la chambre.

Napoléon cependant protégeait les grands artistes. Il eut même un instant l'idée d'accorder à Talma la Légion d'honneur; il n'y renonça qu'en présence du scandale qui en serait résulté. Voici ce qu'il dit dans le *Mémorial de Sainte-Hélène* :

« Dans mon système de mêler tous les genres de mérite et de rendre une seule et même récompense universelle, j'eus la pensée de donner la croix de la Légion d'honneur à Talma. Toutefois, je m'arrêtai devant le caprice de nos mœurs, le ridicule de nos préjugés, et je voulus, au préalable, faire un essai perdu et sans conséquence : je donnai la Couronne de fer à Crescentini[1], la décoration était étrangère, l'individu était lui-même étranger, l'acte devait être moins aperçu et ne pouvait compromettre l'autorité, tout au plus lui attirer quelques mauvaises plaisanteries.

1. Crescentini (1766-1846), célèbre chanteur italien.

« Eh bien, voyez pourtant quel est l'empire de l'opinion et sa nature! Je distribuais des sceptres à mon gré, l'on s'empressait de venir se courber devant eux, et je n'aurais pas eu le pouvoir de donner avec succès un simple ruban; car je crois que mon essai tourna fort mal. »

Peu de temps auparavant, en effet, dans une représentation aux Tuileries, le fameux chanteur italien Crescentini avait provoqué un tel enthousiasme, que l'empereur voulut donner au chanteur une marque éclatante de sa satisfaction et il chargea un chambellan de lui porter immédiatement la Couronne de fer. Quand le chambellan se fut acquitté de son message, l'empereur lui demanda : « Eh bien, qu'a-t il dit? » « Rien, sire, Crescentini n'a pu parler, il est resté confondu. »

La distinction accordée à l'illustre soprano fut à peu près universellement blâmée et elle souleva des plaisanteries et des quolibets à l'infini. « C'est une abomination, une profanation, disait-on dans une soirée au faubourg Saint-Germain; quels peuvent être les titres d'un Crescentini? » Mme Grassini[1], qui était présente, voulut prendre la défense de son compatriote et elle s'écria avec véhémence : « Et sa blessoure donc, monsieur, et sa blessoure, pourquoi la comptez-vous? » On peut juger de l'explosion d'hilarité que provoqua ce titre auquel l'empereur n'avait certainement pas songé.

1. Célèbre chanteuse italienne.

XXVII

LOUIS XVIII ET CHARLES X

Sommaire : Obsèques de Mlle Raucourt. — Philippe de la Villenie. — Enterrement de Talma. — Décret de 1816 sur le Théâtre français. — L'acteur Victor en prison. — Mlle More. — Rapport de M. Daunart à la Chambre des députés.

Dès les premiers jours de la Restauration, le clergé, confiant dans l'appui du gouvernement, revient à l'égard des comédiens à ses anciens errements.

Mlle Raucourt meurt le 15 janvier 1815 « en remerciant Dieu d'avoir pu saluer le retour de ses rois légitimes. » Ses obsèques ont lieu le 17 et deviennent l'occasion d'un grand scandale.

Elle demeurait rue du Helder, c'est-à-dire sur la paroisse Saint-Roch. C'est donc à cette église que le service devait avoir lieu, mais le curé refusa de le célébrer : « Les comédiennes sont excommuniées, dit-il, et le moment est venu de remettre en vigueur les canons de l'Église. » C'est en vain qu'on lui objecta la charité de la défunte envers les pauvres, en vain lui fit-on observer que lui-même recevait chaque année un don généreux de Mlle Raucourt pour les besoins de son église, il resta sourd à toutes les représentations et se retrancha derrière les ordres formels de l'archevêché.

Les Comédiens s'adressèrent au roi pour obtenir justice, mais la réponse n'était pas encore parvenue le matin même de l'enterrement.

Le 17, une foule énorme, plus de quinze mille personnes, est réunie rue du Helder et dans les environs; on y voit plusieurs acteurs de la Comédie en uniforme de gardes nationaux. Au moment où le convoi va se mettre en marche, la police donne l'ordre de se rendre directement au cimetière, mais la foule s'y oppose et force le corbillard à se diriger vers Saint-Roch. A l'entrée de la rue de la Michodière, un officier de police se jette à la tête des chevaux pour leur faire prendre le boulevard; il est bousculé, repoussé, et le cortège, de plus en plus houleux, poursuit sa route vers Saint-Roch. On arrive à l'église, la grande porte est fermée. On se précipite par les issues latérales, on appelle le curé à grands cris, on veut forcer la grande porte, la briser, on ne peut y parvenir. Les uns veulent porter le corps aux Tuileries, les autres à l'archevêché, les motions les plus dangereuses sont proposées. On entend même des voix crier: « Le curé à la lanterne! »

Les comédiens qui faisaient partie du cortège, inquiets de tout ce tumulte et craignant qu'il ne leur fût imputé, profitèrent de ce qu'une partie de la foule, et la plus exaltée, était occupée à saper la porte de l'église, pour faire reprendre la marche du cortège vers le Père-Lachaise.

Tout à coup une voix s'écrie : « On emmène le corbillard. » La foule exaspérée se précipite à sa poursuite, on l'atteint à la hauteur de la rue Traversière, les chevaux sont dételés et le corps est ramené triomphalement devant Saint-Roch[1].

Cependant une députation était partie pour les Tuileries. Louis XVIII consentit à l'admettre en sa présence. Huet, acteur de l'Opéra-Comique, harangua le roi qui promit d'intervenir, sans perdre de temps[2].

Dans l'intervalle, on avait fait venir la troupe et un piquet de gendarmerie était rangé devant l'église. On pouvait s'attendre aux plus graves incidents, le sang allait couler, lorsque arriva l'ordre du roi, enjoignant au curé de recevoir le corps; pour plus de sûreté, Louis XVIII avait chargé son aumônier d'aller à Saint-Roch dire les prières que le curé refusait au corps de la tragédienne.

1. Au plus fort de l'émeute un des anciens amis de la tragédienne disait en riant : « Si cette pauvre Raucourt voit de là-haut tout ce bruit et tout ce scandale, elle doit être joliment contente. »

2. Quelques jours après, Huet, jugé trop éloquent, fut prié d'aller passer quelque temps à l'étranger. Pendant sa tournée il se rendit à Gand, où il retrouva Louis XVIII ; ce rapprochement lui inspira des sentiments très vifs pour la cause royale, et quand le roi rentra à Paris, Huet suivit le cortège, tenant à la main un drapeau fleurdelisé et chantant à tue-tête : « Et l'on revient toujours à ses premières amours. » (Charles Maurice.)

La grande porte s'ouvre enfin, le cercueil est porté par la foule jusqu'au pied de l'autel, le peuple lui-même se charge d'allumer tous les cierges. « Le curé, le curé! » s'écrie-t-on. L'aumônier de la cour arrive avec deux chantres et accomplit le service ordinaire; la cérémonie terminée, il accompagne le corps jusqu'au seuil de l'église. Un peuple immense suivit le cortège jusqu'au Père-Lachaise[1].

Le gouvernement avait cédé pour éviter une émeute, mais il se promit bien de prendre pour l'avenir des mesures plus sérieuses et de soutenir le clergé dans l'exécution de ses lois contre les comédiens[2].

En 1824, Philippe de la Villenie, du théâtre de la Porte-Saint-Martin, mourut d'une attaque d'apo-

---

1. Il fut défendu aux journaux de parler de ces obsèques scandaleuses; nous extrayons ces détails du récit de *Pierre Victor*, témoin oculaire. (*Documents pour servir à l'histoire du Théâtre français sous la Restauration*. Paris, Guillaumin, 1834.)

2. En 1817, les Comédiens français apprirent que les restes de Molière et de la Fontaine qui reposaient au Musée des Monuments français, devaient être transférés au cimetière de Mont-Louis. Ils écrivirent aussitôt au Ministre de l'intérieur : « C'est avec une vive satisfaction, monsieur le comte, que la Comédie française a vu l'annonce d'une dernière translation dans laquelle sans doute les respectables restes de Molière et de la Fontaine recevront au dix-neuvième siècle les honneurs dont ils furent privés au dix-septième. Elle désire y contribuer en tout ce qui dépendra d'elle. Le père de la Comédie, son véritable fondateur, ne peut avoir d'admirateurs plus zélés que les dépositaires de ses chefs-d'œuvre.... Ce sont des enfants qui demandent à se réunir pour honorer la cendre de leur père... ils espèrent, monsieur le comte, que cette permission leur sera accordée... » (*Collection Bartet.*) Mais le Ministre, qui ne se souciait nullement d'une

plexie foudroyante. Ses parents et ses amis voulurent lui faire des obsèques religieuses, mais le curé de Saint-Laurent, sa paroisse, refusa de le recevoir. Pour prévenir les scènes qui s'étaient passées lors de l'enterrement de Raucourt, un détachement de gendarmerie accompagna le convoi jusqu'au cimetière, le sabre en main.

En 1825, Lafargue, acteur plein d'espérance, mourut de la poitrine à Auteuil. Le curé refusa impitoyablement l'entrée de l'église au corps du comédien[1].

Tous les membres du clergé ne se montraient pas cependant aussi sévères. Quelques prélats faisaient preuve de charité et de tolérance. Ainsi en 1820, un jeune acteur du théâtre de la Gaîté se suicida; il y avait là un double motif d'exclusion; cependant

manifestation blessante, pour le clergé, avait eu la précaution de faire la cérémonie secrètement et elle était déjà accomplie depuis plusieurs jours quand la demande des Comédiens lui parvint; c'est ce qui leur fut répondu.

1. Comme au dix-huitième siècle, le clergé n'éprouvait aucune répugnance à accepter les offrandes des comédiens. Ainsi, en 1822, M. Fernbach, curé de Notre-Dame-des-Victoires, écrivit au directeur de l'Opéra pour solliciter l'intervention des artistes en faveur du monument de Lulli, que le vandalisme avait dégradé : « Il ne s'agit pas, disait-il, d'une souscription, car la dépense est faite et le monument prêt à reprendre sa place, mais une petite contribution volontaire proposée à l'administration de l'Opéra, ainsi qu'aux artistes successeurs de Lulli, et recueillie par vos soins obligeants, serait d'un grand secours pour aider nos faibles moyens et couvrir une partie de nos frais. » (Arch. nat., O¹10 476.)

l'évêque de Versailles reçut le corps à l'église et lui accorda les dernières prières.

Talma évita le scandale qu'aurait sans aucun doute provoqué son enterrement en demandant à être conduit directement au champ du repos. A plusieurs reprises, pendant sa vie, il s'était préoccupé de la question de ses obsèques. En envoyant à Charles Young la souscription pour le monument élevé à M. Kemble à Westminster-Abbey, il lui disait : « Pour moi, je serai bien heureux si les prêtres me laissent enterrer dans un coin de mon jardin[1]. »

Quant à consentir à la renonciation que l'Église exigeait des comédiens, il n'y voulait pas songer : « Point de prêtres, disait-il, je demande seulement à ne pas être enterré trop tôt. Que voudrait-on de moi ? Me faire abjurer l'art auquel je dois mon illustration, un art que j'idolâtre, renier les quarante belles années de ma vie, séparer ma cause de celle de mes camarades et les reconnaître infâmes ? Jamais. »

Talma n'avait pas de sentiments chrétiens, mais il le regrettait plus qu'il ne s'en louait et il ne parlait jamais qu'avec déférence de tout ce qui touchait à la religion : « Je suis fâché de ne pas croire, disait-il, mais en vérité ce n'est pas trop ma faute, j'ai eu pour père l'athée le plus décidé de tout le dix-huitième siècle. Il me fouettait quand je m'agenouillais pour réciter la prière que ma bonne

---

[1]. *Record of a Girlhood*, by Frances Anne Kemble.

m'avait enseignée; il me retira du collège parce qu'on m'y faisait prier Dieu; il avait fait copier en grosses lettres les maximes les plus impies du *Système social* du baron d'Holbach, et en avait fait tapisser la chambre que j'habitais; c'est de là que je suis passé au théâtre, où la Révolution avec tous ses principes m'a trouvé et m'a laissé. Or, je vous demande si après cela il est possible que je sois jamais un bon chrétien[1]. »

Il faisait élever ses enfants dans la religion catholique, et il les avait confiés à un certain M. Morin, maître de pension. Le jour de la distribution des prix, l'archevêque de Paris vint présider la cérémonie. M. Morin, cédant au préjugé, ne crut pas devoir laisser couronner les enfants d'un comédien par le prélat, et les fils de Talma reçurent en secret les prix qu'ils avaient mérités. Talma fut profondément blessé de cette injurieuse exception et il décida que ses fils embrasseraient la religion réformée. L'archevêque, prévenu de l'incident, avait eu cependant le bon goût d'envoyer un de ses ecclésiastiques auprès du comédien, pour l'assurer qu'il n'était pour rien dans l'affront qui venait de lui être fait.

Pendant la maladie qui devait le conduire au tombeau, Talma reçut à trois reprises différentes la visite de M. de Quélen, archevêque de Paris, mais le pré-

1. *Théâtre et poésies* d'Alexandre Guiraud, 1 vol. in-8°, Amyot.

lat ne fut pas reçu. M. Amédée Talma, neveu du comédien, crut interpréter les volontés du mourant en ne laissant pas l'archevêque pénétrer jusqu'à lui. Lui-même a raconté, dans son *Journal des derniers jours de Talma*, la conversation qu'il eut à ce sujet avec son oncle.

« Comme mon oncle était mieux ce jour-là, dit-il, je crus l'instant favorable; je pris la parole et dis avec intention au malade : « M. Dupuytren disait à « ces messieurs que M. l'archevêque lui demandait tous « les jours de tes nouvelles. » « Qui? M. l'arche- « vêque de Paris? Ah! que je suis touché de son « souvenir. Je l'ai connu autrefois chez la princesse « de Wagram ; c'est un bien digne homme. » A quoi, je répondis. « Mais il est venu plusieurs fois pour te « voir, je lui ai parlé deux fois et lui ai même promis « que tu le recevrais aussitôt que tu serais mieux. » « Ah! non j'irai le voir, ma première visite sera pour « lui. Combien je suis touché des visites de ce bon « archevêque! »

M. Amédée Talma avait conclu de cette conversation que son oncle se refusait à voir M. de Quélen.

Le comédien succomba le 19 octobre 1826; le lendemain de sa mort parut dans tous les journaux la lettre suivante :

« Monsieur le Rédacteur,

« Talma est mort aujourd'hui, à onze heures et trente cinq minutes du matin. Il a déclaré à plusieurs reprises, en présence de plusieurs personnes, vouloir être conduit directement et sans cérémonie de sa maison au champ de repos. Je vous prie, Monsieur, de vouloir bien donner à cette déclaration conforme à la dernière volonté de mon oncle toute la publicité possible.

« Amédée TALMA. »

Les obsèques de l'illustre tragédien eurent lieu en grande pompe et une foule immense accompagna le cortège.

Le clergé n'était pas seul à vouloir remettre en vigueur vis-à-vis des comédiens les usages du dix-huitième siècle.

Un décret de Louis XVIII du 14 décembre 1816, et de l'an 22e de son règne, replace le Théâtre français sous l'autorité des Gentilshommes de la chambre et il leur accorde, contrairement aux stipulations de la Charte[1], le droit d'infliger aux Comédiens la peine des arrêts. Le décret est contresigné par le duc de Duras, premier Gentilhomme de la chambre, et revu pour copie conforme par l'Intendant général de l'argenterie et menus plaisirs, Papillon de la Ferté.

La Révolution, l'Empire, rien n'a existé, on se trouve reporté de 27 ans en arrière, on voit reparaître les mêmes noms et revivre les mêmes lois que sous le règne de Louis XVI.

1. « Nul ne peut être poursuivi et arrêté que dans les cas prévus par la loi et dans la forme qu'elle prescrit. »

Ce décret de 1816 enlevait aux comédiens les droits civils et politiques que la Révolution leur avait accordés, et en fait ils se trouvaient de nouveau placés hors du droit commun.

Ainsi on décida qu'un garde national comédien, ne pourrait avancer au delà du grade de sous-officier. Ce principe fut strictement observé jusqu'en 1830.

Quelques exemples montreront les singulières anomalies qu'amena une législation si peu conforme aux mœurs de l'époque.

En 1817, un acteur nommé Victor fut admis à l'essai à la Comédie française pour un an. A la fin de l'année, son engagement fut renouvelé pour la même période, et il obtint en outre un congé de quinze jours pour donner des représentations en province. Cette faveur lui fut accordée sous le sceau du secret par Papillon de la Ferté; naturellement, elle fut bientôt divulguée et toute la Comédie réclama le même avantage. Le comité, ne sachant auquel entendre, non seulement révoqua la permission, mais encore nia la parole qu'il avait donnée.

Victor était à Amiens sur le point de jouer. Le préfet de la Somme, sur l'ordre du duc de Duras, interdit la représentation. Victor exaspéré donna sa démission de la Comédie française, et comme on lui objectait qu'elle n'était pas donnée en temps utile, il la fit signifier par huissier, déclarant qu'à partir du 31 mars il cesserait tout service. L'apparition de l'huissier causa la plus vive sensation; c'était la première fois qu'un comédien osait ainsi résister aux volontés des premiers Gentilshommes.

Les Comédiens du roi, les sociétaires comme les pensionnaires, ne pouvaient paraître sur aucun théâtre de province, ni obtenir de la police l'autorisation de quitter la capitale sans un certificat des Menus Plaisirs, les déclarant dispensés de leur service sur les théâtres royaux.

Victor, ne pouvant obtenir ce certificat, restait à Paris sans emploi. Il prit alors le parti de faire assigner MM. les membres du comité en la personne de M. de la Ferté, leur président, à comparaître devant le tribunal de première instance pour obtenir sa libération. La Comédie répondit en faisant afficher *Philoctète* avec Victor dans un des principaux rôles. Au moment de la représentation, on fit relâche, l'acteur ne s'étant pas rendu au théâtre. Le lendemain, sur un rapport adressé au duc de Duras par les membres du comité du Théâtre français, le premier Gentilhomme ordonnait l'arrestation de Victor.

Deux agents se présentèrent chez le comédien et l'emmenèrent à la préfecture de police où il resta trois jours incarcéré. On pouvait se croire revenu aux plus beaux jours du For l'Évêque.

Mais ce qu'il y avait de plus curieux dans l'incident, c'est que c'était à la demande même des Comédiens que leur camarade était emprisonné.

Victor porta plainte aux tribunaux contre cet

attentat à la liberté individuelle, contre cette violation de la Constitution : « Ce sera une chose assez notoire, disait un journal du temps, de voir des comédiens soutenir en justice qu'au mépris de la Charte, qui leur accorde les mêmes droits qu'aux autres citoyens, on puisse avoir la faculté de mettre de côté pour eux les formes protectrices de la loi, en invoquant d'anciennes coutumes, d'anciennes ordonnances qui ont été détruites à jamais. Si les Comédiens entendaient bien leurs véritables intérêts dans ce procès, ils réuniraient leurs efforts, non pour le gagner mais pour le perdre. Tandis que d'un côté Victor plaidera contre MM. les sociétaires du Théâtre français, de l'autre il plaidera évidemment en leur faveur, et il n'aura pas de peine à établir aujourd'hui, sans éprouver de contradiction, que, pour représenter les chefs-d'œuvre qui font la gloire de la scène française, on ne cesse pas d'être citoyen. »

La Comédie et l'Intendance des Menus Plaisirs déclarèrent qu'elles n'étaient pas justiciables des tribunaux, que leur unique autorité était celle du premier Gentilhomme de la chambre.

Le vicomte Decaze était alors ministre de l'Intérieur. Pour couper court à un conflit qui s'envenimait et soulevait des questions fort délicates, il accorda à Victor un passeport qu'il signa lui-même[1].

1. Pierre Victor, *Documents pour servir à l'histoire du Théâtre français sous la Restauration*, Paris, Guillaumin, 1834.

Il eût été préférable assurément de voir la question en litige se vider judiciairement[1].

Un cas non moins curieux est celui de Mlle More, attachée au théâtre de Rouen, où elle remportait les plus vifs succès. Le duc d'Aumont, convaincu que l'autorité des Gentilshommes subsistait comme au dix-huitième siècle, envoya à la jeune actrice un ordre de début au théâtre royal de l'Opéra-Comique. Mlle More se conforma aux instructions du premier Gentilhomme et se rendit à Paris; mais le directeur de Rouen, M. Corréard, ne l'entendait pas ainsi; il contesta absolument la légitimité de l'intervention des Gentilshommes et il attaqua sa pensionnaire devant les juges de Paris. Mlle More eut beau invoquer l'ordre de la cour, le tribunal de la Seine donna gain de cause au directeur; c'est en vain que M. de la Ferté fit appel et soutint la validité de l'ordre de début; le 18 mai 1820, la Cour royale de Paris confirma le jugement de première instance.

Certains tribunaux de province persistaient encore à considérer les comédiens comme hors du droit commun. MM. Vulpian et Gauthier dans leur code des théâtres en rapportent un exemple fort curieux.

---

1. Le 18 novembre 1827, cinq acteurs du théâtre de Caen furent emprisonnés sur un simple ordre du maire, parce qu'ils avaient bissé un couplet défendu. Il est vrai que dans ce cas on pouvait dire qu'ils s'étaient rendus coupables d'une simple contravention de police.

« M. Delestrade, recteur de l'église Saint-Jérôme à Marseille, avait loué le premier étage d'une maison. Le bail portait que les autres étages ne pourraient être loués qu'à des personnes tranquilles, d'une conduite irréprochable. Bientôt le propriétaire de la maison trouve à louer son second étage à M. Saint-Alme, basse-taille noble du Grand-Théâtre de Marseille. Aussitôt M. Delestrade demande la résiliation du bail ou le renvoi du comédien. On répond que Saint-Alme est un homme honnête et de mœurs régulières, qui vit paisiblement avec sa femme légitime et ses enfants, il exerce au dehors la profession de comédien ; chez lui, c'est un citoyen tranquille, dont personne n'a jamais eu à se plaindre. Cependant, par son jugement du 15 décembre 1826, le tribunal de Marseille a décidé qu'il y avait incompatibilité dans les deux professions, inconvenance dans le voisinage, et il a adjugé les conclusions du sieur Delestrade. »

En 1829, Victor, dont les démêlés avec la Comédie n'étaient pas terminés, adressa à la Chambre des députés une pétition pour demander une nouvelle organisation des théâtres. M. Daunart, dans le rapport qu'il fit sur cette pétition, dut reconnaître que le sort des comédiens était encore réglé par des mesures exceptionnelles qui pouvaient à juste titre encourir le reproche de confusion et d'arbitraire : « Pour s'en convaincre, dit-il, il suffit de jeter les yeux sur les dispositions pénales relatives au Théâtre français, et qui sont encore les amendes, l'expulsion momentanée ou définitive, la perte de la pension, les arrêts. Ces règlements, si contraires à nos droits constitutionnels, indiquent assez la nécessité d'une législation qui donne aux comédiens ce qui appartient à tous les Français, la liberté légale et le droit commun. Nous pensons bien que M. le chargé des beaux-arts n'use pas de tous ses privilèges et en particulier de ceux qui sont en désaccord avec la première de nos lois, la Charte, qu'il chérit et respecte comme nous. Il y a même telle de ces peines qu'il serait heureusement impossible de faire exécuter. Quel est le gendarme ou le geôlier qui consentirait à détenir un citoyen sur la simple réquisition du Directeur des beaux-arts[1] ?

« Toutefois, un pareil ordre de choses forme une anomalie choquante dans notre législation et les comédiens peuvent justement se plaindre d'être régis par des dispositions qui n'ont pas même pour excuse d'être basées sur une loi. Une nouvelle revision de ces règlements parait donc indispensable. »

Ces révélations sur l'état des comédiens excitèrent sur les bancs de la Chambre le plus vif étonnement; personne ne les soupçonnait; les conclusions du rapporteur furent adoptées à l'unanimité.

---

1. L'exemple de Victor emprisonné pendant trois jours en 1817 démontrait bien que le gendarme ou le geôlier se trouvait toujours.

XXVIII

DE 1830 A NOS JOURS

Sommaire : L'*Encyclopédie théologique* de l'abbé Migne. — La *Théologie morale* de Mgr Gousset. — Mgr Affre et les comédiens. — Le concile de Soissons en 1849. — La société civile et les comédiens. — La décoration.

La révolution de 1830 ne modifia pas sensiblement la situation des comédiens au point de vue religieux. Bien que l'Église, suivant le mouvement des mœurs et des idées, les considérât d'un œil évidemment moins défavorable[1], elle se trouvait liée par les prescriptions des rituels et elle n'osait les enfreindre. Depuis 1789 jusqu'à la République de

---

1. Le duc de Rohan, archevêque de Besançon, écrivait à M. Alexandre, acteur de province, qui venait de donner une représentation au bénéfice des pauvres : « Qu'il soit béni celui qui passe en faisant du bien, et qui, dans tous les pays, s'est conservé chrétien ! Qu'il soit béni et que sa famille entière participe dès ce monde aux bénédictions et aux récompenses promises aux miséricordieux. » Deux jours après, le même acteur donna une représentation au bénéfice des comédiens de Besançon. L'archevêque fit prendre de ses deniers vingt-cinq billets de première. (*Gazette des tribunaux*, 17 novembre 1831.)

1848, il n'y eut pas en France de concile provincial ; or les rituels ne pouvaient être réformés que par un concile : c'est ce qui explique comment ils subsistèrent sans modification jusqu'en 1848 et comment les lois canoniques qui frappaient les comédiens restèrent en vigueur jusqu'à cette époque[1].

L'*Encyclopédie théologique*, publiée par l'abbé Migne en 1847, montre bien que la discipline de l'Église ne s'était pas modifiée.

Voici ce qu'on lit à l'article COMÉDIENS : « L'excommunication prononcée contre les comédiens, acteurs, actrices tragiques ou comiques, est de la plus grande et de la plus respectable antiquité... elle fait partie de la discipline générale de l'Église de France... Cette Église ne leur accorde ni les sacrements, ni la sépulture ; elle leur refuse ses suffrages et ses prières, non seulement comme à des infâmes et des pêcheurs publics, mais comme à des excommuniés... Dans un grand nombre de rituels, de conciles, d'ordonnances synodales, il y a des excommunications contre les comédiens ; *les Conférences d'Angers*, revues et annotées, il y a peu d'années, par Mgr Gousset, déclarent formellement les comédiens excommuniés. Les acteurs et les actrices étant excommuniés en France, dit *l'Examen raisonné*, on ne peut leur donner ni l'absolu-

---

[1]. D'après le Concordat, on ne pouvait réunir un concile sans l'autorisation de l'État, et cette autorisation fut refusée jusqu'en 1848.

tion, même à l'article de la mort, ni la sépulture ecclésiastique après leur mort, s'ils ne renoncent à leur état. Que dans quelques diocèses l'excommunication qui pesait sur eux soit tombée en désuétude, c'est possible, mais ce n'est assurément pas dans tous. »

L'abbé Migne ajoute que dans les diocèses où les comédiens ne passent pas pour excommuniés on les range dans la catégorie des pécheurs publics, qui sont infâmes en raison de leur condition ou profession. C'est ce que faisait le rituel de Paris.

L'abbé reconnaît cependant que les gens de théâtre ne sont plus dénoncés au prône dans aucun diocèse et que par conséquent la discipline ecclésiastique tend à devenir à leur égard moins sévère qu'elle ne l'était.

Voici à quelle conclusion pratique arrive le théologien : « On doit en agir avec les comédiens comme avec les pécheurs publics, les éloigner de la participation des choses saintes pendant qu'ils sont sur le théâtre, les y admettre dès qu'ils le quittent. »

Mgr Gousset, archevêque de Reims, dans sa *Théologie morale*, se montre déjà beaucoup plus tolérant que l'abbé Migne : « Le théâtre, dit-il, n'étant pas mauvais de sa nature, la profession des acteurs et des actrices, quoique généralement dangereuse pour le salut, ne doit pas être regardée comme une profession absolument mauvaise[1]. »

---

1. Il parut cependant à Schaffhouse, en 1838, une brochure qui

C'est là un premier pas dans la voie de l'apaisement ; mais Mgr Gousset ne s'en tient pas là, il va plus loin encore. Il reconnaît qu'il n'existe aucune loi générale de l'Église proscrivant la profession du théâtre sous peine d'excommunication et que le fameux canon du concile d'Arles, sous lequel les comédiens courbent la tête depuis près de quinze siècles, n'est qu'un règlement particulier : « D'ailleurs, dit-il, il n'est pas certain que ce décret, qui était dirigé contre ceux qui prenaient part aux spectacles des païens, soit applicable aux acteurs du moyen âge ou aux acteurs des temps modernes, et il n'est guère plus certain qu'il s'agisse ici d'une excommunication à encourir par le seul fait, *ipso facto*. »

Il était peut-être un peu tard pour s'en apercevoir, mais enfin mieux vaut tard que jamais.

Mgr Gousset établit une distinction entre les comédiens et les bateleurs, les farceurs publics, les danseurs de corde, en un mot les histrions.

dépeignait en ces termes les pernicieux effets du théâtre moderne sur les mœurs. « Le drame français moderne n'est qu'un tissu de crimes, de blasphèmes et d'horreurs. C'est un monstre moral. Parmi les personnes du sexe qui figurent dans les pièces de théâtre de Victor Hugo et d'Alexandre Dumas on trouve huit femmes adultères, six courtisanes de différents rangs, six victimes de la séduction ; quatre mères ont des intrigues avec leurs fils ou gendres, et dans trois cas le crime suit l'intrigue. Onze personnes sont assassinées par leurs amants ou leurs maîtresses, et dans six de ces pièces le héros principal est un bâtard ou un enfant trouvé, et toute cette masse d'horreurs a été entassée par deux auteurs parisiens dans six drames créés dans un espace de trois ans. »

« On doit certainement, dit-il, refuser les sacrements aux histrions, à moins qu'ils n'aient renoncé ou ne déclarent publiquement renoncer à une profession justement flétrie par l'opinion publique ; ce sont des gens sans foi, sans religion, sans moralité. On doit encore les refuser à un acteur diffamé dans le pays par la licence de ses mœurs ou l'abus de sa profession, tant qu'il n'aura pas réparé les scandales qu'il a commis. »

Sauf ces restrictions, l'archevêque de Reims croit qu'on peut recevoir les comédiens aux sacrements, comme on le fait du reste partout ailleurs qu'en France et même en Italie. Il pense également qu'on peut les admettre aux fonctions de parrain et de marraine. Pour ce qui regarde la sépulture, on ne doit en priver que ceux qui ont refusé les secours de la religion.

Quant aux derniers sacrements, l'archevêque est d'avis qu'on ne peut les accorder que sous certaines conditions.

« Lorsqu'un acteur est en danger de mort, dit-il, le curé doit lui offrir son ministère. Si le malade ne paraît pas disposé à renoncer à sa profession, il est prudent, à notre avis, de n'exiger que la simple déclaration que, s'il recouvre la santé, il s'en rapportera à la décision de l'évêque. Cette déclaration étant faite, on lui accordera les secours de la religion. Dans le cas où il s'obstinerait à refuser la déclaration qu'on lui demande, il serait évidemment indigne des sacrements et des bénédictions de l'Église. »

On le voit, s'il y a amélioration notable dans la situation canonique des acteurs, ils sont encore soumis à des règles spéciales.

Mais depuis cette époque les idées de tolérance ont fait chaque jour du chemin et l'attitude du clergé est devenue de plus en plus conciliante. En 1847 Mgr Affre, archevêque de Paris, permet à Rose Chéri de se marier tout en restant au théâtre.

En 1848, une députation de comédiens vint prier Mgr Affre de lever l'excommunication qui frappait les membres de leur profession. Le prélat leur répondit qu'il n'avait pas à la lever, parce que, à sa connaissance, elle n'avait jamais été formulée, et que les comédiens français pourraient dorénavant dans son diocèse participer aux sacrements[1].

Mais ce n'était là qu'une opinion personnelle et dont les comédiens ne devaient être appelés à bénéficier que dans le diocèse de Paris.

Le concile de Soissons, en 1849, modifia définivement et officiellement la discipline de certains diocèses : « Quant aux comédiens et aux acteurs, dit le concile, nous ne les mettons pas au nombre des infâmes ni des excommuniés. Cependant, si comme cela arrive presque toujours, ils abusent de leur profession pour jouer des pièces impies ou ob-

---

1. Cette réponse, rapportée par M. Régnier dans une lettre au *Temps* du 27 septembre 1884, nous paraît formuler deux assertions contradictoires.

scènes, de manière qu'on ne puisse s'empêcher de les regarder comme des pécheurs publics, on doit leur refuser la communion eucharistique. »

Cette discipline fut aussitôt adoptée dans quelques provinces ecclésiastiques et depuis elle a gagné chaque jour du terrain. C'est surtout depuis 1870, c'est-à-dire depuis que l'Église de France a abandonné les théories gallicanes, que l'admission des gens de théâtre aux sacrements ne fait plus de difficulté ; sauf de bien rares exceptions, le clergé traite les comédiens comme tous les autres chrétiens et on peut dire qu'au point de vue religieux ils sont aujourd'hui dans le droit commun.

On n'en peut dire autant au point de vue civil. La réprobation qu'a toujours inspirée la profession du théâtre va en s'atténuant, cela est incontestable, mais elle n'est pas encore complètement effacée.

M. Alphonse Karr prétend que non seulement les comédiens ont atteint depuis longtemps « l'égalité », mais qu'ils l'ont même dépassée, et que quand on la demande pour eux, c'est à reculons qu'il faudrait les y ramener. Il cite à l'appui de sa thèse les ovations dont quelques actrices sont l'objet, les émoluments considérables que reçoivent certains artistes et dont un magistrat ne touche pas la trentième partie.

La comparaison nous paraît manquer de justesse. Des ovations exagérées, des appointements excessifs, ne constituent en aucune façon l'égalité civile. Les comédiens, au dix-huitième siècle, étaient bien autrement adulés et flattés qu'ils ne le sont aujourd'hui, et cependant ne se trouvaient-ils pas hors du droit commun ?

La vérité est que la société civile n'a pu se décider encore à considérer la profession dramatique comme honorable et à rompre irrévocablement la barrière qui sépare le comédien du citoyen.

Si d'après la loi le comédien est l'égal de tous les citoyens, s'il ne se trouve exclu d'aucun emploi, d'aucune charge, en fait cette égalité n'existe pas complète, et le préjugé, plus fort que la loi, interdit formellement à l'acteur l'accès de certaines fonctions qui légalement lui est ouvert.

Il y a progrès cependant. Rien ne s'oppose plus maintenant à ce que le comédien parvienne au grade d'officier dans la réserve et dans la territoriale ; plusieurs, à notre connaissance, y remplissent les fonctions de lieutenant. Le comédien peut briguer les charges municipales et y parvenir ; nous avons vu M. Christian remplir pendant plusieurs années les fonctions de maire de Courteuil. L'étourdissant Jupiter de la *Belle Hélène* mariait ses concitoyens avec beaucoup de dignité, et il était *invité* aux réceptions de M. le duc d'Aumale à Chantilly.

Mais c'est là un cas tout à fait exceptionnel et qui, nous le croyons, n'a pas dû se reproduire. Le préjugé éloigne aussi bien le comédien des fonctions municipales que des fonctions législatives. Se figure-t-on M. Coquelin aîné au Sénat, M. Coquelin cadet siégeant à la Chambre basse? Quiconque, quelle que soit sa situation ou sa profession, le paysan, l'ouvrier, le cabaretier, peut briguer le mandat législatif avec des chances de succès ; M. Got, M. Delaunay, ne le peuvent pas.

Récemment, dans le *Rappel*, M. Vacquerie attaquait ce préjugé toujours vivant, qui empêche de décorer un comédien.

« Le préjugé, dit-il, me rappelle ce pauvre Seveste[1], blessé à mort en défendant Paris contre les Prussiens. On le décora agonisant. Je ne crois pas qu'aucun soldat ait eu à rougir d'être de la même légion que ce cabotin. MM. Régnier et Samson avaient été décorés à la condition de ne plus jouer. M. Seveste avait été décoré à la condition de ne plus vivre. »

Depuis cette époque, nous avons fait un pas de plus; on décore les comédiens, et on leur permet, fort heureusement pour eux et pour nous, de vivre et même de rester au théâtre; cependant le préjugé n'en subsiste pas moins.

En 1881, M. Got est fait chevalier de la Légion d'honneur; il est décoré non pas comme comédien, mais quoique comédien. C'est le professeur au Conservatoire qui est l'objet de la distinction, il n'est pas fait mention du « doyen de la Comédie française ».

---

1. Il appartenait à la Comédie française et mourut le 31 janvier 1871, des suites d'une blessure reçue à Buzenval.

Le 4 mai 1883, M. Delaunay reçoit à son tour la croix de la Légion d'honneur, mais dans ce cas encore c'est le professeur au Conservatoire que l'on honore. Par une inconséquence que l'on retrouve sans cesse dans cette question des comédiens, M. Delaunay, qu'on n'ose décorer comme sociétaire de la Comédie, reçoit sa nomination et ses insignes en sortant de scène, en plein foyer du Théâtre-Français[1]; bien plus, ils lui sont remis officiellement par M. Jules Ferry, président du Conseil, et par le général Pittié, secrétaire de la Présidence de la République!

Il y a quelques jours à peine M. Febvre, l'éminent sociétaire de la Comédie, a reçu enfin la distinction à laquelle il avait tant de droits, mais cette fois encore, ce n'est pas le comédien qui a été décoré, c'est le philanthrope, c'est « le vice-président de la Société française de bienfaisance à Londres ».

Le gouvernement se montre moins réservé lorsqu'il s'agit de rubans subalternes. M. Mounet-Sully, M. Laroche, M. Boisselot, etc., voire même Mlle Richard, sont officiers d'Académie ou de l'Instruction publique, et pour obtenir ces distinctions ils n'ont pas eu besoin d'autre titre que de celui de comédiens distingués. Nous ignorons si des acteurs ont déjà été gratifiés du Mérite agricole, du Nicham ou du Dragon vert, il est à craindre qu'ils n'y échappent pas. Ce sont là des essais sans conséquence, et

---

[1]. Il venait de jouer la *Nuit d'octobre* et *Il ne faut jurer de rien*.

qui n'ont d'autre but que d'acclimater peu à peu dans l'opinion l'idée de la décoration des comédiens. On espère ainsi amener insensiblement le public à renoncer à un préjugé qui aurait dû disparaître depuis longtemps et qui n'existe pas dans les autres pays. Il en est de la profession du théâtre comme des autres professions, tout dépend de la façon dont on l'exerce.

Le gouvernement dans une Exposition n'hésite pas un instant à donner la croix à des industriels même de l'ordre le moins relevé, à des industriels qui en font une spéculation et une réclame, et il n'ose décorer un comédien!

Il devrait avoir le courage de son opinion et ne pas recourir à de misérables subterfuges, pour accorder une distinction à des hommes parfaitement honorables, du plus grand talent, et qui sont l'honneur de la scène française.

FIN

TABLE

Préface. 1

I

Sommaire : Préambule. — Le théâtre en Orient et en Grèce . 4

II

Sommaire : Le théâtre à Rome sous la République et sous les empereurs païens. 9

III
DU TROISIÈME AU SIXIÈME SIÈCLE

Sommaire : Les Pères de l'Église condamnent les spectacles et les comédiens. — Canons des Conciles — Le théâtre et les comédiens sous les empereurs chrétiens. — Les spectacles en Orient. — Invasion des barbares en Occident — Suppression des théâtres 28

IV
DU SIXIÈME AU QUATORZIÈME SIÈCLE

Sommaire : Premiers essais dramatiques dans les églises. — La fête des fous. — Les mystères. — Confrérie de la Passion 46

V
DU TREIZIÈME AU DIX-SEPTIÈME SIÈCLE

Sommaire : Opinion de l'Église sur le théâtre. — Les *Scolastiques*. — L'Église de France maintient contre les comédiens les cen-

sures prononcées par les premiers conciles. — Le gallicanisme.
— Philippe-Auguste. — Saint Louis. — Les *Clercs de la bazoche.* — Les *Enfants sans-souci.* — Mélange du sacré et du
profane. — Intervention de l'Église. — Léon X. — La Réforme.
— Sévérité des Parlements contre le théâtre. — On interdit
les pièces sacrées aux *Confrères de la Passion.* — Les *Confrères*
achètent l'hôtel de Bourgogne. — Renaissance du théâtre. —
Jodelle. — Règne d'Henri III. — *Gli Gelosi.* — Les *Confrères*
renoncent au théâtre et cèdent leur privilège. — Troupe de
l'hôtel de Bourgogne. — Henri IV. — Isabella Andreini. . 58

VI

DIX-SEPTIÈME SIÈCLE

SOMMAIRE : La troupe du Marais. — La troupe de l'hôtel de Bourgogne reçoit le titre de *Troupe royale des comédiens.* — Richelieu encourage le théâtre. — Difficulté pour les comédiens
de trouver une salle. — L'abbé d'Aubignac et la *Pratique du
théâtre.* — Déclaration de Louis XIII réhabilitant l'état de
comédien. — Mazarin protège la comédie italienne. — Passion
d'Anne d'Autriche pour la comédie. — Mazarin introduit en
France l'opéra. — La troupe de Molière. — Elle reçoit le
titre de *Troupe du Roi au Palais-Royal.* — Considération
dont on entoure les comédiens. — Faveurs que le roi accorde
à Molière et à Lulli. — Floridor. 83

VII

DIX-SEPTIÈME SIÈCLE (SUITE)

SOMMAIRE : Tolérance de l'Église vis-à-vis des comédiens. — Sévérité théorique de quelques rituels. — Les collèges des Jésuites.
— Leurs théâtres. — Querelles entre les Jésuites et les Jansénistes. — *Traité de la comédie,* par Nicole. — *Traité de la
comédie et des spectacles* par le prince de Conti. — Indignation causée par les représentations de *Tartuffe.* — Incidents
qui accompagnent la mort de Molière. 106

VIII

DIX-SEPTIÈME SIÈCLE (SUITE)
1673-1689

SOMMAIRE : Lulli obtient l'autorisation d'établir l'Opéra au théâtre
du Palais-Royal. — *La troupe de Molière,* dépossédée, achète

le théâtre de la rue Guénégaud. — Elle se réunit à la troupe du *Marais*. — En 1680, Louis XIV ordonne la fusion des deux troupes de l'*hôtel de Bourgogne* et de *Guénégaud*. — La Comédie française est constituée. — Autorité des Gentilshommes de la chambre. — La Dauphine. — Les spectacles sont fermés pendant la quinzaine de Pâques. — La *Comédie* est expulsée de l'hôtel *Guénégaud*. — Après des pérégrinations sans nombre, elle s'établit au jeu de paume de l'Étoile. **127**

IX
DIX-SEPTIÈME SIÈCLE (SUITE)
1694

SOMMAIRE : Sévérité de l'Église de France à l'égard des comédiens. — Le Père Caffaro prend leur défense. — Indignation de Bossuet. — Le Père Caffaro est obligé de se rétracter. — Les évêques adoptent la doctrine de Bossuet. **138**

X
DERNIÈRES ANNÉES DU RÈGNE DE LOUIS XIV

SOMMAIRE : Louis XIV retire au théâtre sa protection. — L'Église excommunie les comédiens et leur refuse tous les sacrements. — Ils réclament inutilement auprès du pape. — Les comédiens italiens ne sont pas excommuniés. — La même faveur est accordée aux artistes de l'Opéra. **151**

XI
DERNIÈRES ANNÉES DU RÈGNE DE LOUIS XIV (SUITE ET FIN)

SOMMAIRE : Existence des comédiens. — Leur piété. — Leur générosité envers les pauvres et les églises. — Le droit des pauvres. — Place importante que les comédiens occupent dans la société. — Leur vanité. **162**

XII
RÈGNE DE LOUIS XV

SOMMAIRE : Le théâtre sous la Régence. — Les théâtres de société : la duchesse du Maine. — Goût des Jésuites pour l'art dramatique. — Le théâtre en Italie et à Rome. — Sévérité du clergé

française. — Les refus des sacrements. — Intervention du
Parlement. 179

XIII
RÈGNE DE LOUIS XV (SUITE)

SOMMAIRE : On refuse la sépulture à Adrienne Lecouvreur. — Indignation de Voltaire. — Discipline de l'Église à l'égard des comédiens : mariage, derniers sacrements, sépulture. — Faveur accordée aux comédiens italiens et aux artistes de l'Opéra 195

XIV
RÈGNE DE LOUIS XV (SUITE)

SOMMAIRE : Situation civile des comédiens. — Droits excessifs des Gentilshommes de la chambre. — Le For l'Évêque. — L'hôpital. — Comédiens en prison. 213

XV
RÈGNE DE LOUIS XV (SUITE)

SOMMAIRE : Autorité des Gentilshommes de la chambre sur la *Comédie française*. — Conséquences de cette autorité. — Le duc d'Aumont et M. de Cury. — La Comédie italienne. — L'Opéra. 228

XVI
RÈGNE DE LOUIS XV (SUITE)

SOMMAIRE : Peu de sympathie du public pour les comédiens. — Attaque de J.-J. Rousseau. — Réponse de d'Alembert. — Intervention de Voltaire. — Son opinion sur les comédiens et le théâtre. 243

XVII
RÈGNE DE LOUIS XV (SUITE)

SOMMAIRE : Clairon prend en main la cause des comédiens. — Mémoire de Huerne de la Mothe. — Il est condamné par le Parlement. — Indignation de Voltaire. — L'abbé Grizel et l'Intendant des Menus 257

XVIII

RÈGNE DE LOUIS XV (SUITE)
1765

Sommaire : Querelle de Saint-Foix et de Clairon. — Intervention de Fréron. — Il est condamné à la prison. — La reine obtient sa grâce. — Dubois et Blainville font un faux serment. — Le *Siège de Calais*. — Les Comédiens refusent de jouer avec Dubois. — Troubles à la Comédie. — Arrestation des Comédiens. — Clairon est mise en liberté. — Bellecour fait amende honorable. — Les Comédiens sont relâchés. . . 279

XIX

RÈGNE DE LOUIS XV (SUITE)
1765-1766

Sommaire : Voltaire exhorte Clairon à quitter le théâtre, si on ne donne pas aux Comédiens les droits de citoyen. — Lekain demande son congé. — Voyage de Clairon à Ferney. — Vers à Clairon sur sa retraite. — On propose d'ériger la Comédie française en *Académie royale dramatique*. — Mémoire de Jabineau de la Voute. — Le roi refuse de modifier la situation des comédiens. — Voltaire et Mlle Corneille. 306

XX

RÈGNE DE LOUIS XV (SUITE)

Sommaire : Passion générale pour les spectacles. — Scènes particulières. — Le clergé se montre au théâtre. — Succès des comédiens dans le monde. — Leur intimité avec la noblesse. — Flatteries dont ils sont l'objet. — Leurs bonnes fortunes. — Maladie de Molé 330

XXI

RÈGNE DE LOUIS XV (SUITE ET FIN)

Sommaire : Orgueil des comédiens. — Leur mépris pour les auteurs. — Leur paresse. — Ils jouent rarement. — Leurs revenus. — Indulgence extrême du parterre à leur égard. — Duels de comédiens 357

XXII
RÈGNE DE LOUIS XVI

Sommaire : Débuts du règne. — Passion de la reine pour le théâtre. — La comédie à Trianon. — Le clergé et les spectacles. — Succès des comédiens dans le monde. — Enthousiasme qu'ils excitent à Paris et en province. 372

XXIII
RÈGNE DE LOUIS XVI (SUITE ET FIN)

Sommaire : Duels de comédiens. — Voltaire et les Comédiens français. — Le tripot comique. — Le tripot lyrique. — Rousseau, Lays et Chéron. — Les comédiens à la Force. — Fuite de Lays, de Nivelon. — Arrestation de Mlle Théodore. — Les comédiens et le clergé. 386

XXIV
PÉRIODE RÉVOLUTIONNAIRE

Sommaire : L'Assemblée nationale relève les comédiens de l'indignité qui les frappe et leur accorde les droits civils et politiques. — Mariage de Talma. 412

XXV
PÉRIODE RÉVOLUTIONNAIRE (SUITE ET FIN)

Sommaire : Triste situation des comédiens. — La municipalité remplace les Gentilshommes de la chambre. — *Charles IX*. — Expulsion de Talma de la Comédie. — Les comédiens se divisent. — Talma fonde le théâtre de la rue Richelieu. — *L'Ami des lois*. — *Paméla*. — Arrestation des Comédiens. — Fermeture du théâtre. — 9 thermidor. — Sévérité du public pour les acteurs révolutionnaires. 433

XXVI
LES COMÉDIENS SOUS LE PREMIER EMPIRE

Sommaire : Le Directoire. — Le Consulat. — L'Empire. — Les obsèques de Mlle Chameroi. — Bonaparte exclut les comédiens de l'Institut. — Il rétablit contre eux les arrêts et la prison — Talma et la Légion d'honneur. — Crescentini. . . . 451

XXVII
LOUIS XVIII ET CHARLES X

Sommaire : Obsèques de Mlle Raucourt. — Philippe de la Villenie. — Enterrement de Talma. — Décret de 1816 sur le Théâtre français. — L'acteur Victor en prison. — Mlle More. — Rapport de M. Daunart à la Chambre des députés. 460

XXVIII
DE 1830 A NOS JOURS

Sommaire : L'*Encyclopédie théologique* de l'abbé Migne. — La *Théologie morale* de Mgr Gousset. — Mgr Affre et les comédiens. — Le concile de Soissons en 1849. — La société civile et les comédiens. — La décoration. 475

13220. — IMPRIMERIE GÉNÉRALE A. LAHURE,
9, rue de Fleurus, à Paris.

www.ingramcontent.com/pod-product-compliance
Lightning Source LLC
Chambersburg PA
CBHW051128230426
43670CB00007B/721